JN146648

AUTOBIOGRAFIA

MARIA VALTORTA

マリア・ヴァルトルタ

自叙伝

殿村直子［訳］

苦しみは耐えるだけではない、
愛する力となる!?

春秋社

目次

はじめに　人はこの世で苦労する定めに――1
第一章　育児放棄《ネグレクト》する母のもとで――5
第二章　父の悲しみ、寄宿学校にて――57
第三章　フィレンツェ、従姉と叔父――145
第四章　一九三〇年の夏――289
第五章　超霊的な至福――377
第六章　寝たきりの日々――431
第七章　父の死――473
付　録　自叙伝に添えて――551
編集者後記　エミリオ・ピザーニ――557
訳者あとがき――563
写真――i～xvi

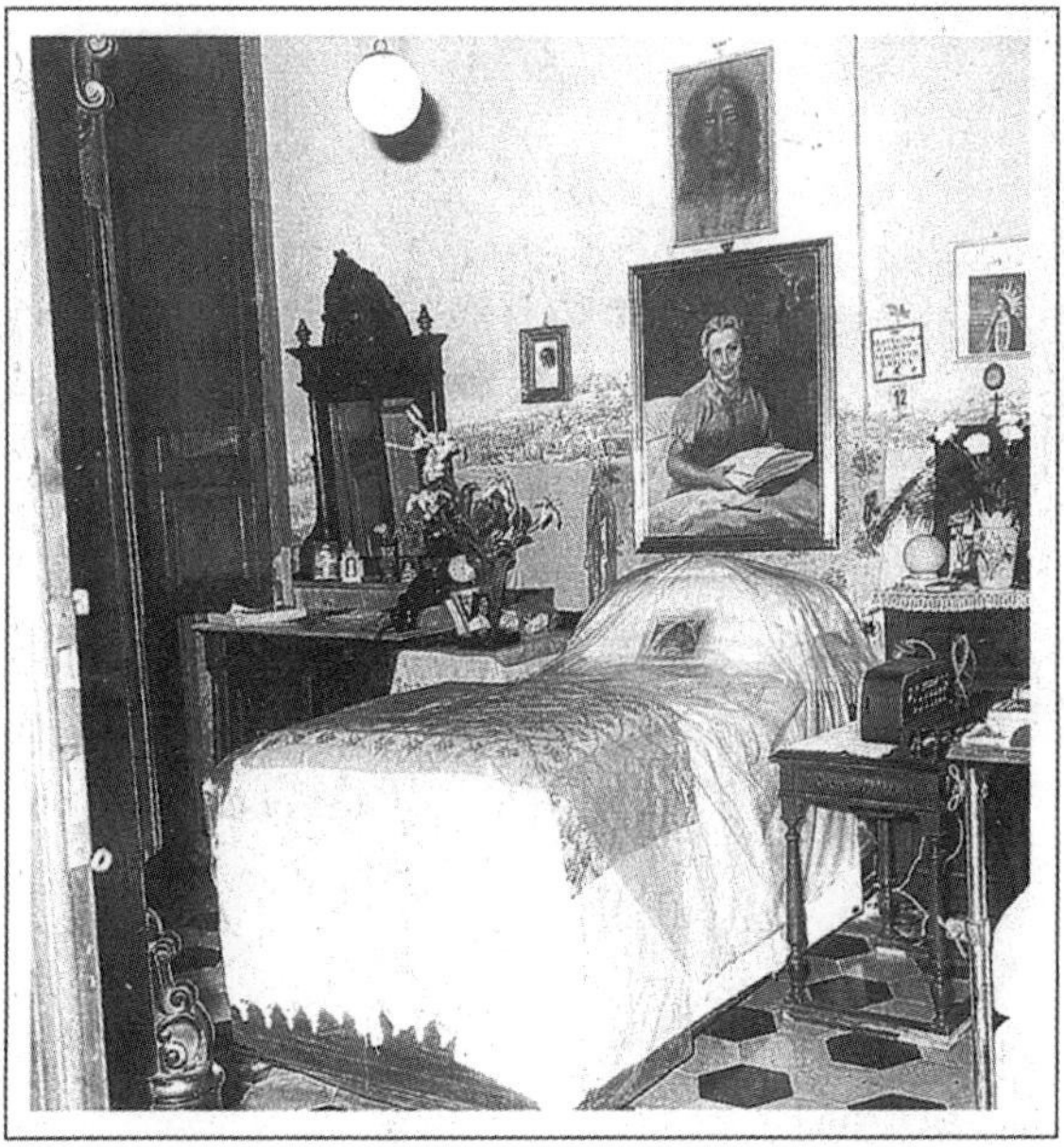

生前のままの居室

はじめに

「そうだ、鳥が空高く飛ぶ定めにあるように、
人はこの世で苦労する定めにある。」（ヨブ記5－7）

この真実の物語にどんな表題をつけるべきでしょうか？　花の名前。それなら何の花がふさわしいでしょう？

一年のうちでも私が生まれたころになると、サンザシはそれまで裸になっていた生垣に生きた雪をまき散らします。空飛ぶ鳩から落ちてきた羽毛と見まがうほどに白いその小さな花は、枝の赤茶色の刺《とげ》にやさしくふれます。イタリアのある地方では、野生のサンザシを『キリストのイバラ《スピーナ・クリスティ》』とよび、贖い主のイバラの冠はサンザシで造られたと語り伝えられています。サンザシの枝は（その刺で）、かつて救い主の体を痛めつけましたが、今は愛の囁きが戻った巣を守っているのです。

サンザシの根元に、見かけは地味ですが、四旬節の花スミレが、キリスト教徒そのものの謙虚で柔らかな香りを放っています…　単なる花にまさる香り、ほのかであっても深く染《し》みわたる芳香、慎ましくあってもひたすらに生き、花咲くことに満足している強靭な花。

私は私の人生を、これらの二つの花、とりわけ日陰で咲いていても、頭上には命と暖かさをもたら

す太陽の輝きがあることを知っているスミレの花になぞらえたいと思います。スミレは、仰ぎ見なくとも太陽を知り、芳香を放ち、まるで「ありがとう」と言うかのように、花全体で愛らしい香りを漂わせています。

私もまた、永遠の**太陽**に忘れられているように見えても——魂は荘厳な秘密をあからさまには語りませんが——**神**、私の**太陽**が私の頭上にあることを知っています。そして全身全霊をこめて**神**に言いたいのです。「私を愛してくださってありがとうございます！」と。

自叙伝

涙と絶望の淵から聖性の極みへ
その秘められた内面の記録！

第一章

育児放棄《ネグレクト》する母のもとで

「…あなたに言う。彼女の多くの罪が赦されたのは、
彼女が多くの愛を示したことで分かる。
少しだけ赦される者は少ししか愛さない。」（ルカ7：47－48）

私は小さな女の子でしたが、「神は父である」という意味を、
父を見るだけではっきり理解し始めました。
善とは、知識とは、神の愛とは、ということを
地上の父と天上の父を比べることで理解しました。
そして父であるとはどういうことかが分かったので、神を愛しました。

私の人生を語るにあたって、私自身の言葉ではなく、このイエズスの言葉で始めたいと思います。私の人生を語ることはあなたの願いに従ったもので、私があえて試みようと願ったことではありませんし、この物語は非常に有益というわけでもなく、また何よりも、私にとってもあなたにとっても、特に喜ばしいものでもありません。あなたは魂の指導者ですから、もしあなたが私の人生をあなたに語ることを正しいとお感じになるなら、それは正しいことのしるしなのでしょう。それでは、誠実さと慎ましさと忍耐をもって先へ進むことにします…

私の人生の糸を過去にさかのぼって解きほぐすことは、私に慰めと悲しみをもたらします。なぜならそこには、ロザリオの珠のように、喜びや、苦しみ、罪、赦し、希望が見えるでしょうから。悲しみの黒い石は喜びの金色の石よりもずっと数が多く、同じように失敗の灰色の石は順調の白い石よりもずっと沢山あるでしょう。でも気にしない、と自分に言い聞かせています。このように私の存在を見直すことによって、心の中でなかなか消えていかない――雑草よりもしぶとく、いつもその根や茎をまた伸ばそうとする――人間としてのプライドの残滓《ざんし》をすっかり打ち砕くことになるでしょう。

その見直しはきっと、外科医が病んだ体に入れるメスのように、私にとって容赦ない真摯なものになることでしょう。けれども、私はあなたの優しさにお頼み申します。あなたの優しさは私を追い払うことをせず、神の赦しの言葉を繰り返し述べてくださるでしょう。私もまた、多く愛してきたではないかと指摘して。私は愛のためにどれほどの犠牲を求められるのか推し量ることなく愛しました。たとえば、愛のためにすべてを打ち捨てる気前よさを求められれば、自らと人間的な幸福をはじめとする一切を打ち捨てました。ですから、神はそれだけ多く私を赦してくださることでしょう。

「見よ、わたしは生まれたときから悪に染まり、母の胎内にやどったときから罪に汚れていました」、と詩編[*2]は述べています。これは人と生まれたすべてのものの運命です。そしてこの罪は洗礼で清められますが、私たちの内部に隠れて残り、私たちが生きている限り悪魔がすばやく舞い戻ります。恐ろしい病が治療の成功によって抑えられても、決して完全には治らず、細心の注意を払って検査しつづけなければすぐにぶり返すように。

私は一八九七年三月十四日、カゼルタで生まれました。最初から強く反対された出産。そして父は死んだような小さな体の私を前にして、光明を見いだすよりも諦めて、悲しみに身をまかせていました。気の毒な父！　私は決して意図して父を悲しませたわけではありません。そしてこのことは私の心の慰め、今神の平安のうちにある最愛の父を求める時、私の目を高《たか》みへと向けさせる慰めになっています。けれども、私は私の誕生に際しても、また父の旅立ちに際しても、父に涙を流させてしまいました。私が死にかけていたとき、父は嘆き悲しみました。ところが、父の死が迫っていたとき、私の病はすでに重く、その死を早めるほどに父を悲しませてしまったのでした！

医師たちによれば、私は生まれたとき死にかけていました。ところが、すでに命のない存在と見なされて放っておかれたにもかかわらず、私は体力を取り戻し、自力で呼吸し、産声を上げました。

私は母の世話にはなりませんでした。そうです、母と私が共有した命は、私の誕生の瞬間に終わったのでした。母と子が食物という心地よい絆で結ばれて過ごす数か月間は、私にはありませんでした。食物とは、

＊1　ロムアルド・M・ミリオリーニ神父、マリア・ヴァルトルタの霊的指導者。
＊2　詩編51-7。

母乳、血液、母から子へと注ぎ移される命です。乳母《うば》が雇われました。

　ある生理学者は、乳児は乳母の乳から病気を移されることがあるように、精神的影響をも受けると言っています。これは多くの人に受け入れられている意見ですが、斥ける人もいます。生まれた土地が、私たちに消すことのできない性格を与えるという考えが、受け入れられたり、斥けられたりするのと同じように。

　私はこの意見の賛否にこだわるつもりはありません。ただ私に関して言えることは、私がロンバルディア出身の両親からテッラ・ディ・ラヴォーロで生まれたことに無関係ではないということです。カンパニア州のその土地は、温暖で、陽気で、肥沃で、ほかに類がないほど長所と欠点の多いところでした。また、わずか数か月とは言え、すべてに野性的で情熱を抑えることをしない、いかにもその土地の女らしい女性の乳を飲んだという事実は、さらに無関係ではあり得ません。

　目を開いたばかりのヒヨコのように小さな私は、カスタネットとタンバリンを伴った最も野性的なタランテラの音とリズムと強打に合わせて、乳を飲み、消化し、眠らなければなりませんでした… そして母は、権威主義的であったにもかかわらず沈黙を守り、乳母のテレサの好きなようにさせていました。というのも、テレサは歌ったり、楽器を鳴らしたり、踊ったりしないと憂鬱になって、自分の乳も出なくなるというのでした。テレサは私の母に対して自己主張ができた唯一の人だったと思います！…

　もしダンスや楽器だけだったら、問題はほとんど起きなかったでしょう。かわいそうなヒヨコの私は、ずっと続くお祭り騒ぎにやがて慣らされてしまいました。ところが、散歩がありました——当然のことながら、いつも授乳のための散歩です！　でも残念なことに、それはプラトニックな散歩ではありませんでした。

　洗礼——それはとても華やかに執り行われた式で、私の誕生日から何日後のことであったか正確に覚えていませんが、そんなに早い時期でなかったことは確かです。母の回復を待たなければなりませんでしたから――そのあとすぐに、テレサは「ちびちゃん」の健康のために「ちびちゃん」を連れて散歩にでかけました。気の毒なちびちゃん！　もし喋ることができたら、かなり奇妙なことを話したことでしょう！

テレサは私を腕に抱えて堂々とした様子で、ジョヴァン・バッティスタ・ヴィーコ通りを歩いて行き、王宮の前を通り過ぎ、聖ニコラ通りを足早に進み、田園地帯へと向かうものでした。よい空気と太陽を求めて？　いいえ、もっと秘密な目的のためです。テレサは自分が母に注意を払われていないことや、父が連隊の仕事で忙しいことを知っていたので、二人にその田園で見つかるはずはないと決め込み、粗野なエヴァの本能に身をまかせました。

もし私が中世に生まれていたら、ここに伝説が織り込まれていたことでしょう。私は風に揺れる小麦畑の真ん中に下ろされ、テッラ・ディ・ラヴォーロの太陽が照りつける、まさに燃え立つ地面に、一、二時間、置き去りにされていました。そばにいるのは緑色のトカゲ、蜂、蝶、そして小鳥たちだけでした。小鳥たちと風に揺れる小麦が、私のために子守唄を歌ってくれました。マムシや野犬やほかの獣に襲われたかもしれません。照りつける太陽に殺されていたかもしれません――私はそれほどか弱い生き物でした。でも、全く何事も起きませんでした。神につかえる天使が上から私を見張っていたのです。天上の翼で強すぎる太陽の光を遮り、有害なものたちを追い払ってくれました。ただひどい飢餓感は残りました。というのも、命を育む乳が与えられないので、栄養が不足したからです。私は茹でたとうもろこしや、つぶした果物や、小児科医をぞっとさせるような同様のご馳走をあてがわれて、鶏のように肥育されました。いつも決まって泣き叫びながら家に戻りましたが、結局のところ…　餓死することはありませんでした。

こうしたことが四月から七月の末まで、四か月の間続きました。母がついに見張りをつけ、親切な御者がトマト畑の真ん中で必死に泣いている私を発見してくれました。母は怒り、乳母も怒り、乳母が間もなく婚外子を生むことを知った医師も怒りました。そして飢えて泣きわめく私は、テレサよりもずっと母性的な二匹の小さな雌山羊にゆだねられることになりました。

私は時々、あの奔放な女の乳を数滴吸ったことが、私に情熱の痕跡を残したのだと思うことがあります。吸ったのがほんの数滴だったのは幸いでした!!! 男の中でも最も穏やかな男と、女の中でも最も冷淡な女の間に生まれた私は、全く相反する精神を持っています。もしも神の助けと最良の学校での宗教教育によって性格が修正されなかったとしたら、自分を抑えられない恥知らずな人間になっていたかもしれません。私のこの情熱的な性質は、私が生まれた土地、乳母のひどい授乳、遠い祖先からの遺伝、といった偶然が重なって与えられたものかもしれませんが、過去においても、現在においても、これが私の苦闘と苦痛の原因であることも真実です。

私には、二つの性質と言えるようなものがありました。一つは両親から受け継いだもの――全くロンバルディアそのものの、慎重で落ち着いた几帳面な性質――で、これが南の太陽と空気と乳から吸収された性質に対抗するように現れました。一方は冷たく閉鎖的で、他方は熱烈で積極的。これらはいつも互いに攻めぎ合っていました。というのも、前者が心の揺れを抑え、力をふるうようになったからです（家庭のしつけで鍛えられ、だんだん力を増してきました）。後者は心に圧力をかけました。それは情愛への渇望、憧れであり、情熱と忠実と献身をもって愛し、愛されたいと求めさせました。私はまるで火山のようでした。表面は雪に覆われていても、氷の層の下に渦まく炎を隠している火山です。時々、抑えつけすぎた心の炎が突然爆発し、溢れた溶岩が外側の冷たい雪を揺さぶり、赤く染め、溶かします。するとと今度は、鉄のようなしつけの手と、生まれつきの内気と含羞《はにか》みがやってきます。自分の性癖が恥ずかしく、私は再び慎重に表面を覆います。冷ややかで、無関心で、冷静に見えるくらいに。冷静に！…

さて、私の子供時代に戻りましょう。

人の性格は、人生のごく初めの時期に形成されると言われています。ところで、私の一面――私の性格で最も本質的な面――はすぐに現れました。愛する者に対する忠誠です。

テレサは私にほんの少ししか与えませんでした。毒を含んだ乳、田舎の地面に置き去りにするような危険な育児放棄《ネグレクト》――彼女は私の体と心と睡眠と消化を、不義の愛への渇きと、夫や雇い主に見つかるのではないかという心配でいつもかき乱されていた不謹慎な女の熱狂で壊したのでした。それでも生まれたばかりの小さな私の心は、彼女に対して愛――子犬が餌と温かさを与えてくれる女性に向けるような未熟な、それでも愛ではあるもの――を感じていました。そして私は、この最初の愛に忠実でした。テレサが追放されると、私はほかのだれの胸も拒否しました。怒り狂い、頑固に拒否して、あやうく飢え死にするところでした…二匹の雌山羊の苦しげな鳴き声に身をゆだねる方を選びました…ひょっとして私は、私の悲しい人生において神のみに慰められることを、そして神の次には、永遠の神に造られた動物や自然の事物に慰められることを、すでに感じていたのでしょうか? 分かりません! ただ、周囲の人たちとの間に、たとえわずかな関わりしかなかったとしても、また、仲間たちによってひどく苦しめられ、慰めを得ることはほとんどなかったとしても、しがない小さな生き物、花、草、太陽、星、海、神の証であり詩である自然から、私がいつも力と平和を引き出したことは確かです。

生まれてから十八か月間カゼルタで過ごし、その後、父の所属していた連隊の移動に伴ってファエンツァへ移りました。南の太陽からロマーニャの氷へ! 人生の最初の四か月でいつも命を与えてくれた太陽、その輝きで私を産着のようにくるみ、生きながらえさせてくれた太陽、乳母のような太陽と別れて…またそのとき、太陽ばかりでなく、二匹の小さな雌山羊をも失いました。それらを悲しげに捜し求める私の姿に、みんなほんとうに心を揺さぶられたということです。

私はここで、愛情に対する忠実さの二つ目の証拠を示しました。乳を飲まなくなったのです。私の小さな胃は山羊以外の乳を消化しようとしませんでした。そしてファエンツァには山羊の足跡すらありませんでしたから、乳はおしまいです。脅しても、すかしても――どうにもなりませんでした。それは私の気まぐれではなかったのですから。濃い牛乳が消化できない自分を守る生理的な要求でした。

私は寒さで弱っていました……私はいつも寒さに苦しめられ、成長が妨げられるほどでした。お気に入りの食物を失って弱っていたところに、年端も行かないうちからすでに私にのしかかっていた厳しすぎる母のしつけのために、すっかり元気をなくしていました。

祖母――母の母、私の天使――はお気に入りの息子が脳膜炎にかかって四十八時間で死んでしまい、悲嘆にくれている自分の夫のもとへ戻りました。そして私は父と母のもとに取り残されました。

父は私の守り手、恋人、私を理解し、幸福にしてくれる人でした。でも、兵営の大演習や、訓練や、任務でほとんど一日中家にいませんでした。朝、父が仕事に出かけるころ、私はまだ眠っていましたから、父に会えるのは昼にほんの少しだけでした。夕方、父がやっと帰って来ると、父と一緒にいることを楽しめたかもしれませんが、私はベッドに行かなければなりませんでした。日曜日だけ、それも午後いっぱい、父は私のものでした。ですから、たとえ雨や雪がファエンツァを北欧の国に変えようとも、私にとって日曜日はいつも光り輝いていました。

けれども母はいつも家にいました。すでに肝臓を患っていて、大多数の肝臓疾患者が振舞うように振舞っていました……結婚前に教師だった母は、規律と権威とこの職業につきものの知ったかぶり《ペダントリー》がいまだに抜けない教師でした。妻として主婦としての義務において完璧であり、社交においても完璧だった母は、その義務を完璧にこなすときに、優しい愛情で和らげるということがありませんでした――それがあれば、一緒の生活はどんなにか楽しかったことでしょうが――母は昔も今も義務の人でした。

母がよくしてあげた人びと――確かにしてあげたのです、夫、娘である私、母の母、母のもう一人の弟、夫の親類、雇い人、友人たちなどに――こういう人びとはみな、母が義務でやってくれることにほんの少しでも優しい温かみが添えられていたなら、やってくれることがもっと少なかったとしても、はるかに嬉しかったことでしょう。けれども、寛大と母は絶対に両立し得ない言葉なのでした。母は、愛したり、寛大に振舞ったりすること（つまり、娘、母、妻、親族、友人、雇い主などとしての愛を憎々しい不快な冗談で歪めたりしないで、素直に愛すること）は、自分の価値を低くすると感じていたようです。こういう性格に、肝臓病患者特有の怒りっぽさが加われば（病気はそのころ、かなり進んでいました）、他人に対する母の態度がどんなだったか、はっきりお分かりでしょう。

私は寛大な教師たちを知っていますし、重症の肝臓病で優しい人たちも知っています――でも彼らは例外でしょう。それは規則と全く違います。母は規則どおりの人でした。私はほとんど物を見分けることができず、赤ん坊の足でやっとよちよち歩きし、最初の言葉を喋るのに苦労していましたが、あらゆることがすでに訓練として定められていました。それに比べると、後の寄宿学校の生活は厳しい学校だったにもかかわらず、お祭りのようだ、と感動したほどです。私は善と悪を区別しなくてはなりませんでした、二歳にさえなっていないのに！　いつも奈落の淵にいるようで、震えに震えていました。間違えてはいけません！　たとえ間違えなくても、いつでも「いけません」なのでした。おもちゃを落とした？　いけません！　音をたてて椅子を動かした？　いけません！　ふざけて小さな金切り声を上げた？　いけません！　庭へ遊びに行きたがった？　いけません！　父や、私を可愛がってくれる当番兵や、天国で神様のお側にいることを望まれる天使のような召使女の腕の中に駆け登りたがった？　いけません！　母にキスをせがんだ？　いけません！　イタリア語だけでなくフランス語も学ばなくてはならず、母の前でもぐもぐと繰り返して、学校の生徒のように叱られてしているより、ほかの子供のように母の膝の上に乗りたがった？　いけません！　気持ちが悪くなるから、ミルクを飲みたくない？　いけません！　いつでも、いけません！　医師はミルクについて考え、これを禁止させました。この憐れみ深い執り成しのために、医師に平安が与えられますように！でもほかの「いけません」は、そのままでした。

幸いなことに父がいました。父は時間さえあれば、私に兵営の馬を見せに連れて行ってくれました。そこは田園地帯の道の向こうで、私は大きな美しい馬たちが大好きでした。そして父は、自然の美しさと神様への賛美に私の心を開かせてくれました、父は神様が私たちを喜ばせるためにあらゆるものをお造りになったと教えてくれました。あるいは、父は私を庭で遊ばせてくれました。

私は父に夢中でした。父に何でも話し、何でも尋ねました。父はすべてに耳を傾けてくれ、私の「どうして」に徹底的に忍耐強く答えてくれました。これは並大抵のことではありませんでした。というのもごく幼いころから、私は鋭く観察してはじっと考え、ほんとうに正確に答えてもらったと感じるまで落ち着かなかったのです。父からたくさんのことを学びましたから、後になっても勉強が苦になることは一度もありませんでした。あらゆること——歴史、地理、植物学、動物学、星や水の運行を定めている法則、都市や教会や美術館を飾る芸術——これらのすべてを、私は父の言葉によって美しいおとぎ話のように何の苦もなく吸収したのでした。

父は知性に関しては決して私を子供扱いせず、とても良い先生でした。私は父といると安心で、父を、父の言葉を、愛情を、理解力を信じていました。

私は小さな女の子でしたが、「神は父である」という意味を、父を見るだけではっきり理解し始めました。善とは、知識とは、神の愛とは、ということを地上の父と天上の父を比べることで理解しました。そして父であるとはどういうことかが分かったので、神を愛しました。

私の父は知性に関しては決して私を子供扱いしなかったので、このことは教育について異なった考えを持つ母を苛立たせました。でも反対に、私が女になり、大人の女性になったときは、純潔に関して父はいつも私を子供扱いしました。私をなんと尊重してくれたのでしょう！　父のマリアの魂が何事にも暗くされないよう、どんなにか気をかけたことでしょう!!!　かわいそうな父！　私の最初の最愛の人！

私は父に自分の幼い年齢を超えた愛情を抱いていました。いつも父に「ずっとお父さんと一緒にいる！」と言っていました。父は「でもお前は結婚するだろうし、そうしたらご主人のところへ行くだろう」と答えました。（初めから私にとって配偶者とは、堂々としていて何か神聖なものでした！）。でも私は「ううん、お父さんと結婚して、ずっと一緒にいるわ」と応じました。黒い美しい巻き毛がすでに薄くなり、禿げかけていた父は、「でもお前が結婚するころには私の頭は禿げていて、お前はもう私を愛さないだろう」と笑いながら言いました。私はつま先でくるりと回って、飛び上がって父に抱きつき、答えました。「結婚プレゼントにかつらをあげる」――〝かつら〟という語をちゃんと発音できていませんでしたが――「そうすれば、もう禿げに見えないでしょ」。

そのとき私は三歳にもなっていませんでしたが、こんな風に考えたのでした。私の記憶はかなり早くから発達していたので覚えているのです。最近でも、母が大昔に着ていた服のことを思い出させたくらいです。その出来事に母自身は関心がなく忘れてしまったようですが。私たちは一九〇一年九月にファエンツァからミラノへ向かったのですが、そのころのファエンツァのことは、はっきりと覚えています。

でも、ミラノのことを話す前に、一八九九年の十二月に母方の祖父が突発的な脳膜炎で亡くなったことを話さなければなりません。それは一八九九年十二月十七日のことでした。ロシアにでもふさわしいような雪の日。通りには八十センチほどの雪が積もっていました。街は静まり返り、凍《い》てつくような吹雪で死んだようでした。そして私たちは歩いて駅へ向かいました。私は父の腕に抱えられて——そうしなければ雪に埋まっていたでしょう。母は大叔母の腕の中ですすり泣いていました。大叔母も涙にくれていました。祖父が生きていることを願いながらのマントヴァへの旅でした。それから、コドーニョで大叔母の心臓が突然止まりかけました……私たちが死にかけている人と共に祖父の家にたどり着いたときには、すでにもう一人の人も死んでいました。二つの悲しみの中で、母は体調を崩して黄疸が出て、死にそうでした。複数の棺、苦悶、涙、葬儀。そのただなかで私は怯《おび》え、途方にくれていました。父はいつものように我慢強く、優しく、すべての面倒をみていました。

それから祖母と一緒にファエンツァへ戻りました。祖母は天使のような人で、亡くなるまでもう一度私たちと一緒に暮らしました。ですから一九〇一年の九月に、ファエンツァでの少女時代を終え、ミラノへ行くまで、私には二人の愛する人、心の慰めになる人がいたのでした。

最初の出会い

「指をここに持ってきて、わたしの手を調べなさい、手を伸ばして、わたしのわき腹に入れなさい。信じない者ではなく、信じる者になりなさい。」
（ヨハネ20-27）

九月。ミラノに着くと母はさっそく、私の学校を探しました。私は四歳半でしたが、とても内気でした。間違いをすることへの恐れと、母の「いけません」によってそうなったのです。私は健康でしたが、ミラノの湿気の多い厳しい気候に、とても苦しみました。家でじっとしていた方がよかったかもしれません、私は一人っ子で、ほとんど面倒をかけない子でしたから。でも母は、私がスカートをはいたピコ・デラ・ミランドラになることを夢みて、学校へ行かせました。と言っても、正確に言えばウルスラ修道女会が経営する幼稚園でしたが、それはランツォーネ通りにありました。

幼稚園で… 私は年上の子供と比べて物知りでした。そうでしょう! すでにアルファベットを全部読めましたし、母音も子音も書けました。〝r〟がいっぱいあるフランス語の言葉をたどたどしく言うときには、ボタンインコのような音を出し、それがとっても好きでした!!…

シスターたちはとても優しく、おまけに、とても美しい人たちでした。笑わないでください。今でこそ、私は外見より内面を賞賛しますし、相手のまなざしと魂だけを見ます。魂は視線に現れますから、まなざしが美しくて、魂が美しければ満足です。でも、幼かったころや、二十歳前まで、私はちょっと異教徒的なところがあって、美しいものや美しい人だけを愛しました。かなり変わり者でしたよね?

シスターたちはとても美しかったので、すぐに好きになりました。園長のシスター・ビアンカは、内側で愛の火が燃えているアラバスターの壺のようでした。私の受持ちのシスター・フルジェンチアは、名前の通り、輝いていました。本当に、本当に、よい方たち!…

そんなわけで、私はとても喜んで幼稚園へ通いました——最初の日だけは別でしたが。というのも、母の恐ろしい「いけません」の数々にもかかわらず、私は母を熱烈に愛していましたし、いつも母の愛撫がほしくて、母の心の扉の前で待っていましたから… そこで、最初の日に母のもとから無理やり離されたときには大騒動をひき起こしました。金切り声を上げ、足をばたつかせ、暴れたり、噛んだり、引っ掻いたり、ありとあらゆることをしでかしました。あの怒り狂った乳母のテレサが私に乗り移ったかのようでした。でも、その日の午後には、もう優しいシスターたちを好きになり、彼女たちに愛情を込めてキスをしました。次の日は穏やかに幼稚園に行きました。行くとかわいがられ、褒められ、ご褒美をもらうことができ、一緒に遊ぶ小さな女の子たちがたくさんいて、まるでお祭りのようでした。

遊ぶ！　まるで姉妹のような子たちと！　何て嬉しいんでしょう！　私のようにずっと一人っ子で育てられた子でないと、「一人っ子」であることの災いは分かりません。でも、この話は私の物語に重要でないので、脇へ置いておきましょう。

シスターたちは美しく、良い人たちでしたが、幼稚園の建物は古くて、汚くて、陰気でした。ミラノの古い家々とサンタンブロジオ聖堂の間に埋もれて、陽もあまり射さず、石に囲まれた緑の庭はほんのわずかでした。修道院、暗い回廊、カタコンブ時代の礼拝堂。それでも、私はいそいそと幼稚園へ通いました。

とりわけ大事なことは、よく祖母が私と一緒に行ってくれたことです。祖母と一緒に歩くのは何て素晴しかったのでしょう。祖母は私をとても可愛がってくれました。幼稚園で別れるとき、たくさんのキスと、家から持ってきたお弁当のおまけに、果物やキャンディをくれました——だからますます素晴しいものになったのです——母に内緒で、母の禁止をかいくぐって。いとしいおばあさま！　私は祖母の振る舞いを母に言いつけるなんて、絶対にしませんでした——母がいけないと言うことをしているなんて！　祖母は何も言いませんでしたが、もし話したら祖母が責められることは本能的に分かっていましたから私は秘密を守っていました。私はごく小さいときに、秘密を守ること、言わないほうがよいかどうかよく考えることを学んだのです！…

幼稚園で私は神を見いだしました。父と祖母が神について話してくれ、祈りを教え、教会へ連れて行ってくれました。でも、神の顔と愛に出会ったのは幼稚園においてです。最初の忘れられない、本物の出会いでした。

優しいシスターたち、とりわけ受持ちのシスター・フルジェンチアは神について私たちの幼い心にふさわしい言葉で語ってくれました。彼女たちは「神さまの素晴らしい御業《みわざ》」について話し、神さまがどんな方か説明し、神さまへの聖なる畏れを私たちに吹き込みました。「神さまはいつも私たちをご覧になっています。神さまはいつもおられ、神さまに隠し事はできません。神さまはどこにでもいらっしゃいます」こうした言葉を何度聞いたことでしょう！

小さな工作室で私たちは編み物を習いました——編み糸は、まるで千匹の野良犬をつかまえるのに使われたかのような汚れた丈夫な紐でしたが——工作室の椅子は、わらのクッションが貼ってあって、背もたれに尖った松ぼっくりのような形のものが二つついていました。いまでもあの椅子が目に見えるようです！シスターの言葉を信じ切っていた私は、その小さな松ぼっくりの中に神さまがいらっしゃると思い込み、もたれさせてくださいねと神さまにお願いしたものでした。純真な子供の信仰……きっと天国では、天使や長老たちが恭しく腰をかがめて、微笑みを浮かべていたことでしょう。少なくとも私はそう思います。

それから守護の天使？　樹木で緑一色に染まった暗い庭に小さな祠がありました。そこに納められていたのは天使像で、手に剣を持っていたので、たぶん大天使聖ミカエルだったでしょう。小さな私たちにとってものすごく大きな天使！　シスターは天使の前に私たちを連れて行き、このような、実際はもっと美しい天使がいつも私たちのそばにいるのですから、良い子でいましょう、さもないと天使が美しい翼で顔を覆って泣きますよ……とおっしゃるのでした……

でも初めての超自然体験として、この二つよりももっと大切だったのは、礼拝堂のキリスト像で、神の聖心の言いようもない神秘に、私の心は何よりも揺さぶられました。それはかなり古い芸術作品で、主祭壇の下に安置されていました。価値のあるものだったに違いありません、写実的であまりに感動的でしたから。ヨセフとニコデモの手によって恭しく十字架から下ろされ、聖母マリアの膝に置かれたキリストは、まさにこのようだったに違いありません。等身大のその像は、千回もの痙攣の中で亡くなった救い主の疲れ切った顔を示していました。死を受け入れてぐったりとした手足。全身は傷つき、鞭打たれ、槍で刺され、十字架上の死の前の拷問による傷もそのままでした。

繰り返しますが、感動的でした。像の前で祈るために連れて行かれたとき、その像を見た友達の多くは怯《おび》えてすすり泣きました。私は怯えて泣きはしませんでしたが、かわいそうで震えました。それ以来私は、苦しむものを見ることに耐えられません、たとえニワトリでも。そしてこの哀れな体はイエズスのもので、私たちの罪がイエズスをこんな姿にしたのだと自分に繰り返し言い聞かせました。五歳に満たない子供に、見たこともないようなものについて黙想させることが、あらゆる点で正しいかどうか分かりませんが、ほかの子供たちがその死体に怯え、とりわけ私たちの罪のために神から罰せられることに怯えて泣いたのとは違って、私はただイエズスへの悲しみでうち震え、イエズスの私たちへの愛を確かに感じました。それは、イエズスを十字架にかけて弱らせたユダヤ人を超える愛でした。そして私はイエズスを慰めたいと思いました……恐ろしいほど傷ついたその体がもよおさせる嫌悪感をこらえて見つめ続けました。そして、もし墓を開けてもらえたら、もっと近くへ行って、イバラの冠をかぶった頭を抱き、キスもして、私が愛していることを知っていただくのにと思いました。釘で刺し貫かれた手の上に、すてきなキャンディをのせてあげたいと何度思ったことでしょう！　砂糖でくるまれたのや、金色のや、赤いのや、薄緑のキャンディ――祖母が私を幼稚園に送るときに買ってくれた、おいしくて、そのうえ祖母の愛がこもっている大好きなキャンディ！

神父さま、ばかばかしいとお思いなるでしょう。でもそのときの私の年齢を思い出してください……後に、もっとずっと後になって、私はイエズスの刺し貫かれた手の上に私の命を差し出しました。でもよく考えてみると、そのときのキャンディの方が、今の私の命と苦痛よりも、私にとってずっと大きな犠牲だった……と思います。

まず祖母に私が知ったことを何もかも話し、家に着くとすぐに、母や父や召使の女性や兵士にも同じことを話しました。それからベッドへ行くときには、あそこで独りぽっちで、具合が悪い（らしい）イエズスのことを考えていました。この思いがとても強かったので、夜中に時々泣きながら目を覚ましました。一緒に寝ていた祖母や、私の泣き声を聞きつけて走ってきた母に、私はイエズスさまがとても具合が悪そうで、独りぽっちで泣いているのが見えたと言いました。このことで二人は深い衝撃を受けたようで、私をもう少し──中世的でない幼稚園に移したほうがよいのではということになりました。私が恐れから病気になるのではと考えたのです。そうではなくて、私は愛の病にかかっていたのでしたが。

この初めての出会いから、イエズスとマリアの姿が消えることは決してありませんでした。とはいえ、私が冷淡だった時期もありましたが、それは私の責任です。でも本当の意味のイエズスから離れたことは一度もありませんでした。つまり、苦しむイエズス、贖い主のイエズス、悲しみの王としてのイエズスです。私に理解できたのは、衣が血で染まっていたことだけでした。そして、愛のためにすすんで苦しみを受けたイエズスを見ならって、イエズスを慰めたいと願うばかりでした。

親たちが私の新しい幼稚園を決めようとしていたころ、私は突然ひどい咳が出るようになりました。体じゅうが痛みましたが、いつもどおり幼稚園へ通いました。ずいぶん前から、私は少々具合が悪くても、いちいち気にしないように慣らされていました。そのことでは家族に感謝しています。たくましく鍛えてくれていなかったら、どうやってこの人生に立ち向かえたでしょう？　そんなわけで幼稚園へ通っていました。でも昼近くなって、どうみても病気のせいとしか思われない咳が出て、あっと言う間に非常に高い熱が出ました。幼い仲間から急いで引き離されると、残りの時間——つまり午後五時まで——園長先生の部屋で園長先生の腕に抱かれて過ごしました。園長先生の腕の中！　ああ！　あのシスターの腕の中にいられるなら、どんな胸の病気にかかってもいいと思いました。シスターはとても色が白くて、優しい方でした。あんな風に私を抱いてくれたのは、祖母と父を除いてほかにはだれもいません。そんなにも私は抱きしめられたかったのです!!

ウルスラ幼稚園にはもう戻りませんでした。病気は数か月続き、夏休みにトスカーナへ出かけてやっと回復しました。

一九〇四年の十月、私はマルセリーネ学院に入学しました。

私の聖霊降臨節《ペンテコステ》

その当時マルセリーネ学院の本校はクアドローノ通りにあり、私が間違っていなければ〝九月二十日通り〟に小さな分校がありました。それは魅力的で、陽気な小さな家で、太陽と花に溢れた庭に囲まれ、五月の夜明けのように輝く小さな教会がありました。ウルスラ幼稚園とは正反対でした。

シスターたちも異なっていました。ずっと楽しそうで、遊び好きの若い女の子たちといった感じでした。

小さな学園では、聖なる陽気さが行き渡っていました。校長先生だけが、そう、〝恐怖の種〟でした。非常に重い神経症で——後に精神病で亡くなりましたが——気分が異常に変化するのでした。ある日は私たちに何でも許したかと思えば、次の日には恐ろしいほど敵対的になりました。背が高く、とても痩せていて、黒い髪。大きくて黒く、ちょっと野性的な二つの目。私たちには大恐怖でした。よくベッドにいてくれたので助かりました。そういう日、生徒たちは——そして、たぶん生徒たち以外も——まるで悪夢から解放されたかのように幸せな気分でした。

私は一年生になり、成績はクラスで一番の天才でした。それというのも、家にはプロの教師の母と、愛に溢れる父がいて、二人がいつも私を導いてくれましたから、同じ年ごろの子供よりずっと多くを学んでいたのでした。

毎週土曜日に、私は良い成績表を家に持ち帰りました。それを見せると、父からはキスとご褒美をもらい、家族ぐるみの友人たちからは褒められ、女中や兵士からは立派だと言ってもらえました。私もアダムの子孫ですから、それなりのプライドがあり、褒め言葉や尊敬やキスやご褒美に無関心ではいられませんでした。母からも同じようにされることを望んでいましたが、母は「あんたはしなければならないことをしただけなんだから、べつに……」と言うのでした。それが母のやり方で、そのやり方について議論をしても無駄なのです。母も本当は「よくやったわ！」と言いたくてたまらなかったことでしょう。でも厳しい振る舞いが母のやり方ですから、それに忠実に従い続けました。アーメン！

本当のことを言えば、学校を変わったことは、うれしくもあり、不満でもありました。第一に、今でも愛しているシスターたちと別れるのは悲しいことでした。第二に、珍しい外国の果物とお菓子を売っている——私にとってとても魅惑的な——あの二軒の素晴らしい店の前をもう通ることができないからでした。

私は小さな美食家のようでしょう？　ああ！　私の人生についてお読みになると、私には大きな欠点が全部、まあ、全部ではないにしても備わっていると思われることでしょう。私は決して貪欲ではありませんでした。金銭に関する欲も、金銭よりも崇高ないろいろなものへの欲もありませんでした。私は神と隣人をとても愛してきましたから、愛情を出し惜しみすることは決してありませんでした。とはいえ、隣人からはキスされるよりも咬みつかれることのほうが多かったですが。知恵に関しても出し惜しみをしませんでした。どんなに出来の悪い友達でも喜んで助けてあげました。イタリア語の作文で、自分が書こうと思っていた題材を譲ってあげたことや、ほかの人の課題をしているのを教師に見つかって罰せられたこともありました。ここでも私は感謝すらされず、裏切られたのでした。「ほかの人の作文を盗用した」とまで言われる始末でした。でも、実際は全く逆だったのです。というのも、私は数学こそ苦手でしたが（小学校から中学校までずっと数学の成績は2、3、4、の間。6はお情けでもらっただけ。ときには0ということも）、イタリア語に関しては尽きることのない想像力に恵まれ、生まれながらに良い文体を持っていました。そんなわけで同じテーマを八つの異なるやり方で展開させる課題も、私にとってはゲームのようなものだったのです。そのほかの学科でも、私はとてもよく出来ました。だってほら、家で勉強の時間ともなれば、私の背後には恐ろしい女家庭教師がかまえていたのですから。完全に覚えていなかったり、宿題をものすごく立派にやらなかったりすると、罰を受けました。それはとても厳しいものでした。

　でも罰などなくても、私は自分の義務を果たしたでしょう。理由は一つ、プライドのためです。ほらね？　大きな欠点がもう一つ飛び出してきました。私は謝りたくなかったのです。そんなことは死ぬほど嫌でした。私の、そう、生徒として、娘としての尊厳が傷つくのですから。後に大人になってからは、犯していない罪についてさえ謝罪しましたが……でもそれは事情が違って、イエズスが屈辱という犠牲を私にお望みだと思ったからそうしたのです。やっていないのに言いくるめられて、へこむ気持ちもありましたが、心の中では分かっていました。つまり、人間的な見方からすれば、私はおばかさんですが、超自然的に見れば、その屈辱が私を持ち上げて、神に近づく梯子を上らせてくれるのだということを。

こういうわけで、私は謝罪しないで済むように、また父と祖母を喜ばせるために、義務を果たしました。つまり、私を導いてくれたものは二つあって、愛もその一つでした。ですから、もしプライドが咎《とが》められるべきだったとしても、愛は誉められるべきでした。優しいイエズスは、私がプライドに導かれていたとしても、「私が多く愛したがゆえに」、赦してくださったに違いありません。そして、私の枷《かせ》からプライドの糸を取り除いでくださったでしょう。プライドは、すべてを縺《もつ》れさせ、破壊させる悪い糸です。優しい愛の糸だけで永遠の平和という衣を織れるよう、愛の糸の山をつくってくださったことでしょう。そうお思いになりませんか？

私はおもちゃやキャンディを持っていない人にけちだったことはありません。キャンディも、おもちゃも、私にはたくさんありましたから。前にも言ったように、母は厳しい人でしたが、それは権威というものを勘違いしていたからです。この間違った考え方のために、母は一番愛した者をひどく傷つけてしまいました。でも私は繰り返します、「アーメン」と。もし、母は私を飢えさせたとか、寒がらせたとか、病気のときに面倒をみなかったとか、子供たちが大好きなもの、キャンディやおもちゃを与えなかったなどと私が言ったとしたら、それは嘘になるでしょう。ただ私は、何かを求めたりしてはいけない、とされていました。もしも求めたら、たとえその一分前に母がそれを私にくれるつもりだったとしても、もう何ももらえないのでした。

小さなエピソードをお話ししましょう。

ミラノの聖アンブロジオ広場では十二月の一日から十五日まで、おもちゃ、お菓子、骨董品の市が立ちます。骨董品の店に行くのはもちろん大人です。ランプや貴重品箱や絵画や鉄細工などの古いものが好きな大人たちが出かけます。でもおもちゃとキャンディの店は子供を引き付けます。ミラノ中の子供たちが、父親、母親、祖父母、おじおばたちに連れられてオベイ、オベイの市にやってきます（市の名前になった〝オベイ〟とは、キャンディやおもちゃを「なんて素敵」と言うときのミラノ言葉です）。ミラノ中の子供たちがプレゼントを受け取る「御子の」休日、つまりクリスマスよりも二十日ばかり前、これらの店の前には、どんなにか一年の夢や願いがひしめいていることでしょう？　実際には私がプレゼントをもらったのは聖ルチアの日でした。というのも、ヴェネト州とロンバルディア州の多くの地域では、プレゼントを配るのはこの聖なる殉教者とされていたからです。

でも市の話に戻りましょう。夢、望み、祈り…どのおもちゃがほしいか「御子」が分かってくださいますように…この一年間の小さなわがままやいたずらを「御子」が赦してくださいますように。本当にごめんなさい、二度としないと約束しますから…私たちって、永遠の子供だとお思いになりません？　約束したり悔やんだりしたかと思うと、また同じことをしてしまう。生きている間中、その繰り返しです。

父親、母親、祖父母、おじおばたちは、小さい子供があるおもちゃの前で急に立ち止まったり、感嘆の声をあげたりするサインを見逃さないようにして、どれがお目当ての宝物かを探ります。それはやがて「御子」の足元に置かれるか、クリスマス・ツリーにぶら下げられることになるでしょう。でもその場ではほかのものを買い、二時間後、日が暮れてから、狼のような速さで戻ってきて、目的の品を買って帰り、子供たちの第六感の及ばないところに隠します…鼻や目や耳がよくきく子供たちに、見つからないようにしなければ…

そんなふうに、私もあの日、母と祖母と女中と一緒に、この市に出かけました。一九〇二年十二月のことで、私は五歳九か月でした。たくさんの店の前を通り、ある店で私は真鍮《しんちゅう》で出来た小さな人形用揺り籠を見つけました。本物のようにちゃんと揺らすことができ、人形を寝かしつけるのにぴったりです。人形がまぶしくないように、ヴェールを吊るした支柱もついています。小さな敷き布団、枕、シーツ。まるで黄金で出来た天上の揺り籠——そう見えたのは、黄色くて光っていたからです。私は店の前で動けなくなりました。私の大好きな人形のために、その揺り籠がどうしても欲しかったのです。その人形は、洗いすぎて百合のように白くなっていましたが、私は「ロジーナ」という名前をつけていました。ファエンツァの家にいた優しい女中の名前で、結核で亡くなりましたが、この地上にはもったいない天使でした。

もしも私が母で、母が私だったら、娘の私が欲しがっているものをすぐさま理解しただろうと思います。その店には揺り籠と人形しかありませんでしたから。私は人形ならたくさん持っていて、それ以上ほしがるはずがなく、揺り籠は一つも持っていませんでした。でも母は観察力がまるでなく、というか鈍く、無言で語られる事実をいつも見過ごしたり、あるいはすべてを逆にとらえたりしてしまうのです。

私はそれまでなにか要求してはいけないことになっていました。というのも、子供は要求してはならない、値打ちのあるものであればなおのこと、とされていたからです。さて、その揺り籠は私にとって黄金でした。ですから私は欲しいと言わず、天使にお願いしました。私が欲しがっていることを母に伝えてと。でもその日、私の天使は小羊に「賛歌」を歌いに天上へ行っていたに違いありません。天国を懐かしんで——そのことで天使を責めることなんてとてもできません。私だって、これまで数え切れないほど、この世を忘れたくて天に向かって飛んだのですから!!!

母は少しの間立ち止まりましたが、それから私の手をつかんで、歩き出しました。何度も何度もぐるぐると見てまわり……その店の前に来るたびに、私が欲望のわなに捕らえられているのに、母は気付かないのでした。母は別のおもちゃを色々と提案しますが、私の心はますます沈み、のどの奥に涙をためながら、どれにも「いらない」と答えました。祖母や召使になら言えたでしょう……でもこれまでの経験で、たとえ母が彼女たちの願いを聞き入れたとしても、後になって「私を甘やかした」と彼女たちを非難することは分かっていました。私は欠点だらけでしたが、冷たい心は持ち合わせていません。人が苦しむのを見るよりは自分が苦しむほうがましでした。そういうわけで、私は何も言いませんでした。

母はとうとう、家に帰ることにしました……私の望みが地面に落ちたガラス玉か、十二月の空に消えたシャボン玉のように砕けてしまったと感じて、私は泣き出しました。母は私の「気まぐれ」に、すっかり憂鬱になっていました——母はそう言ったのです。そして、ヒーローの口も封じる勢いで言いました（哀れな小兎のような私に）。「決めなさい。欲しいものを言いなさい。買えるなら、買います。そうでなければ、なしです」。朝から晩まで、母から節約の必要性を説かれ、不道徳な欲を持ってはいけないと、がみがみ言われて育ってきた私に、どうして、どうして黄金の揺り籠が欲しいなどと言えたでしょう。私はいっそう啜り泣き、とうとう近くの建物、今ではカトリック大学になっていますが、当時は陸軍病院だった建物の玄関に引きずりこまれ、たっぷり平手打ちをくらいました。私は今でもあの揺り籠に憧れます……

私の人生はいつもこんな風でした。神だけが私の望みに応じてくださいました。ほかの人はできないとか、したくないとかで、私の夢を壊して投げつけました。そして、私はその残骸に嘆き悲しむのでした。

主題からかなりかけ離れてしまいました。でもかまいません。絵画において、中心となる画題のほかに背景が必要なように、このような脱線は私の人生を織りなす絵画の背景であり、周辺なのですから。さて、物語に戻りましょう。

私は物質的に必要なものは何一つ欠いていなかったと言えますし、むしろ有り余るほどでした。でも正直に告白しますと、物は少しでもいいから、もっと愛を表して欲しいと望んでいたのです。

母親とは、わが子に自分の意思を押し付けて、力を示しさえすればよい存在ではありません。とりわけ大切なのは、その子の一番の聞き役、一番の友達になることです。母親は、思い遣りと高潔さをもって子を観察し、導き、慰め、そのか弱い生き物に母の愛を感じさせるものです。まるで太陽のキスを受けて花が開くように、愛のキスで子の心を開かせます。

それなのに私の心は、母の厳しさにあって閉じこもり、霜にあたって萎れた花のようでした。母の愛に頼ろうと、ことあるごとに努めてきましたし、今でもそうしています。あんなにも苦しみ、あんなにも愛してきた哀れな私の心を開きたいのです。でも、いつも母の厳格さと権威主義という固い氷のような壁に衝突します。アーメン。このことでは絶望的に苦しみました……今もひどく苦しんでいます。でも、これも何か目的があってのことと、私には分かっています、イエズスがそうおっしゃるのですから……

私はけちではなかったと思いますし、無精だったことも今まで一度もありません。怠惰は私の敵です。怠惰とだらしなさ。私は軍隊式にかなり猛烈に育てられたので、朝早く起きることは全然苦になりません。食べられるときに食べ、飲めるときに飲みます。長旅を経験したおかげで、快適とはほど遠い旅の時でも、めそめそ泣かずに寒さに耐え、朝が早かろうが、ホテルのベッドの寝心地が悪かろうが、変わった料理が出ようが、体質の合わない食べ物や飲み物しかなくて栄養がとれなかろうが、気にならなくなってしまいました。靴の中の小石や、頭の上の重い帽子や、顔にかかる蜘蛛の巣など、ちょっといらいらする不快なものに動揺しなくなったのと同じでした。

休暇になると父は夜明けと共に私を起こし、海辺やアペニン山脈の斜面に私を連れ出すものでした。私に被造物の美しさや光のすばらしさを見せるためです。私は驚嘆しました。光は毎朝戻ってきては創り主の神のことを私たちに語ります。波は永遠なる神が定められたこの世の境界にいて、従順に歌っていました。私はそれに合わせて祈りました。父と出かける喜び、そして美の楽しみを、私は感覚のすべてで吸い込みました。それは壮大で、五感ばかりでなく超人間的な感覚をも刺激しました。早朝の起床は、私にはまるでお祭りのようで、ご褒美のようにうれしく、すこしも苦にならないほど、すっかり慣れてしまいました。いつも夜はたった二、三時間しか眠りませんでしたが、その眠りはとても深く、安らかで、体をすっかり回復させました。そこでは魂だけが寝ずの番をしていました。

でもこのことは後でお話しします。今は始めの話に戻りましょう。

ということで、私は学校を変わったことが残念でした。食いしん坊という極めて動物的な理由と、大好きなシスターたちと会えないという感情的な理由からです。また、亡くなったイエズスにもう会えないということも、私にとっては大きな悲しみでした。イエズスを失いかけ、それがイエズスを苦しめているように思えました。実際、イエズスの姿が少し見えなくなっていました。マルセリーネ学院にも沢山あったのですが——なんと言ったらいいでしょう？　ふさわしい言葉が見つかりません。実は私が消えてしまったのです。ところで、祖母のことを話していませんでしたね。

一九〇三年の十二月に祖母は亡くなりました。一九〇二年の七月、モンテカティーニの叔父のところに祖母と滞在していたとき——そこは川の水が音高く流れ、繁った葦が風にそよぎ、真昼時には蝉だけが絶え間なく鳴く、私の大好きな場所でした——祖母はいたずらっ子に怪我をさせられました。鋭い一撃を受けて、祖母のくるぶしは赤むけになりました。最初の石がどさっと落ちる音で私が振り返ると、わんぱく小僧が二番目を投げるところでした。祖母は青ざめ、靴と靴下を脱ぎ、水の中に入りました。すると水が血で染まり、祖母が私にかがみこんで、私の涙にキスしました。かわいそうなおばあさま！　それ以来回復することはありませんでした。

祖母は十一月にマントヴァへ行きたいと言いだしました。一八九九年に七日違いで亡くなった夫と姉の墓参りをしたいと言うのです。祖母が帰ってきたときには、前より具合が悪くなっていました。母はそれを無意味な軽はずみ行為と呼んで祖母を非難しました。いいえ、無意味なんかではありません。祖母は人生の終わりを予感して、ずっと完璧なパートナーであった配偶者の墓を最後にもう一度見たかったのです。

十二月十日――その日、学校がなかったので、木曜日だったでしょう――祖母は卒中に襲われました。私たちはちょうど食事を終えたところでした。母は貯蔵室へ降りていきました。だれも信用しない母はぶどう酒をデカンターに移しかえるのに忙しい兵士と手伝いの女を監督しに行ったのです。父は兵舎に戻る時間を待ちながら、新聞を読んでいました。祖母は台所へ行って何かしていました。いつも親切な祖母は、夕方から働きに来る女性が食事の後の乱雑ぶりを見ないで済むようにしてあげていたのです。私は祖母について行き、そばでおしゃべりをしていました。祖母は腰を曲げて丸太を取って、居間の暖炉用の木箱に入れていました。そのとき、祖母の顔がゆがんで鉛色になり、何か解らないことをつぶやきました。私は怖くなって、叫び声を上げました。父が走ってきました。祖母が床に倒れる寸前でした。あれ以来、私は眠っている人を見たり、起こしたりするときに、震えずにいられません。というのも、眠っている人というのは、あのときの祖母のような違った顔つきになることが多く、寝ている間に死んでしまったのではないかと思わされるからです……

祖母は二日半苦しみ、十二月十三日の夜明け、息子の死から正確に六年後に亡くなりました。それは聖ルチアの日でした。私へのプレゼントのなかには、小さな金の時計があって、結び目の形をした金の留め金から吊るされていました… かわいそうなおばあさま！　最後の記念品！　祖母は母の説教を無視して、私のために買い、永遠に消えない形見を残してくれたのでした。

私は物にあまり執着しません、とくに貴金属には。そこで、急な病気のために、私たちの金製品を現金に変えたほうがいいと母が言い出したとき、私は何も言いませんでした。でも父のチェーン・カフスと祖母の時計が売られたと知ったときには苦痛を覚えました。売るなら何かほかのものにしてくれたらよかったのに。やれやれ！

この悲しい時期のことは全部正確に思い出せますが、書かないことにします。というのも、思い出すのは私にとってひどく苦しく、書くスタミナを保とうとしたら、それはしてはいけないことなのです。母をこれ以上動転させせないようにと父にうながされて、私は悲しみを抑えました。私の心は涙で張り裂けそうでした。目からでなく、心の中で流して… 心の中で泣くことによって自分を抑えたのは、このときが初めてでした。最も辛《つら》く、最も知られずに。事実、理解されませんでした。母は私が苦しんでいないと言い、薄情者と断言しました… 神様、母をお赦しください！　一九〇二年十二月十日、あの寒い日の午後、私は死に始めたのでした。

父は遺骸に付き添ってマントヴァへ行きました。八日間の父の不在と私の惨めさ… 祖母も父もおらず、母と二人だけ。その母は自分の苦悩しか目に入らない… なんという、なんという苦しみ!!!　そして、母の病気は悪化して何か月も続き、もはや以前よりも手に負えなくなり、神経質になりました。なんと悲しい春！

一九〇四年三月十八日、私は初めての告解をしました。私のイエズスが死の眠りについている礼拝堂で。園長のシスター・ビアンカからの記念品を私は今でも持っています。

聖ヨセフ祭の前日——その年は祖母のジュゼッピーナがもう私たちのもとにいませんでしたので、とても悲しい祭りでした——聖ヨセフが私の魂を初めてキリストの〝御血〟の中に投じました。私が心から愛し、その傷口から力の限り吸い込みたいと思うあの最も尊い血です。二十七年後、私はその御血に私自身を差し出すことになります。私をイエズスと一つの犠牲の中に溶け込ませてください、イエズスがご存じの目的のために私の血がすべて一緒に流されますように、と願って。

さて、祖母の話はこれで済みましたから、マルセリーネ学院の話に戻りましょう。

一九〇五年の春、私は数人の仲間と堅信の秘蹟のための指導を受けました。公教要理《カテキスム》のクラスがあるので、学校にいる時間はそれまでの九時から四時ではなく、六時までになりました。

でもこの期間のことは、ほんのわずかしか覚えていません。あまりにも悲しく、麻疹《はしか》、猩紅熱《しょうこう》、水疱瘡と、ほとんど回復する間もなく次から次へと病気にかかっていました。思い出せるのは、スープの時間だけです。楽しい思い出ではありません。家族と一緒の時でさえ、私にとっては嫌な時でした。十三年間ずっと、あのぞっとするお米とキャベツの匂いをかがされたことを想像してください！　私は煮えすぎたお米を食べませんでしたが、匂いだけで嫌気がさしました。考えただけでも、匂って来るようです。それは聖霊を受けるための最大の苦行でした。食堂に行って匂いをかぐより、食べないほうがましでした…　でもそれが決まりでしたので、二か月間、がまんしなくてはなりませんでした。

お分かりでしょうが、私はそのとき、精神的に完全な混乱状態にいました。何もする気になれず、ぼんやりとしていました。もっとも、〝何も〟というのは精神に関してという意味です。そのほかの点では、同じ娘であり、それまで通りの生徒でした。いいえ、違います。私は嘘をつきました――がさつ過ぎるほどの率直さのせいで、この偽りに満ちた世界で、うまく前へ進めたことがなかったのです。

私はずっと病気でした。私は病気のとき、母がキスをしてくれたり、そばにいてくれたりしてくれることに気付きました。私が元気なときの行動とは、全く違います。そういう母は、私が思っているような、私が心の中でこうあって欲しいと願うような、母でした。それで私は思いつきました――病気になればいいと。運良く転んで右の肘をひどく打って擦りむき、薬と包帯による手当てが必要になりました。これにつけこんで、傷が治ってからも、夜となく昼となく掻きむしって、いつまでも母に優しく手当をしてもらおうとたくらみました。でもこのたくらみは、ある日、シスター・エルミニアに見破られてしまいました。少し頭のおかしい院長先生です。母に告げられ、私は罰を受けました。

嘘をついたのですから、罰を受けるのは当然でした。でも二人の教育者、院長と、とくに母は、私のちょっとした嘘の背景にある、よくよくの理由を分かってくれてもよかったのではないでしょうか？　私は長く悲しい告白をしました。私が正しいとは言いません。私がいけなかったことを認めます。でも、母のキスが欲しくてやってしまったと言ったとき、どうして私を信じたいと思ってくれなかったのでしょう？

私は信じてもらえませんでした。憐れんでもらえませんでした。私を世界と隔てる心の扉は、ますます低く下ろされました。それが完全に閉ざされるとき――もう私の人生は終りに近づいていますから――これは神のお計らいによるものだったのだと分かるのでしょう。神は私が神のみに結ばれるために、私をあらゆるものから引き離されたのです。

でも私は非常に苦しみました――頭のおかしな乳母のテレサが私の中に沸き起こり――私がなぜそんな

ごまかしをしたのかをまず調べることをしないで、私を非難した院長が大嫌いでした。その嫌悪はその後もしぶとく続き、次の学年になったとき、シスター・エルミナが神経と精神の病で療養施設に入り、新しい院長に交替したと聞いたときには、ああよかったと思ったほどでした。私がなんて立派な人間だったか、お分かりでしょう?

一九〇五年五月三十日に、私は枢機卿アンドレア・フェラーリ大司教の手で堅信の秘蹟を受けました。大司教は聖人だと言われています。私はそれを信じます。大司教の手はまさしく私に愛の霊を吹き込んだからです。それによって、聖霊と私の間の愛の絆は強められました。聖霊が私と共におられ、私を助け、優しく慰めてくださることを、私はずっと感じています。

あの日、朝七時に、私たちはクアドローノ通りにあるマルセリーネ学院の本校へ行きました。皆で白い服を着てヴェールをかぶり、列をなして礼拝堂へ向かいました。そのとき、落ち着きのないやんちゃな子が、火のついたろうそくを反対の手に持ち替えました、行列の外側から内側です。火は少女たちの軽いヴェールや髪のリボンに燃え移り、恐ろしい惨事になりました。私も炎に囲まれましたが、私だけ少しも影響を受けませんでした。無事だったヴェールは、今も私の家にあります。

火はいつも私を尊重してくれます。私は三回、炎に包まれたことがあります。最初は六歳のときでした。松脂がいっぱい入った小さなバケツが、うっかり火のそばに置かれて、炎が上がりました。女中はやけどをしましたが、女中のそばにいた私は何ともありませんでした。二回目が堅信式の日。三回目は十八歳のときで、アルコール・ストーブが爆発し、炎が天井に達しました。私はその中で、両手で顔を覆いながらじっとしていました。やがて、温度が少しずつ下がり、完全におさまってみると、私は髪の毛一本、服の糸一本燃えていませんでした。どうやら私は火に愛されているようです。あちらの片思いですが。というのも、私は火がとても怖く、煉獄のことを考えるだけで震えてしまうからです。私が好きなのは愛の火だけ。ああ、まさにこれこそ望みです、どうか愛の火の熱が、私を完全に溶かしてくれますように!!!

というわけで、私は聖霊を受けました。聖霊が私に下り、確かに種が植えられました。でも、しばらくは気がつきませんでした。むしろ、その日はとても長ったらしい一日でした。ひどい始まり方をして、どんどんひどくなり、最後にはなんと、劇場へ連れて行かれました――レスリングの試合があったのです。堅信の代母だった伯母が、どうして私をあそこへ連れて行ったのか、いまだに自問しています……大人はときに、子供よりよほど一貫性に欠けるようです。ある記憶が、ぼんやりとした光の中で、灰の味と共に生涯にわたって残るということを、思ってもみないようです。やれやれ！

そう、私のキリスト者としての堅信は、このようにして執り行われたのでした。

大人の友達

私は一人っ子でしたから、家族の中に遊び相手は一人もいませんでした。母はほかの家へ決して遊びに行かせてくれませんでした。それで私は同じ年ごろの友達なしで育ちました。私の仲間は学校友達だけでした。学校の門を歩いて出ると、翌日まで友達はいないのです。

でも、私には「大きい」、つまり大人の友達が何人かいました。彼らは父の友達で、ほとんどみな独身で未婚の孤独な環境にいたので、家庭の温もりを求めて、しばしば私たちのところを訪ねていたのでした。

もちろん、みんな軍人でした。彼らはとても優しく、私をとても可愛がり、私も彼らが好きでした。とはいえ、父との散歩の途中で彼らに会うと、散歩が台無しになってしまうので、心底がっかりしました。なぜって、私は彼らの真ん中で細心の注意を払って真剣に歩かなくてはならなかったからです。騎兵隊の長いサーベルにぶつからないよう、あるいは自分の小さな足を彼らの拍車で傷つけないように。そして重々しい話にも耳を傾けなければなりませんでした。武器、戦術、省令、議会の最終会期、元首——たとえばアンドラ共和国の大統領——の訪問といったことなど、どれも靄のようで退屈でした。でも、私は彼らが好きでした。彼らが私を好いてくれていて、私の大事な父をとても愛してくれていると感じましたから。だから私は、父を愛してくれる人びとのことを、自分のことよりも大切に思いました。また、父の上官の人たちもいました。大尉、少佐、大佐といった人たち。

父の連隊、第十九軽騎兵連隊には、どの騎兵連隊でもそうでしょうが、称号や富を持つ人が沢山いました。富だけだったり、称号だけだったり、同時に両方持っている人も。この人たちは、素晴らしいサラブレッドや純血種の犬や小山羊を飼っていて、エルトリアの猿さえいました。本物のノアの箱舟のようで、私はとてもゆったりした気持ちになれました。私と生き物の間には——ネコだけは私を見るとすぐ目に飛び掛って来るので例外ですが——どんな生き物とも心が通う、すばらしい友情がいつもあります。

ところで、日曜日の朝は、父が私をミサに連れて行ってくれました——祖母の死後は父がこれを引き受けたのです——ミサの後、父と兵舎に寄るのが、うれしくてなりませんでした。縁飾りつきの服を着た大きな男たちは、みんな私にとってお父さんでした。ある人は、動物の子が生まれたから見においでと兵士を差し向けて、生まれたての一腹《ひとはら》の生き物を私に抱かせてくれました。またある人は、夜中に生まれた雄の子馬のところに連れて行ってくれました。子馬は不器用に頭をぶつけながら、母親の乳をむさぼるように探していました。別の人は、立派なスパニッシュ・グレイハウンドを口笛で呼び寄せました。犬は飛んだり跳ねたりして走ってきて、私の足元に横たわったので、私はその絹のような毛を撫でさせてもらいました。グレート・デーンほどもない小型のロバの背にひょいと私を乗せてくれた人もいました。自分の気に入りの馬にやる砂糖を私の手のひらに置いてくれた人もいました。それから二匹のチベットの小山羊もいました。真っ白な毛が地面まで届くほどで、とても賢く、私の姿を見たり、声を聞いたりすると、メーメー鳴きながら走ってきて、ピンクの小さな顔を私の手の中に突っ込んで塩を探すのでした。私は彼らが大好きでした。

　独創性の見本のような中佐でさえ私を可愛がってくれました――アルプスの南麓《キサルピナ》の最も古い貴族の出で、がちがちのピエモンテ人でした。だれにでもピエモンテ方言で押し通し、たとえ相手がナポリ人でも、すぐに分かって当然だと思うのでした。仲間から崇められたり罵られたりするためにこの世に来たような人、上官としては、戦争で銃殺刑が正当化されたら真っ先に兵卒から銃を向けられるような人でした。とても裕福で美男子でしたが、長子相続法のために結婚していませんでした。そしてそういう独身者につきものの欠点をすべて具《そな》えていました。それでも私には優しく、神学校の監督教官のような慎みの態度を示すのでした。タルモーネ・ウェファースが私のためにすぐに用意されました――「子供が食べてよい唯一の甘いもの」と中佐は言うのです。私は言われたとおりに食べなければなりません。葉巻形、くるみ入り、サクサクのコルネットにチョコレートが入っているものなどがありました。中佐の蓄音機と素晴らしいレコードも、いつでも使わせてもらえました。それどころか、私の体調が悪い時には家に届けてくれました。中佐の立派な厩《うまや》もすぐに開けてもらえました。そこでは三頭の馬が体を震わせていました。元気いっぱいの腕白馬と年取ったジーナ。ジーナは、雪のように真っ白なアラビア種で、若いときには中佐のお気に入りでしたが、もう目が見えなくて、引退させてもらっていました。中佐がイタリアをあちこち移動するときにもジーナは一緒でした。ジーナが板張りの壁に当たって怪我をしないよう、ジーナを入れる箱の内側にはパッドが張ってあったそうです、この人は仲間を困らせたかもしれませんが、生き物に対しては、最も憐れみ深い人でした。

また、足の悪い狐も飼っていました。カンパーニャ地方で狩りをしているときに捕らえたそうです。だれにでも咬みつく恐ろしい野生生物で、ご主人と私にしか懐《なつ》きませんでした（私にはほんの少しだけですが）。大佐は聖人でした。同じくピエモンテ人で貴族でしたが、とても高貴な出で、中佐とは正反対の人でした。一方が嵐だとしたら、他方は凪でした。一方は兵士たちの父であり、他方は調教師でした。でも二人とも、私には同じようによくしてくれました。

それから兵士たちがいました。「兵士」と聞くと、半分ならず者で、自堕落な人たちばかりに違いないと思う人もいるでしょう。そういう人は、軍隊がイタリア人の息子たちで成り立っていることを忘れているのです。私は軍人の徳について議論するつもりはありません。とりわけある種の徳について。でも、長いこと彼らと関わってきたなかで、私は一度も彼らの口から慎みのない言葉や会話を聞いたことがありません。粗暴な行動を見たこともありません。これは心から言えます。むしろ、女性に関してのほうが、はるかに不満があります。これについては後でもっとお話しします。

兵士たちはみな、私にとって立派で善良な若者たちでした。みんな喜んで彼らの馬を私に見せに連れて行ってくれました。遠くにいる彼らの女友達からその朝届いた葉書——恐るべき挿絵の——を私に見せて、それを読んで返事を書いて欲しいと私に頼むのでした。それが私にとって、どんなに自信になり、名誉なことだったか、お分かりでしょう！　私は天才補佐官なのでした！…

遠く離れた故郷からの果物を私にくれるときの、なんと嬉しそうだったこと！　私のために一生懸命に造ってくれた、素朴で精巧なおもちゃの数々。キリスト誕生の場面の小さな登場人物たち。小さな椅子とテーブル、これは今、私のベッド脇にあって、仲良しの兵士の一人を懐かしく思い出させてくれます。巣から落ちたスズメの雛を持って来ることもありました。私が小鳥に夢中なのを知っていたのです。そして十二月には、女性の髪の毛のように細くていい香りがするすばらしい干草を持ってきてくれました。聖ルチアのロバのためです。それは大佐の干草だと言って私を安心させました――私は聖人の小さなロバが、私たちの大佐の厩から持ってきた干草を食べることができると考え、心がすっかり穏やかになるのでした。私たちの大佐は、私には特別でした。なぜって、白と空色という、聖母マリアの色で連隊を指揮していたからです。退屈な社交的訪問よりも、兵士たちといる方が、間違いなくずっと楽しいことでした。社交の場で女性たちは、出産や病気やあれやこれやについて話していますが、子供がいつも、聞いていないようでも、耳をそばだてていることを忘れがちです。子供の無垢な心に対しては、ある種の早まった暴露を控えることが望ましいでしょう。同様に、心と頭脳がまだしっかり形成されていないうちは、「訪問」の時間に居間で交わされる、陰口と無為に溢れた会話から遠ざけたほうがよいでしょう。

私はいつもそうした訪問が嫌いでした！　成長するにつれ、ひどく内気になっていたので、あちらこちらへ連れて行かれて、人形のように座らされ、母の厳しいまなざしに監視されるのは、辛いことでした。母は私がばかのように見えることを気に病んでいましたが、私がばかになるのは、母の魔法の薬のようなまなざしが怖いからだということが分からないのでした。

母と共に店を見て回ることさえ好きではありませんでした。仕立屋の仕事場から帽子屋へ走ったり、生地を展示したショーウィンドーの前で長いこと立ち止まったり（十字架の道行きでもないのに）、あっちだこっちだと行かされることにうんざりしました。公園や庭園を散歩する方が好きでしたし、アッフォーリ（当時は全くの田舎でした）へ行く方がまだましでした。でも母はそういうところへは、ほとんど行きませんでした。母はしょっちゅう何かの病気にかかっていました。自分の「痛みと苦痛」に大変な注意を払っていますから――いつもずっと――病気はますます重大な意味を持つのでした。

そこで私は父と外出しました。なんと素晴らしい散歩だったことでしょう！　晴れた日には野外に。冬の数か月には美術館に。お父さんはなんと物知りだったことでしょう！　それから特別の旅がありました。春休みには湖水地方へ、クレモナ、マントヴァ、ヴェローナ、ヴェニスへ行き、夏にはトスカーナへ行きました。そのときは母も一緒でした。父と母の間で私は幸せでした…　でもそれはまれにしかないオアシスでした…　もっと詳しく話しましょう。

幼い少女である私には、私たちと同じ建物に住んでいる老婦人以外に友達がいませんでした。その人はパーチェという名前で、ご主人はロメオと言いました。彼らの家庭はまさしく平和でした。互いになんと愛し合っていたことでしょう！　一階に文房具店を開いていましたが、当時店をやっているのは甥でした。子供がいなかったからです――それが彼らの唯一の十字架でした。一番きれいな写し絵は私に、一番美しい絵と一番輝いている教科書カバーも、私のものでした。

ミラノで博覧会が開かれたときには、動くとめまいがする――「なんか変な気分になる」――と言って外に出たことがなかったパーチェが、私に対する愛情に駆られて外出し、私を会場へ連れて行ってくれました。そのときの私は、まるで小さな賢人のように、親切で無邪気な老婦人を導きました。私の祖母に似た懐かしい人、今でも好きです。

ほかに友達がいなかったと言いましたが、間違えました。屋根裏部屋に年寄りの貧しい女性が住んでいて、二人の女中――ひとりは延長休暇中――の不在を埋めるためにパートタイムで働きに来ました。母は彼女をずいぶん援助し、重い病気のときには世話をしていました。母にも良いところがあると言えるのは嬉しいことです。気の毒なサンティーナ！　彼女の夫も歳を取っていて大酒呑みでした。たった一人残っていた娘は結婚していて数人の子供があり、私たちの向かいに住んでいましたが、洗濯の仕事で疲れきっていました。

母親を愛していましたが、やはり貧乏でした。

私はよくサンタの屋根裏部屋へ行きました。みすぼらしい部屋でしたが、とても清潔でした。大酒呑みは、昼間は絶対にいませんでした。そこで私は幸福を感じました。というのも、小柄で清潔なその老女は、祖母を思い出させてくれたからです。私は彼女の腕の中に飛び込み……それから彼女の小さな孫たちと遊びました。

私は謝ることが嫌いでプライドが高かったかもしれませんが、慎ましい人たちのことは、とても好きでした。私は貧乏人、大衆、無知な人などを軽蔑したことはありません。財産と地位において私と同等、あるいは勝っている人たちが頑迷だったり気取り屋であったりすると、そのことを悩みました。

私は気の毒なサンタと彼女の小さな孫娘が好きでしたし、彼らに何かおみやげを持っていけると満足でした。私の人形で遊びました。そして孫娘のサンティーナは、いつも料理をしたがりました――果物やドライ・フルーツ、砂糖菓子、チョコレートなどのご馳走は、後で必ずサンティーナが食べることになるのですから。私はむしろお母さんごっこの方が好きでした。私にはいつも母性本能があり、子供が欲しかったのです……あるいは看護婦さんごっこ。私は看護の素質もありました。私がたくさんの人形の頭や足や目にとても上手に包帯を巻いて、「戦争が起きてみんな戦争で怪我をしたの」と言うのを見て、家庭医は笑いながら感心していました。なんと悲しい真実の予感！　でも私は小さなサンタの望みに従って、料理ごっこをして遊びました。

私は女中たちも好きでした。私は愛情が深くて、いつも愛撫されたがっていました。そのほうが食べ物よりもずっと必要でしたから――自分について良いことも悪いことも言うようにとのことなので言いますが、私は穏やかで落ち着いていていて謙虚だったため、家庭内の召使たちから非常に愛されていました。そして私も彼らを大好きでした。

　実を言うと、私はいつも草の葉のように母の足の下に押さえつけられていました。母は、まだ地上に出たばかりのようなちっぽけな私が、主人らしく、尊大に振る舞うことを望みました。でも私は、持って生まれた性格から、そんなことはできませんでした。また召使たちを鋭く観察して、あることに気付いていたのです。召使たちは、母がいるときは、確かにきちんと使用人らしく振る舞います――そこで私は、みんなにそうではない振る舞いをさせようとしました――が、彼らはいつもできるだけ早くその場を離れようとするのでした。父の場合は、物事は全く別の様相を呈するのでした。父はとても我慢強く、陽気で、傲慢なところがなく、まさに謙遜そのものでした。親切な父は兵士の数を減らすのに苦労しなければなりませんでした。みんな父の指揮下にいることを望み、割り当てられた任務が終了した後も、引き続き同じ上官につきたいと志願するのでした。私は親愛のこもったまなざしと、彼らの素朴な心から湧き出る愛情による自発的な行動に、気がついていました。彼らは愛されていることを感じ、命令ではなく希望に従っていたのです。というのも、父はとても良い人で、決して命令しないのですが、父のほんのわずかな希望でも、それが表されるや否や、すぐに行動に移されるのでした。愛されていたからこそ分かるのであり、愛の先見によって推量されるのでした。私は父のようになりたいと思いました。好きな親のすることはすべて素晴らしく見えるという、娘の模倣精神が働いたのです。また私は、父と同じ心を持っていたので、父のようになることは難しくありませんでした。一方…母のようには、全くなれませんでした。

　そんなわけで、私は女中、当番兵、みんなに親切にし、愛情を持ちました。彼らのもとに逃げ込み、抱いてもらい、遊んでもらいました…母はしばしば忌まわしい社交的な訪問に出かけていました。母が私を連れて行かないことはよくあって、それは私には何よりも喜びでした。というのも、前にお話したように、訪問は私には苦痛そのものだったからです。私は女中や兵士と一緒に家に残っていました。なんと素晴らしい、平和に満ちた時間だったことでしょう！　いかにも田舎の単純な人びとでしたが、親しい女の子たちが何人かいて、私に情愛の宝物を差し出してくれました。また美しいおとぎ話や、彼女たちの町の伝説、自分の家で弟や妹たちを喜ばせる簡単なゲームなどを総動員して、私の気持ちを引き立ててくれました。

兵士たちもまた…私のおもちゃが壊れると、何でもお医者さんのように直してくれたり、新しいおもちゃを造ってくれたり、キリスト誕生の場面のための枝やベンケイソウを集めてくれたり、私の小動物を増やしたりもしてくれました。

でも前にも言ったように、もし私が兵士や女中たちについて良いことしか覚えていないとしても、私が見てきた長い過程では、異議を唱える余地がある者もいて、たとえイエズスが赦したとしても非常に大きな害を私に及ぼしたかもしれないということも言わなければなりません。

ある者は私に盗みを教えました。文字通り、盗みを。彼女は母が出かけるのを待って、「あれとこれを取って、私に渡して、でもだれにも言わないで」と言いました。値打ちのある物は何もありませんでした。というのも、母はあらゆる物を戸棚にしまって、鍵を掛けていましたから——小さな糸巻と糸、甘い物、ドライ・フルーツ、リキュールなどしかありませんでした。私は彼女がそれらをどうしたのか知りません。要するに、彼女は私に盗みを教えたのです。

もう一人は、全くの無知から、私にふさわしくない事柄を話題にしました。私は全く無知だったので、その話題を深く把握できませんでしたが。大人になってからその意味を理解し、その話を聞いたことを思い出しました。

私は「全くの無知」と言いました。そうです、私はばかではありませんでしたが、無垢でした。私は幼いころから鋭く観察する力と、しっかり記憶する力を持っていました。ですからあらゆることを心に留め、あらゆることを分類し、あらゆることを理解していました。

学校では年齢の割にずっと先に進んでいました――十三歳と数か月で中等科と専門科の両方を終えていたことをお考えください。後でその理由を話しますが、私は辞書に親しまずにはいられず、辞書から離れていると心が落ち着きませんでした。辞書と『神曲』が現実の人生の動物的な面を学ぶ学校として役立ったというのは本当です。しかも――神に賛美――結果として心を乱されることは決してありませんでした。私たちの獣性のあらゆる面が目の前にさらけ出されましたが、私は動揺しませんでした。身体的な法則や器官の仕組みを発見しても、花の開花を見ることと同じように心は平静でした。

あなたが私にくださった聖母マリアの生涯についての本を最近読みました。処女の慎ましさを傷つけるあらゆるものを処女マリアから隠すために、永遠の神がどんな奇蹟をなされたかが書かれていました。私の場合も同じように、善良なる神は、「永遠の愛で私を愛してくださっているが故に」、私を絶えず見守ってくださっていますから、人間存在の暗い部分を壮麗なヴェールで覆うという奇蹟を行い、不純なものを純粋なものに、不愉快なものを愉快なものとなしてくださいました。私は兄弟も同じ年ごろの友達もなく、女の子一人で純真無垢が保たれる家庭で育っていましたから、もし容赦なく知らされたなら、衝撃を受けたところでしょうが、そんなこともなく受け入れることができました。

一つ、エピソードを思い出しました。それは学校でのことで、私はもう十二歳になっていました。その年――平和な私の学校で、まるで革命のようなことが起きるところでした。それはまさに、一人の少女が引き起こした騒動で、彼女は当時十七歳、大家族の中の一番上の娘でした。

私たちは『婚約者』を読んでいました。そのクラスには二十人くらいの生徒がいました。ほかの者には何事も起きませんでしたが、でもその少し頭がおかしい気の毒な娘には、モンザの修道女に関する章は、火薬樽に投げ込まれたマッチだったようです。彼女は何かに憑かれているように見えました！　子供が私たち女から生まれるのなら、それはどうやって起きるのかと、私たちみんなに聞きました。仲間たちが何と答えたのか分かりません。クラスの予言者として質問された私は、聖書の原文通りに答えました。「当然のことよ！　アヴェマリアのお祈りでもそう言っているじゃないの？　何か特別なことがあるの？　イエズスがマリアさまからお生まれになったとしたら、それは私たちが私たちのお母さんから生まれるというしるしじゃないの！……」。そしてそれでおしまいでした。

私はほかのことは何も考えませんでした。ある程度詳しいことを知るようになったのは、学校を出てから長い期間を待たねばなりませんでした。実際、この病気になってからそういうことが分かるようになったのです。私の手柄？　いいえ、善良なる神から惜しみなく与えられた恩寵のおかげです、これは私が自慢できることではなく、ただ感謝あるのみです。

ところで、女中の話に戻ると、私はいつも、もし私が母親だったら、娘を自分の近くに、愛情を持って、もっと近くにおいて、娘がふさわしくない人間と会話をしたり、指示されたりすることがないように気を付けただろうと考えてきました。成長途上の者と接する大人には、常に慎重さと徳が求められますが、だれもがそれを備えているわけではありませんから。

子供たちのためには、なんと気配りが求められることでしょう！「彼らの天使たちはいつも神のみ顔を仰いでいる」ということをいつも忘れずにいられたら、なんと良いことでしょう！　けれども、大人、とくに女たちは、注意が足りません。会話、新聞、置きっぱなしの本——子供に見せるべきでないものが手の届くところに——、演劇、ファッション、子供のいる前での無思慮な着替え。子供は大人よりよく見ています、よく聞いています、よく考えています！　もう一度言います。

私がどれほど気を付けていたかというと、私の近くに連れて来られた子供の純潔には、いつも几帳面なほど気を配っていました。最近も三歳半の自分の息子の前で、私を診察しようとした医師に、私は強く言いました。医師は小さな人形で遊んでいる息子に知られないように、それとなく「子供には分かりませんよ」と言いました。「それでもお断りします」と私は答えました。

神は多くのことで私をお叱りになるかもしれませんが、詳しく調べてみても、私が無垢な者を傷つけるような行動をとった弁明を求められることは、あり得ないと心から思っています。だれの純潔も傷つけてこなかったという確信もまた、私の心の甘美な安らぎになっています。私は永遠の港、つまり、私の人生の頂点に到着しつつあると信じていますから、来し方を振り返って、「私はだれかの堕落の原因になったことはない」と心から言うことができると思います。もし間違ったことをしたとしても、それは自分自身に対してだけで、外には影すら現れなかったでしょう。私がそう心がけたのは、人間的な評価を心配してのことでなく、ほかの人の魂を尊重するからです。魂に対しては、その持ち主が大人であろうと子供であろうと、正義の人であろうと罪人であろうと、神の御業として、常に尊重してきました。なぜなら、死すべき人間に完全に聖なる者がいないように（絶対的な聖は神だけです）、死すべき人間に完全な罪人もいませんから。ですから、私は人びとの心に新たな悪のかけらを持ち込むことがないように、もし相手が純真な心であるなら、最初の悪のかけらを投げ込まないように、注意を払ってきました。

私は他人の無思慮によって攻撃され、傷つけられ、泥水をかけられました。すると、または自分で起き上がり、治療し、洗わなければなりませんでした。そう、自分でです。ほかの人間はだれも助けてくれませんから。ご存じのとおり、私の中での神の御業は、押し付けではなく、援助でした。体内に細菌が入ったよりも気付きにくい、とてもゆっくりとした侵入でした。最初の呼びかけで私がすぐに応じましたので、それ以上進むことはありませんでした。

雪崩のことを考えてみましょう。もし、最初の雪片が旋回運動を始めなかったら、そしてその動きに山腹全体が続かなかったら、雪崩は起きません。神と私は雪崩を起こしたのです。神が最初の雪片でした。そこへ私は最初の一押しを加えました…するとどんどん大きく早くなって、雪崩となりました。その結合は、神の深淵への下降であり上昇です。その過程において、被造物である人間は消滅し、神の子として生まれ変わり、愛と苦悩のうちに永遠の生命を生きることになるのです。

親しいものたち

創世記によると、神は人間に仕えるものとして動物を造られました。私はそれに人間を慰めるためにと、付け加えたいと思います。

そうです。人間は、神の思し召しによって大衆の凡庸さから外れれば外れるほど、仲間からの無理解に苦しむことになります——大衆とは、満腹した動物や繭の中の昆虫を思わせる、特色も魅力もない人ばかりの集団です。彼らは、努力せずに無難に生きるためだけの日課で満足しています——ですから、そうでない人は、この世の動物、あるいは天上の神に避難場所を求めることになります。そして、この両端の間をあちらへこちらへと、ほかの人たちをやり過ごしながら行き来して、自分の布を織るのです。その苦難は、織工がアザミの実で羊毛を梳《す》く根気のいる作業よりも、ずっと大変なものです!

仲間たちは…なんといつもアザミのようにとげとげしいのでしょう。こちらが愛情深く、慎ましく、傷つきやすい性格だと見ると、あちらはますますとげとげしく振る舞うのです。こちらを嘲り、踏みつけ、傲岸に命を脅《おびや》かします。人間的に言うなら、ここは横暴者、冷酷者、非常識者、嘘つきが通るための道なのです。

超自然的に言えば、そうではありません。私たちこそ本当の勝者です――私たちは成功に必須の自己中心的な生活ができないため、まるで人生の敗者のように見えますが――自分を犠牲にすることによって、時間に限定された小さな人生ではなく、永遠の夜明け、永遠の真昼の生命を勝ち取るのです――それこそまさに、永遠の太陽の軌道と光の中でいつまでも続く、至福に満ちた真昼です。

でもそこに至るにはどれほどの嘆きがあることでしょう！　なんて冷たい！　なんて寂しい！　なんて苦しい！　なんてたくさんの涙！　あとからあとからやって来るたくさんの死！　自分の幸福のためにわが身を殺したり、他人の悪意によって殺されたり！　徳のための高潔な死は、神の死やアダムの罰である肉体的な死の多さに比べれば、ずっと、ずっと、ずっと少ないのです。

そこで私たちは、重い心で涙にくれながら周りを見回します――すると、人間仲間たちからの熱意のない、あるいは敵意のまなざしの代りに、小さな生き物たちの忠実なまなざしに出会います。隣人からはキスを拒まれたり、偽りのキスをされたりするでしょうが、動物たちは心から挨拶してくれます。隣人を愛撫し抱擁するために差し出した手が、拒まれてむなしく空をつかむとき、その手は動物たちへの愛撫に向かいます。動物なら、自分を愛してくれる人を決して拒まず、純粋な愛情で答えてくれますから。

幸福な人には分からないでしょう……でも幸福になったことがない人なら、最悪の孤独――心の孤独――の中に独りぽっちでいるときに、動物がどんなに心からの慰めになるかが分かります。

私は動物を、神の創造によるものとして、私の人生における慰め手として、とてもかわいがってきました。

私の人生は、決して幸福ではありませんでした——もちろん人間的な幸福という意味ですが。私はあまりにも多くの事物による囚われ人でしたから——というのも、人は物質的な牢獄の外にいても囚人になり得ますから——私はすべての囚われ人がそうであるように、動物が大好きです。動物たちは、私の長い囚われの期間を通じて、色々な面で、私の友であり慰め手でいてくれました。大げさなことを言っていると思わないでください。私はとても、とても苦しみ抜いてきました。そして、あなたが書くようにと私に勧めて下さったこれらのページを通して、私の苦しみを、手短にですが、説明できたらと思います。

私はとても苦しんできました。ぱっと見には、そんなことはあり得ないと思われるでしょう。一人娘で、どちらかといえば裕福で、二十歳まで健康に育ち、両親は健在で——表面的には十分に調和が取れているように見えるでしょう。私には何が欠けていたのでしょう？　何も。でもほんとうは何が欠けていたのでしょう？　あらゆるものです。私に必要だったあらゆるもの——それは、大きな、大きな、大きな母の愛でした。

私におもちゃやお菓子や遊びが与えられるとき、仰々しく予告され、そっけない冷ややかな態度で渡され、あるいは、もっと悪いときには家庭内で不機嫌な空気が生じるとしたら、そんなものをどうして大事に思えるでしょうか？　私は、貧しい子供たちが母親の腕の中でパンのかけらを食べていたり、母親が愛情をこめて工夫して作ったぼろ人形で遊んでいたり、陽の当たる脱穀場や、両親の愛情が太陽のように溢れる家庭で、子供が幸せに育てられていたりするのを見て、どんなに羨ましく思ったかしれません！

「だれも彼女の城を羨まなかった。彼女の揺りかごは消えそうな火のそばで、揺れていたから」とパスコリは言っています。何年も前に習った詩なので間違っているかもしれませんが。私の場合で言うと、「見たところ幸福そうな私の生活を、だれも羨まなかっただろう。貧しくても愛のある家庭を持っている人なら、私の家の実態が見通せただろう」ということです。

ですから私がこれほど熱心に動物を愛するようになったものも、驚くことではないのです。鳥、犬、カメ、鶏、鳩、ウサギ…遊ぶときも、淋しいときも一緒だった友達。人形よりももっと、喜びと悲しみを与えてくれた友達――「生きて」いるゆえの喜び、死んでしまうゆえの悲しみ。どの死も、悲劇でした…

家の「支配者」であり、「独裁者」でもあった母は、そのたびごとに通告しました。「今度犬や鳥を連れてきたら、怒りますよ。」すると私の愛情は、若鶏や鳩やウサギに向かいました…結果として、二倍の涙を流すことになりました。というのも彼らの運命は、焼き串か鍋に行くとあらかじめ定められていましたから！…

そして妻の怒りに挑む父がいました。父は士官のだれそれから私への贈り物だと言って子犬を、あるいは大佐から私に育てて欲しいと言われたと、小さな鳥を持ち帰りました。とても誠実に人を愛した父は――私もそのように慣らされましたが――かわいそうな小さな娘と、夫婦の平和を両立させるために、こんな方法を編み出したのでした。これなら、私の愛情への渇望と、娘を満足させる自分の喜びと、妻の意思とに、折り合いをつけることができたのです！

母はよく騒動を巻き起こし、その不機嫌は際限なく続きました。父は静かに耐え、私は啜り泣きました…でも私が泣くとき、私の顔の下には小犬の頭やスズメの小さな羽がありました。すると小さな動物は、優しい舌で涙を乾かしてくれたり、まだ柔らかい雛鳥の嘴が涙の雫を飲んでくれたりして、涙の苦さを薄めてくれました。

こうしたことは、経験した人でなければ「ばかばかしい」と言わずに理解することはできないでしょう。動物の次には花でした。私はいつも本当に花が好きでした！　窓辺の花瓶に挿した花、あるいは緑の田舎道で摘んだ花、みんな私の喜びでした。

　花に関しても、父が私の先生でした。一輪の花でも無関心に通り過ぎることなく、慎ましいデージーをも、珍しい蘭をも、とても賞賛する父でした。私は父から、花への愛を学びました。花は神の数限りない傑作です。その色彩と香りで地上の泥沼を覆っています。ちょうど星が天空を宝石で満たすのと同じように。星は天の花、花は地上の星です。

　田舎へ出かけると、父は本当に沢山の花を摘んでくれました！　私の頭に花冠を載せ、腕いっぱいに抱えさせ、常に新しい美しさを説明してくれました。これはまだ蕾だとか、まだ蜂にも露にも汚されていないとか、あるいはこれはもう満開で、蝶にキスされたり、太陽に当たったり、雨に洗われたり、青白い星の光を浴びたりするのだと教えてくれました。このあらゆる美の中に、創造主の御業を見るようにと、父は私を促したのでした。この美は、神が人間のまわりや足元に、御手ずからまき散らしてくださったものです。人間は、神がご自身の息子をお与えになるほどまでに愛してくださった荘厳な被造物です。その御子をこの地上で見る人は、ほんのわずかしかいません（私にとって見ることは愛することですが）。父は自分の言葉を裏付けるためと、また私の芸術的な性質を自然に察したために、散文や詩の一節をたびたび引用してくれました。特に詩は、創造の美をさらに解説し、すべてを造り出した神の痕跡を際立たせるものでした。

　動物たち、植物、夕暮れ、夜明け、なんとも無垢で清らかな月夜、感動に満ちた星空。そして、ハマヒルガオ。あなたたちは小さな波音に合わせて囁き、真夜中に疲れたため息をつき、あるときは悪魔の笑いのような咆哮と共に岩礁を叩く。それからあなたたちは、イタリアの紺碧の湖、丘陵、平野、山々——みんな神によって造られた、美しいもの。私の十年の隠遁の間、私が愛し、私を愛して、訪れてくれたあなたたち。私はあなたたちを大いに愛し、観察し、研究しました。心の目で今も見ています——あなたたちに祝福がありますように。私に喜びを与えてくれたあなたたち、私に信仰を与えてくれたあなたたち。また永遠の美への希望を与えてくれたあなたたちは、祝福されますように。あなたたちは、今はまだ永遠の美の反射にすぎませんが、私の心にそれを注ぎ込んでくれました。また、あなたたちの愛は祝福されますように。あなたたちは私に愛をもたらし、愛によって私をあなたたちに結び付けてくれました。私の父は、愛をもってあなたたちを愛し、私があなたたちを愛するように仕向けました。御父は愛をもってあなたたちを造り、あなたたちを保たれています——ああ！　あなたたちに祝福がありますように！

人間と私を慰めるためにあなたたちを造った方は祝せられますように。神は哀れな娘である私に、あなたたちのありのままを見る力をお与えになりました。あなたたちはみな、神の完成形であり、神の証明であり、常に語られる神の言葉です。あなたたちは忠誠を促し、美と有益性を奨励し……。

今日はいつもよりずっと疲れやすく、具合が悪く、考えがまとまりません。でも私は文学を書くつもりはありません。ただ神父さまのお望みに従うだけです。ですから文体のことは気にしません。今の私の体力が許す限りにおいて、私に影響を与えた事物などについてお話しします。

美で言えば、天才の作品、ほら、イタリアの教会です。そこでは聖母子や聖人たちの生命が世俗を超えた素晴らしい場面で表現され、永遠に息づいています。それからイタリアの城や宮殿、世俗芸術の記念碑（これらが今危険にさらされたり、すでに破壊されたりしていることは私の心を激しく苦しめますが）。そしてはるか東方からの珍しい物や、彫像や、布を所蔵する壮麗な美術館、これらは、私が健康であったときに大切にしたものですが、今でも記憶の中で、記憶によって大切なものです。というのは、私がまだ人生の完全な苦汁を知らなかった日々の木霊《こだま》を運んで来るからです（それが甘美なものとなったのは、私が自分をその中に押し込めてからのことでした）……

これらが、低いものたちの中で、私が友としてきたものたちです。私を裏切ることなく、気付かないうちにいつのまにか作用し、私の中で神への上昇作業を進めてくれました。それは神によってあらかじめ定められていました。神は、私の魂を永遠へと教化するために、あらゆる人間的な事物を用いられたのです。

第二章

父の悲しみ、寄宿学校にて

「嘆き悲しむものは、知るものなり。」

—ロイスブルーク[*1]

あの輝かしい四月の朝、かつてマグダラのマリアに言ったように、
彼女に言いました。「私に触れてはいけません。まずあなたは
多くのことを成し遂げなくてはなりません。私ではなく、
まずあなたが十字架に上り、苦しみの祭壇にあなた自身を生贄として捧げ、
自分を神の正義に奉献し、私の杯を飲み尽くし、誘惑と情熱と愛の諸々の
様相に精通し、最善のものを選び、虚しい幻想を捨てなさい。
まずあなたの現在の人格を消し去って、新しい魂を持って生まれ変わりなさい。
まず、《わたしは主のはしため、お言葉どおりになりますように》
と宣言しなくてはなりません。そしてあなた自身が、エヴァの子たちの
運命であるあらゆる苦しみを持って私を懐胎し、生み出し、育てなさい。
あなた自身が、すべての人への愛のために激しい責め苦を受けた私の
人間性を納める聖体容器になり、あなた自身が生贄、小さなホスチア
になったとき、そのときこそ、あなたは私に触れるでしょう・・・」

今日は三月十日、灰の水曜日（一九四三年）。四旬節が始まります。この時期には、私にとって忘れがたい痕跡を残した出来事ばかりが集中しています。

考えてみると、私の人生における重要な出来事の多くは、灰の水曜日から復活祭までの間に起きています。まず誕生。私は小さなスミレと同じ、四旬節の花です。復活祭への道を準備する悔悛の期間に、命と恩寵へと蕾を開きました。天国から出て来たことを泣く小さな目に最初に映ったものは、教会の悲しみの祭服でした・・・

四旬節に初めての告解をしました。

四旬節に学校に通い始めました。

四旬節に学校を卒業し家族のもとへ帰りました。

四旬節に人間の愛に初めて目覚めました。

そして四旬節に、人間への愛は私の魂にそぐわないものとして、はかない花のように死に、唯一の愛にその場を明け渡し、私の心の最も内奥が神と一つに結ばれたのでした。その方は少女時代から血で紫色に染まった顔と刺し貫かれた手足で、すでに姿をお見せになっており、その方を愛するように私を仕向けていてくださったのです。

悲しみと悔悛の期間に誕生し、悲しみのイエズスを愛するように定められていた私にいかにもふさわしいことですが、私は泣くことに親しまなければなりませんでした。そして、ますます泣くことになりました。泣くことにも祝福がありますように。それは、愛の若木の渇きを癒し、「空の鳥が来て、その枝に宿るほどの木」[*2]に育てるための雫なのですから。

小さな芥子種、あらゆる種のうちで最も小さく、神の国のシンボルである種は、愛だと私は思います。愛だけが、こんなにも不完全な私たちに、神の国を勝ち取る力を与えてくれるのですから……

でも、神が幼い魂に小さな種として授けられた愛は、神からの涙と共に下されました。その種が、根を張り、枝を茂らせ、空に向かって育つためには、悲しみに泣く必要があったのです……最初は悲しみから逃れようとして、突風のもとでさんざん苦しみましたが、さらに上空に達するためには、自分の枝を組んで十字架を作り、そこに釘付けにされなければなりませんでした。ああ！　するとその木は、涙によって養分を与えられ、愛によって温められ、悲しみによって枝を整えられ、とてつもなく大きくなりました。私はその緑の葉が永遠に生き続け、若枝を殉教のしるしの棕櫚の葉と共に天使に差し出され、勝利の冠を作ってもらえることを願っています。

父の悲しみ

もう幼くはなく、それでもまだ子供だったころ、私は父が泣くのを見ました。父の涙は私の心に重くのしかかりました。

父は非常に聡明で、軍隊で使用される武器を発明したり、改良したりしていました。これは愛国心からなされた行為でした。父は自分の国を熱烈に愛していたからです……この愛は私にも吹き込まれました。また私と母を愛していたからでもあり、私たちが少しでも快適な生活が送れるよう、いつも心を砕いていまし

＊1　福者ロイスブルーク Jan van Ruysbroeck（一二九三–一三八一）はブラバント公国（現在のオランダ）出の神秘家、司祭。
＊2　マタイ13：31–32、マルコ4：30–32、ルカ13：18–19。

た。特許、賛辞、論文…それは、夜間に根気強く書かれた、完璧な論文でした。ついに成功し、満足と喜びがやって来ました。そして、その後…裏切りが。

軍隊の慣例として、軍事的な発見はすべて、砲兵隊の上級士官に提出して、審査を受ける必要がありました。父はここでユダに出会ったのです。下級士官の父は、省庁に提出する見本をある武器工場で製造させました。その工場の所有者への支払いを通して、小さな改変と汚職がありました。それは罠でした。発明をベルギー、フランス、あるいはドイツに売らないかと多額を提示されたのです。父は軍隊を辞めるつもりも、外国に売るつもりもなかったので、不利な立場に置かれました。

特別な組織に関わりのある人びとが不透明なやり方で保護され、守られる時代だったことを思い起こさなければなりません。父はそういう人ではなく、そういう一団と関係を持とうと望んだことも全くありませんでした。ですから――父は負けました。省庁、将軍たち、そして報道からは賞賛されました。でも特許は裏切り者の他人の手に渡り、利益も同様でした。

でも、常のことながら、裏切りの金は呪われた結果をもたらしました。金のために偽りの証言をしたグリセンティは卒中で倒れ、何年もの間、植物状態に置かれました。裏切り者の砲兵隊士官は、裏切りで得た数百万を短期間で楽しんだ後、強奪したピストルを口の中に当てて死にました。その結果、彼の妻と娘は他人の使用人になるほどの極貧に陥りました…

でも、私がどうして他人の不運を心配するでしょう？　いまだに私を苦しめているのは父の苦悩です…これだけでも重大なことでしたし、あれほど正直で、勤勉で、善良な人間に対して、全く不当でした。ただし、苦悩だけだったなら、もっと耐えることができ、自分をすり減らすこともなかったことでしょう。ところが…

私はいつも同時に二つの鐘を鳴らさなくてはならないのが残念です。一つは力強く、心地よい音、もう一つは鋭く、心痛む音がします。でも人生とはそういうものです。私は私の人生を、私自身についても周囲の人びとについてもありのままに記述しなくてはなりません。

母は自分の母親の死後、まさに手がつけられない状態になりました。少し肝臓を悪くし、それが治ると、女性特有のあの病気がひどくなり――女性でも他人への思い遣りでこの病気を軽くできる人もいますが――母の神経過敏は母を苦しめ、家族の災難となりました。もしも母が十人の子供を持ち、経済的に余裕がなく、使用人もなく、朝から晩まで袖をたくし上げて、家を切り盛りするためにいやな仕事でもこつこつしなければならなかったとしたら、ヒステリーを発症することは、きっとなかったでしょう。ほんとうに神経疾患になる不幸な人たちはいますし、その人たちは気の毒です。でも、母はそういう人たちとは違いました。母の親族は全員がとうに亡くなり、母自身も大分歳を取っていましたから、それは明らかです。母の自我が自己本位、プライド、横暴で病んでいたのです。

結婚生活の最初の十年間は、祖母が娘の気まぐれを抑え、最も愛情深い母親のように父の世話をして、義理の息子の傷ついた心を慰めていました。二人とも善良で、お互いに愛情を持っていました。祖母が亡くなった時は、地獄でした。母はだれをも必要とせず、だれからも意見を言われることを望みませんでした。自分は完璧で、間違うことはあり得ないのでした。母の言葉は掟、母の希望は命令なのです。平和を愛する父は、このような自画自賛に反発することは一度もありませんでした…平和のため、妻への愛のためです。妻を忠実かつ完璧に介抱しましたから、もっと違った報いを受けるべきでした！　もう一つ反発しなかった理由、それは…できなかったからです。父は横暴でも、野蛮でもありませんでした。母を制するには、母よりもっと支配的な人、いざとなれば少し母を揺さぶることができる人が必要だったのです…

一度でも十分だったでしょう。でもいつもそうなのです！　夫婦の結びつきでは、一方が暴君で、他方は犠牲者です。私の家では父が犠牲者でした。

父は道徳的で、勤勉で、忍耐強く、健康で、美しく、かつ善良な人でした。その父は、女性とは名ばかりの私の母に、富と快適な生活を与え、そしてもし教職を続けていたら消耗しきった一生を終えるはずだったところを、そこから解放するという、さらなる恩恵を与えました。本来なら熱愛されるべきところを困らされ、返されたのは、無礼、針を含んだ言葉、拒絶でした……

騒ぎは親戚のことで始まりました……

父には姉二人と弟一人がいました。弟と姉の一人はベルガモに住んでいて、母の目の前にいつもいるわけではありませんでした。にもかかわらず、母は必ず彼らを軽蔑するようなことを言って父を傷つけました。アゴスティノ叔父が訪ねて来ると、叔父と父と私は静かに話せるように外へ出かけるものでした。母は怒って家に残り、怒りにかられるのでした……　それからこんなこともよくありました。父が叔父に高額紙幣を与えているのを目にしたとしても、私はそのことを口にしませんでした。口にしてよいことと、ときには口をつぐむ必要があることを、よく理解していたのです……　分別は洗礼と共に私に吹き込まれたに違いありません。

父のもう一人の姉はアルゼンチンに数年住んでから、夫と、結婚した一人娘と一緒にミラノに落ち着いていました。私はだれのことも責めたり庇《かば》ったりはしません。確かに、アンジェラ伯母には欠点がありました。でも神以外に欠点のない人がいるでしょうか？　ああ！　違います、間違えました！　私の母以外に？　この伯母は母の専制的な行動を見て、私の味方をしようとしました。これが敵意の始まりでした。父を苦しめる戦いが続きました。公平な父は、母が父の姉についてあれこれ欠点を言い立てても、姉に落ち度があるとは思いませんでした。そして、妻から姉に対して次から次へと噴出する意地悪に絶えず悩まされていました。その上、これだけでは十分でないかのように、事態はさらに悪化しました。なんという地獄！　父を苦しめるあれほどの力と根拠と屁理屈《へりくつ》と毒を、母は一体どこで見つけたのでしょうか……ソロモンが、人を家から追いやる三つのことがあると言っているのを思い出します。すなわち、煙で燻《いぶ》る炉辺、雨漏り、そして諍《いさか》い好きな（悪）妻です。*煙と水は文明の進歩で解決されました。父は最初の二つ、家屋の面倒で悩む必要はありませんでした。でも、諍い好きな妻に関しては……気の毒に！　父は賢いソロモン王よりすぐれていました。逃げることなく耐え忍び、忍耐を失わずに、むしろ妻を愛し続けたのですから、しかも、妻のためにずいぶん苦労したのでした。

実際、自分が豊かな愛情を惜しみなく注いできた最も親しい人が、それを評価してくれないことほど、胸にこたえることはありません。父は自分の妻に惜しみなく愛情を注いできました……でも、この豊かな富は、父をさらに傷つける武器として使われたのでした。母は自分が力を、極端な力を父に及ぼしていることや、父の善良さと忍耐は完璧であり、母への愛も完璧であることを確信していましたが、こうした安心感を自分自身や父や私に優しくするための力とするかわりに、精神的破壊の道具に変えたのです。

週日には、父は朝の六時から昼の十二時までと、午後の二時から夕方の七時まで家を離れ、夕食後はよく友人と会話を楽しんでいて、それほど悲しいことは起きませんでした。確かに理想的な生活ではありませんでしたが、一言で言えば、耐え得るものでした。でも日曜日には!!!……愛する私たち二人と過ごそうと、父がとても大切にしていた休日、私たちの日曜日がどんなものであったかお知りになりたいですか？　まあ、

＊　箴言19：13、27：15の翻案。

こんな風なのです。

祖母が亡くなってから、私は十歳まで両親の部屋で寝ていました。日曜日の朝、父はいつもより少し長くベッドにいました。そして私は自分の小さなベッドから抜け出して、父に抱いてもらおうと、大きなベッドによじ登りました。

母はすでに起きて、ほかの部屋で女中を困らせていましたが、私が父の腕におさまって二人で幸せそうにしている様子を見ると、その幸福を壊したくなるようでした。どんな些細なことでも、母が攻撃を開始する口実になりました。「夕べはよく眠れたようだね。今日は天気が良いから一緒に出かけようか。今日は顔色がいいね。女中の風邪は治ったかい？　今日、アンジェリーナ（父の姉）に会いに行こうか？」といった害のない言葉が騒ぎの発端になりました。そしていつまでも、いつまでも続く、悪意のこもった、残酷で、不当で、野蛮な感情の高まり。叱責、非難、脅し…　そのどれでもありでした。日曜日の忌まわしい騒ぎを阻んだり、終わらせたりできるものは、何もありませんでした。

長い寝巻きを着て、ダブルベッドの上で突っ立って涙ながらに赦しを請うている自分の姿が見えるようです。聖人のようなあの父に、全く間違った言いがかりで悪態をついたあと、母は別れると言って父を脅しました。父は激昂《げきこう》して、「それじゃ、自殺する。そんなことには耐えられない！」と言いました。すると母は別の部屋へ行ってしまい、私は父の腕の中にいました。父は泣きながら言いました。「ああ！　マリア！お母さんはもう私を愛していない。もう私たちを愛していない…」。

私は私の人生を深く傷つけた人をたくさん、たくさん、たくさん許しました。全くの悪意から私にもたらされた苦悩のことも忘れました。でも父の涙は…　だめです、許せません。涙を流させた人を許せると言ったら、嘘になります。子供の私が受けた恐怖は許せます…　父が自殺するかもしれないと、どんなに私が恐れたかお分かりになりますか？　父が何かで帰りが遅いと、私はすぐに父が自殺したのではと思いました……私の心臓が悪くなり始めたのはそのころからです……数々の休日をぶち壊しにされたことを許します……六日間、学校の生徒としての義務をすべて果たし、日曜日の喜びを思い描いていたのを潰されたのですが。そして、私の希望や夢が壊されたことも許します……それは死ぬほどおぞましいことなのですが。母を許します……子供のころからずっと、私の心の落ち着きや笑顔をぶち壊してきた母、私が生まれ落ちた瞬間から、私の日々を涙と落胆と悲観で暗くしてきた母を許します……これらすべてを私は許します。不当に私に加えられた悪のすべてと、よいものが私から利己的に取り上げられたことをすべて許します。でも、この涙ばかりは許せません。父の涙は許せません。私は父の涙を最も大切な形見のように、心に留めています。子供のころからずっと、私の心には溶けた鉛の雫のような父の涙でしわができています。でもその涙は私自身のものではありませんから、私が許すことはできません。そのかわりに涙が叫びます。涙が留め置かれているところから、涙が落ちて私に残した傷あとから、悲しげな声で、慈愛に満ちた声で、祈るような声で、「覚えていなさい、正しくありなさい」と。私は覚えています。私は正しく振る舞っています。

私は母を、それでも愛し続けました。私の心は父の心ですから……もし私が別の心を持っていたなら、父をあれほど苦しめてきた母を見たあとでも母を愛せたかどうか分かりません。私は自然な傾向で母を愛し続けました。そして、義務で……ああ、義務として愛されるなんて、なんと悲しいことでしょう！　でも私は父を、母のために、また自分のために、深く、深く愛してきました……私たちが最後までどれほど互いに愛し合ってきたかお分かりになるでしょう……

この話題は私にはあまりにも辛く、かいつまんでお伝えします。死者たちが私たちを取り囲み、私たちを見守り、私たちと関わりを持っていると感じるようになって以来、私はすすり泣きで震えている父の腕が私の体を抱くのを感じ、「ああ、マリア！　お母さんはもう私たちを愛していない！…」と、言っている父の声が聞こえます。まるで心がナイフの刃でえぐられるようです…

…これが私の、私たちの休日のありさまなのです。それでも私たちは辛抱強い楽天家でしたから、次の週ずっと、こんどの日曜日はこの前のとても悲しかった日曜日よりましになるかもしれないという希望を持って、善意と親切の宝物を積み上げました… ああ幻想…

それからまた、大きな祝日が来ると――父も私もこういうことに熱心でした。たとえばクリスマス、イースター、聖ヨセフの日、聖アンナの日（母の守護聖人の日）、私と父の誕生日、結婚記念日など――決まって母の発作が始まるのでした。あらゆることが台無しになり、休日が終われば、発作は次第に収まるのでした。

福音書を読んでいると、イエズスの奇蹟が沢山でてきますが、なかでも気の狂った人を治す箇所に来ると、羨ましくて止まってしまいます！　重い皮膚病の人が清められたり、盲目の人が癒されたり、死んだ人が甦ったりする箇所よりも。これこそ奇蹟です!!!　というのも、もし不運な人はみな運が悪いのだとすると、一緒に生活する者に悪意を持って苦しめることこそ、最大の心の傷です。それは魂を食い尽くす病、見れども見えない病、心の声が聞こえない病、善良さの死、自分と隣人への犯罪、神に対する攻撃です。

悪意を持つ人間の害は自然の災害よりもひどいものです。自然の害は、自然の法則によるので避けられませんが、まさに自然の法則によるため、危機は一定の間隔を置いて来ます。私たちはこのように自然による災難と人生の避けがたい出来事の不運を甘受します。こうしたことがなぜ起きるかというと、私たちは永遠に入るように神から定められており、この地上で生きる人びとの一部なので、それらの災難は、神の特別の恩寵によって人が耐えられるものとして与えられているからです。私は地震や火山の爆発で破壊された町で命が再び生まれるのを見てきました。廃墟と溶岩の間から花がふたたび咲き、鳥は巣を造り、女は子守唄を歌いながら揺り籠を揺すり、男は歌いながら仕事から戻ります。希望と愛が、災害の灰の中から不死鳥のように、甦ってくるのです。

でも、人がわが身と同じような人間にもたらす絶望は恐るべきものです。相手は、血の絆や愛情から反抗することができず、反抗したいとも思いません。身勝手や横暴やプライドの奴隷にされた心は、一生にわたって胆汁のような苦みを伴った果実を生み出します。その果実とは、苦痛と独自の洞察力です。その洞察力によって、社会的慣習には欺かれずに、その場面の背後を見ることができるようになります。苦痛を与えるために生きている人が私たちにもたらす苦悩は、心の中のすべてを不毛にします——その人自身、病んだ自我の犠牲者なのですから、病んでいることをあからさまに非難はしませんが——その人が行くところ、希望は死に、夢は破れ、すべての善い業は溶け去ってしまいます。悪しき心は、周囲の人間を圧迫する蒸気ローラーです。それは、あらゆるもの——知性、健康、愛情——を塵と泥沼の中に押しつぶし、心の中の信仰さえ傷つけます。そして、なぜに**神**は、これほどの悪をやめさせてくださらないのか、との疑念を抱かせて。

人間の悪の力を——それも幼い時に——知ってしまうとはなんと悲しいことでしょう。仲間の人間が隣人に対してどれほどの悪をなし得るかを知ったことから生じる苦い絶望は、天の助けなしでは耐えられないものであり、あらゆるものや、あらゆる人を完全に嫌悪するように仕向けるものです。幸運にも神が介入なさるなら、魂の傷は残ったままですが、死にはしません。でも健康は失われ、時には知性も、そして喜びは、常に失われます。

父はこの三つのすべてを失いました。私はこのことを許せません。十二歳にして私は、父の魂と知性に関しては孤児になりました。私に残されたのは子供に返った父の体でした――このことを忘れられるでしょうか？　いいえ、私にはできません。もし父が他人に裏切られて苦しんでいるだけなら、あれほど早く精神的な死は訪れなかったでしょう。父を破壊したのは、酸のように腐食させ、金剛砂の棒でやすりをかけるような家庭での時間でした。いいえ、私は忘れられません。忘れることは正しい振る舞いですらありません。

母は未亡人になって八年近くになりますが、まだ諦めることができません。でもなぜでしょうか？　この苦しみはなぜ母を駆り立て、苦しめるのでしょう？　愛の渇望ではありません、神父さま。自責の念なのです。

死が私たちから愛する者を奪うとき、心の中に引き起こされる反応はいろいろです。厳かで静かな悲しみが起きるのは、それは深い悲しみかもしれませんが、苦痛にいかなる後悔も混ざらないときです。不安定でかき乱された悲しみが起きるのは、故人に関して悔やむことが沢山あるときです。そういうときは、起きてしまったことに対して他者を――とりわけ神を――非難したりします（その非難は、本当は私たち自身に対するものなのですが）。ああ！　天を仰ぎ見て、今は神と共にいる者に、「私は決してあなたを泣かせませんでした！」と言えるのはなんと安らかな心地でしょう。

私は「許せない」と言いました。許すということの意味をあなたはお分かりです。私たちはこれについてすでに合意に達しました。私にとって許すとは、蒙った悪を忘れることを意味します。

今では、神への愛から私が蒙ってきた悪を忘れるようになりました。悪は地面に乱暴に投げつけられたボールのように、私をイエズスの腕の中に投げ込み、結果として私にとって良いことになったのですから。でも私は父が蒙った悪を忘れられません。――私にはその権利はありません。そしてそれを忘れないのですから、それを許さないのです。私ができるのは、悪をなした人をとがめることなく、母に責任があったことに目をつぶり、母が神から与えていただいた夫にとって完璧な伴侶であったかのように、尊敬し続けること、これだけです。これ以上はできません。私は私の父への尊敬に欠けることはしたくないのです。

一九〇四年から三五年までの三十一年間、なんと長い期間でしょう！　その間ずっと、父はこのことで苦しみました。父は心を踏みつけにされ、感情を傷つけられ、愛情を蔑まれ、健康を破壊され、知性を損なわれ、人間としての尊厳を最期の瞬間まで痛めつけられて……

ああ！　私の心には子としての悲しみが、なんと重くのしかかっていたことでしょう！　聖なるキレネ人であるイエズスが、この悲しみを担ってくださるからこそ、苦悩の山をなんとか進むことができます。この苦悩の山は、娘としての私の感受性をいつも打ち砕き、私から血の涙を絞り取ろうとするのです。

私のことを、こんな病気なのに落ち着いているとお思いになるでしょう。この病気は、とても苦しく、長びいていて、気力を奪われるのですが……でもあなたはご存じないのです、父が亡くなったとき、私がどんなに激しく、気が狂うほど苦しんだかを――あのときは私の存在もご存じでなかったのですが……そしてまた、あなたはお分かりになりません――神と私の天使以外にはだれも分からないでしょう――私がいつも父を慕い、そばにいてほしいと思い、呼びかけ、思い出しているということを……

父が苦しんだ経緯や詳細を思い出すと、その痛みは、私の体ではなく、心に突き刺さるようです。ところで、私がないがしろにされたときには――お分かりですよね――私は二つの名を呼びます「イエズス－御父よ」です。私の二つの愛、二つの慰め、二つの磁石。彼らのためなら、善はたやすく、死は彼らに出会う道を私に開いてくれる甘美なものになるのです……

ヴォゲーラ

一九〇七年の九月に私たちはヴォゲーラへ行きました。連隊がそこへ移ったのです。私はまたシスターたちと友達を失い、公立の学校へ転入しました。その町には私立の女子校がありませんでしたから——ともかく、その当時は。

けれども新しい学校で、私はとてもうまくやっていけました。成績は敵無しのトップでした。というのも私は裕福な家の一人っ子で、その町の出身ではありませんでした。イタリア語を自由自在に使えるということだけでも、地元の少女たちをはるかに引き離したのでした。そして母は私のための本や雑誌には支出を惜しみませんでしたから、私はたくさん本を読んでいました。その結果として、私は小さな作家としての湧き出る才能を常に磨いていたわけでした。私にはすばらしい先生が出来ました。本当の母であり、私にとって輝かしい記憶になりました。

友達はみんな良い人たちでした。私の気に入りの一人は、完全な身体障害者、リゴレットの体に天使のような顔を持った優しい人で、とても仲良くなりました。彼女はとても親切でした。私はずっと彼女が好きで、寄宿学校に入ってからも、休暇に会いに行きました。

そのころの町は汚く、貧弱でした。狭い通りは何か尖った石で舗装されていて、踵《かかと》が痛くなるのでした。でも、これを埋め合わせるかのように、町を取り囲む美しい並木があり、そこはたくさんの鳥の囀りに満ちた緑陰地帯でした。そして町はとても小さかったので、石を投げたら、もうすぐ田園地帯でした。美しい田舎の村では食べ物が豊富で、周りはすっかりぶどう畑に囲まれていました。そしてスタッフォラ川という小さな川があり、雪解けのころには渦巻く水や氷塊が溢れ出して、まるで大河のようになるのでした、またアカシアの花が咲く小さな森もあり、鳥の巣と歌声でいっぱいになるのです。

土地を区切るサンザシの生垣近くの土手を、父と一緒に歩くのはなんと楽しかったことでしょう。サンザシは春には無数の花びらで真っ白になり、秋には鳥や子供たちが大好きな甘い小さな赤い実を、たわわにつけて真っ赤になるのです！

雪がまだ日陰の窪《くぼ》みに残っているとき、スミレを探しに行くのはなんと楽しかったことでしょう――スミレは沢山咲いていました――秋に落ちた葉の重なりの下に――とても慎ましく、清らかで、良い匂いのするスミレ！…

畑を歩くのはなんと楽しかったことでしょう！　芽生えたばかりの小麦で緑に変わり始めた畑、あるいはすっかり穂になって、風に「はい」とか「いいえ」とか答えながら揺れている麦畑、また緑と空色のキャンディのような矢車草の間にケシの花が血の雫を散らす畑…

小川のせせらぎに沿って歩くのはなんと楽しかったことでしょう！　雪のように白い房状の花を咲かせたニセアカシアの香りの下を行き、絶え間なくざわめく葦の茂みや、疲れを知らぬかのように揺れる若木たちの間を抜け、ぶどうの列のところでは、緑の花冠で、あるいは太陽で黄色や真紅に色づいた果房で、花綱が出来始めているのを目にしながら！…

なんと美しい！　なんと美しい！　おお、神さま、あなたを感じる者にとってなんと美しいものを、私たちの周りじゅうに置いて下さったのでしょう！

家庭的な不幸がなければ、もっと幸福だったでしょう。というのも、私は贅沢や社交や都会生活に関心がなく、神の自然の中で暮らすことのほうがずっと好きでしたから。

ヴォゲーラに来て数か月したとき――どうしてそうなったのか正確に分かりませんが――母は「聖体礼拝会」のフランス人のシスターたちがコンベ法によって修道院から追放され、その小グループがオルレアンからイタリアに逃れて来て、毎週木曜日に、近くのカステジオからヴォゲーラにフランス語のレッスンをしに来るということを知りました。母は私にこのレッスンを受けさせることに決めました。私は四回目の終了試験を受けていて、すでに十分に勉強は進んでいましたから、その必要はなかったのです。でも実は……こうなることはイエズスのお望みだったのでしょう。

ヴォゲーラでは、父が私をミサに連れて行くのは難しくなりました。そんなわけで私は少し不信心になり、すでに十歳になっていました。宗教の助けが前よりもずっと必要な年ごろになっていたのです。母はこれについて注意を払いませんでした…　母にしてみれば、私は宗教についてすでに十分知っていると思えたのです。

そんなわけで、毎週木曜日にフランス語のレッスンを受けに礼拝会のシスターたちのところへ行きました。でも勉強に関しては、同じところに留まっていました――というのも、繰り返して言いますが、私はすでにずっと先に進んでいて、クラスメートはずっと遅れていましたから――これを補うために――私の魂は再び神とのつながりに向かいました。その糸は、もし切れていなければ、ウルスラ学院の「死なれた私のイエズス」を見失って以来、殻で覆われたままになっているはずでした。

親愛なる礼拝会のシスターたちは、その糸を再び機能させました――いわば到達地点を変えて。十字架のイエズスではなく、御聖体のイエズスです、根底では血のイエズスに変わりませんが。シスターたちは私の初聖体の準備をさせて欲しいと熱心に母を説得しました。

一九〇八年の九月に、ヴィアレッジオでの夏休みを一か月早く切り上げて、イエズスを拝領する準備をするためにカステジオの彼女たちの小さな学校に入りました。

五人のシスターがいました。フランスの貴族であり非常に善良な院長のシスター・ジョヴァンナ・デラ・クローチェ、副院長のシスター・ジョヴァンナ（何もつかない）。シスター・マリアという名前のシスターが私の係で、私にフランス語と同じように聖体拝領について教えてくれました。背が高く、とても愛らしく、天上の光で輝いているかのような天使の顔を持っていました。そして彼女もまた天使なのでした！　一か月前にカトリック病者連合からトラピストの聖女であるシスター・マリア・ガブリエラの祈祷カードが送られてきたとき、私はほんわりと心を動かされました。というのもその顔は、礼拝会で私にイエズスを拝領する準備をさせてくれた天使のようなシスターとそっくりだったからです。

私はこれらのシスターたちと一か月一緒に暮らしました。彼女たちは私をとても愛してくれました。彼女たちには、懐かしいフランスへ戻ったように感じられたのでしょう。辛い思いで諦めなければならなかった修道院、かわいい生徒たちの中へと戻ってきたように……あの心配り、あの愛情！　もし私が忘我の喜びに到達しなかったとしたら、何年も霊的無気力によって麻痺していた私のせいでしかなく、彼女たちのせいではありません。彼女たちは、あれ以上できないだろうというほどのことをしてくれました。

彼女たちはまた初聖体を盛大に執り行うことを望んでいました……でも母はそうしないことに決めました。そんなわけで私は堅信式のときに着たドレスとヴェール――両方とも雪のように白いもの――を使うことになりました。

その日、私は母から何の記念品も受け取りませんでした。本もなく、ロザリオもなく、メダルもなく、全く何もありませんでした。父を来させることすらしませんでした。父は「不要」と判断したのです。これがどれほど私を悲しませたか、イエズスだけがご存じです！……

その日に先立つ数日間、「黙想」をしました。シスター・マリアと私は、秋の花でいっぱいの喜びに溢れた小さな女子修道院を歩き回りました。五人のシスターと五人の平信徒の女性が愛と聖なる羨望をこめて見守ってくれました…　女学校の住人たちでさえ、私に尊敬のまなざしを向けてくれたと思います…　私は「イエズスの小さな許婚」であることを表す白バラの小さな冠を頭にのせて…

初聖体の前夜、私のベッドは短い愛の言葉で覆われました。「私は眠ります、でも私の心は見張っています」、「私のいとしい人、私イエズスがあなたを待っています」、「あなたを待つ夜はなんと長いのでしょう、私の愛する魂よ！」シスター・マリアは天使が語るかのように私に語ってくれました…

それから、翌朝、教会——白と金色で宝石箱のように優雅な小さな教会——で執り行われた式。それは十月の第一日曜日、ロザリオの聖母マリアの祝日でした。カステジオの教区司祭さまが司式してくださいました。

シスターたちはオルガンの伴奏で天使のような声で歌いました。

「おお、天使の取り囲む聖なる祭壇に…
おお、喜びの日、妙なる恵みの日に
神に感謝し、私の歌声を捧げます…」

そして、初めてキリストが私に降った瞬間——私の魂は激しく震え、目には涙が光りましたが、それは嘆きの涙ではなく、喜びのほとばしりでした。そのときの甘美な詠唱です——

「イエズスの御前で、白い翼をたたみ
天使たちは頭をたれてひざまずき
そして彼、壮麗なる永遠の王は
私たちのところへやって来られるために身を小さくなさいます。

幸せな子、さあ、天使のパンを食べなさい
天国の宝物のすべてはこの日開けられています
私たち天使の群れと声を揃えましょう
信仰を、希望を、愛を歌いましょう。
…………………………
ゴルゴタで、疲労にうちひしがれても、
あなたの救い主は立ち止まることなく歩きました
彼の血のすべてを、あなたのために、惜しみませんでした
彼を愛しているなら、彼に倣わなくてはなりません…」

母はシスターたちに請われて、私と一緒に聖体を拝領しました。式のあとには、いわゆる「温かい」パーティーがありました。シスターたちからと司祭からの、私にはとてもうれしい小さな贈り物があり、昼食会、そして最後に、夕方、母と共に家に戻る前に、マリアさまへの奉献がありました。聖母像の足元に、私は私のバラの冠を預けました。

「おお、マリアさま、おお、私のいのち！
あなたの御母の御心に
私の冠を委ねます。
天国のためにずっと持っていてください！」

私のバラの冠！…

十字架のイエズスの小さな恋人のマリアは、もうバラの冠をかぶることはありません。地上での彼女の冠は、イバラで出来たものだけになるでしょう。そのイバラの冠には、彼女の血が無数の傷に呻きながらつくる、苦悩のバラが輝くでしょう。それは永遠の中で永遠のバラに変化する苦悩の輝きなのです。

彼、私の救い主は、礼拝会の聖体拝領の聖歌が示すように、彼の血のすべてを私に注ぎました。私は彼への愛から私の血のすべてを与えなければなりませんでした。私は与えてきました。そして、今も与えています。

でもその瞬間からもう障害のない完璧な融合が続いたと思わないでください。全くそうではありません！イエズスを迎えるマリアをつくり上げるには時間がかかり、骨の折れる仕事でした。この物語の始めに、神はご自身を私に押しつけることなく、私が神のところへ向かうことを待っておられたと申しましたね？　神の働きかけは誘惑でした。でも無理強いではありません。神は私を魅了し、待っておられたのでした。

魂はみんな、受胎告知の前の乙女マリアのようだと思います。結婚したばかりの花嫁としてキリストの一部となるように召された魂は、自らの創造物を生み出します。「私たちは主のはしため」と宣言するとき、私たちの内でキリストの受胎が生じます。初めにあるのは主の天使によって伝えられる主の招き、主の霊感だけです。でも、このことは魂が、愛の迸《ほとばし》りのうちに、「はい、望みます」と応答するまでは完結しません。それから聖霊が降り、素直で愛情溢れる魂を影で覆います。聖霊は炎、光、贈り物と共に降り、そして受胎が始まります。キリストは私たちの内で受肉します——ええもちろん分かっていますとも、聖母マリアの胎内のようにではありません——でも彼は受肉し、霊的に生まれ出ます。彼は成長し、形を成し、私たちに彼自身を吹き込みます。そして魂が彼だけのための場所を空《あ》けるために自身を滅ぼして破壊すればするほど、キリストは成長し、ついにその魂に許された最大の大きさに完成すると、魂はキリストと一体となって自らを生み出します。キリストは魂のうちで極めて大きく成長するので、愛された被造物に属するすべてを抹殺することになり——キリスト、「愛する方」だけが残ります。

私が言いたいことを明確に表現できたかどうか分かりません。

私の初聖体の日に、私はイエズスとの接触を再び取り戻しました。そしてそのときはほとんど気付きませんでしたが、イエズスは私の魂を誘惑する御業を再開されたのでした。あたかも畝間に埋まった小麦の粒が、地表からは全く気付かれないうちに発芽し、根を伸ばし、ついにある夜明けに突然、黒い土からエメラルド・グリーンの糸をはじけさせて驚かせるように、隠れた御業が始まっていたのです。

私が家に戻って数日すると、私の叔父がフランスからやってきました——病気で貧乏な無神論者で、母の弟です。

私は同情を誘われ、すぐに彼を愛しました。でも、彼は私を好きではなかったと思います。あるいは少なくとも、とても変わったやり方で私を愛しました。いまもあの時もずっとそうだった、あの奇人の頭脳で。彼自身の破滅とひどい苦しみのもとになったこの惨めな男の背景を少しお話ししなければなりません。

際立って愚かだった彼は、ずっと幼いころからいつも家族の反逆者で、父親の厳格さにも母親の心配にも屈しませんでした。

私の祖父は行政官の地位にあり、きわめて正直で厳格だったばかりでなく、父親らしい振る舞いのゆえに、よく未成年の孤児の後見人に指名され、後見人として見事に成功しました。祖父は孤児たちを、毅然としながらも大変親切に導くことができました。祖父は、刑罰法の立場からばかりでなく、蔑まれている者のために涙する善良な心から語りましたから、多くの反抗者が祖父の言葉で改心しました。でもその祖父でさえ、常に反逆者だった末息子の魂を正すことは少しもできませんでした。

叔父はきわめて知的でしたが、怠惰でした。やろうとしたことは何でも成功しましたが、長続きしませんでした。贅沢と娯楽を好み、いつも金持ちの友人との付き合いを追い求めていたために負債をつくりました。祖父を悲しませたり、一家が噂になったりすることがないように、その借金を肩代わりするのは、祖母や私の母やほかの叔父でした。

この無謀者は訴訟手続きの写しを作るのに（そのころ、訴訟書類の写しはすべて手書きでした）兄や姉に幾晩を費やさせたことでしょう！　私の母はフランス語のレッスンを幾度引き受けたことか――個人レッスンの謝礼は、本来なら母が自分で使えたはずでしたが、弟の借金の返済に充てなければなりませんでした！　もう一人の叔父は十八歳になると志願して軍隊に入り、昇進しました。こうして彼は厄介者から免れました。でも、母は家庭に留まり、三十二歳になるまであの放蕩者《ほうとうもの》のために働かなければならなかったのです。

私の母が結婚したあと、彼はすぐにある若い女性と関係を持ち始めました……この関係に沈痛な懸念を引き起こしたのが、社会的格差だけだったなら、この関係に何も悪いところはなかったでしょう。問題はその女性が悪徳の塊だったことです… とはいうものの、叔父は彼女との結婚を望みました… その結婚は、やはり懸念どおり——地獄でした。獣のように自由に、彼女は放埓な生活に戻りました。私のいとこが本当に私の叔父の娘であるかどうかだれも知りません？…

夫婦間には揉《も》め事がありました。叔父にしてみれば、自分が鉄道管理局で勤務しているときに、妻が愛人たちと姦通しているなど許せるはずがなく、愛人と一緒にぶどう酒だ、リキュールだ、菓子だ、高価な肉だと楽しむために使った金など、払うわけにいかないということです… 彼女は夫に少しずつ毒を盛って亡き者にすることさえ試みるようになりました… それが露見し、告発されると、夫婦の縁が淫乱な生活の障害になり始めていたときでもあり、さらばとばかりに、夫の書斎にしのび込んで数千リラを盗んだのでした。叔父は彼女を告発すべきでした——それが唯一のするべきことでした… けれども、妻の数々の不貞にもかかわらず、愛していたので、叔父は国外に逃亡する方を選びました。恥ずべき嫌疑を一身に集め、無実の証明は父親の手に委ねて——そして全くの奇蹟によって無実が勝ち取られましたが——そのふしだらな女が盗んだ数千リラは、私の父が弁償することになりました…

父は急いですべての支払いをすませました。妻を愛し、義父母を尊敬していたからです。そして奇人の義弟を援助し続けました。当の叔父は、ヨーロッパの半分を放浪し、あれこれの仕事について稼いでは使い果たしていました… 順調なときは便りがなく、飢えると金を要求してくるのです… そして父は叔父の娘（?!?）の面倒をみました。父は彼女を母親の悪の家の雰囲気から抜け出させ、学校へ行かせました。その家では叔母が自由な愛に公然と身を任せ、母親はだれが父親か分からない子供を作り続け、その子供たちはみんな叔父の姓をつけられました!!!

叔父が国外で送っていた生活も、状況をそれほど改善することにはならず、数年前にいとしい妻に盛られた毒のために健康を損ねていました。病が進み、最後の一銭を使い果たし、最後の衣服も着古して、再び極度の衰弱と貧困に陥り、義兄のところへ戻ってきたのでした。父は両手を広げて迎え入れました、父は良い人でしたから。

もし叔父が肉体的にもっと健康で、とりわけその魂が健康だったなら、一緒に暮らすことは私たちにとってそれほど問題ではなかったでしょう。でも叔父の冒瀆的な無神論には嫌悪を催されます。確かに、彼について話したり、時どき手紙を書いたり、彼のために祈ったりする努力をすべきなのでしょう――彼の魂は地獄の巣窟なのです。口を開けば、神や、宗教や、司祭や、信者を侮辱しました。「盲信、まやかし、堕落、愚か」というような表現を使って。そしてこの人が、私の初聖体からわずか数日後にやってきて、一緒に暮らすことになったのです！

その時、彼は病気でした。医師たちは、その見識（！）とやらで、叔父は結核の最終段階であると、ずばり（!!!）診断しました。どこに結核菌があったのでしょうか？　肺、腎臓、腸？　いえいえ。それから三十五年たち、今七十五歳であるにもかかわらず、彼はまだ生きています。彼はその邪悪な心と冒瀆的な頭脳に病原菌を持っていたのです。でも結核の菌ではなく――むしろ邪悪の菌、これまでに存在した中でも最も自由主義的な無神論という病原菌です！　彼は病気です。それは間違いありません。過酷な生活と間違った治療で足がよく動かなくなりました。足が硬直し、関節が腰から足先まで強直しているため、ゆっくりとしか歩けません。それで公的な仕事はできませんが、頭ははっきりしていて、手も震えていないので、私的管理や慈善施設などの仕事はかなり良くできます。実際、彼は石版印刷の見本のように完璧な手書きの才能があります。

でも実はとんでもないことになりました。見識（！）があって、その見識（！）を十分に賞賛されたことがない医師たちは、叔父の病気は、私のように幼い者にとって危険であると宣言したのです。家に留まるのは、彼か私のどちらか——二人が一緒ではいけないのです。死の危険が。

その年、私は補助的な科目に進んでいました。教師を文化的な優秀さの頂点と考えた母が、私を学校の教師にさせることを夢見ていたからです… 教師、私はこの職業がいつも嫌いでしたのに!! 私が教師になったら、生徒の笑いものになっていたでしょう。というのも、教師である母親に私が苦しめられたように、私が生徒たちを苦しめるかもしれないという恐れから、私は何でも聞き入れ、許してしまったでしょうから。教師の見本そのものだった母のように、不機嫌で、権威主義的で、子供たちに嫌がられる（教師を化け物にさせる悪い特質をすべて持つ）存在になることを恐れました。このため、私は非難に値するほど軟弱で、極端に甘やかしすぎる教師になっていたことでしょう。

補助的科目の学習で、私は母と同じ流儀の女校長に出会いました。途方もないことです。彼女は私が家庭での笞《むち》の下で苦しめられていたことすべてを要約している存在でした。不公平、狭量さ、権威主義、残酷な厳格さ… 彼女は女生徒たちの恐怖の種でした！… 校長は鉄壁の防御で強力でしたから、教員養成クラス全体が彼女に従っていました。

そして私は彼女に贈り物を持っていきませんでしたので——母はこのゆすり行為に屈服しませんでしたから——私はあらゆる残虐行為の標的にされました。私を甘やかすことなど一度もなかった母が、叱責の嵐の前で私を守るために介入してきました。毎日すべての科目に零点がついたのでした——母と予習をして行ったのに!!! どれほど泣いたことでしょう！ 人生そのもののように勉強が好きで、悲しい私の家では、ほかに見いだし得ない喜びの源として勉強に逃避していた私は、常に苦痛をもたらす事柄に対して感じる恐怖だけを勉強で経験したのでした… 落胆し自信を失い、もはや何の喜びも目的もなく機械的に勉強をしました……私は相変わらずいつも叱られていました。

女校長とその取り巻きだけではまだ足りず、そう、家には叔父がいました。不機嫌で、軽蔑的で、不誠実なあの叔父。私の言葉をいちいち嘲り、私を母や、フランス人シスターたちにまで私と対立させようとしました！……父だけはいつでも親切にしてくれました！……でも、父はほとんどいつも家にいませんでした……父に会うのは夕食のときだけです。食事が済めば、叔父との接触をできるだけ少なくするために、ベッドへ行かねばなりませんでした。

私は過敏症になり、いつも涙を流していました――大きな精神的痛手を負って。生まれつきの内気な傾向は、母の鉄の手によって徐々にひどくなっていましたが、とうとう本当に病気の域に達してしまいました。内気は私を無力にさせました。そのころの自分を思い出すと、飼い主のいないかわいそうな小さな迷い犬が目に浮かびます。寒さと恐れに震え、腫れ物だらけで、たった一本の骨、ほんのちょっとの休息、ほんの一撫でをねだって、みんなに蹴られ、追い出され、苦しめられる、かわいそうな除《の》け者。いったい何の罪を償えというのでしょう？……

私はまさにそんな風でした。右を向くと叱られ、左を向くと叱られ、泣いては罰せられました。黙っていると叱られ、話すと叱られました。家の中でも、外でも。いつもそうでした。母は、女校長にいらだっていました。悪い成績をつけて私を攻撃する校長は、間接的にイシデ・ヴァルトルタを攻撃しているからです。母は私に悪がなされることではなく、イシデ・ヴァルトルタへの侮辱を怒っていたのでした。実際のところ、その悪を増大させにかかりました。地獄のような生活です。

父は私を家から出すことに断固として反対でした。母は娘を犠牲にするという呵責と、弟を守りたいという熱望の間で板挟みになり、途方に暮れていました。私を寄宿学校へ行かせることについて母が納得するためには、口実が必要でした。私が手に負えなくなっているから罰として行かせる、それは私のためにもなるというような。それが、母や父やみんなが納得するために主張された唯一の口実で、親戚の手本でない弟のために私を犠牲にするという不当行為に乗っていました。この弟はずるがしこい悪党ですから、状況をかなり上手に利用して、自分に有利になるように仕向けることができたのでした。

寄宿学校《コレッジィオ》にて

つまるところ、父は屈服せざるを得ませんでした。私は犠牲にされました。一九〇九年三月四日の午前九時、私は家を出て寄宿学校に向かいました。

それまでに家を離れたことは、初聖体の準備のための一か月を除いて一度もありませんでした。でもあのときは、ヴォゲーラとカステジオの距離はとても短く、家を離れている感じがしませんでした。それにあのときは、一か月という休暇のようなもので、イエズスを拝するために行くのだということが分かっていました。でも今は、家から汽車で三時間かかる寄宿学校に、罰として何年もやられるという判決を下され、打ちのめされていました。

こういうことです。この出来事とそれをもたらした人を私が憎いと思うのは、この残酷さのせいでした。私は物事の真相が分からないほど知性が不足してはいませんでした。私が犠牲にされた理由を誠実に説明してくれればよかったのです。家を離れるべきだったのは、私ではなく叔父でしたから、私の犠牲は不当でした。こういうやり方でなかったなら、もっと諦めがついたでしょう。私は罰を受けて当然、家や父から引き離されて当然だと、どうして言われなければならないのでしょう？ それは事実ではないのに。どうして母は、あの嘘や不当な処置で引き起こした悪について反省しないのでしょう？

そのときまで、私は母を恐れてはいましたが、尊敬していました。でも母の不当行為と不誠実を見てしまってからは、もう尊敬できませんでした。そして本当のことを言うと、結果的に父への尊敬も揺らいでしまいました。なんとしても強く出て、私を守ってくれることをしなかったのですから。私はとても人間的でしたので、きわめて人間的な反応をしました。自尊心から、私は泣きもせずに、家を出たのです。

小さいときから思ってきたことですが、泣くことは私たちにとって愛以上に内密で深遠なものですから、泣いている姿を大いに見せてよいのは、私たちの心の最も奥深いところを見るに値する人たちだけなのです。私たちを完璧な愛情で愛さない人はだれも、私たちの涙を見る権利がありません。ですから私は、父と、神と、それから父のように尊敬し、神のように崇敬する数人とだけ一緒に泣きました。

ですから私は泣かずに家を出ました。自尊心と軽蔑から。そうです、軽蔑からです。何の取り柄も無い人のために犠牲にさせられるほど、私は愛されていないのだと感じました。こうして私の心は軽蔑で閉ざされました。私は泣きませんでした。自分が拒否されていることが分かって、内側から壊れていくように感じました。娘である私が、下劣な弟より下におかれたのです。でも、私は心を鬼にして、痛くなるほど腕をしっかり組んでいました。そうしないと、母の胸に抱きしめてもらうために、母の首にしがみついてしまいそうだったからです……そして判決を下されました。無情の判決！……

十一時に私たちはモンザにある、福者カピタニオ・至聖なる幼きマリアの愛徳修道女会の大きな学校の玄関に到着しました。

私はその瞬間の苦しみを正確に思い出せます……でも、泣きませんでした。母から離されたときに一度だけ大きな叫び声を上げました……まさに心が張り裂けるような私の叫びに何の反応も示さない母を見て、私は母と私との間の絆がまた一つ消えるのを感じました。そして、私を生み、私に生を与え、私を一度も理解しなかった人と私との間で、扉が開き、私はさらに気落ちさせられました。母は自分の子供の心を一度も理解したことがなかったのです。

叫びのあとの沈黙。既成事実の前に、無駄な不平は口にしませんでした。気をしっかり持って、何も言いません。沈黙は、苦しみを爆発させるよりもずっと破滅的で心を打ち砕きます。

シスターたちは大勢いて、とても親切でした。学校は美しく、広大で、明るく、太陽がいっぱいの中庭、水飲み用の噴水、輝くような柱廊玄関、そしてマルコポーロに続く松林くらい大きな美しい庭園がありました。シスターたちは私を楽しませるために学校中を歩き回らせてくれました。

その間に生徒たちは昼食を終え、私はみんなに紹介されました。彼女たちは優しく親切でした。でも、いつものことながら内気な私は、そんなに大勢の人びと——百五十人の生徒、四十人のシスター、四十人の女性平信徒に見つめられて、大いに苦痛でした。生皮をはがれた聖バルトロメオのような気がしました！　私は受け持ちのシスターの後ろに隠れ、「はい」と「いいえ」の短い答えや、ばかみたいに首を振ったり、うなずいたりして応答しました。私の学校友達は社交的でない私をずっと好いてくれていて、ああ、本当に親切でした！

私は三人の生徒に託されました。イザベラ・ジラルディはブロンドの陽気な人で、私と同じように一人っ子で、小さな母親のように私の面倒をみてくれました。大きな愛情を持って接してくれたのに、気の毒なイザ——後年、彼女は不貞な夫が強引に愛人を家に囲い、失意のうちに若くして死にました。幼い子供たちを母なし子にして、激しい絶望の中であんなにも早く死んでしまったのです！　もう一人はリナ・コチーニ、黒い縮れ髪、痩せていて、よく動き、よく喋り、舌に南京錠を掛けても黙らない彼女は、私と同じクラスの生徒でした。かわいそうなリナ、彼女も二十三歳で劇症の腹膜炎で亡くなりました。私と彼女は性格が対照的だったので、誠実な友人でした。私は静かで、彼女は絶えず動いていました。私は寡黙で、彼女はスズメのようにおしゃべりでした。私は控え目で、彼女は豊かに自分を表現しました。三人目はまだ生存していま す。ジーナ・フェラーリ、敬虔な天使…彼女とは食堂と教会と作業のクラスで一緒でした。優しいジーナ、彼女は何かにつけてイエズスに苦行を捧げることを決して厭いませんでした!

そしてそのほかの十八人のクラスメートもみんな親切でした。高等科の一年生は専門科と「情操教育」科に分かれていました。というのも、私の学校には当時教育科は無く、専門科か一般教養——「情操教育」と呼ばれる——しかありませんでした。後者の時間割は専門的な科目と良家の子女に必要とされている教養的な、でも何の資格も与えられない補助的な科目の混合でした。

生徒たちはちょうど、定期試験の最中でした。そして私は翌日試験を受けました。天使のような修道院長のマザーは過激な規律で生徒を脅かすことを好まず、苦痛を伴う締め付けなしに私たちを「規則」に適応させる人でしたから、私はみんなより三時間遅い九時に起こされました。実は私は家では、冬には少なくとも七時に、夏には六時あるいはもっと早く起きて動き回っていました。でも大事な一人娘がそのような軍隊式で扱われていたなどとだれが思ったでしょう?

シスターが私の着替えを手伝ってくれました。家から持ってきたスモックを着せ、髪に赤いリボンまでつけてくれました…それから私たちは礼拝堂へ行きました。

学科を担当する副院長に会いました。元気いっぱいの小柄なシスターで、青い眼鏡をかけていましたが…彼女が学科の責任者で数学——私の苦手の科目——の教師だと聞いて、私は怖気付きました。けれども、彼女は私にとても親切にしてくれました——気の毒なシスター!私は本当に彼女の科目だけ不出来で、いつも大いに嘆かせてしまったのです！…　彼女は私を優しく抱き、私を子スズメさんと呼びました。私はちょっと元気が出ました。

私たちは礼拝堂に入りました。なんと美しい！　当時想像していた天国のような青と金色です。祭壇画はイエズスの聖心の聖母。その両側には守護聖人が二人、子供の殉教者である聖モデスティーノと聖タルチシオ――美しい。それから私の大事な聖ヨセフと聖心。開いた窓からは、たくさんの花ばなが咲く陽当たりのよい庭が見え、鳥の囀りも聞こえて…

シスター・フランシスは私に祈らせてから、祭壇の下に安置されている殉教者聖モデスティーノを見たいかと私に尋ねました。私はあのイエズスのことを思いました。彼は生々しい傷と共に、私の記憶の中で生き続けていましたから、私はその申し出を断りました。ほかの傷を見るのが怖かったのです。イエズスの傷はいいけれど、ほかの人の傷は全く見たくありません。でもシスター・フランシスは私を励ましました。実際見てみると、蝋で実によく作られた美しい少年が、紫の敷蒲団に横たわっていました。ローマ人の若者らしい服装で、足にはサンダル、長いローブにはギリシャ刺繍の縁取りがありました。美しい頭部を穏やかに枕に委ね、一方の手には小麦の穂とぶどうの房を、もう一方の手には棕櫚の葉を持っていました。まるで眠っているようでした。聖なる夢の中に包まれて。殉教を遂げたしるし、それは雪のように白い首にわずかにありました。剣で血管を開かれ、そこから命が旅立ち、栄光が訪れたのです…　これがキリストの若き殉教者モデスティーノと私の出会いでした。

食堂に連れて行かれましたが、私は何も食べませんでした。私の胃はミルクを受けつけませんでしたから、その日の朝は何も口にしませんでした。でもだれにも叱られないということが分かって、うれしくて晴れ晴れしました。

教室に入ると机をあてがわれ、ほかの人と同じように試験を受けました。それはフランス語で書かれていました。私はすでに文章の構文に慣れていましたが、ほかの人は始めたばかりでした。それで試験は大成功で、私は自信がわき、嬉しくて笑みが出ました。クラスメートはすばらしいわと私を取り巻き、フランス人のシスターはご褒美にハグしてくれました。ああ、ちょっとした喜びは、ほんとに気持ちの良いものです！

翌日はイタリア語の作文の試験でした。私はいまだにその日の課題を覚えています。それは「空から降る雪は美しい、でも苦しむ人びとを思うと……」というものでした。

イタリア語を教えるのは、まだ志願修道女のとても若いシスターで、ヴェネツィアの出身でした。スペイン系の大きな瞳を持った美しい人で、被りものなしの頭を三つ編みで飾り、見事な歯をしていて、親切で、明るく、知的でした。後になって私は彼女が地上の熾天使《セラフィム》であることを発見しました。彼女の名前はアンジェラといい、着衣式の後にはシスター・イマクラタになりました。この二つの名前は運命的でした。というのも彼女はいつも天使でしたから。絶えず神の足元へ飛び立つ地上の天使です。イマクラタという名前のとおりに清らかで、存在全体から輝きでる純潔さを持っていました。この天使が神について話すと、紫色の夕日の下の雪のように、全身に火が点るのでした。内部の炎が表面に現れ出るようでした……彼女はとても若くして亡くなりました。何の病気でもなかったのですが、ただ突然気を失っただけで――あんなに健康で丈夫だったのに――数日で命を奪われ、医師たちも診断がつかなかったのです。そして彼女が亡くなったのは九月八日、ちょうど幼きマリアの愛徳会の祝日でした。愛が彼女を奪い、愛が彼女を引き抜き、愛が彼女の命を絶ち、天国で花咲くようにと彼女を運び去ったのでした。

私の作文は大変よく出来ていると判定されました。私はイタリア語が得意だと思っていましたが、最高点の十点を獲得して、非常に驚きました。みんなの前で褒められて、もっと驚きました。私は賞賛されることに慣れていなかったのです。母が言っていた「義務を果たす者は褒められるべきでない」ということが、真実でないことを、初めて知りました。私は義務を果たし、報われました。このことは私の心を温め、私に再び自信を与えました。

文章描写は私の得意とするところでした。ですから雪が降る描写は私にはとても易しいことでした。雪が好きだったことはありません。雪は白いけれども、氷のようにとても冷たい！　私は太陽のほうが好きでした。ほら、思い出してください、私は太陽の土地で生まれ、畑の畝間に捨てられた子犬のようだったとき、太陽から命を得たことを……

内省を含むテーマの部分も――ほかの人たちは惨めに失敗したところでした――私にとっては易しかったのです。私はよく観察していたので、貧しい人や不運な人の苦悩に幾度となく気付いていました……生まれつき沈みがちだったところに、ああいう家庭生活のなかでますます沈み込んでいった私は、苦悩のあらゆる現れを理解できました。ひとりぽっちの悲しい午後、家族の毒舌で台無しになった日曜日に、私は鼻を窓格子に押しつけ、涙のヴェールを通して、ほかの人の不運に――形は違っても、同じように辛い――何度気付いてきたことでしょう――白い雪片の舞う中で！……

努力したわけでもなく、手柄と呼べるほどのことではないのですが――私にはかなり易しい課題だったのです――イタリア語とフランス語と口頭試問ではクラスで一番と発表されました。

数学では――やはりおばかさんでした。生まれるときに、脳に数学の細胞を入れ忘れられたに違いありません。まるっきり空っぽで、いくら努力しても、ほかの人が努力してくれても、絶対に埋まらないのでした。計算となると、全く無能でした。

でもこれについては、あまり文句を言いません。イエズスも私と同じだったのではと思うのです。彼も計算する人ではありません。もしもそうだったなら、ああいうイエズスではなかったでしょう。彼はむしろ詩人です、これは福音に示されているとおりです。有能な外交官です——これも同様に福音書に示されています。彼は医師、教師、友人、救い主——なんであれ、計算をする人ではありません。そして計算をしない人がだれもそうであるように、彼はこの上なく寛大で、憐れみ深く、忍耐強く、親切です。そしてこのことは私に希望を与えます……理想主義者はいつも希望を持てます。数学者は決してそんなことをしません。そしてもし神がいつも正確な計算に没頭している数学者だったら、だれが救いを望めるでしょうか？　イエズスは数学者ではありません。彼は知恵ではなく、心に語らせます。彼は知恵ではなく、心で考えます。実際は、心の知恵だけで考えます。そしてこのような見方で彼と関わることを知っている者は、彼からすべてを手に入れるのです。

私もまた、心の知恵で考えます。実生活においても、精神生活においても、私も理想家で、寛大で、気前よく、決して貸し借り勘定をしません。私はただひたすら与えて、ほかのことは何も気にしません。私は救い主、兄、友人、教師、王であるイエズスを信じ、そして前進します。彼だけを見つめて……

でも寄宿学校の話に戻りましょう。

十日後に、父と母が私に会いにやってきました。その日は私の誕生日で、父が私を訪ねたがったのです。訪問客用のホールに呼ばれたとき、心臓がドキドキしました……せっかく治り始めていた傷口が、また開いてしまいそうでしたから。

修道院長のマザーは優秀で母性的な教育者で、人柄は優しく穏やかで、どんな反抗的な少女でも愛の力で従わせることができる人でした。彼女は家族の友人の親戚でした。その友人とは私の叔父の危険性（?!）を判断した医師たちの一人です。本当に愚かな人！　でも私は寄宿学校で幸せでしたから、その点では彼に感謝すべきです。でも、父の精神が正常だった最後の時期に、私から父を奪ったことでは感謝などしていられません。でもこれは後でもっとお話しします！…院長は、すでに私の強い精神力を把握していたらしく、私を脇に呼び、「名誉にかけて泣かない」と誓うよう求めました。子供に名誉の誓いなんて！　聞いて笑う人もいることでしょう。でも院長は私という人間の精神的たくましさを見て取って、私を大人として扱ったのでした。

誓う前に私はちょっと考えました――それからきっぱり誓って、それを守りました。私は人生でいつもそうしてきました。始める前、あるいは約束する前にはよく考えました。でも私の良心が「約束してもいい、始めてもいい」と告げると、自分あるいは他人に（その状況に応じて）誓いました。そしてするべきことをなし終えるまで、誓いをいつも重んじました。力強く、誠実に、神聖に。自分や、隣人や、神への約束を守ることは、神聖なことでもありますから。

こうしてホールへ行き、両親と話しました――そして、内心では娘としての涙をいっぱい流していましたが、落ち着いた態度を見せました。私はベテランの寄宿生のように笑顔で両親を玄関まで送って行きました。

その後…ああ！　その後、一人になれる場所で泣きました。詩的ではないけれど、生徒が本当に一人になれるまたとない秘密の場所で。私はよくそこで泣きました。あまりに人間的なそのコーナーは、教会よりも一人になれました…教会にはいつもシスター、平信徒、あるいはクラスメートがいました。そして私は自分の苦しみを表すことを、いつもとても控えていました。

私は自分が苦しんでいるために憐れまれることを決して好みませんでした。慰めを求めたり、だれかれのところでめそめそ泣いたりするのは、みっともないことで、精神の幼児性と、それほどひどい苦しみではないことを示すものです。本当の究極の苦しみには、尊厳が現れ出るものですから。その苦しみの矢を心から抜き取るには、どんな人間的な言葉も無力です……深刻な苦悩に突き刺されて身悶えする哀れな生き物に対して、神は天から慰めを注がれます。神の慰めだけが、超自然的に心の激痛を鎮めることができるのです。人間にはできないことです。それどころか、ほとんどの場合、希望や意図とは正反対のものを手に入れることになります。人間の言葉は、それがおそらく理解と愛という真の内的光によって導かれていないために、また愛情表現は、しばしば的外れだったり大仰だったりするために、癒したり慰めたりするどころか、人を苛立たせ、興奮させてしまうのです。

神から特別の恩寵を授かって、慰めの秘密を手に入れる人もいます。でも、自分のまわりの兄弟姉妹の真の慰め手になれる人は、とても少ないのです！……真の慰め手になれるのは、地上の本物の聖人たちと、たくさん泣いて苦しみながらも気難しくなっていない人たちです——時折あまり善良でない人たちは苦しみが原因でそうなることがあります。というのも、苦悩というのは、人生の教師であり、最も善良な人びとを向上させるからです。その人びとは、苦しみの顔を見分け、苦しみが聖なる香油であることも、この聖香油がどこから噴き出して来るかも理解できます。けれども、あまり善良でない人びとは、ますます不機嫌で、反抗的で、自己中心的な人にされてしまうのです。

人間について定義する格言はたくさんありますが、これなど、最も正確な部類に入る一つではないでしょうか。「あなたがどのように苦しみ、どのように苦しみ耐え、苦しみにどう反応するか言ってください。そうすれば、あなたがどういう人間であるかお教えしましょう」。

そうです、宗教、国への愛、親への愛、夫婦の愛、母の愛、社会的な徳——いずれにおいても、苦しみの中でどう反応するかで、その本性が現われます。

真の信仰者は涙の中で十字架に口づけし、十字架を胸に抱きしめながら言います、「主よ、私に苦しみをお与えくださり、私を**御身**に似た者としてくださって、ありがとうございます」。

真の愛国者は祖国愛のために雄々しく耐え抜きます。そして国が彼に苦痛をもたらせばもたらすほど、彼は国を愛し、完璧な愛によって国に奉仕します。

真に息子と呼ばれるにふさわしい息子は、なによりも自分に命をくれた親のために愛と忍耐を実行します。そして何よりも彼らのために自分を犠牲にします。両親が愛するにふさわしいかどうかなど気にすることなく、慎ましくも大いなる尊敬と愛情を捧げます。もし両親に欠点が見えたとしても、そんなことは気にしません。裁いたり、ましてや罰したりすることはありません。それは、真の愛の中にこそ、あらゆる堪忍の秘密、つまり、あらゆる寛容の秘密があるからです。

妻であれ、夫であれ、真の伴侶と呼べる人は、神によって結ばれて一つの体となり、いかなる暴力によっても人間関係によっても解かれることがない絆で結ばれています。彼らは、互いの信頼のうちに花開いたこの愛――もしどちらかの不法行為によって傷ついたとしても、真の伴侶の側では衰えることのない愛――の中で、真の強さを見いだすことができます。その強さは、相手の悪に善を返し、無関心には忠実を、不徳には徳を、身勝手には献身を、あらゆる攻撃――秘蹟と愛による永遠の神聖な絆への攻撃――に許しを返すことを可能にします。

息子が病んでいる、あるいはほかの人よりも精神が荒廃しているからといって、血の涙を流す両親は、本当にその息子を愛していると言えないのでしょうか? 息子を肉体的な死や精神的な死から奪い返すために、どれほどの犠牲、どれほどの深い愛が捧げられるでしょう! 健康で美しく善良な息子が両親の誇りの源として、平安と信頼と休息をもたらすことは確かに真実でしょう。けれども、一番苦労をかける息子のために、あれほど努力し、思い煩い、犠牲をしたのに、全部無駄だったと両親が感じるとき、その努力や思いや犠牲は、なおいっそう価値があるということも真実です。

本題からずいぶん外れてしまいました。でも、お分かりいただけるでしょう。あなたは心を理解するという——普通の知性よりもはるかに優れた——知的才能をお持ちの、数少ない人びとの一人でいらっしゃいますから。

神父さま、私はあなたの人生について何も知りません。でもたぶん、涙無しの幼年時代、子供時代、そして青年時代を過ごされてはいないでしょう。あなたが苦しんでいる人のことをあれほどよくお分かりになるのは、あなたご自身が苦しんだことがおありだからとしか考えられません。そうでないとしたら、理解したり愛したりする無限の能力を持つ神が、あなたの内にしっかり住んでおられて、神があなたの人間としての知的能力の限界を超えて、あなたの内であなたの代わりに行動し、理解し、働き、そして慰めておられるということでしょうか。

でも、寄宿学校へ戻りましょう。

院長は——ずいぶん後になって言われたのですが——私が自分の誓いの言葉に忠実だったのを見て、この子は道徳的にも精神的にも、とてもよく成長しそうだと好ましく思い、その瞬間から前にも増して私を愛するようになったそうです。彼女はあの「ヴァルトルチーノ」は小柄で、内気で、見たところ精神的には普通で、そして体は華奢であるけれども、いい素質を持っている。寛大で、しっかりして、辛抱強く、忠実だと思ったそうです。

そうです、私は神によって私の内に育てられたそうした徳の花束をいつも身につけていました、私はそれらの花を人生のあらゆる瞬間に兄弟姉妹たちのために摘み取り差し出してきました。その花々は、愛という金の紐《ひも》で私の内に束ねられています。神への大きな愛と隣人への大きな愛。後者はいつも見えるように姿を現しています。神に対する愛の方は、魂の絶え間ない内的働きを通じて、時には私が気付かぬうちにも働いています。この内的働きは、キリストを心に抱いた瞬間から、彼の愛の望みに霊的に従うように、絶えず愛の中で動きまわっています。

そして、私の寄宿生活は、ますますうまくゆき、ますますいとおしいものになりました。

週日には六時に、日曜日と休日には七時に起きました。六時半か七時半に教会でミサと祈り。八時十五分前には朝食。短い休み時間。玄関ポーチか、あるいは寒い季節には劇場の広いホールの中を歩き回りながら、授業内容を予習。九時十五分前から、一時間単位で授業がありました。正午から昼食。一時から一時四十五分まで昼休み。その後は、各自で作業、学習、音楽、絵画などを四時まで続けました。四時に軽食と休憩。それから六時半まで宿題と授業。教会で夕べの祈り。そして大祝日前の九日祈祷《ノヴェナ》、あるいは五月と六月には、聖体降福式。七時に夕食。七時半から八時半まで休憩。無原罪のマリアの前で「天主の聖母の御保護によりすがり奉る」を歌った後、年少の少女たちはベッドへ行き、年長の者たちは九時半まで、試験の期間にはもっと遅くまで、起きています。それから眠りにつきます。

木曜日と日曜日は、季節によって、町の中か公園まで散歩します。夏には毎夕、金色の麦の穂に溢れた畑の中を行く田園の散歩がありました。カーニバルの期間には映画と芝居。近くの学校が私たちを招待してくれる文化的な行事や音楽会は、ミラノ劇場やそのほかのホールで行われました。春にはブリアンツァや湖などへの楽しい小旅行。七月十日から十月十日までは家庭で過ごす夏休み。上等でたっぷりの食事、定期的な健康検査、集中暖房、陽気さ、美しさ、洗練、そして善意。

私はここでとても元気でした。一九〇九年三月四日から一九一三年二月二十三日まで——学校の年度で五年間、太陽暦では四年間、寄宿学校にいました。「太陽」というのは暦が三六五日だったというだけでなく、まさに「太陽」のように幸せな日々を過ごしたということです。私のクラスメートたちはみんな家族にとても愛されていて、甘やかされている人も多く、そういう人たちは、訓練がとても厳しいものと感じて不平を言いました。私は少しも厳しいとは思いませんでした。勉強は好きで、ここで勉強することは素晴らしいことでした。すすんで勉強するものにとって、賞賛はいつでも刺激になりましたから。そして、喜びと価値があったから勉強し、いつもの日課になっていました。命令や服従や礼儀作法で悩まされることはありませんでした。ですから私はいつも模範として名指しされました。五年間で一度も罰を受けたことはありませんでした。

お話したように、私はごく幼いころから自尊心で正しく行動していました。謝ったりしないで済むように。二番目には、父を満足させ、母の罰を逃れるために良い子でいました。でもこの寄宿学校では、よく勉強をして、完璧な生徒でした――事実ですから、そう言わねばなりませんし、否定されるとは思いません。シスターたちはまだ健在ですから、私の言葉を支持してくださるでしょう――それはただひたすら愛から出たものでした。

私は気付いていました。シスターたち、この聖なる母たちは、生徒たちが彼女たちの配慮に応えると大いに喜ぶのに対し、彼女たちが優しく尽力してくれたのに、生徒が怠けたり、行儀が悪かったり、反抗的だったりすると、悲しい顔をし、苦しむのでした。私はシスターたちを絶対に悲しませたくありませんでした。彼女たちは、母が私を愛してくれなかったときに私を愛してくれ、私は感謝の気持ちで彼女たちを愛しました。その感謝の気持ちは、三十年離れて過ごしてきた今でも変わりません。

学科を担当する副院長のシスター・ローザは「上の者たちが大いに不満を感じる生徒たちは、上の者たちに不満を持っている」と、言っていました。これはまことに真実です。私はいつでも自分の義務を果たしていましたし、シスターたちに不満を持つ理由は何もありません。同じように彼女たちも、私について不満を持つ何の理由もなく、そのことをあらゆる方法で私に示していました。

私のクラスメートも私を愛してくれました。そして今でも愛してくれています。私はいつもみんなと仲良くしていました。彼女たちのある種の固定観念やちょっとした自尊心や利己主義は好きではありませんでしたが、それは経済的に豊かで幸福な少女たちにありがちな性癖ですから、いつも大目に見て、それでも直さなければならないということを、辛抱強く悟らせようとしました！……私は経済的に豊かでしたが、幸福ではありませんでした。涙の味を知っていました。それで人生は彼女たちのものとは違う光を私に与えたのです。

私の魂の姉妹たちに何度、自信や小さな秘密やひそかな助けを与えたことでしょう！……私は生まれつき沈黙という難しい技を持っていました。私は耳を傾け、慰め、そして秘密を守るすべを知っていました。寄宿学校は小さな一つの世界です。そこにはなんでも少しずつあります。あらゆる社会的階級、あらゆる性格、あらゆる出来事――私たち自身の悲しみ、喜び、希望、そして外部の生活から私たちの内部に映り込むもの。その小さな社会ではあらゆることが共有されます。一人を襲う痛みはみんなのものです。家族の死、不運、災難が一人を襲えば、みんなが泣きます。嬉しい出来事、誕生、結婚などで、一人が喜べば、みんなが喜びます。

シスターたちもまた、それぞれの愛情と苦難を抱えていました。共同体内部の私的なことや、外部関係では、イエズスへの愛のために見捨ててきた家族のことなどがありました。修道衣は愛情を消すなどと愚かなことを言った人はだれでしょう？　私はシスターたちが苦悩の時に激しく苦しむのを見てきました……私の前でシスターたちは何度も涙を流して泣きました、私の理解力と分別を信頼していたのです。ときには彼女たちは私の小さな勉強部屋に避難してきました——というのも私は専用の部屋を持っていましたから。その理由については、後でお話します——そしてシスターたちは、そこで胸をいっぱいにするのでした……気の毒な、愛するシスターたち！　私は彼女たちを泣きたいように泣かせ、話に耳を傾け、言えないことを感じ取り、イエズスが彼女たちを慰めるように祈り、私個人としての愛を与えました。すると、彼女たちはかなり元気になって戻って行くのでした。

私もまた彼女たちに秘密を打ち明けました。ほんの少しだけですが、というのも、私はとても遠慮がちで、恥ずかしがりで、自分の感情を出すのを慎んでいましたから。でも実際には、多くを語らなくても私たちは互いに理解し合いました。目つき、顔つき、震え声が、私が恥ずかしくて話せない内容を伝えてくれました。私はとても愛されました。持って生まれた判断の正しさゆえに、私の考えが誤解されることはほとんどありませんでした。私の担任のシスターは、いつも院長に言っていました。「マリアはとてもよく気が付く子です。彼女は見逃すことがありません。私たちシスターも注意しなくてはなりません。もし私たちが間違うと、彼女はとても礼儀正しく指摘するのです。そして彼女の言うことは全く正しいと同意せざるを得ないのですから！」。

クラスメートも私を好いてくれて、私の知性を喜んでくれました。私自身よりも喜んでくれたほどです。というのも、私はこの神からの贈り物を自慢してはいけないと思っていましたから。それについては神を称えるべきですし、仲間の生徒のために使うべきだと思っていたのです。高位聖職者や権威筋への手紙、学院で読まれる文学的なエッセー、そしてさまざまな文体を模した作文など、全部この私の頭から出たものです……私は自分がまるで蚕のようだと思いました。ねばねばした分泌物をあとからあとから吐き出しては、傑作を次々に織り出すのです… 称賛も、疲労もなしに。

でも、これはすべて人間的な側面なのです。これをお話しすることで時間を無駄にしているようで申し訳なく思いますが、私について良いことも悪いこともお話しなければなりません。あなたは私にそうするようにと望まれ、私はそうしています。

でもあなたがもっと好まれ、私も好きな話題に移ろうと思います。けれどもまず私が学んだことをお話ししましょう。

一年目と二年目は一般教養でした。三年目は、一九一〇年春に父が発病してから、父には意思の影すらも無く、あらゆることに絶対的な女主人となっていた母から母の意思を押しつけられました。問答無用で、私は専門的な勉強をしなくてはなりませんでした。

母は「娘を教師に」という理想を実現するため、私が補助的な科目を終えた後、教職科目を学ぶことを望んでいました。でもシスターたちは、それには寄宿学校を出て、公立学校に個人的に通わなければならず、さらに、私は絵画が不得手だから普通の学校には通えないだろうと、指摘しました。それで母は専門科を選択したのでした。

最悪です！ 私の数学的能力は分数で行き詰まってしまったことを思い出してください… 頑固なラバのように、私の頭脳は計算することを拒否しました。何も分かりませんでした——算数、幾何、そして簿記は無意味な責め苦でした。理解しようと気分が悪くなるほど努力しましたが、何も理解できないのでした。それらは私には、日本語か、アフリカの言葉か、エスキモーの言葉に思えました。専門科目をやろうとすることが適切であったかどうか考えてみてください。結局、私は仕事の必要はないのです… でも一枚の紙、卒業証書を手にすることが本当に求められていたのなら、少なくともかなり成績のよかった古典の勉強の分野を選ぶべきでした。

この問題に関して、私は懇願し、嘆願しました。シスターたちも、懇願し、嘆願しました。でも、何の手も打たれませんでした。母は「私はもう決めました」という言葉を守り通し、斟酌しませんでした。

一年間に私が勉強した専門科目は三つでした――そして数学、幾何、簿記の試験で惨めに失敗しました。ほかの科目はすべて最高点でしたが…体が消耗し、病気になるほどでした。涙とあてもない苦役で自滅してしまいました…いつものように母は私の人生に立ち塞がり、私を破壊したのです…彼女は私を壊し、女生徒としての私の幸福な生活の一部を台無しにしたのでした…やれやれ！

かなり憂鬱な気分で十月の試験のために、私が寄宿学校に戻ってきたとき、シスターたちは残りの教育期間で古典の科目を全部学べるように計らってくれました。そしてそれは成功しました。でもそれが一体私にどんな良い結果をもたらしたのでしょうか？　低い評価の三科目で台無しになった哀れな卒業証書が何の役に立つでしょうか？　中学校と高等学校の全カリキュラムを二十か月に満たない期間でやり遂げるために、あれほど心身を消耗させられてやった勉強が何の役に立ったのでしょうか？　内的な満足はいくらか得られましたが、何の恩恵もありませんでした。それで？　やれやれ！　やれやれ！　本当にやれやれです！

こういう訳で、学生時代の最後の二年間、一日十二時間の猛勉強をするために、専用の小さな部屋を持っていたのです。とはいえ、それは喜びの時間でした。なぜって、私は文科系の科目が大好きでしたから。

さて今度は霊魂の、霊的生活についてお話しましょう。

「…キリストを固く信じる者だけが確信できること」

寄宿学校で私は、ふさわしい花壇に植えられた花のように、日陰から日向に移された植物のように、庭師の手が加えられた自然樹のように、背丈も、知性も、知識も伸びました。でも、何にもまして、キリストにおいて開花しました。

この物語の初めにお話ししたように、まだ「私が子供だったとき」、ウルスラ学院の礼拝堂で最初の出会いがありました。私は幼い無垢な信頼をこめて、あのような苦しみのうちに私のために死んだイエズスを愛しました。その後――私の神の姿は見えなくなりました。余計な重みがかかって切れてしまった電線のように、神との接触は途切れました。

聖体礼拝会が、切れた電線の両端を結び直しました。ですが、明らかに私の能力不足で電流の流れは安定しませんでした。宗教的に無気力な年月があまりにも長く続きました。そして私の魂は昏睡状態に陥り、そこから抜け出ることが困難でした。イエズスは無理強いなさいませんでした。彼の意志で何か苦痛なり何かを与えて、私を強く揺さぶることもできたはずでしたが、そうはなさいませんでした。彼は待っていました。ただ私を愛してくれました。親愛なる私のイエズス……今度は私が愛する番です。彼の愛撫にも気付かなかったなんて、私はとても冷淡で、そんなにも長くぼんやりしていて、彼を感じずにいたのです。

寄宿学校に着いた最初の日から、私は魂が再びイエズスへ向かうのを感じました。冬の気だるい眠りから目覚めたばかりの木は、全く同じ感じがするに違いありません。地中に埋まった根から、樹液――これは土に降り注いだ太陽の分子で、少し前までは冷たかったのですが、今は金色の光線でわずかに暖められています――が裸の幹の中を上がってきます。ごつごつした樹皮を脈動で震わせながら。樹液は硬い木に血液を送っています。死にかけていた髄に生命を運び、枝の中を梢めがけて押し進みます。新緑の枝に奇蹟を起こし、形づくられたばかりの芽を大きく膨らませ、開かせ、蕾や花をちりばめ、子房を活気づけ、花々の結合を呼び起こし、受粉を促し、早生の果実という勝利をもたらします。木は有益で豊かな生命というすばらしいものを得て、少し前までのような哀れな骨組みだけの姿ではなくなります。

私もまた、何かが私の中に下るのを感じました。それは私の心の氷を溶かし、それまでは死と暗黒があったところに、光と感動と変化をもたらしました。聖ヨセフは、父のような膝に私をのせ、初めてキリストの血で私を洗った人でしたが、今度は私の手を取ってイエズスへと導きました。聖ヨセフのための九日祈祷《ノヴェナ》が始まったとき、私は残念ながらたった六日間しか学校にいられませんでした。そして聖ヨセフのための荘厳ミサが始まる十五時までに戻って来ました。聖ヨセフは、私の担任のシスターの守護聖人でもありました。キリストの太陽は、私の夜を照らすために昇りつつありました……

私は荘厳な典礼行事がいつでも大好きでした。神聖な場所のあの飾り付け、甘美で崇高なあの聖なる音楽、祭壇の前で焚かれる香が放つあの芳香、神と聖人たちへのあの輝かしい賛美は、いつも私の心を感動させました。これらは、私に天国の縮図を与えてくれました。祝福された神の国では、小羊へのホザンナの典礼が永遠に行われているでしょう。それがどんな風であるかを見せてくれたのです。そしてそれ以来、私は天国での賛歌への憧れを植え付けられました。天国の住人たちは、三位一体を崇拝し、その賛美の喜びに没頭して暮らしています。私も天国へ行って、その祝福された住人たちと声を合わせて歌いたいと熱望しました。

私の学校では一日中が宗教で満たされていました。でもそれは明るく、開放的で、信頼に満ちた宗教でした。長くて疲れさせる祈りではなく、神への短く絶え間ない呼びかけでした。神の裁きの前で震えるのではなく、御父の善意を信頼することが私たちの心に刻まれました。宗教が押しつけられることは決してなく、知らないうちに心が望むように仕向けられました――宗教を実践するのはとても心地よく、その宗教で生きている教師の態度はとても優しく、私たちがそうするように仕向けられた敬虔な生活は、まさに魅力的でした。

一日は全員参加のミサで始まりました。でも聖体拝領を希望しない生徒は、拝領しないことも完全に自由でした。それに関してはだれも追及せず、何も言いませんでした。シスターたちは娘の一人の霊的怠惰を見ても、態度を変えることはありませんでした。彼女たちはその無気力な魂のために祈りを倍加したことでしょうが、直接には何も言いませんでした。

これは最良の方法だと思います――実際、魂の生活のように繊細な事柄を扱うにふさわしい唯一の方法です。暗くなってしまった心が光を得るようにと祈り償うのみで、それ以上のことはしないこと。信仰心とは愛の生活以外の何物でもなく、愛は、真実の愛であるためには、自然に湧いてくるものでなければなりません。押しつけられれば、自動的に愛ではなくなり、重く不快な重荷になってしまいます。その精励刻苦を表に出すことなく、心を愛へ導く方法を知っていなくてはなりません。

私のシスターたちはこの崇高な業《わざ》に優れていました。彼女たちの信仰教育は、こちらが気付かないほど優しく軽い触れ方でしたので、私たちはこうした持続的な仕事が行われていることに気付きもせず、いつの間にか信仰心が沁み込んでいたのでした。

彼女たちは信仰を強いることもなく、私たちを信仰の高揚に駆り立てることもありませんでした。ここでもまた、きわめて高潔な指針を持っていました。私たちに思春期特有の神秘的熱狂を生じさせることは全くなく、若い魂の傾向を見守るだけでした。思春期には宗教的な感傷の興奮に捕えられやすいものですが、それは消えゆく藁の炎のようなものです。一時間で燃え尽きてしまえば、魂は灰と寒さの中に沈められ、死ぬまでずっと寒さに震えることになります。それが導くのは、本当の愛ではなく、愛の妄想、人を惑わす幻想です――せいぜい思春期の若者が持てる限りの信仰心です。まるで庭師によって無理やり早咲きにさせられた植物のように、季節前に不自然なほど葉を茂らせ、花を咲かせ、そして枯れてしまいます。かわいそうに、その植物は、もし自然に任せていればそんなに短命でなく、もっと何年も喜びをもたらすはずなのに、人間の気まぐれが死を早めるのです……

私の学校ではこういうことは一つとして起きませんでした。いたるところに信仰があり、太陽が本当の生命を与えていました。でも人間が、いつも天にあって天を巡っている星のことなど考えずに、日々を送ったり休んだりしているのと同じように、私たちもまた、信仰の太陽に支配されて生活していながら、自分の中に育っている善がその太陽から来ていることや、それが少しずつ浸透して、魂の血、精神の肉となっていることに気付かずにいました。でもそれはそのようにゆっくりした継続的な働きであったからこそ、私たちの中に永続的に残ったのでした。

雲が広がり、雨が地上に激しく降るとき、地面は雨を受け止める巨大な布のように広がりますが、水が引き起こす反応はさまざまです。沖積地への大雨は地面を打ち、平らにし、何もかも根こぎにし、そして枝や果実や茎や種を取り去ります。黄色の泥の廃墟が大荒れの気象の記念として残されます。でも柔らかな霧雨が、四月の露のようにうっすらと霞んだ空からゆっくりと降ってきて、枝葉の埃を洗い流し、芽や子房を膨らませ、愛撫するように地面に落ち、地中に隠れた種を空気から奪った酸素で養うならば、人は驚異と喜びで目を見張ります。地上はさらに美しく、豊穣になり、気孔のすべてに生命が漲ります。茎から水が滲みだし、花が咲き、人は清らかで澄んだ空気の中で、実りの時が近いことを知ります。

私の学校では、宗教はとても深いところまで浸透し、生命の健やかな活力をもたらす穏やかな雨でした。

魂が異なればその反応もそれぞれでした。私たちのうちのある者は、遥か遠い神秘の高みにまで昇り、ある者はいつものところに留まり、ある者は惨めに荒廃したままでした。でもシスターたちによる教育の仕事は、私たちみんなに同じように行われたのですから、その結果が異なるのは、個々の生徒とその家庭の要因によるものでした。

おそらく私はあまり幸福ではなかったので、はるかに容易に恩寵に従ったのでしょう。

それではいけませんか？　神の善意によって苦しみから守られる者は、神を愛し、感謝と愛着を持って神にすがるのだから、最も幸せなはずだとよく言われます。けれども実は、その反対の方が普通です。ここで言うのは、完全に邪悪ではない魂のことです。というのも、完全に邪悪な魂は、善だろうと悪だろうと、喜びだろうと苦しみだろうと、すべてを与える神に対して、冒瀆的無関心でいることに変わりがないからです。あるいは、即座にもっと冒瀆的な反抗に駆り立てられるかです。でも苦しみは、完全に邪悪ではない魂にとっては、神の聖心を思い起こさせる鐘の音です。愛情に恵まれない魂には、神の名において愛のパンを与える篤志家です。孤独な者、砂漠で道に迷った生き物以上に愛のない人生にある者には、苦しみは、唯一の方との出会いです。その方は、裏切ることも、幻滅させることも、見捨てることもありません。

「泣く人は知る」のです、ほかの人の心を理解する術《すべ》ばかりでなく、聖心を見いだす術を。悲しむ額と苦しむ心を聖心に預け、苦しみで目を曇らせる涙を聖心に注ぎ、私たちの愛を捧げます。その愛は、だれから強要されるわけでもありませんが、私たちが苦しみに厳しく打ちのめされることがないように、捧げることを求められています……

マリア、すでにたった一人でたくさん嘆き悲しみ、すでにたった一人でたくさん愛していた幼いマリアは、一九〇九年の明るく輝く春、新しい小さな世界でさまよっているときに、一つの声が心に響き、彼女を呼ぶのを聞きました。「マリア！」、小さなマリアの幼い目は、たくさんの苦しみを吸収させられて、もうあまりにも深刻になっていましたが、見上げれば、愛と憐れみに満ちたとても優しい顔が自分に向けられていました。でもすぐには彼がだれか分かりませんでした——ただ、大いなる愛をもって彼女を見つめ、両手をさしだし、愛撫しようとされている方《かた》に魅せられて、ほほ笑みかけました……すると光が射し、マリアにはすぐ分かりました、イエズスです。マリアは主を認め、愛を求めて彼の足元にひれ伏したのでした。

でも主は、幼い《ピッコリーナ》マリアがもっと多くの不運を体験したうえ、完璧な知識のうちで彼を愛するようにならなければならないことを知っておられたので、あの輝かしい四月の朝、かつてマグダラのマリアに言ったように、彼女に言いました。「私に触れてはいけません。まずあなたは多くのことを成し遂げなくてはなりません。私ではなく、まずあなたが十字架に上り、苦しみの祭壇にあなた自身を生贄として捧げ、自分を神の正義に奉献し、私の杯を飲み尽くし、誘惑と情熱と愛の諸々の様相に精通し、最善のものを選び、虚しい幻想を捨てなさい。まずあなたの現在の人格を消し去って、新しい魂を持って生まれ変わりなさい。まず、《わたしは主のはしため、お言葉どおりになりますように》と宣言しなくてはなりません。そしてあなた自身が、エヴァの子たちの運命であるあらゆる苦しみを持って私を懐胎し、生み出し、育てなさい。あなた自身が、すべての人への愛のために激しい責め苦を受けた私の人間性を納める聖体容器になり、あなた自身が生贄、小さなホスチアになったとき、そのときこそ、あなたは私に触れるでしょう。そのとき、あなたを地上でも十字架上でも祝福する愛の絆によって、私はあなたの内におり、あなたは私の内にいます。私はあなたの力、喜び、すべてになるのですから。今のところは、私はあなたの唯一の師になります。あなたは私以外の師を持ってはいけません。私があなたを導きたいと願う私の王国への困難な道——苦しみの道——をあなたに教えることは、私以外にだれもできないのですから。おお、私が好ましく思う魂よ、あなたは知るでしょう。私はあなたを喜びへ導くために、言葉と苦しみだけで、あなたに顔を見せるということを」。

私の愛するイエズスは、あの美しい春、彼を見いだし、彼を認めた私の魂に、声なき声でこのように語ったのでした。そして私の魂は、祝福された少女時代を送った人よりもはるかに大きな思考能力を用いて、主に従うことを始めました。人間的なよいものをことごとく奪われている自分の人生に、よいものが来るとすれば、それはすべて主からやって来るのだろうと気付いたからでした。

それからは心の喜びを知りました。それは、神を愛の中心に置き、自分の人生の目的にしている人びとの道連れです。また、あの深い平和も知りました。たとえ自我の表層が嵐の波にかき乱されたとしても、深い平安は侵されることなく存在します。また、甘美の味も知りました。それはどんなに辛い時でも、その苦味を和らげ、前へ進む力を与えてくれます――それがあるからこそ、絶望の淵にあっても、なんとか打ち勝ち、十字架の道、それ故に、神への道を歩み続けることができるのです。

少女時代、私はなんとイエズスを愛したことでしょう！　そして彼はなんと私を愛して下さったことでしょう！

私の心の内なる火がその炎を表に見せて、その存在をシスターたちに知らせたかどうか私には分かりません。私はとても控え目で、自分の最も真実で内奥の生活を注意深く見まもる術《すべ》を知っていましたから、知られていなかったと思います。少なくとも初めのころは、私のキリストとの神秘的な婚約はだれにも知られていませんでした。でも私はよく知っていました！

それはなくなって初めて気付くある種の愛のように、見過ごされがちな自然の愛ではありません。ああ！　違うのです！　私は彼を愛していることを知っていました。そして彼をもっと、もっと愛したいと望んでいることを知っていました。この愛は知識に満ちていて、あらゆる細部をはっきりと言葉で描写できました。それは私の内部に愛の歌と愛の嘆きをもたらしました。それは光と助言をもたらしました。また活動と意欲をもたらしました。そして彼をもっと、もっと愛すること、もっとふさわしく、深く完璧に愛することへの熱望をもたらしました。

そしてイエズスは私を優しい父親のように導かれました。そうです、イエズスが、イエズスご自身が。祭壇から聖なる言葉が私に向かって語られましたが、私は人間的な言葉によってイエズスの小さな生贄のマリアになったわけではありません。私を導いたのはイエズスでした。そのころのイエズスは、小さなマリアの霊的聴覚が、後に彼が神の光で私の内に照らし出すことになる生命の言葉をしっかり聞き取れるようになることを望んで、私に優しく呼びかけたのでした。

思い出しました…ある聖人たちの伝記が、私の内に優しい愛の嵐をかき立てたのでした。

学校では待降節や四旬節のような特別な期間に、食堂で朗読を聞かせる習慣がありました。とても長い食堂の中央に、説教壇のようなものがあって、「年長の少女」、またはシスターの一人がそこに上がり、正午に四十五分間と夕方に四十五分間、聖人たちの伝記の数ページを朗読しました。

私が初めて聞いたのは『ある霊魂の物語』でした。幼きイエズスの聖テレーズは、十一年前に亡くなったばかりで、そのころはただシスター・テレーズでした…でも彼女はすぐに私にとって大事な親友になりました…彼女の信頼に満ちた自己放棄や、寛大な愛、彼女の小さくて偉大な聖性への道は、直ちに私に課されました。私もイエズスに至る同じ道を歩むべきだと理解しました…神父さま、お分かりでしょう、私は間違っていませんでしたし、何年も後になって、私がイエズスへの生贄に自分を捧げたときの私の「代母」は、この優しい小さな聖人だったのです…

それから女性の殉教者たち…作業教室でも朗読が行われました。落ち着きがなく、おしゃべりをする生徒たちを、静かに温和《おとな》しくさせておくためです。私は良い発音で上手に読めましたから、度々朗読をさせられました。『ファビオラ』、『最後の純潔な乙女』、『ベン・ハー』、『ローマの旗の下で』、そのほかキリスト教の初期に関する本をこうした機会に何度読んだり、聞いたりしたか分かりません。身分のいかんにかかわらず、殉教の乙女たちの中に何人の友を見いだしたことでしょう！　ローマのカタコンブの中の聖なる護民官、聖なる助祭、慎ましい奴隷と一般市民たちの中に、何人の友を見いだしたことでしょう！

人は純粋な意図と愛に駆り立てられて求めるとき、いつも善なるイエズスから、求めるものを受け取ります。時には、そう思えなくて、神は私たちのことなど気にかけていないように見えることがあります。でも、神はただ私たちを待たせておいでなのです。真心を込めた祈りと、本当に私たちのためになることへの祈りは、いつでも神に聞き届けられます。

私は聖アグネスの祈りを何千回も繰り返し、私の体と心が清らかに保たれて、神の面前で当惑しないで済むようにしてほしいと願いました。殉教の告白によってイエズスを愛することが許されるように、何千回も願いました。この愛する人とこんなにも優しい愛の絆で結ばれて、もはや離れることができなくなっていたのです。

願ったことが得られなかったでしょうか？　いいえ、得られました、そして完璧に。もし避けられない病が乙女の純潔の白い花冠を萎《しお》れさせたとしたら、他方で殉教者の紫のローブが、なお一層輝かしく広がって、肉体の苦しみをすべて覆うのではないでしょうか？　なぜならそれは、神聖な乙女の百合の新鮮さがむしりとられる心の殉教なのですから。もし私が美しい天国で、小羊に従う十四万四千人＊（いかなる冒瀆も知らない体を白い生贄として捧げた人びと）の中に入れないとしたら、その代わり、血まみれの群れ（きわめて崇高で包括的な愛によって殉死の道へと駆り立てられた人びと、血に染まっているように見えなくても、人間

＊　黙示録14：1-5。

的な真の富である健康・命を著しく圧迫されている人びと）の中にいるのではないでしょうか？

私たちの宗教の根本的な真理をあまり悟っていない人びとが、哀れな女である私が人生の夜明けに、生贄が何であるかを人生の経験からまだ悟っていないときに、自分を捧げたことを知ったら、私のことを愚かで、狂っていると言うでしょう。

いいえ、神さま。愛に満ちたあなたの小さなスミレは、愚かでもなく、気も狂っていず、うぬぼれてもいませんでした。四旬節に生まれた小さなスミレ、あなたの傷ついた御顔の前で、あなたへの愛の最初の涙の雫をほとばしらせた小さなスミレ、暗い日陰で、寒さと孤独のうちに育った小さなスミレは、あなたの太陽、あなたの愛を熱望して、憂鬱な顔を上げ、あなたの十字架にほほ笑みました。そして、あなたが願いを聞き入れ、あなたのために苦しむのを助けてくれることを知っていたのでした。

あなたはあなたの十字架を運ぶためにキレネ人が必要でした。でもそれぞれのカルヴァリオの丘で、あなたへの愛、兄弟姉妹への愛から、あなたの受難を完成させ続けるために、それぞれの十字架を背負う小さな受難者たちのためには、あなたがキレネ人になられます。そして人が人間的な弱さから、よろめいたり、倒れたり、苦しすぎたりして、もはや十字架を引きずっていけなくなったとき、あなたは代わりにその尊い肩を差し出されて、木の重みを受けられます。というのも、あなたは小さな生贄に哀れみをかけ、彼らに対して熱烈な愛を抱き、彼らをあなたと共に高みへ持ち上げたいとの聖なる熱望を抱いているからです。その高みとは、天と地の間にある生きた祭壇、生きた香炉で、父なる神の目が優しく注がれています。またそこから仲間たちへの善意の小川が流れ出すのですが、仲間の者たちは気付かずに通り過ぎてしまいます……

こうして私は、私が望む人生を生きるために逃れ場となる、全く自分だけの世界を手に入れました。ごく少数の人だけが知る、天国の香のするあなた、キリストと一致したいという聖なる望みへ！

そして、五月と六月の美しい季節への私の憧れ、マリアの栄光が聖心の栄光へと席を譲るこの時期への私の憧れは、このころにさかのぼります…　あのときの香りは、密封容器の中のエッセンスのように、私の中に残っていますが、それはこの地上のものではなく、まさに天上の花壇のものです。そしてあらゆるバラ、ユリ、アヤメ，カーネーション、穏やかな五月と太陽の輝く六月の数千の花々を全部一緒に集めても、マリアと彼女の御子のあの美しいふた月に天使の群が私の心にもたらした天上の香りとは――比べるまでもなく――似ても似つかないでしょう。これらの月が終わると、私は喜びの終わりを見るような気持ちにさせられるのでした…

私が〝マリアの娘〟になったのはこのころになります。実際私が望んでいたことでした。というのは、学校には「別科」とよばれる部門があり、〝苦しみの聖母の娘たち〟とよばれる女子たちがいて、紫のスカーフを身につけて通っており、私もぜひそれを身につけてみたかったのでした。彼女たちは社会的に低い身分に属していて、シスターたちは、彼らの就職への準備になる手仕事を教え、日曜日には遊ぶ場所も提供していました。事実、この「別科」は学校の奥の方に位置していました。学校の建物はとても広くひろがっており、道路に面して四つの部分に分かれ、しかもこれらはつながっていませんでしたが、次のように構成されていました。まず貴族の子女が通う正式の寄宿学校。次に第一の別科で、ここにモンザという街から通う娘たち、第二の部には、民間階級の女子たち、一般教養と多くの針仕事を学んでいました。そして第三部で、貧しい子女たちは、貧しいと言う理由で、慈悲により朝から晩まで、そして日曜日の午後でも受け入れられていて、針仕事を学んでいました。

彼女たちはシスターたちに献身的な、良い子たちでした。彼女たちは自分たちの芝居に私たちを招いてくれました。建物全体の端から端へ十何ヤード、公園、並外れて大きな野菜園、雄鶏や雌鳥の鳴き声で賑やかな田舎の畑を通り過ぎて、一番はずれの彼女たちの学校に辿り着くと、私たちには別世界のように思えました。そして私たちも、自分たちの芝居に彼女たちを招待しました。金細工、モザイク、鏡の間《ま》、タペストリー、シャンデリアなどのある私たちの美しい学校にやって来ることは、おそらく彼女たちにとっても別世界に行くという印象を与えたことでしょう。

でも私の望みに話を戻すと、シスターたちは私を「苦しみの聖母の娘」にはさせてくれませんでした。学校では特異な存在でしたが、特異な点はいつも抑えられていました。そこで私は「マリアの娘」になりました。

十字架像と眠ることは、このころにさかのぼります。私たちのベッドの頭部の壁には大きな真鍮の十字架像がありました。私は十字架像にほんとうに有頂天になりました。手に入る唯一の金属を磨く道具である消しゴムと黒いウールのエプロンで、十字架像を精力的に磨いて、金のように光らせていました。私のイエズスは私の頭上で宝石のように輝いていました。そう言っても間違いではありません！　あんなに、しっかり磨きましたから！　私の仲間たちの十字架は、緑青《ろくしょう》に覆われて、曇っていましたが……私の十字架は枢機卿の十字架のように美しかったのです。

でも、私にはそれを磨くだけでは十分ではありませんでした。私はいつも小さな花を探しました。一番寒い時期には、小さな蔦《つた》の葉を雪の下から凍える指で掘り出しさえして……ああ！　雪の中へ出て行くなんて私には耐え難いことでしたが、思い切ってそうして凍りついた雪の下から彼の十字架のための蔦の小枝を見つけるためには、彼への大きな愛が本当に必要でした。私はこれらの花や小枝を新鮮に保つために、ペン先ホルダーの内側に詰め物をして、それを十字架の下のベッドの横木に結びつける方法を見つけました――それが乾いてしまわないよう、どんなに気を使ったことでしょう！……

それから夜のこと…　私は自分が布団の中で暖かく眠っている間、上に一人でおられるイエズスを、とても見ていられませんでした。そこで彼を下ろして、沢山のキスと短い愛の言葉を浴びせ、彼を私の心臓の上にのせて温めながら休める幸せを感じながら眠りに落ちました。

シスターたちが気づくことがあったかどうか分かりません。彼女たちはこのことに関して私に何も言いませんでしたから。私も何も言いませんでした…　イエズスとの私の秘密の契りなのでした！…

私の寄宿学校の生徒としての日々はこのように過ぎたのです。

どんどん深まるイエズスへの愛が私の人間的な部分を消したとは思わないでください。いいえ、とんでもない！　アダムから受け継いだすべての特質を備えた私たちの人間性が完全に消えるのは、私たちの死から三日後だと私は信じています。それは、火でも鍬でも羊の歯でもその根を完全に断ち切ることができないシバムギです。切ると生き返り、抜くと再び芽を出し、そして焼いてもまた実を結びます。その最大の敵は神の愛です。でもこの愛にもかかわらず、人間性は決して完全には滅びません。いくつかの地下茎や根がいつも残って私たちを苦しめ、私たちが傲ることがないように、私たちを塵の中に押しこめます。

私は私のことを何一つ理解しない母の行動に、依然としてひどく苦しんでいました。

クラスメートに比べて、自分が劣った状態にあることに悩んでいました。彼女たちは個人的な財布を持っていて、と言っても実は世話役のシスターに預けてあるのですが、シスターや仲間への小さな記念品として贈るきれいな像を買ったり、慈善や宝くじのために使ったりするため、小遣いを引き出すことができました。

私は通信のための美しい絵葉書や、勉強や作業のためにほかの人たちが持っている素敵なペンホルダーや鉛筆を持っていないことに苦しみました。これらは小さなことですが、寄宿学校にいるときには、大変な苦しみを引き起こすのです！

また、自分がいくらかの欠乏を耐える状態にいるわけでなく、それは専ら母の意思によるものであることにも苦しみました。母はそれが、子供にとってどれほどの屈辱感を与えることか考えなかったのです。私はだれも私に会いに来ないことにも苦しみました。ミラノの親戚は、母との不和でだれも来ませんでした。ミラノからずっと離れた親戚も来ませんでした。家族ぐるみの友人も、母が「娘は来てほしくない」と言ったので、だれも来ませんでした。ですから私は、いつでもほかの人が面会室に行くのを見ているだけで、自分は全く行きませんでした――親が来た時を除いては。父が病気になるまでは十五日おき、そしてそのあとは二か月おきでした…

私はほかの人が持っているきれいなリネンを持っていないことに苦しみました。それから、それから、それから――沢山の小さなことが、ヒラウチワサボテンの実のとげのように、目に見えなくても大変な苦しみの原因になりました!

それから… 大きな悲しみ。

ああ、それより前に、もう一つの苦しみがありした。

父が来ず、母と二人だけの哀れな日だった私の初聖体と、学校で行われた私のクラスメートのとても美しく感動的な初聖体を比較して、私は言葉に言えないほど苦しみました。灰色を身につけているほかの人たちの中で全身白に身をつつんだ寄宿生たちは、父母や祖父母やおじさんやおばさんが来ていて、たくさんの贈り物、あれやこれや… 百合のような聖体拝領者の列に続いて娘たちの後で拝領する父親たちの列を見て、私はどんなに苦しかったことでしょう… さて、これくらいにしておきましょう、さもないと私はまた泣きだしてしまいます。心の中で矢を動かすのは、あまりにも辛いですから…

そして大きな悲しみがやって来るのです。

父が発明の特許を奪われたことを知って、どんなに苦しんだかをお話しました。父を子供のように泣かせた家庭内の騒ぎで父がどんなに苦しんだかも——私の愛する父、とても親切で、身体的な苦痛やそのほかの多くに雄々しく耐えた父——でも、このことだけは別でした。

父の心は、本当なら大いに感謝してもらうべき女性によって不当に苦しめられていましたが、彼のマリアが共におりさえすれば、バルサムが効くように癒されました。でも、その私も父から引き離されてしまいました。父は私の健康を気遣い、妻に苦痛を与えてまで義弟を遠ざける強さを持たなかったこともあって、譲歩してしまいました。でも夏休みにまで私を諦めようとはしませんでした。父は病気の叔父に家から出てもらうことにし、治療を受けながら同時に図書館員として、また翻訳者として仕事につけるベルガモ病院へ送りました。

結果として一九〇九年の七月、私が家に帰ることができるように、家を叔父から解放するのに父がとった断固とした態度、それによって父はどれほど多くの言い争い、叱責、無作法な行動や不機嫌に晒されたことでしょう? 神だけはご存じです。久しぶりに見た父は、痩せ、疲れ、衰えていたのを覚えています…でも夏の三か月の間に、父は回復しました。私は父の命であり慰めでした。

一九〇九–一〇年の学年度が始まりました。クリスマス、イースター…父はとても意気消沈していました。私が一緒のときだけ元気付きました。でも、子供としてではありましたが、私は父がひどく苦しんでいることを分かっていましたし、その苦しみがどこから来ているのかも…

イースター休暇の後で学校に戻って間もなくのこと、体育の時間に、私の手には少し太すぎた懸垂棒の一番高いところから落ちて足首をひねり、もっと悪いことに、背骨の打撲で苦しんでいました…それは、その後に続く背中の痛みの始まりでした。ちょうどそのころ、父から手紙があり、軍隊に導入されたばかりの機銃訓練のためにピネローロに出発するところだと。そして、帰りには私を訪ねると約束してきました。私はおとなしく待っていました。訓練課程は最長でも二十日間と分かっていましたから、待つ期間はほとんど限られていました。私は落ち着いていました。ただ父がピネローロから絵葉書一枚さえも送ってこないことに驚いていました。母はいつものように手紙を寄こしました。

一か月以上過ぎてもだれも来ませんでした。父も母もです。私は訪問してもらえないことの不満を書き送りました。母はしつこくせがむ私を叱る返事を寄こしました。父からは一言もありませんでした。そしてそれはそのまま続きました。以前には父は母の手紙に二言、三言添えてくれていたのに。

私は心配になり、悲しくなりました。私の内の何かが、災難が私に降りかかったことを知らせました……私はよく泣きました。ちっとも遊びませんでした。実は、私はいつもあまり遊びませんでした。仲間たちが溢れんばかりの活気を発散させるあのばかげた競争、激しく興奮するゲームを大いに楽しんだことは一度もありません。世話役のシスターの近くにいて、彼女と歩き回りながら話す方が好きでした。でももう、どうにも遊べませんでした。

シスターたちは、前にもまして私によくしてくれ、私に祈るようにと言いました。奇妙な勧めでした。お話したように、彼女たちは魂に何かを強いることを決してしませんでしたから。

このようにして五月と六月が過ぎました。六月十日、夏休みに入る日がやってきました。最後の催し――後に別の時期に行われるように変更されましたが、当時はその日に行われていたもの――に母も父も来ませんでした。伯母のアンジェラとその娘が来ました。こうして、私をとても悩ませたあの仕打ちについての悲しい説明を受けました。父は二か月間、生と死の境をさまよっていたのでした。そしてただ神の奇蹟のおかげで、四十七歳という早すぎる死を免れたのでした。今は回復しつつあると……

院長は父の回復を助けるために、いつもよりもずっと穏やかにして、たくさん、たくさん、善行をするようにと、いろいろ助言をくれました。

後に、ずっと後になって知ったことですが、院長はもしも父の病気が重篤で、医師から臨終が近いと言われたときには、シスターに付き添わせて私を家に帰らせた方がよいかどうか、母に尋ねたそうです。病気は伝染性のものでなく――医師の言葉では、過度に精神的な労苦がもたらした脳炎でした。全くのところ、あまりにもたくさんの残忍行為があって、あの善良すぎる人を押しつぶしたのです――私ならもっと上手に患者に付き添うことができたでしょう。母だけが――ほかのみなの意見に反して――私は家族のもとへ帰るべきでない、と考えたのでした……神はそれを許しませんでした。でも父は、私がいないところで――あるいはもっと悪いことに、そのことを知らされもしないで――葬られてしまったかもしれないのです。私は父のたった一人の娘で、まだ十三歳です。母は、子供にとって父親の死が聖なるものであることを考えもせず、私が決して許すことができない責任を負ったのです。

私は父の死に際に立ち会えない運命にありました……でも、これも同様に今はお話ししません。それはあまりにも辛すぎ、今お話ししていても、とても辛くて、私の心は万力で締め付けられているようです。

汽車の中でアンジェラ伯母とエミリアおば（彼女は私のいとこでしたが、私よりずっと年上だったので、いつも「おば」と呼んでいました）は、気の毒に父の病気はとても重いので、父を見たらすっかり変わったと思うだろうと言いました。

実際……イースターに別れたときは美しく男らしい活力と、すぐれた知性の魅力の持ち主で、少しばかり疲れて、不安げで、善良さの故にどうやって切り捨ててよいか分からない悲しみを心の奥底に抱いていましたが……私が見たのは、ひどく齢をとって、げっそりと痩せ、とりわけ（私にはすぐに分かりました）

精神を冒された哀れな人でした。父は今や見る影もない――哀れな大きな子供でした…

父は痴呆になってしまったわけではありません。いいえ、そうではないのです。父は少年のような状態に陥ってしまったのでした… 支配されやすく、何であれ、すぐに屈服しました。どんなに良い人でも、家の中では少しは自己主張をするものですが、最低限の自己主張さえできないのです。膠着した脳、無気力、無意思。一つの廃墟。

これが母のしたことです。自分の弟を家に置くために、私を手放して寄宿学校に送った結果です。母は父の最後の聡明な愛撫を私から奪ったのでした…

父はそれからも私を愛してくれました。でも今度は、私が父を守らなければなりませんでした。父が母に見つかったらひどく叱られるような小さないたずらをするのを助け、父が泣いているときには慰めました。父は「ぼくは壊れてしまった。お母さんにそう言われる」と言って、よく泣きました。

ああ！　神父さま！　これが娘にとってどういうことかお分かりになりますか？　愛する父の廃墟のような姿に常に直面させられ、「私にはもう信頼し助けてもらえる人がいない。私は大人の女になろうとしているのに、私が初めての愛で不安なときにも父に相談に乗ってもらえない。私がこれから母の利己主義との戦いで苦労しても、父はもう私を守ることができない」？　と、自分に言いきかせねばならないことが、なんと苦い杯であるかお分かりになりますか。それらの苦さは神のみがご存じです。他人から、父の行動が知的欠陥の現れと見られるなら、私に神の力があって、父を障害者に見えなく出来たならよいのにと思いました。

私たちは休暇を過ごすためにビエレーゼの北の方にある、オローパの近くのアンドルノへ行きました。きれいな所で、私は山よりも海の方が好きなのですが、そこは気に入りました。でもあのような父を見ることは、絶え間のない責め苦でしたから、あらゆるものが嘆きと落胆のヴェールに覆われているようでした。もちろん母は私が経験した苦悩をいつも否定してきましたが、神はご存じです。それからまた私は、全く母に翻弄されていました…というのは…

御影石の急な階段の一番上から滑って、一段一段脊椎を打ちつけながら一番下まで落ちた日のことは、まだ覚えています。学校で鉄棒からの落下以来、私は足が弱くなってしまいました。それでよく転びました。おそらく、あのときすぐに、背骨の治療を受けるべきでした。でもだれがそのことに思い至ったでしょう?そのとき私は、階段を上から下まで転がり落ち、軽い夏服から半分出ている脊椎全体を激しく打って苦しみました。でも、落ちるときに両手に持っていた物を壊してしまったので、母に打たれました。

それ以来、脊柱の痛みから解放されたことは決してありません。何かの理由で体をかがめると、もう一度体を起こすには人に助けてもらわねばなりませんでした。でも母はそれを、ばかばかしい大袈裟だと。

全く陰気な夏休みで、私は打ちのめされて学校へ戻りました。そしてその年は、専門科目を勉強しなくてはならない年でもありました…

さらにちょうどそのころ、あなたに口頭でお伝えした予兆の苦しみが始まりました。睡眠中に未来の出来事のすべてが、細部まで鮮明に私の心に繰りひろげられて、それは耐えがたい苦痛となるのです。

一つエピソードを思い出します。それは一九一〇年の終りのことでした。そのとき世界に戦争はなく、よく注意して見れば、三十年にわたって地上を血で汚した未来の一連の戦争の始まりであったイタリア・トルコ戦争さえなかったのです。しかし、私は戦争の夢を見続けました。戦い、爆発の煙、人間と人間の戦い、人びとが倒れるのを。ある夜はオーストリアの槍騎兵がヴェネト州の第二の都市(夢の中で私には分かっていました)の通りに突撃して来るのをはっきり見ました。私は敵が馬上から、前進命令を確かめようとしているわが軍の兵士の肩にさっと斬りかかるのを、そして私たちの若い士官の一人が弾丸で額を裂かれて倒れるのを見ました……私は叫び声を上げて目を覚ましました。そして走ってきたシスターたちに言いました。「戦争、戦争です！　オーストリア軍がイタリアにいます！」。

運悪く同じ日のイタリア語のクラスで、私はG・C・アッバのノバーラの戦いに関する文章を読まされました。その描写は私が夢で見た光景の通りだったので、私はショックで言葉が喉につかえ、わっと泣きだす始末でした。

そこで私は、戦争が始まり、わがイタリアはその領土を敵に踏みにじられるだろう、ということを知ったのでした。

同じようなことが沢山ありました。

私は善良な神がこの特殊な能力を私から取り除いてくださるよう、度々祈りました。これは私には責め苦でしたから。でも聞き届けられることはなく、ほかにも背負わなくてはならない私の十字架にこれも加わったのです。仕方がありません！

一九一〇－一一年の学年度は過ぎていき、すでにお話したひどい落第点で終わりました。

私は腎臓がいつも痛くて、ひどく苦しみました――私は腎臓だと思っていましたが、それは脊柱でした。そして精神的にも苦しんでいました。とてもひどく。でも精神的なことに関しては、治療はありませんでした。苦しむことは私の運命でした。肉体的な苦痛は治療できるはずでした。そして善良な修道院長は、追試験のために学校に戻ってきた私がとても疲れているのを見て、母に医者に行ったらどうかと提案しました。学校にはとても親切な校医がいました。でも、母は院長のいとこに診てもらうことを望みました。叔父を結核（全く?!）と判定したあの医者です。でも私の母にとって、彼は医学の天才でした。何と言っても、母は肝臓を患っていたときに、彼に治療してもらって治ったのですから。

院長は母の希望を入れ、この医者がやってきました。愚かなのか、それとも母の意見を支持するための計画的行動だったのか、医者は私にはどこも悪いところは無い、もしあったら、私はもっと血色が悪く、もっと痩せているはずだと言いました。医者は私を検査し、あらゆる角度に転がして診察したあとで、私の病気はただの無気力であり、すでに父のことであんなに心配している気の毒な婦人を、想像の病で悲しませるなんて恥ずべきことだと言いました！

ご立派です！　そしてシスターの何人かは、私が嘘をついているか大げさなのだと思いました。残念です、今なら私が嘘をついていたかどうか明白なのに！　絶え間ない激しい痛みで寝たきりだった十年間の前にも、何とか苦労して身を引きずっていた長い年月がありましたが、それらの年月を経てもなお、私の頬には赤味があります。継続的な発熱、痛み、少食、五つの重病、そしてそのほかのあまり重くない病気にもかかわらず、私は今でも痩せていません。私がそのようであることが神のお望みなら、私に何ができるでしょう？　もしも愚かでない医者ならば、検査で得られた事実データではなく、現象――いつも紛《まぎ》らわしいものです――を根拠とするべきではないでしょうか？

でも結局のところ、私はこのようなことになったのです。幸いにも、院長は知的であるばかりでなく、患者にも病気にも精通していました。彼女は長い間ミラノのチチェーリ病院を管理していたからです。病院の管理という骨の折れる仕事のために心臓病になり、私たちのところへ来たのでした。そんなわけで彼女はいとこである医者よりも私の言うことを信じ、母の前で私を擁護してくれました。それればかりでなく、とてもよく私に気を配ってくれました。

私は最終の課程を終えつつあり、その年は学校での私の最後の年になるはずでした。でもシスターたちは、私に古典科目のすべてを習得させることに成功しました。私はシスターたちの支援を得て、それを母に熱心に頼んだので、母はついに受け入れざるを得なかったのでした。

もう一年学業を続けられることで、私は何と幸せだったことでしょう！　医者が何と言おうと、勉強することは私の情熱でした。勉強しないことこそ最大の想像上の病気でした！　どちらかと言えば、勉強を続けるためにこそ、想像上の病を作りだしていたことでしょう。一番悪いことは痛みが本物で、とても苦しかったことです。洗面台に背をかがめると、背中の真ん中が痛くて体が起こせなくなり、仲間に助けてもらわなければまっすぐに戻れませんでした。

父についての悩み——十月五日にイタリア－トルコ戦争が勃発し、父がアフリカへ発たなければならないとしたら、父のあの状態では本当に危険でしたから、私はいつも心配でなりませんでした——そしてあの脊柱の痛み、この二つさえなければ、私は幸せだったことでしょう。というのも、勉強が私にもたらす喜びはずっと続き、そしてご存じのように、いつでもほんの少し誇らしい気持ちがありましたから……

そうこうするうちに一九一一－一二年の学年度も終わり、一九一二－一三年の学年度、寄宿学校での私の最後の年となるはずの、そして残念なことに最後となった年がやってきました。その年に関しては、特に章を設ける必要を感じています。その年に、私をイエズスと一致させる鎖に、もう一つの輪が、私たちの相互の愛によってしっかり留められたからです。

「天地の主である父よ、あなたをほめ讃えます。
あなたはこれらのことを知恵ある人や賢い人には隠し、
小さい者に現わしてくださいました。」（マタイ11－25、ルカ10－21）

神父さま、あなたの霊の娘の心は、神の愛の中にその道を永遠に見いだしたとお信じになりたいかもしれません――寛大そのものの愛の中に、そう、そればかりでなく、完全に――どう言ったらよいでしょうか？「平穏に」とか「確かに」と言う言葉は、私がある種の怪物の触手を全く知らない純潔な愛の人のままでいるなら、使われるべきでしょうが…それは当てはまりません。

一九一二年の十一月まで、私は私の聖人であり友である幼きイエズスのシスター・テレーズと同様に、無垢な信頼でいつも神を愛していることを確信していました。カタコンブの英雄的な時代は何世紀も前に終わったものと信じ、二千年にわたるキリスト教の時代を経て、私たちのこのヨーロッパで実際に目にしているような大きな迫害（ロシア、スペインなどなど）が再び起きようなどとは考えもしなかったので、初期のころの魅力的な殉教者に神聖な羨望の気持ちを覚えながらも、私が神を愛する方法としては、フランスのカルメル会のすばらしい教義を通じて以外にないと自分に言い聞かせていました。信頼、自己奉献、寛大さ、それらを日々の些事《さじ》の中に天使のような純真さと共に織り込むのです。それこそ、キリストにおける私の人生のあるべき姿だと信じていました。

でも、例年どおり十一月の初めに、〝錬成会〟の期間がやってきました。

ここでも私たち寄宿生の反応はさまざまでした。ある者は、ただひどく退屈し不機嫌になっていました。お分かりでしょう。五日間も沈黙させられ、祈らされ、そして一日に四回の説教を聞かされ…ぼんやりした者や、いたずら好きな人たちは、あからさまな恐怖ではないまでも嫌悪の気持ちでこの期間を見ていました。

ほかの者は、極度に感傷的になり、行者や狂信者と同じような傾向を示して…黙想期間に入っていきました。彼らは「恍惚状態《トランス》」に入り――こんな例えをお許しください――そして古代の独住修士や初期の生き埋めになった人びとにも匹敵する懺悔の苦行や情熱へと駆り立てる神秘主義に取り憑かれました！……錬成会の期間が終わると、懺悔の苦行や情熱は、破れた風船のように萎み、そして偽の熱烈さの本性——すなわち神への無関心と、世俗的な執着が現れるのでした。

ほかの人びとは、もっと単純に、恍惚の期待や嫌悪感をもたずに参加しました。彼らは義務から参加し、神を理解することを神が助けてくださるだろうと、神に委ねました……これらの素朴でバランスのとれた魂に対して、神は自由自在に働きかけました。そして神の恩寵は、それを受け取ろうと手を伸ばす心に定着しました。

そして、神の無償の贈り物として選ばれた魂たち、神秘の花園の真の花たちは、錬成会の期間が近づいていると知らされた途端に、真の精神的な喜びに生き生きとし、神の言葉を受け入れ、実らせるために、白百合の花が開くように全開しました。これらの恩寵に恵まれた人びとは、内面の光によって美しさを与えられ、芸術家のモデルに取り立てられるほどの顔立ちでなくとも、その輝く顔つきで際立っていました。彼らはその眼差し、言葉、行動に現れる全く特別な優しさによって、変わらぬ落ち着きと従順さによって、際立っていました。もちろん彼らは例外的な人たちです。

私は明らかにこうした人びととの一人ではありませんでした、お話したように、私は五年間一度も罰を受けませんでしたが、それはいつも自分の義務を果たしていたからです。でも、私は人間的な善を目的に義務を果たしていたのです。つまりシスターへの愛のため、父を喜ばせ、母の叱責を逃れるために。一方、これらの例外的な人たちはイエズスを喜ばすためだけに義務を果たしたのでした。

私はイエズスをとても愛していました。そして、もっともっと愛することを熱望していました。でも、私は超自然的な目的だけで行動することからは、なお距離がありました。イエズスが私を愛していて下さると感じたので私もイエズスを愛したのです。そして依然として、人間的なやり方で彼を愛していました。私は天使のように清らかな御父、アッシジの聖フランチェスコの言葉を自分自身のものとしてはいませんでした。つまり「愛されることを求めずに愛する者こそ、真の至福の人なのだ」という愛には至っていません。どんな打算も一切なく、引き換えに目に見える喜びを求めることもなく、愛のために愛するようになると、まさに愛すれば愛するほど、大事な人から、無視され、忘れられ、そして虐待されるように見えます。でもそのときこそ、愛の頂点に触れるのです。それに触れれば至福が得られます。私がその頂点にたどり着くには、まだまだ遠い道のりだったのです！・・・

私は最後から二番目の部類に属していました。多分最後と最後から二番目の境目だったでしょう。私の魂だけと関わって五日間過ごすことを考えると、もう喜びを経験しましたから。でも自分の魂としか関わらないのでは、それだけではまだ完全な愛とは言えません。それは利己主義《エゴイスモ》です。聖であるかもしれませんが、やはりいつも利己主義なのです。

私たちの神なる師は、その法をご自分の言葉で確認し、数世紀も前から神の掟の中でも至高のものとされてきた概念と掟を強調されました。「心を尽くし、霊を尽くし、精神を尽くして、あなたの神である主を愛しなさい、また隣人を自分のように愛しなさい」*。ですから、自分や自分の魂だけを愛するようなことは、あってはなりません。なぜなら、私たちに属するものを愛することは、たとえ善良な利己主義であっても、利己主義に留まるのですから。そうではなく、隣人を自分自身のように愛さねばなりません。すなわちその人にとってよいこと、その人が終身必要とする物質的、精神的、霊的なことで助けになるように努めなけれ

＊　レビ記19：18、申命1：5、マタイ22：34－40、マルコ12：28－34、ルカ10：25－28、ヨハネ13：34－35。

ばなりません。つまり、犠牲と祈りによってその人を愛するのです。その人の魂が神において成長するように、あるいはもし神を失っているなら、再び見いだすように。また兄弟姉妹たちが、沢山のものを必要としていながら、御父への祈り方を知らないなら、よい物を欲しがる子供の願いを拒まれることのない神が、彼らに慈悲深く身をかがめられるよう、祈りと犠牲で愛するのです。

これは神へ至る階段の二段目です。でも三段目は神を全身全霊で愛することです。神の喜びは息子や娘たちから愛されることですから、神に賞賛と喜びを与えるために利己的にならずに神を愛することです。

私は、小さな魂は、心の広さと愛においてのみ偉大になれるのだと思います。(実際、愛はいつも心の広さなのです)。隣人を自分のように、いやむしろ自分自身以上に、完全に愛し、そして、神を人間にできる限りの完全さで愛する、つまりいかなる打算も躊躇も、恐れ(愛さないと罰せられるという)もなしに、すべてを受け入れ、すべてを与え、たとえ、天の高みからさまざまな苦しみが雨のように降り、次々に雷が落ちるように思えるときでさえ愛の中に留まるなら、まさに強くなり、花開き、そして苦難の雨霰《あめあられ》の下で輝くことができるのです――神はこうした小さな魂に、すべての中でも最も偉大な愛の完全な恩恵を与えるのだと思います。それは、第四の洗礼です。水、血、そして望みの洗礼に続いて、永遠の効力を持つ最後の洗礼です。師の最高の教義に登りつめたならば、私たちの汚れたストールは、慈愛の炎で清められ、もう一度清くなれるのです。

多分、私の理論はあまり正統的でないかもしれませんが、私はそのように考えています。そして私に関して言えば――洗礼の後にたくさん罪を犯し、また告解を通じて罪を消した後でも、過去の罪の結果を消すほかの手段がない私は、ほかに身を清める方法がないと信じていましたので――愛にすっかり没頭しました。私にとっては、千回以上もそこへ行くにふさわしい煉獄の代わりでなければなりません。それが永遠の甘美であるなら、愛もまた殉教であると信じてよいのでしょう…キリストの御血と慈愛《カリタ》。これらはそれぞれ私が自分の哀れな魂を洗い、白さを取り戻す二つの泉です。愛は私の存在理由、私のすべての行動の動機、神の前での私の弁明、永遠への私の栄光です。

でも私はどこまで行ったのでしょうか? ずっと遠くまで… 私を締めつける沢山の蔓《つる》に押しつぶされながらも、私は喜びに溢れているという事実によるのです。私は聖なる友が私を抱きしめ、支えているのを感じます。そして哀れな私の身体は、解放の時が近づくときに、後になって永遠に楽しむために、もう少し苦しむよう勇気づけてくれる彼のもとで休息します… この抱擁にとてもうっとりさせられ、励まされて、愛でいっぱいになった私の魂に解放の歌がもたらされるのです…

さて、一九一二年の錬成会に戻りましょう。

当時私は素朴な魂と選ばれた魂の境界にいました。そして私の師である神を近くに感じられる霊的錬成会の期間がとても好きでした。

毎年、本物の献身の師たちが私たちのところに指導にやって来ました。そのうちの一人、後に高徳の誉れのうちに亡くなったコラーディ神父でした。当時チェゼーナの司教で、現在はクレモナの司教のカッツァーニ師は二回やって来ました。彼は深い宗教性と同時に、真に福音的単純さをそなえた霊的指導者で、私たちの魂に語りかける術《すべ》を知っており、彼から聞いた言葉は、その後も長く私たちの心に刻まれて残りました。一九一二年の錬成会は、この聖なる司教の指導で行われました。

母は容赦なく二月で学校を終えさせることにしていましたから、これが最後の錬成会になるということが私には分かっていました。父はあれほどの大病の後、頭脳的な仕事にもはや耐えられないと分かっていましたから、早期退職させてもらうことを求めました。初めは見込みのない希望を持っていました——気の毒な父――以前のヴァルトルタに戻れるのではないかと。でも、一年近い療養休暇が終わったとき、父は自分が「終わった」人間であることを悟りました。二、三か月間粘りましたが、それから九月に引退しました。それで三月には、フィレンツェへ行かなければなりませんでした。母が医師の承諾を得て、そこに住むことにしたのです。私は一九一三年の二月の末まで学校にいて、それから家族の元へ戻ることになりました。

実は、シスターたちは、両親が六月にもう一度ヴォゲーラへ、父の仕事の片付けのために戻らなければならないことを知り、私が六月までいられるように頼んでくれました……彼女たちには、私が学校を去ることをとても悲しんでいることが分かっていたのです――事実、悲しみました。自分が激しい戦いと苦しみに向かうのだと感じていました――この平和な巣を離れたいなどと思うはずがありません。哀れな私の心は、とても苦しい未来が待ち受けている予感を抱き、恐れと悲しみに震えていました……でも、母はもう決めていました。母が決めたときは、たとえ世界が廃墟と化しても、その決定が変わることはないのです。

そんなわけで最後の霊的な錬成会になることを知っていたのです。私はいつもより一層熱心に霊的訓練に入りました。私はそこから永続的な成果と、近づきつつある世俗の生活全体のプログラムを引き出すことを願いました。私はそのプログラムを忠実に守ることを誓いました。私はいつも名誉の誓いの達人でした！……善良なる神に、この神との一致の日々を永久に刻みつけてほしいと願って、熱烈に錬成に入りました。そして彼、私の愛するイエズスは、私の願いを聞き届けて下さいました。

イエズスは、父なる神と聖霊と共に私の内に降りて来て下さいました。そしてそれぞれは、いよいよ重みを増す試練と悲しみに直面している小さなマリアに贈り物を携えて。父なる神は、若い魂に御父の荘厳と力のヴィジョンを与え、御子はその慈悲と知恵の宝を、聖霊はその光と慈愛の炎を与えて下さいました。

これは、私がそれらを受けるに値するからではありません。おお！　心配なさらないでください。私は自分をそれほど価値あるものと見なして誇っているのではありません。自分の価値がどれほどかよく分かっています。そして私の魂が神性としっかりと融合し、私の内へ神性が、そして神性の内に私がしっかり留まることが可能になったのは、計り知れない**神**の善意のおかげであることを知っています。もし神が私の価値を計ったとしたら、あのような奇蹟はなされなかったでしょう。前にお話ししましたよね？　神は数学者、計算するお方ではなく、理想主義者で詩人に違いないと私が思っていることを。神が会計簿をつけておられるとしたら、私たちには災難です……私たちはどこまで行けるというのでしょう！　私は自慢しているのではありません。私はただ、私のうちなる主の善意を賛美するだけです。これが私の感謝を表す賛辞にふさわしいと思えるからです。

この錬成会の期間、私はずっと神に働きかけていて下さいと願いました。そして、私の生涯にわたって安全レールとなり、私が進む道を外れないように、あるいはバランスを崩して王道からはずれて非常に危険な道に迷い込むことがないように助けて下さいと。さもないなら、蔓草に足をとられて前進を阻まれるか、もっと悪ければ、沼に落ちて溺れ死んでしまうからです。すると、シエナの聖カタリナの言うように、心に聖なる望みを抱かせるのは神ですから、神はそれらの望みを直ちに支持されます。このような訳で、神御自身が私の内部に抱かせた望みは、すぐに支持されました。

このころの私は、本当に光の中で生きていました。私のためにすべてを照らし出す光です。過去、現在、未来、すべてを私に語る光。私の全身を熱くさせる光。それはまた、私の人生とはいかにあるべきかを、言葉のもっとも深い意味において、私に理解させる光でした。私の人生は、神のうちに、神との関係において、神の意志によってあるべきで、そうすれば神の王国を得られるだろうということを。

とても分かりやすくて好きなベルギーの神秘家*は、こう言っています。「天にいます私たちの父は光の父です。父は私たちがしっかり見ることを願っています」。見るためには、「真理と正義を実践するにふさわしい、鍛錬された魂《アニマ》が必要です。この実践は魂を助けるものでなければならず、押しつぶすものであってはなりません。何物にも捉《とら》われない人、徳にすら捉われない人が、これに適しています。さらに、人は愛の活発さで神に従わなければなりません。燃えるような情熱が霊を押し開きます。人は最後に聖なる暗黒の中で自己を失い、歓喜によって自己から自由になり、もはや人間的な方法で理解しなくなります。暗黒の深い淵の中に、愛によって死の炎が生み出され、永遠の命が出現し、神が顕示されるのを見ます。そこに、ある計り知れない光が現れ、輝き、永遠の命を照らします。すると、私たちは少し理解し始めるのです」。

神の無償の贈り物として──神に賛美──私は真理と正義の実践にふさわしい、鍛錬された魂を持っていました。そうです、私はいつも、真理と正義に生きようとし、真理と正義の真の本質をもっとよく知ろうとし、私の人生をこの知に値するものにしようと求めてきました。それは認めなくてはなりません。

師、私の唯一の師が、そのように私に教えたのでした。繰り返しますが、私の内部で花開いたすべては、師によって種を播かれたものでした。そして私の聖なる教師が、至高の養分である油として私のランプに入ってくださるまで、神についての人間の言葉は、油のないランプのように消えたままでした。このとき初めて、それまで聞いていても理解していなかった言葉の本当の意味が分かりました。師はすでに私に、シエナの聖者が言うように、「精神の独房」の中でもっと生きることの必要性を教えてきたのでした。「光の豊かさ」を知ってそれを愛し、「暗黒の貧しさを追い払う」ためです。このように注意深く想起しつつ生きることによって、私たちは「私たち自身の内部に持っている真理と共に働く」ことができるようになるのです。

私の内部で育ち続けたこの真理と正義についての知識は、私の魂にとって重荷になるどころか、肉体が軽くなると感じさせる翼でした。そのころ、私は肉体の刺激をほとんど感じませんでした。キリストへの愛に没頭して自分を忘れ、自分を自分から解放し、あらゆるもの、私自身の徳——私のものでなく、神のものと理解していたもの——からも、また、これもカタリナによれば、「感覚的な愛……真理の邪魔をして真理が私たちの心を満たさないようにし、そのかわりに自惚《うぬぼ》れに過ぎない無秩序な愛をもたらす」ことになる「自己愛」からさえも自由になることに私は成功したのでした。

それゆえ私は、徳に捉われることもありませんでした。ずっと後になって、なおドミニコ会の神秘家の助言に従いつつ、私は、「私の官能で自分を強化することができ」、官能を勝利の手段に変えました。「なぜなら、戦いのないところに勝利はないからです。戦いの中でこそ、人は無気力から立ち上がる方法を見いだし、そしてまた感覚的な情熱の弱さと脆さを知るのです」。これは謙虚でいるために役立つ知識です……

私は愛の働きで神にすがりつきました。ああ！　これは全く本当です。神は私の愛する人でした——むしろ私の唯一の愛人でした——若かった当時の私としては、こういう形で神に気持ちを捧げる以上に完全なものはないのでした。こうして私の霊は真理と正義をますます理解するために、おのずと開かれたのでした。年若い人間である私の能力でできる限りのこととして、私はすでにこの愛の中で、いかにして自分を無くし、自分をすっかり捨て、神だけが生きるように自分を無にするかを知っていました。この世界は神を愛さず、神によって生きていないのですから、自分がよそ者になったようで当惑を感じます——これは一人の人間の目からみて矛盾です。ちょうど、神を自分の存在の唯一の目的とするすべての人にとって、矛盾であるように。

＊

ロイスブルーク。

というわけで、私がとても恐れている世界へ入る前夜に、私がそこでどれほどの苦しみに会うかを予見した神は、その光を放ってはっきりとご自分を顕《あらわ》して下さったので、私はいくらか理解し始めたのでした。さし当たっては、それで十分でした。私が私の十字架上で歌わなくてはならない歌の最初の音、私が献身で発する最初の言葉、柔らかい土である私の魂を神がお選びになった形にするための最初の指の置き方。それは十字架の形です。天と地の間のかなり高いところに、高く挙げられた十字架です！

神が私に語られたことのすべてを、三十年後の今お話しすることは不可能です。無数の花の最高のエッセンスを保存してきた貴重な聖油瓶も、いったん空《から》になってしまえば、人間の嗅覚に語りかけることはもはやできないのです。「これはローズ・オイルの分子、あれはカーネイション・オイルのもの、これは千本のスミレの甘い匂いの涙を凝縮したもの、そしてあちらにあるのは谷間の百本のユリの雪のように白い魂」といったふうに。いいえ、さまざまな芳香をもはや分けることはできません。でも私たちの嗅覚は、すべての花の霊的な部分が地上の庭でひそかに放っている一つの、いつまでも続く、とても穏やかな香りに気付きます。

ですから、私の魂は、あのころは天上の花が降り注いでいた小さな神秘的な花瓶でしたが、その上に身を屈めても、もはやそれぞれの香りを嗅ぎ分けることはできません。さて、強くて大胆でしょうか、柔和で悔悟的でしょうか、ぶどう酒のように気持ちを引き立てるでしょうか、バルサムのように人を癒すでしょうか。いいえ、私が嗅ぐのは、ただ一つのいつまでも続く香りです。人間的な風がたとえどんなに激しくても、決して消すことができない神の、私たちの神であり、私たちの主イエズスの香りです。

けれども、一つの言葉が私の中に明確に残っています。一語——というよりむしろ、一つの文《フレーズ》です——私はそれを即座に理解しましたが、それこそ、謙虚さと信頼をこめて私が求めたものでした。私の未来の人生全体のためのプログラムとなり、指針となり、警告となるものでした。

「私を愛する魂よ」とイエズスは言われました。「アグネスやチェチーーリア、アガタやルチアのように私を愛するという望みは脇へおいておきなさい。あなたは無垢な愛の人にはなれません。悔悟の愛の人になりなさい。汚れのない乙女たちは、自分の足をほとんど使わず、人生の汚泥がそのストールに撥《は》ねることさえなく、天使たちによって飛ぶようにこの世を運ばれるので、あなたの道案内にはなれません。でも悪の痛みを知った者、挫折のときに砂を噛んだ者、創造主を見失って被造物を渇望した者、でもその後に再び立ち上がり、悔悟と愛でつくられた新しい魂を持って生まれ変わることができた者たちは、霊的生活において非常に高く抜きんでるので、神の恩寵による純潔な人に劣らない輝きを取り戻し、実にはるかに賞賛に値するのです。それは、ほかのどんな征服よりも苦しく骨の折れることなのですから」。

そうです。もしキリストの敵の前でキリストに信仰告白をすることに成功した殉教者の棕櫚が美しいなら、敵の前ばかりでなく、自分自身の前でキリストに告白する人びとの腕を飾った青々とした枝も、同じように美しいのです――殉教の瞬間、勇ましい信仰告白は、さまざまな偶発事象に助けられます。ちょうど、戦闘員が大砲の爆風やトランペットの響きや勝利の叫びに励まされて、旗を前進させ、祖国への愛を告白するように――自分自身の前での告白は、そうは行きません。激情的で野獣のような自己は、被造物にかろうじて押さえられていますが、被造物が気を散らしたり、疲れたり、弱みを見せたりしたら、すぐに飛び出して打ち負かしてやろうと、常に待ち構えているのです。

人間としての感覚を知っていながら、それを拒否しなくてはならず、拒否しようと欲することは、なんというひそかな、分かりにくい、慰めのない戦いでしょう！　今や、より優れた部分で――霊的部分で――贖いと愛の理想に没頭しています。神の天使だけが見ています。彼らだけが、自分との危険な戦いで血を流している者を、同情と賞賛をもって見つめているのです。彼らだけが、その嘆き、涙、すすり泣きを数えています。彼らだけが、神経が切れるまで引っ張り、繊維を圧し潰し、心臓を圧縮機か石臼のように打ち砕く、超人間的な努力を見ています。彼らだけが、焼却——あるいは、むしろ溶解——を見ています。そこでは贖いと愛の火によって、全人格が溶け出し、溶鉱炉の中の金属のように沸騰します。そして、浮き滓《かす》をすっかり除かれ、安っぽい縞の汚れもなく、二度と錆びることもなく、破損し難い塊となって光の中へと戻って来るのです。

天使だけがこれを見ています……いいえ、神も同様に見ています。実際、神は、天使の視力では持ち得ない完璧さで見ているのです。

それから神は、被造物を訪れます。その被造物は愛によって鍛え直され、悔悛によって生贄という崇高な高みにまで駆り立てられています。神はその者を住まいとし、あるいはむしろ、神御自身を悔い改めた者、愛する魂の住まいとし、悔悛者の涙のすべてを集め、神自身の心の聖杯にそれらを収め、彼女の犠牲のすべてを偉大な生命の書に書き込みます。そしてその存在を永遠にするために、絶えず活力を吹き込みますが、その存在は生贄によって短時間で破壊されてしまいます。彼女の悲痛な謙遜と惜しみない償いは神を魅惑し、神の最愛の真珠と見なされるほどで、神は彼女を深く愛するようになります。そして神は彼女を自分の十字架、神の血が滴り落ちるあの玉座まで上げ、感覚と罪に沈む人類の罪を神と共に贖う者にさせるのです。

そのころに聞き、神の恩寵によって理解した説教の中に——というのも、私はそれ以前にはまるで理解していませんでしたから——ダマスカスへ向かうサウルにとってと同様に、私の魂にとって稲妻だったものがありました。それはマグダラのマリアに関するものでした。

あなたはこうおっしゃるでしょう。「その司教は何を考えているのだろう！　若い女性に彼女のことを話すなんて！」主の霊は主の望むところに風を送るのです。

シスターたち、私の仲間たち、そして私自身もみな、司教さまが祭壇の脇につくられた説教壇からシスターたちに、年長者だけに聞かせたいから、ほかのすべての寄宿生を退出させるようにと求めた時には少し驚きました。そして彼が、マグダラのマリアについて話したいのだと聞いたときには、もっと驚きました。私たちはそれまで、この女性の回心以前の人生についてよく知っているわけではありませんでした。私たちがほとんど知らなかったからこそ、私たちは目を開かれ、驚きで耳を澄まし、よく聞いたのでした……

あの厳かな説教がほかの人にどんな影響を与えたか分かりませんが、かつても今も偉大な説教師であるカッツァーニ司教は、その日雄弁の極みに達していました。私は個人的には、私がこれらの言葉を聞くことを神がお望みになり、私に聴かせるためにこの話をおさせになったのだと思います。

ディドン神父*はマグダラのマリアについてこのように述べています。「過ちの重みに打ち拉《ひし》がれている魂にとって、憐れみを施す優しさと赦しの言葉ほど力強いものはありません……マグダラのマリアの心の中で何が起きたのでしょうか? 私たちには分かりません。ある日彼女は目を開け、イエズスの中に赦しを与える救い主を見いだしました。その日彼女は躊躇しませんでした。こうした気性は決して途中で留まらず、崇高さは常に限界まで進みます、善においても悪においても。愛する者に理由はありません――奴隷のように屈服して感情に従います……罪を赦すことは神だけに相応しいもの。神への信仰だけが迷える魂を救います。そして赦しと平安を与えることは人間の力ではできません。イエズスはこうしたことを述べ、行ったのです。マグダラのマリアのように良心の深いところでそのことを感じ、経験した者は、理解するのです

* アンリ・ディドン（一八四〇－一九〇〇）フランス人ドミニコ会士、説教師、作家、『イエス・キリストの生涯』の著者。

…それ以後罪びとは、自分の不幸がもはや絶望ではないと信じられるのです。悪は師を見いだしました。悪に打ち勝つためには、信じ、罪を悔い、嘆き、愛することで十分なのです。人はどれほど低く落ちても、まだ信仰と涙があります。罪深い女を見習い、キリストの足元で涙を流しましょう。多くの魂がマグダラの罪人に従うことによって、不名誉から立ち上がりました。彼女は道を切り開き、回心した更生者たちの列を先導します。彼女は悪徳にふけり、キリストの足元で愛すべき神を知り、神の愛によって憐れみと平安を与えられて変貌を遂げた人間の象徴なのです」。

私は神の恩寵により、マグダラのマリアほどに自分を貶めることはありませんでした。でも私は沢山の人間的な幻想に従うことで迷いました。それを示しましょう。私が愛を誓ったキリストを私はなおざりにしてきました。恐怖の一時間にペテロが否定したほどではないにしても、婚礼の祝いに招かれても行かずに、自分の事情にかまけていた者たちと確かに同じように行動したのでした…

私は罪を犯しました。そうです、神さま、私は罪を犯しました。現実にではなくても、望むことによって、そしてとても沢山。私の師であるあなたは私に言われました。「悪いことをしないだけでは十分ではない。それを願ってもいけない」と。私は悪いことをすることを望みました。そしてあなたに新しい苦しみを加え、あなたの目からまた涙を流させました…

後に私は再びあなたに会い、あなたは私を見ました…でもあなたは私を厳しく非難しませんでした。あなたは私の過ちを一言も咎めませんでした…あなたはただ私を見つめました…そしてどんな言葉よりもあなたの眼差しは私にとって救いの呼びかけでした。

それから私は、悔い改めと愛により、あなたの血と私たちのすすり泣きによって、婚礼の衣装の汚れを清められることができた悔悛者たちのあとに従って、あなたのところに永遠にやって来ました。涙は初め、マグダラのマリアの目からあなたの聖なる足元に注がれたのでした。マグダラのマリアは、罪を償う方法において、愛と悔い改めの学びにおいて、私たちの師、私たちの希望の源泉です――というのも彼女は多く愛したゆえに、すべての罪を赦されたのですから――私たちも多く愛すれば、罪を赦されるでしょう。

回心した罪びとの清らかで熱烈な涙、時間の経過も人間的な生活の欲求も忘れさせるほどの言葉なき崇拝の行為――そこであなたは、師であるあなたは、彼女を見て気の毒そうに頭を振る世間に対して、「マリアは良い方を選んだ。それを取り上げてはならない」と、彼女の擁護のために介入しなければなりませんでした。ファリサイ人の軽蔑からも彼女を守り、三百デナリオもする純粋のナルド香油を使ったことでみんなに非難されたときにも彼女を守り、またこの熱烈な魂の気前良さを理解する故に、彼女をいつも守られるのでした――この清らかな優しい涙は、あなたを私の愛する花婿として選ぶ方法を教えてくださいました。生き甲斐、喜び、栄光である花婿です。また、それらはあなたによって創られた私の魂を汚した悪を消し去り、善と入れ替えて、私の哀れな魂を――人間への無秩序な愛によって汚れ、反抗と官能の精神の巣窟と化していたものを――全く美しく純粋な婚礼部屋へと変える方法を教えてくださいました。そこが私とあなたとの結婚が完成される部屋になるように……

ああ、また脱線してしまいました……話を元に戻しましょう。

神はこれらの言葉を私の将来の指針になるものとして聴くことを望まれました。それは私の心の湖に石のように落ちて沈んで行きました。純粋な青春時代の静かな水がヴェールのように穏やかにそれを覆い、それは底に留まって、何の痕跡も残しませんでした。

でも人生の嵐が吹き荒れ、心の湖に襲いかかったとき、すっかり揺り動かされて、泥が巻き上がり、藻が絡まって、水が濁り、進むのも困難になったとき、そのときこれらの言葉が浮かび上がって来て、深い水の

中で洗われたかのように神の光の中できらめき、救いの灯台となって私を導いてくれました

でもそれらの言葉を聴いたその日から、私は神の望むときにそれを再発見するだろうということ、そして当面の間は、後日の闘いと認識のときにそれを完全に理解できるように、私の限られた力でその教えを瞑想するべきだろうということが分かっていました。

私はよく理解していました――これは全く明白でした――私は神によって苦しみの人生に召されたのだということを。涙を友とし、十字架を規範とすることになり、そして初期のキリスト教徒のような殉教という甘美な夢を捨てるべきなのだということを。その瞬間から、私は心の殉教にそなえるべきなのでした。これは分かりにくい――神以外のすべての者が見落とす――殉教ですが、生涯にわたって、人生のあらゆる偶発的な出来事の中で実行される殉教なのです。

私はこのことをよく理解しました。主の天使が私の目の前で人間の運命が書かれた偉大な本を開いて見せ、そこに書かれた私の未来を読むことが許されたかのように……

その次の日、錬成会が終了しました。そのときシスターたちは私の秘密を見抜いたでしょう。私はあまりにも感動していましたから――いつものように自分の感情を上手に抑えようとはしましたが――親愛なるシスターたちはその気配を察したでしょう。神の声が鳴り響き、私の内部であまりにも大きく響き続けたので、顔に表れずにはいませんでした。私は啓示の中に慰めを得ようと神にすがりつき、そこから無理に引き離されたので、ひどく苦しんでいました。比喩的ではなく、体の繊維組織が本当に引き裂かれる感覚でした。というのも、神と一緒にいた避難所から出て、いつもの生活に戻らなくてはならなかったので、私の内部に本当に辛い痛みが生じていたのです。シスターたちが気付かないはずはありません。

私は生きていけないと感じました……それ以来、無数のとても苦しい分離を経験しましたが、その経験

から、このときの分離ははるかに鋭く刺すようだったと言えます。人間的な別離が私の心臓を病気になるほど落ち込ませたとしたら、この分離はまるで空気を全部奪うかのように、私を窒息させました。私は、自由、光、富、健康、友情、そして親類縁者を一度に奪われたかのように惨めでした。

でも私の霊的渇望のあの時間について、どうして人間の貧しい言葉でこんなに説明するのでしょう？　雅歌を再読すると、愛する者にとって善である神を谷や山に捜し求める人の悲しみに、私の渇望と通じるもの――かなり薄められていますが――を見いだします。でもソロモンの詩の燃えるような表現も、私が経験したことに比べれば取るに足りないものです。後に十字架の聖ヨハネとイエズスの聖テレーズの熱烈なページを読んだときは、少しましだけれどもまだ同じとは言えないと思いました。こうして、私は人間の言葉では超自然的なことを表現できないことを理解しました。おそらく熾天使《セラフ》だけが神への愛の苦悶を書き記すことができるのでしょう……でも天使たちは崇拝し、沈黙しています……

シスターたちは非常に細やかな心遣いで、私の魂が天国への憧れでいっぱいになっていたとき、魂の扉の前にほとんど姿を見せませんでした。彼女たちはそこで神の働きを敬い、それ以上は立ち入りませんでした……このような場合、侵入はどんなに純粋な行動であっても、神聖を汚すことになります。魂と神とのふれあいは常に聖なることとして敬われるべきなのです。

錬成会の記念として私たちみんなに配られた小冊子の一ページ――というより数ページ――が私たちの感想や決意を書くように当てられ、そこにクラスメートたちは鳩のようなため息と不毛な感傷主義に満ちた取り留めのないひとくだりを書いていました。私はたった一つの文章を書きました。未来の人生のための私の計画、私の家族、私自身、私の隣人、そして神に対する私の行動の基準。大海原のように広大で、かつ深く、それだけで最も長い人生をも満たすたった一つの文章。「すなわち、いかなる時も、いかなる出来事においても犠牲と義務を」。

私はこの決意に忠実でした。そして、時として私の人間性が私の霊を打ち負かしそうになったとしても、私はいつも急いで犠牲と義務を十分に実践するよう立ち帰りました。たとえ誘惑がとても大きく、義務を果たす喜びがあまりに小さく、目的を捨てて流れに乗って行ったほうがよさそうに思われるときも、義務と犠牲を完全に忘れたことは決してありませんでした。

私の顔から何かが漏れ出ていたのか……鏡がなかったので、分かりません。その日の朝、私はほかのことで頭がいっぱいで、小さな手鏡なら許されて持っていたのですが、それで自分の顔を観察することも思いつきませんでした。それで、私の顔から何が漏れ出たのか、あるいは顔がどう変わったのか分かりませんでした。でも実のところ、私の顔から漏れ出たものの結果として、院長は念のため、私と一番よく話ができるシスターに、私もシスターになるつもりなのかどうか、聞くように頼んだのでした。私はすぐに真実を打ち明けました。

ああ！　その道を行けたらどんなに素晴らしかったでしょう。永遠に聖母マリアのマントの下で庇護されて、そんな風に人生を滑るように進んで行けたら……でも、それは神が私に望んだ道、あるいは人生ではありませんでした。私にははっきり分かっていました。この世界が私の戦闘の場になることを。戦闘がどんなものになるかは分かりませんでしたが、それが修道院ではなくこの世界で行われなくてはならないことは分かりました。

気の毒なシスターたち、私に関してすでにバラ色の想像をめぐらし、頭巾をかぶった私を思い描いていたことでしょう！　私がその召命を選びたかったことは神がご存じです！……でも私はそうしませんでした。私は苦しみに向かうのだということ、そうする義務があるのだということを知っていました。

私が苦痛に直面するには、まだ時の隔たりがありましたが、それがだんだん近づいて、避けることができないのを、私は嘆き苦しみながら見ていました。まるで刑の執行の瞬間が近づくのを見ている囚人の状態でした。別れを目前に、シスターとクラスメートたち――私は遠くへ行くので、おそらく二度と会えない人たち――が、私に優しくすればするほど、私の不安は大きくなり、愛情への感謝の気持ちに入り交じりました。

奇妙に思われるかもしれませんが、これが真実です。私は寄宿学校に入るときよりも、去るときにずっと苦しみました。もちろん四年の間に私が大人になったせいでしょう。そんなものですから、私の主要な性質――たぶん最も重要な性質――である感受性、私の天分であり悩みの種である感受性も、ますます鋭敏になっていました。優しい心を持ち、物事のどんな小さなニュアンスでも感じ取ることが天分であるなら、それは大きな悩みの種でもあります。なぜなら、人生に嬉しいことはわずかしかなく、苦しいことはいつも無数にあって、絶えず付きまとうのですから。

この感受性は――みなの前で感情を出せば、あからさまに軽蔑されるか、さもなければ無関心に出会うので、いつもできるだけ隠すようにしていましたが――私の心の成長と共に成長し、未来への恐れを増大させました。私はこれまで楽しんできたわずかの良いことが終わりになると感じていました。そして感じやすい植物が自分に近づいて来る手を感じるように、全身を震わせ、身を閉じるのでした。

ああ！　穏やかな時間と穏やかな愛情だけを経験したあの寄宿生活から引き離されて、心破れ、人生と向き合うために学校を出て行く、物悲しい被造物！　それは一九一三年の二月二十三日の午後のことでした。

シスターたちは、私への愛情深い心遣いを、このころになってさらに無限に深めていました。それは、私に厳しい試練が迫っていることや、私の心がむなしさや激しい郷愁に襲われるだろうことを思って、自分たちがどれほど深く私を愛しているかを私に感じさせ、私に愛の滋養をたっぷりと与えておこうとしたのでした。彼女たちは目に涙をためて、お母さんに優しくしなさい、そうすればお母さんも優しくしてくださるでしょうから、と勧めるのでした。

ああ！　その勧めは私には無用でした。私はいつも母の心の扉の前にいて、母が理解と愛情を差し出してくれることを求めている、永遠に物乞いをする乞食でした。でも扉は閉まったままで、厳《いか》めしい鉄の槍が林立していて、私はもたれることさえできないのでした……

シスターたちはこの意味のことを母にも話したようです……でも、彼女たちの言葉は届きませんでした。あるいは、意図したことと正反対のものを生み出してしまいました。母は突然、私がシスターたちに母のことを人情味のない非妥協的な人間と言った、と非難しました。

でも、おお、神さま！　母をそのように表現する必要はなかったのです。母のすべてが、母がどういう人間であるか、つまり母というより継母であることを表していたのです。母の態度、母の手紙、私の健康への母の無関心、寄宿学生としての私のわずかな入用物に関する母の吝嗇《けち》——要するにそれほど沢山のことがシスターたちに教えていましたし、しかも十分に教えていたのでした——彼女たちは数百人の母親や父親と継続的に関わってきて、専門家でしたから——私の母が私に対してどうであるかについて、私が話す必要はなかったのでした——そんなことは私が決してしなかったことです——なぜなら人は不名誉や恥ずかしい病気のように、ある種の不運を恥ずかしく思うものですから。後に私がこのことに関して話すことがあるとしたら、それはほかの人が母と私の関係についてすでに本当のことを知っていて、無神経にも、私の傷口に酢をかけるような質問をしてきたときだけです。いろいろな人から「あの人はあなたの本当のお母さん、それとも二番目のお母さん？」……と聞かれるなんて、考えてみてください。これがすべてを語るでしょう、神父さま。
私が自発的に話せる相手は、全幅の信頼を寄せてきた人だけですが、しかも大変苦労しないと話せません。そういう相手はめったにいませんし、またそういう人は、外面的態度や、良識の豊かさからも、私の痛ましい秘密を軽蔑や噂話の対象にしないと安心して託せる人でなければなりません
神父様は、私がいろいろな事をあるがままに自発的に話すことができる数少ない人の一人です。今お話した理由によって、また、私の人生の極限のときに私の魂を指導しなくてはならないのですから、私の心にこれほどの苦しみと混乱を引き起こす事について真実を知っていただくことは、正しくそして適切なことなのです。

第二章

フィレンツェ、従姉と叔父

「過去の記憶の中で、私は翼の折れた鳥のようです。」

―イエズスの聖テレーズ

そもそも、神が私たちに知性を与え、私たちが自分を導く能力を与えられたのではありませんか？

神が私たちに愛する能力を与えられたのではありませんか？　とすると、私たちが自分を道徳的に導く能力を持つ者として創られ、その方法が分かるように掟を与えられている以上、私たちの義務は、神の掟と愛の招きに従って、道徳的に正しく生きることにほかなりません。

フィレンツェ

今日、三月十八日の典礼書には（一九四三年）、ミサの入祭文として次の言葉があります。「主を賛えよう、いと高き御名に賛美の歌をうたうことは素晴らしいかな」。

主への賛美のやり方にはいろいろあります。天には父の館がたくさんあり、そこにおられる祝福された方々の栄光の度合いが異なるように、地上での神への奉仕と賛美のやり方も異なります。そうは言っても、その目的と報いは全く同じ、永遠の命なのです。

神へ向かってたゆみなく歩き、非の打ちどころの無い人生を送り、純潔と服従の人生で神を賛美するのは素晴らしいことです。けれども、償いの人生によって神を賛美するのも、また素晴らしいことです。その人は、自分の間違いを認め、自分が塵よりも価値がないと遜ります。理性を与えられた人間が、創造主の定められた掟に一瞬でも従わないなら、神に対する裏切り行為は動物よりも劣ります。

私たちが神から離されるや否や、惨めさに陥ることからも分かるように、自分が何者でもないと証明されて、その後の生涯をずっと生きることは素晴らしいことです。復活のとき、私たちに呼びかけるのが神の声だと分かるのですから――私たちは哀れなラザロです。恩寵に対して死に、闇に葬られ、罪の悪臭を放ち、死の腐敗によって崩壊している私たちに命じる声――それは神の力と憐みの命令を発効させます。「ラザロ、出て来なさい」。

それから私たち、哀れなラザロは、精神の墓である牢獄から出ますが、手足や体は、まだ死の縄で巻かれたままなので、動きが不自由です。不道徳の汗で汚れ、顔はまだ埋葬布に覆われ、舌は死の麻痺から戻りません。それでも、最初の不確かな一歩を踏み出し、最初の賛美の言葉を口ごもります。するとイエズスはご自分の〝血〟によって買い戻し、涙を流しながら致命的な苦境から取り戻したこの者の死をご覧になり、「まだ心に憤りを覚えながら」二度目の命令を下されます。「ほどいてやって行かせなさい」。すると、私たちは、完全に死の装束から解放され、再び立ち上がり、神の御子イエズスと共に、天にまします御父に私たちの賛美の歌をうたいます。「父よ、あなたに感謝いたします！」。

私の個人的意見ですが、神の善意によっていつも悪から守られて来た人が神に感謝すべきだとしたら、自分が神に救われたと思う人は、もっと神に感謝すべきでしょう。

これに関して、私は「幼きイエズス」の聖テレーズに同意できません。彼女は『ある魂の物語』の中で、最も優しい父である神が最大の感謝をお感じになるのは、あらゆる危険を免れてきた魂からの感謝に違いないと言っています。

私はそうではないと断言します。そもそも、神が私たちに知性を与え、私たちが自分を導く能力を与えられたのではありませんか？　神が私たちに愛する能力を与えられたのではありませんか？　とすると、私たちが自分を道徳的に導く能力を持つ者として創られ、その方法が分かるように掟を与えられている以上、私たちの義務は、神の掟と愛の招きに従って、道徳的に正しく生きることにほかなりません。

人は神が愛してくださっていることを知っています。私たちのために死ぬことになる御子を送るほど愛してくださったのに、どうしてそれを疑うことができるでしょう？　人は自分の反抗や堕落や悪への執着が神を苦しめることを知っています。ここでは犯罪のことを言っているわけではありませんから、念のため。ここで関わるのは愛だけです。犯罪はあらかじめ未来の罰を想定しています。それはふさわしいことです。この罰によって、裁判官と被告、掟と違反者の間で負債はすっかり精算されます。でも、私たちの愛の欠如が神にもたらす苦悩は少しも精算されません。百の地獄もこの苦悩を打ち消すのに十分ではないでしょう――何物も、これを償うことはできません。どんな罰をもってしても。私たちが愛すること、愛情を込めて服従すること、愛情を込めて悔い改めることだけが、神の目に笑みを取り戻すことができるのです。その悔い改めは、相応の罰のためではなく、神を悲しませたことを深く後悔してのものでなければなりません。神は私たちをお創りになり、私たちのためにご自身を犠牲にされるほど、私たちを愛しておられるのですから。

　ですから、ある魂が神の寛大さ、無限の忍耐と父性愛に気付いたとします。父はその魂が掟に従う道に戻るよう、あらゆる手段と愛をいつも与えておられます。そればかりでなく、その魂が――神の像に似せて創られた自らを貶め冒瀆してきた泥沼から――天を見上げて救いを求めたとき、神はその魂を再び高く上げるために降《くだ》って来られ、その魂を胸に抱きしめて、もう癒されるから大丈夫だと慰め、神の側からはもう赦されていると安心させます。また、おまえは病の苦しみで弱った哀れな魂なのだから、二倍愛されているのだと言われます。そうまでされた魂が、非の打ちどころのない魂が正当に愛されたときよりも、もっと大きな感謝をどうして感じないでいられるでしょう？

「でも、後者はまさに神に守られたのだからこそ、神に感謝するに違いない」と言われるかもしれません。でも、私は答えます。ただ愛されるだけでなく、蒙った侮辱を赦すほどに愛してくださるという、二倍の愛で愛されていることを知った魂が、この上なく感謝しないことがあるでしょうか？

　主は「赦されることの少ない者は、愛することも少ない」*とおっしゃいました。そこで、本当の過ちというより、欠陥のせいで、わずかに、ほんのわずかに神を不快にさせた者は、当然少しだけ赦されるのです。でも、執拗に重大な罪を犯した者は、必然的にはるかに、はるかに大きな赦しの恩恵を受けるはずです。こうして彼らは赦しをくださる神に対して無限の感謝――最も快い感謝――をしなければならないのです。「あなたの信仰があなたを救った。心安らかに行きなさい」と、救い主は救い主を頼る罪で穢れた魂に言われます。この方こそ、罪を洗い清めることができる唯一の方です。この魂は、自らの癩《らい》のための薬がどこで見つかるかを理解します。その魂の神への信仰はどれほど大きいことでしょう！　したがって、傷を癒すために身をかがめて下さる聖なる医師の憐れみも大きいのです。それは魂と神の間での、寛大さのやりとりなのです。魂は悔悛と感謝に突き動かされて、無条件に、ありったけの自分を差し出します。あらゆることにおいて完璧である神が人間に劣ることはあり得ませんから、愛の最高の形である完璧な惜しみない赦しを与えてくださいます。

まあ、マリアったら！　たいしたものだこと！　どこまで行ってしまったの！　説教壇から説教するなんて――説教壇の下にいることさえ、ふさわしくないおまえが！　神父様、お許しください……

感謝の愛は、人を遠くへ、そして高く運ぶ風のようです……聖霊が――心の中にそのような力を生み出すのは、聖霊の慰めでしょう――聖なる息吹を私たちに吹き込むとき、それは私たちを圧倒し、超自然の渦を巻き起こしながら、神が住む高みへと私たちを運んで行きます。その高みからは、死をもたらす包帯に圧迫されている哀れな魂を照らす光が出ています。魂は、愛の圧力と白熱ではちきれそうになって、歌わずにいられなくなります。貧弱な人間の言葉で神を表現しようとしても、表現しきれないのが常ですが、それでも歌うことによって、私たちを熱病以上に火照《ほて》らせる激しい熱意を発散させるしかないのです……それは実に、身体的な熱病のように激烈な、霊的熱病なのです。

＊　ルカ7：47、36-50。

私たちは美しい天国で成年に達するまでは、最初の片言を発しようとしている幼子です。信仰生活においても子供でいられるならどんなによいでしょう！…　でも、子供のままでいようとするなら、善良でいるしかありません。けれども、悪において私たちはすぐに大人になります――残念ながら、申し分ない悪の学士といったところでしょうか。こうして、私たちは天の王国に入るにふさわしくない者になるのです。そこは、無垢な子供のように悪意のない者だけが入るところです。

でも、私の話に戻りましょう。

一九一三年の三月一日の朝、私たちはフィレンツェに到着し、三月四日に新しいアパートメントを手に入れました。

家はかなり美しく、広々としていて、サン・ギャロ・パルテーレを見渡すことができました。そこは数年後に、工芸博覧会のために醜い建物が造られて美観が損なわれましたが、まだそうなる前のことでした。手前には、レジナ・ヴィットリア通りまで続くたくさんの素晴らしい庭園が見渡せました。私が使っているのは、当時の正式名称です。というのも、今では、イギリス的なものが嫌われて別の名前になっているのですが、私にはなじめないのです。これらの庭園の中に、イエズス会の教会付修道院の庭がありました。そこでは神父たちが庭を散歩したり、休日レクリエーションセンターにやって来た少年たちと遊んだりしている姿が見られました。

位置としては、パンカーニ通りとマドンナ・デッラ・トッセ通りの交差点の近くで、マドンナ・デッラ・トッセという名の古い教会のすぐ近くでした。家の窓から教会の中が見えました。五月や六月には、私は窓辺に身を寄せ、聖体降福式に参加したものでした。祝福のうちに、熱心な会衆の頭上に掲げられる聖体顕示台と聖なるホスチア――金色の光の中に雪のような白い太陽――が見えました。そして香の匂いと聖歌の言葉が私のところにまで届きました……同じようにイエズス会の教会、確か〝良き勧めの聖母〟マリアに捧げられていたと思いますが、そちらからも聖歌と香の芳香が届きました。私は聖母マリアに捧げられた二つの教会をつなぐこの神秘的な線の上にいたのでした。

私たちは三階に住んでいました。一方の窓からは、フィエーゾレ、ヴィンチリヤータ、モンテモレッロなどの丘がすべて見え、他方の窓からはカセンティーノの丘がなだらかな曲線を描いて地平線の上に霞んでいました。それを縁どる森は、太陽の当たり方によって、さまざまな色に変化しました。ヴェルナ山の方角も教えてもらいました。私はすでに、熾天使《セラフ》のような師父（聖フランチェスコ）とその教義に心酔していましたので、いつもそちらに目をやっては大きな安らぎを受けていました。

芸術家肌で感覚的気質だった私は、すぐにフィレンツェが大好きになりました。教会、建物、美術館、庭園、それにとても霊的な丘陵――こんな形容の仕方をお許しください――、サン・ミニアートからうねり下るその丘陵は、白と黒の修道服を着たドミニコ会士のようで、すぐ隣のポルテ・サンテ墓地と神のことを語らっているようです。そして、私たちが塵であり、「天使のような蝶」になる蛹《さなぎ》であることを思い起こさせます。その蛹は私たちの罪によって殺されないならば、「蛹殻から出て正義へ向かって飛ぶ」でしょう――丘陵はポルタ・ロマーナまでうねり下り、フランシスコ会のオリーヴ林に入り、アペニンの森の香りや川沿いの木々の湿った芳香を含む風が、銀緑色の葉にささやきかけます。川はだんだんと幅を広げながら、海へと流れて行きます。丘陵には、道しるべとして植えられた糸杉の青銅色の円錐が見えます――これはとびきりのトスカーナの木、屹然《きつぜん》として立つ幹を取り囲む、矢のように尖った葉。まるで信心深い憧れの中で、祈り、そして上昇しているようです。美しい丘陵には、花の溢れる庭園があり、斜面ではツグミが啼き、小鳥が囀り、美しい別荘は緑と花に埋もれています。そして、カシーネ公園では、樹齢を重ねた木々と共に、今は水量が多い川が声を張り上げて歌っています。水の少ない季節には石ころだらけの小川のようになり、ごぼごぼと音を立てるのですが、今はそんなことはありません。そして、ボーボリ庭園とスティーベルト美術館の庭……ほんとうに沢山の緑のオアシスがあって、父と一緒に歩くのが大好きでした。

そこの住人たちを、私はあまり好きではありませんでした——私がかつて暮らしたロンバルドの人たちとはとても違っていました。彼らの行動の仕方には当惑させられました。でも、彼らとは、ほんのわずかしか接触しませんでしたので、たいしたことではありませんでした。

私は父とよく出かけました。美しい春の季節で、フィレンツェはとても華やいでいましたから、その気分に乗って、私たちは大の気に入りの場所へあちこちと出かけました。私は恋しくてならない寄宿学校への郷愁を紛らす必要があり、父は自分が年金生活者だという苦痛を軽減するために、気晴らしが必要でした……そこで、私たちは二つの悲しみを一緒にして、新しい生活に適応するために助け合おうとしました。

そのほかの点では、寄宿学校にいたころとだいたい同じような生活を続けました。朝早く起きて祈り、日曜日には教会へ行って聖体拝領もしました。もっと度々受けたかったのですが、母が直ちに、実に理論的実践的方針を展開して、告解や聖体拝領など頻繁にする必要はない、そんなものに度々頼る者は、偽善者以外の何者でもなく、行かない人より悪い、などなどと論証しようとしたのです。私が家族のもとに戻った一九一三年から、今の病気のために隔離された三三年までの二十年間、どんなに度々、こうした宗教的無関心に関する無用な講義を頭に叩き込まれたことでしょう!!!

もしも人間的な尊敬を払われないことが神への愛の証であるということが真実であるならば、当時、私は最悪のときでも、そして最も惨めなときでさえ、常に神をとても愛していたと言わなければなりません。なぜなら、私は人間的な尊敬に身を委ねたことは決してないからです。宗教的な実践に忠実であろうとすると、嘲られ、反論され、嫌味を言われました。それでも、ニヤニヤ笑い、皮肉、非難などを無視して実践を続けました。やがて、聖なる自由の行動のなかで、五月と六月の毎日と、最も美しい九日祈祷《ノベナ》には教会へ行って、その時は毎朝聖体拝領をすることもできるようになりました。でも最初のうちは、悲しい気持ちで言いつけに従い、聖体を拝領するのは日曜日と初金曜と主日だけでした。

初金！　私には反抗と霊的暗愚の時が何度かあったことを、あなたはご覧になるでしょう。でも、こうした時期の真最中でも、毎月の最初の金曜日に敬意を払うことは忘れませんでした。一九〇九年に寄宿学校に入学して、この敬虔な信心を学んでから、病気のときを除いて、これを欠かしたことはありません。実際に家に留まったのは、とても重い病気のときだけでした……三九度か四十度の熱があっても、ひるまずに歩き回り、高熱をものともせず、完璧に元気であるかのように、家や、病院や、カトリックアクションの仕事をしましたので、家に留まったのは本当に重病だったときだけでした……

あらゆることにもかかわらず、私が私の魂を救ったとしたら、それはこの初金への忠誠によるものだと思います。イエズスは聖マリア・マルゲリータに、罪びとは広大な神の心に慈悲を見いだし、神の愛はこの償いの実践に忠実であった者に最終の痛悔の聖寵を与えるだろうと言ったではありませんか？　私は多くの点で忠実でなかったときでさえ、初金を忠実に守りました。そして、イエズスの無限の慈悲によって、私の霊的病を癒されました。イエズスは私の魂に、イエズスの道を見るための視力、イエズスの言葉を聴くための聴力、イエズスへ向かうための動きを取り戻させました。イエズスは私の癩病、熱、霊の恥ずべき弱さを癒し浄化されました。イエズスはサタンに、私にかまわずに出て行けと命じました。私はイエズスの聖心によって〝生命〟を受け取ったのです。今度は私がイエズスの聖心に感謝の言葉を言うために、私の生命をイエズスに捧げるべきではないでしょうか？

でも私の一日に戻りましょう……

私は朝早く起きて、それから祈り、自分の部屋と客間を片付け——これが私の家事分担でした——台所を手伝い、そのころはあまり働かず、とてもよく勉強し、ピアノを弾き、本をたくさん読み、父と散歩に出かけ、寒い季節にはたまに、時には父か母と映画を観に行きました。映画館へは、夏はよく行きましたが、寒い季節にはあまり行きませんでした。夜は、社交がないときには、かなり早く就寝しました。というのも、夜にはよく、親しく会話をするために訪ねて来る人があったり、私たちが訪ねたりしたからです。

フィレンツェでは、昔からの友人や新しい友人が沢山いました。その中に、父親が私の父のように軍隊の技官という一家があって、聖人という言葉が最もふさわしい夫と、その聖人でなければ辛抱して許すことができないような軽率で嘆かわしい妻と、十一歳の娘がいて、後に息子が生まれました……

私は赤ん坊のように世間知らずでしたが、この女性が尊敬に値しない人であることに気付きました。この女性は大胆にも、私たちの会合の場で——夫や娘や私たちの面前で——給仕たちを使って、彼女の崇拝者たちと恋文をやりとりしていたのです。私は秘密の謀《はかりごと》の衝立にされるのはいやで、このことを母に知らせました。母は私を激しく非難しました——すでにお話ししたように、母はすべてのことを事実とは正反対に見る人ですから——母はその友人を誠実さにおいて女性の鑑だと思って見ていたのでした(!!!)。

この淑女(!)の娘は、その母にふさわしい生徒でした。彼女はその学校で、その性質を持って、初聖体の準備をしました。わが家の給仕人は田舎娘で、節操があるというわけではなかったのですが、それでもある日、その十一歳の少女を黙らせる必要を感じたほどでした。「お黙りなさい。恥を知りなさい。うちのお嬢様に何事か教え込んだり、話題にしたりすることは許しません!」と言ったのです。私は十六歳で、この哀れな子供はまだ十一歳だったのですが。

この浅ましい二人といると、自分が貶められ、冒瀆されるような気がしました。でも、母は何も認めず、私は訪問しなければなりませんでした。後に、一九一五年からの数年間で、醜聞が明らかになり、秘密でなくなると、母も私が正しかったことを認めざるを得ませんでした……当然です！　でも神父様、その交流がどれほど私を動揺させたかお分かりになりますか？　私たちをかすめて行く邪悪は、全く影響を残さないというわけにはいかないのです。私たちに侵入するものは、たとえ私たちを完全に占領することはなくとも——まず神の恩寵によって、そして私たちの性質によって——それはいつも私たちを動揺させます。とりわけまだ若い少女であるときには。

もう一つは中佐の家族で、妻とは性格の不一致から別居していました。中佐は私と同年代の息子と一緒に住んでいて、息子の母親は少年の妹である娘と共に、ローマで自分の母親と住んでいました。夏には、娘が父のところへやって来て、息子は母を訪ねて行きました。哀れな家族、さらに哀れな子供たち！

この中佐は、私たちのいる建物の二階に住んでいました。そして専用の広い庭を所有していました。一方、小さな庭は、年老いた夫婦が借りていて、夫は盲目でした。この夫婦は善良な人たちで、大勢の孫たちに悩まされていました。手に負えない孫や貧しい孫たちが、いつも逃げ込んで来るのです。三階に住んでいるのは一組の夫婦だけで、住まいの半分を冬にフィレンツェにやって来る士官や紳士に貸していました。これらは、私の物語に必要なので、ご説明したのです。

私は中佐の美しい庭を散歩させてもらうために、よく中佐のところへ行きました。中佐は私が彼の息子——本当は知的なのに、大多数の男の子のように注意散漫な少年——に勉強をさせることができる唯一の人間であることに気付いていました。母性的な心遣いが不足していた気の毒な少年！　女中たちが女性的な感情にまかせて甘やかしたり、厳しくしたり、些細なことで父親から罰を受けさせたりして、いつも翻弄されていました！
その少年はマリオといい、すぐに私たちを気に入りました。私たちの階へ上がって来て母に抱きしめてもらえるときは、とても幸せそうでした。私たちが会いに行っても、やはり幸せそうでした。そして、勉強し、良い子にしていました。かわいそうなマリオ！　利己主義な家族の犠牲にされ、愛を必要としていたのです！…

ああ！　このことについては、言いたいことがたくさんあります！　子供たちは両親に義務があります。確かにそうです。でもこうした尊敬されるべき両親も、子供たちに対して義務があります…「性格の不一致」、これは利己主義以外の何ものでもありませんが、その結果をよく考え、無垢な子供たちが犠牲になるということをよく考えたなら、別居という事態をもたらすことなど、あり得ないはずです。でも、このことは私の物語には何の関係もありません。

さて、これで当時の主要な登場人物を紹介しましたので、先へ進み、当時最も私に影響を与えた人物について お話ししましょう。

三階の夫婦が、住まいの半分を貸していると、先にお話ししました。その年、彼らはそこをある若い男に貸していました。バーリの出身で、美しく、裕福で、教養のある人でした。文学の学位もありましたが、職業にする必要はなかったので、用いてはいませんでした。フィレンツェに来たのは、イタリアの初期の作家の作品をこの市の図書館で調べるためでした。人柄も良く、真面目で、物静かでした。

その家で暮らすようになって間もなく、私たちは階段で出会いました。彼は、髪も、顔も、着ている物も、全く暗褐色で、私は全くバラ色のほおをした色白で、すっぽり体を覆うエプロンドレスを着ていたので、年齢よりも幼く見えていました。

私たちはお互いに見て、すぐに好きになりました。後になって、彼が直ちに私がどこのだれか確かめたことが分かりました。でも、私は内気でしたし、自分を鬼のような怪物だと考えていました――というのも、母の特技が、私は醜く、あまり知的でなく、不愉快な人間だと思い込ませることでしたから、自分でも不恰好で、頭が半分いかれた、不愉快な存在だと思うようになっていたのです――こうしたすべてと、私が育った家庭と寄宿生活の影響からも、自分の好みを出すことなどもちろんできませんでした。

一九一三年の当時は、ほんのわずかな知恵がある女性なら、慎ましさで自分の立場を守る術を心得ていました。それは今では過去のものとなってしまいましたが、当時は…最も女性的な美徳の一つでした。

一方、彼の方は、南イタリア人特有の女性崇拝――それは、他地域の人からは野蛮なアラブ支配の名残と言われますが、見るには心地よいものです――と、育ちの良さから、自分の明らかな好意を純然たる礼儀で覆い隠すことを知っていました。私が「明らかな好意」と言うのは、たとえそこで簡潔な挨拶や隣人らしい言葉遣いを超えるやり取りはなかったとしても、そして最も陳腐な言葉にそれ以上の意味を加えられるのは視線だけであったとしても、私がそれに気付かなかったと言ったら、嘘をつくことになるからです。

女性はいつでも、ある種のことが分かります。たとえ、ばかであったとしても。礼儀作法と慎みがそのように勧めるので、分かっていないように装いますが分かっているのです。「あら、何にも気付かなかったわ！　あの人が私を好きだなんて知らなかったわ」と言う人たちは、恥知らずの嘘吐きなのです。愛する者に固有な第六感、はるかに感受性の強い女性はそれだけ鋭いものですが、二つの魂、あるいは二つの肉体が互いに惹かれあうことにいつも気付いています。

私がことさら二つの魂、あるいは二つの肉体という意味は、愛情において肉体的な面だけで愛する人と、霊的な面でも同じように愛することを知っている人、あるいは霊的な面だけで愛する人がいるということです。そして、これらは、より良いものに触れられ、永遠から送り出される、最も永続的な愛情であるべきです。でも実際には、全く正反対のことが起きます。感覚に打ち勝って魂だけを愛する方法を知っている、同じくらい高貴な魂を見つけることは困難なので、官能に汚されない愛情は退屈をもたらされ、大抵の人が愛と見なす態度で愛することができない、冷淡な人間として見捨てられる結果になるのです。霊的にも肉体的にも同じ深さで愛することが理想でしょう。そうすれば完璧に愛せるでしょう。でも、いったい、私たちが完璧になれることがあるでしょうか?

要するに、私たち二人は互いを愛していました。無言の、辛抱強く、敬意のこもった愛。彼は私をとても若い——子供のよう——と思っていましたから、私の若さを乱さないように自分の感情を抑制し、ふさわしい時に告白しようと留保しました。私はすっかり了解して、私の純潔の愛のために祭壇を築きながら、忍耐強く待っていました。

そのようにして数か月が過ぎ、夏がやって来ました。

私たちはいつも通り、海水浴のために三か月間ヴィアレッジョへ行かなければなりませんでした。ウンベルト一世通りにある小さな家は、私のお気に入りでした。その庭には、緑の葉をつけたオレンジの木、実を付けた桃の木、ヒマラヤ杉、あずまやなどがありました…

私たちが出かける数日前に、彼はバーリの母親の元に戻りました…彼は一人っ子で、非常に若くして未亡人になった母親に熱愛されていました。私はあのころ、彼があんなにたくさん喋るのも、あんなに大きな声で喋るのも、聞いたことがありませんでした。開いた彼の窓から、開いた私の窓へと、美しくいとしい彼の声が届いたのです。彼がここを発つが戻って来ることと、そしてもう秋から住む予約をしていることまで分かりました。そして、彼は出発しました。

私は彼にとても好意を寄せていましたから、ずいぶん辛い思いをしました……「私にふさわしい子供っぽい愛」、小さな〝蝶々さん〟*のように、と言っていいかもしれません。というのも、私の愛は本当に少女の愛情のような純粋さと穏やかさを備えていたからです。それでもなお、純粋さにおいて強く深いものでした……

彼が去って行くのを見て、私は自分の小さな部屋でひどく泣きました。あらゆるものが色褪せ、世界に大きな沈黙が降ってきたようでした。もはや彼の美しく響く男らしい声も、完璧な発音も聞くことができないのでした。彼はバーリの出身でしたが、イタリア中部の学校で教育を受けたので、形式においても発音においても完璧なイタリア語を話したのです。

ただ恭しい挨拶と愛情のこもったまなざしを向けただけの人に、それほど愛着を持つなどとは、驚かれるでしょうか。でも、私の人生がどういうものであったかを思い出してください。父はあのような状態になり、母はとても厳しく、兄弟も姉妹もなく、愛情を渇望していた私のことを……敬意と真面目さで私への愛を表している人を、どうして好きにならずにいられるでしょう? 彼には女性を不快にさせるところは、全くありませんでした。生まれも、外見の美しさも、富も、育ちも、教養も、愛されるすべての要素を満たしていました。

バカンスは過ぎて行きました。海水浴の気晴らしの最中でも、私は彼のことを想っていました。後で分かったことですが、彼の方も私のことを想っていました。

私たちは十月の半ばにフィレンツェに戻ってきました。三階の女性は、何か直感したらしく、全く意外な

＊　G・プッチーニの有名なオペラ「マダム・バタフライ」。

ことに、彼は十一月の末に戻って来るはずだと私に言いました。彼の母親に心臓の異常が起き、帰りを延ばしたのでした。彼は母親をとても愛していました。

私は彼を愛し続けました。でも、家ではだれも私が心の奥深くでいとおしんでいた感情を分かっていませんでした。そして、同じ建物のうちでは、彼の部屋の家主である女性を除いてだれも。でも、彼女は真面目な人で、決してむだ話をしない人でした。

十一月ばかりでなく、十二月も過ぎて行きました。けれども、私は彼が部屋を借りていたのを知っていたので、落ち着いていました。

一九一四年の一月五日になりました。その日、母は訪問のために出かけていました。私は風邪をひき、年を経ても「訪問」嫌いはずっと続いていましたから、かなり嬉しく家に残っていました。霧の立ち込めた、灰色の冬の日の憂鬱を少しでも晴らそうと、私はピアノに向かい、弾いていました。女中も食料品を買いに出かけていましたから、一人でした。

玄関の呼び鈴が鳴りました。私は扉を開けに行きましたが、鎖はしっかり掛けました。というのも、ミラノのならず者がやって来たことがあり、それ以来、とりわけ一人のときには、扉をすぐには開けないことにしていたのでした。

彼がそこにいました。彼は呼び鈴を鳴らした理由として、家主がどこに行ったか知らないかと尋ねました。だれもいなくて、家に入ることができないというのです。

小さな嘘でした。三階の女性は家にいました——彼女が下で動く音が聞こえていましたから……でも、「あなたをとても愛していて、もう一分も待てないから、あなたの玄関に真っ先に来たのです」と率直に言わないために、ほかにどんなことが言えたでしょうか？　そこで小さな嘘を言ったのでしたが、彼の顔と目が真実を語っていました。

私は知らないと答えましたが、家主の女性が動く音がしたようだとは思いました。すると彼は、私や私の家族は元気かどうか尋ねました。私は彼の母親の具合はどうか聞きました。彼はとても元気そうに見えたからです。それだけでした。

彼は極めて丁重に別れの挨拶をして、帰って行きました。私は再び扉を閉め、自分の部屋に駆け込み、彼が与えてくれた歓喜を神に感謝しました。

女中が帰ってきました――彼女は私の家に何年もいて、献身的で忠実なすばらしい少女でした――それで、私は彼女に話しました。父が帰ってきましたので、父に話しました。母が帰ってきたので母に話しました。彼が戻ってきたことを、私がどんなに正直に、誠実に、みんなに話したか、お気付きになりますよね。

女中は別に何も言いませんでした。父もそうでした。「ああそう？　お母さんはよくなられたのだろうね」と言うだけでした。でも、母は、私に着替えを手伝わせながら、ひどく怒りだしました。母の寝室は、彼が忙しく荷解きをしている部屋の真上でした。運が悪いことに、彼の部屋のストーブのパイプは母の部屋の隅を通っていて、通話管の役目を果たしていました……

母は――ああ！　そのとき母が私に対してどんなに母親らしからぬ振舞いを、そしてどんなに自分の子を分かっていないことを示したかを、もう一度思い出さなければならないとは、なんと辛いことでしょう……辛いことですが、同時に私が神においていかに成長したかを測る物差しを私に提供してくれます。というのも、何年もの間、この問題に触れると、私の心は波立ち、悲しみと同時に恨み、その日私を攻撃し、傷つけた母への恨みを感じたのですが、今、恨みは失せ、悲しみだけが残っているのに気付くからです。

私の心の中から、母に対するあの敵意のパン種を取り除く奇蹟をなしたのはだれでしょうか？　私の天に在《おわ》す父なる神、「赦しなさい、そうすれば私のようになれるでしょう」と語った私のイエズス、私に光の贈り物を与えて下さった聖霊。聖霊の光によって、私は理解を助けられました。私の人生にこんなにも悲しみがあり、希望がことごとく壊され、愛情面でことごとく失望させられ、孤独が日増しに大きくなって、完全に私を取り囲むのも、すべては神によって特別に意図されたものだったのです。神は木である私の葉を全部刈り込み、枝を全部切り取られますが、それは私が神の庭で大きくたくましく育つためだったのです。私の神は排他的な愛をお望みで、私を神だけのものと定められ、私が神だけに慰めを求めるしかなくなるように、私からすべてを取り上げられたのでした。

人間的な幸福へと飛び立とうとして開かれた私の翼は完全に切り取られ、私はどこにも逃げられず、神の鳥籠に住むことに慣らされたのでした。私たちは雛鳥や、大人になってから捕えられて籠に閉じ込められた鳩と同じで、自分が生まれた懐かしい巣や、緑の森を自由に飛んだことや、花咲く木々の間で、神の美しい太陽の下で、あるいは煌めく星の下で自由に愛したことなどの記憶を、いつか時が消し去るのを待ちながら過ごして行くのでしょうか？　ええ、その通りなのです。

けれども、翼を切られるのは、なんと苦しいのでしょう！　それが癒え、痛みが薄らぐには、なんと長い時間がかかることでしょう！　失った素晴らしいもののために何度涙したことでしょう！　鳥籠の格子の中にいることを受け入れるまでに、どれほど、どれほどの葛藤があったことでしょう！　反抗して叫び、絶望の大波を感じたあと、どれほど、どれほど、どれほど多くの、多くの日々が、内省と祈りに費やされたことでしょう！　そしてやがて、私からすべてを奪うことが神の大いなる贈り物であることを理解するに至ったのです。そして私たちの人間的な貧困は、超自然的には富であること、人間的には未亡人の生活はキリストとの婚約であるのだということ、私たちの苦悶は未来の幸福であることが分かって、愛するようになったのです！

今では私も理解して、「神さま、あなたのために望んでくださって、ありがとうございます！」と言います。でも若いころは！…五年近くの間、私は絶望の地獄を経験しました…もう十分です！　これ以上、話すのはやめにしましょう

母は激怒しました。彼についてのあらゆる非難と無礼な言葉を、女中と私に向かってとめどもなく浴びせました。ああ！　ついに私にまで！…

彼は悪党で、日和見主義者で、真っ当な家庭の評判を壊す以外に能のない、ろくでなし（?!）。私たちの女中は…（母が使った言葉はとても言えません）不義の関係の取り持ち役（?!）。

私は…（これも口にできない悪口です、神父様、思い付きますか）両親が留守の間に男友達を家に迎える女（?!）私は告白しなければいけない――本性を現したのだから――前年の五月に父と母が十五日間ヴォゲーラに行っていた間に何をしたのか、どこまで行ったのか（?）を。私は好きな人とひそかに逢って受け入れたことによって、どんな結果に至ったかをはっきり言わなければいけないのでした。私が際限なく正直で貞淑だったことなど、あり得ないのだから、などなど。（?）

私は聖なるものすべてにかけて誓いました。だれでもする挨拶の言葉を除いて、私たちの間には一言も交わされていないし、母の不在のときに、彼も、子供のマリオですら、私に会いに来たことはなく、私は母が同意したようにずっと大佐の庭にいたことを――だれもがその事実を証言してくれるでしょう――主張すればするほど、母は攻撃的で不当な怒りを頑固に投げ続けました。

母の大声を聞いて駆けつけてきた女中は、母に何を非難されているのか聞くと、その場から立ち去って辞めました。彼女は適切に行動したのでした。人はどこかよそへ行くことができるなら、自分が尊重されない

ところに留まりはしません。

私には留まる以外に選択の余地はありませんでした。私は彼女の娘で、未成年。どこへ行けたでしょう？もしどこかへ行けたなら、無実の罪で不当に非難されている家から、直ちに出て行ったことでしょう。無実、無実。私は誓うことは好きではありません。人はその言葉で信用されるべきだと思いますし、イエズスもそのように語っていますから。でも、神父様、私は真実を語っていること、そして事実は私が述べた通であることを、いつでもあなたに誓います。

母の非難は私の魂を徹底的に打ちのめし、母への信頼心を完全に失わせました。母はそれによって、乙女として、純潔な女性としての私の清らかな無垢のヴェールを残忍にひきはがしたのです。私はこうして、男と女の間で悪をなせることを知りました。あの一月五日の夕方まで、知らなかったのです。人生の恥ずべき部分を、十六歳という無垢な年齢に対して何の憐みもなく露わにされたことは、私には最も強い衝撃で、私を生んだ女性から私を永久に、決定的に引き離しました。

私は、娘がもはや母を理解できないと感じるときに、母と娘は分離されることになると思います。愛はそこにあることはあります。でも、それは住まいを与えて世話をする飼い主と、犬や馬や鳩との関係とたいして違わない愛――それより劣るかもしれない――本能的な愛なのです。融合は終わりました。二人は近くに暮らしていますが、互いに独立しています。それは農夫が取り木をしたあと、もう自力で生きられる若枝を親枝から切り離すようなものです。それらは互いに近くにいます。一つであったものは、今や互いに独立した二つの個体です。新しい植物が古い植物を打ち負かすことによって復讐しないならば、それは実際、一つの成果なのです。

私は母を打ち負かしませんでした。義務から母に仕え続けました。何があっても、母を愛していましたから。でも、私の心は牡蠣《かき》の殻のように閉じていました……母は私が犯してもいない罪を非難して、私を退けていました。私は苦悩に引きこもっていました。しかも、永久に引きこもったのでした。

そして私の父は？　かわいそうな人！　父は泣くことで私を慰めました……父はほかにどうすることもできないのでした。

そして彼は？　ストーブのパイプと母の極端に鋭い声のおかげで、成り行きのすべてを聞き、たとえどんな論拠を示しても母が道理に屈することはなさそうであり、母が悪魔的な陰謀とさえみなしている出来事――すべてとても正直で正当なものでした――に対する母の判断は間違っていると考えさせることは不可能だと分かったとき、彼としては、あの夕刻、直ちにそこを去る以外にありませんでした。私は後に、彼の家主だった人から、彼が何か月かして私が十八歳になったときに戻って来るつもりであったことを知りました。そのころには母が納得してくれるのではないかと願って……かわいそうな若者！　なんという思い違いでしょう！　私の母と説得は両立し得ない対極なのです。

私がどんな日々を過ごしたか、神父様、ちょっと想像してみてください。

忌まわしい出来事から二日後、母は通りで腕の骨を折り、前にも増して私の助けを必要としましたが、絶えず私を追い払いました。女中はすぐさま去ったので、家には使用人がいなくなり、私の助けが必要だったのです。

私は絶えず追い払われ、馬鹿にされ、辱められました。というのも、母は家の中での狼藉に満足せず、「取り調べ」のようなことを開始したのです。というより、噂話をふりまいたと言ったほうが正確かもしれません。自分の娘のことを歪んだ姿で吹聴したのです……

同じ建物の入居者すべてが――とりわけ大佐が――家族の留守の間、私は家にいたか、あるいは大佐の庭にいたかのどちらかだったと、確かに主張しました。でも、もし女性の貞操に関して、私がそれほど堕落することが可能だと母親が信じているなら、そう思うに足る事実があるはずだと考えるのは当然でした。結局、私はまだそこにたった数か月しか住んでいなかったのです。私がほかのところでしてきたことをだれが知っているでしょう！　みんな私がほかの場所でスキャンダルを引き起こしたと考えることができました。

母はエゴイズムで盲目になり、自分の行動で私の評判が損なわれていることを見ようともしなかったのです……後になって、私にはそれがエゴイズムだったことが分かりました。というのも、どんな女中も、私のように大きな愛情と忍耐を母に与えることはできませんから、母は私の手助けを失わないために、私の求婚者をことごとく追い払ったのでした……

私は追い払われ、馬鹿にされ、辱められ、私の夢が永遠に無に帰したことを確信して苦しみました。彼ははるか遠くにいて、私にもたらそうと思った喜びの代わりに、あんな悲しみを引き起こしてしまったことを悔やんでいるに違いありませんでした。

さらに、そんなものがあるとは思いもしなかった人生の暗いページを母に残忍に暴かれて気付かされ、あれこれ思いめぐらしたり、泣いたりするばかりでした。私はそれがどれほど卑劣で醜いことか、完全に理解することすらできませんでした……わざわざそうする人ももちろんいました——まさに、大佐の家政婦がそうでした。母の機転の利かない質問の仕方ですべてを了解し、もともと悪い心を持っていたので、私がすることができたはずのあらゆる悪について私を焚き付け、教え込むことに楽しみを見いだしたのでした。

けれども、信じてください。神の善意は私がある種の事柄の俗悪さのすべてを理解することを許しませんでした。ほぼ知的欠陥から、私はそのほとんどの部分を理解しませんでした。善良なイエズスは私の哀れな魂がそんなに早く官能のあらゆる悪を知ることを望まなかったのです。その悪ばかりでなく、人類の存続に必要な、必ずしも悪とは言えない動物的な法則についても、一度にすべてを知らされればとても動揺させられますから、理解を免れたのです。

神は、私の母とマリオの家政婦が——前者は無分別から、後者は邪悪さから、私の鼻先で詳細に吟味して見せた悪の大部分を私から隠しました。神が彼らを赦しますように——神はそれがおできになります。彼らはこのとき、神を信じるこれらの小さな者の一人をつまずかせる者は*罰せられるとはっきり予言している神の言葉に従わなかった者ですが。

というのも、私が理解したわずかなことでも、私をあきれさせ、混乱させるに十分だったのです。あたかも残忍な手によって、火山の噴気孔の上に押さえつけられているかのようでした。深い淵から灼熱の毒気が立ち昇り、息を止めても、息をしたときと同じように沁み込んできて、身体を損ねます。私はそれらに害されました。

若者にとって、何かを中途半端に知らされ、目の前にちらっと見せられた物のことをずっと好奇心で思い出しては思案することほど悪いことはありません。さらに悪いのは、それが下の部分であり、悪意で示されると若い心をひどく動揺させるものだったことです。そればかりか、私の母の強情とエゴイズムによって引き起こされた悪も、それで終りではありませんでした——私の人生を破壊し、私の魂をもほとんど破壊した苦悩のすべては、そこから始まったのです。

繰り返しますが、私は今では、運命の不当な仕打ちに見えたあの七年間、神からの不当な遺棄に思えて打ちのめされたあの七年間が、私に対する神のご意思の実現だったのだと理解しています——たとえ、私の

＊　マタイ18：6、10、マルコ9：42、ルカ17：1-2。

意志に反したとしても、それは遺棄ではなかったのです。それは神の嫉妬深い愛でした。神は私にとってのすべて、唯一のものとなることを望まれ、人間の方へ向かおうとする私の感情の流れを、神だけに向かって流れるように切り替えられたのです。

私をこれほど傷つけ、結婚への道を閉ざした母でしたが、少なくとも私に優しくしてくれていたら——私は失った良いものをそれほど惜しまなかったでしょう。母に愛着を持ち、自分のことは諦めたでしょう。でも、彼女はますます強情でエキセントリックになりました。私が犯してもいないことで私を非難し続け、私を尊重しない不当な態度を示しました。たとえば、私が教会に祈りに行けば後をつけ、私宛の手紙をすべて開封し、さまざまなやり方で、私をさらにさらに悲しませました。寄宿学校の善良なシスターたちは、遠くへ行った不幸で哀れなマリアを導くために、封筒の上にまでびっしりと書いた手紙をくれましたが、そんな手紙も開封されました。

私は時折シスターたちにひそかに手紙を書き、見つからないようにドキドキしながら投函しましたが、母が手紙を全部開けるので、要点に触れた返事を書かないでくださいと頼まなくてはなりませんでした。まるで戦時の検閲です！　ですから、善良なシスターたちは、曖昧な言葉で満足しなければなりませんでした。彼女たちは、広い意味で良い助言をしてくれましたが、私の特別の状況下で私が最も必要としているものではなかったのです。

私は健康が悪化し始めました。今や慢性的な脊椎の痛みに加えて、四肢のだるさ、頸動脈の腫れ、階段を上がるときの激しい疲労が生じました。でも、いつものように、私がこれらの不具合を言い始めると、それらは気のせい、感傷癖、生活がたるんでいる、などなどの答えが返って来るだけでした。そこで私は黙り、それ以上言うのをやめました。その上、死という考えは、私の心を引き付けました。私はこの不幸な状況は決して変わらないだろうと理解していましたから、死はそこから抜け出す唯一の方法に思えました。こうして私はどんどん病状が悪くなる自分を、恐れではなくむしろ喜びを持って観察していました。

神父様、ご覧のように、死は人生の初めから、私には親しいものだったのです。そして私は母からけしかけられた戦いから逃れて、最終的には平安がほしい、基本的には人間的な平安がほしいと思ったのですが、後になって、聖なる目的のための犠牲こそ、私たちに真の平和の王国を開いてくれるのだと理解したとき、私が完全な生贄になりたいと望むことをどうして躊躇したでしょう？　そしてもし、私から奪われてしまった人への愛のために、私が死ぬことを望んだとしたら、私のイエズスのもとへ行くために、どうして私が死を望まなかったでしょう？　イエズスは、イエズスだけが愛せるようなやり方で私を愛し、何よりもまずイエズスを愛する恩寵を私に与えて下さったのですから。

これから先、この死という考えが、私の交響曲の基本的モチーフになります。この交響曲には、極度に――全く完全に――人間的な人間のページがあります。やがてそこに、ハーモニーが生じ、長い上昇を続けながらどんどん高くなり、ついには超自然的な領域にまで達するのです。

そう、かわいそうな、全く人間的な私マリアは、十七歳から二十四歳の間に、初恋の男性を神へと、人間的な喜びへの渇望を超自然的な犠牲への渇望へと置き換え、悲しみを喜びとし、次第に新しい人間に生まれ変わって行ったのでした。なぜなら、「愛するものは自分のいとしい者のようになることを望む」ものですし、マリアのいとしい方は、悲しみの王、イエズスでしたから。

この恐ろしい日々の間、私にとてもよくしてくれたのは、というより、私に良くしてくれても私を守ることができない父を除いた唯一の人たちは、大佐とその息子でした。大佐は父であるかのように私を愛してくれました。その息子は兄のように。彼らはしばしば散歩や観劇を私と共にすることを望みました。母は彼らの考えを共有しませんでした……でも、母は苛立ちました。というのも、大佐は母に不動の姿勢をとらせる術を知っていたからです。おそらく大佐は、私の乳母に次いで二人目に、母に立ち向かうことができた人でした。

さらにマリオは、彼を善良にし、勉強好きにさせ、それによって父親からの罰を免れさせることを知っている「いとしい小さな妹」――彼はそう呼びました――に対する心遣いに溢れていました。そして家政婦が悪意から彼を不当に非難しているときにも、真実を述べることができるようになりました。大佐は私の母に欠けていた私への敬意を持ち、私が彼に語ったことを信じ、私に注意を払ってくれました。そして私はマリオの良き妖精でした。そのことからマリオが慰めを引き出すのと全く同じように、私は下心の全くない兄のような彼の友情に慰めを見いだしました。私たちは本当に兄と妹のようでした。

でも、一九一四年九月に、マリオは海軍士官学校へ入学し、私は兄妹のような仲間を失いました。けれども、大佐は私が息子に良い影響をこれからも及ぼすことを願ったので、私たちは互いに手紙を書き合いました。

それから、一九一五年五月、戦争が勃発し、大佐も出発しました。家政婦だけが残っていました。彼女は傷つけることに幸福を感じる人で、自分が非難を受けない実に巧妙なやり方で人を傷つけるのでした。まるで私たちが彼女に感謝しなければならないかのような状況にされてしまうのでした！……

私はますます悲しくなり、病身になりました。そして母はますます威張り散らしていました。マリオの休暇が唯一の静かなオアシスでした。そのとき、彼は家に帰ってきて、「小さな妹」に気を配るのでした。

マリオは母になんの疑いも抱かせませんでした。彼はとても若く、十八歳で、その上まるで少年のようでした！　実のところ、彼は母のゲームに利用されたのです。後になって、それはマキャヴェッリ的な精妙さで実行されていたことが分かったのですが。母はハンターがヒバリをおびき寄せるおとりにするように、彼を私の近くにいさせました。こうして、彼女は私の気を紛らせ、ほかの若い男たちから私の目を逸らしました。母は、私が一つの使命に没頭すると、何としてもその使命を果たそうとすることを知っていました——それは母が私について知っていた唯一のことです。私はマリオに、少しばかり喜びを与えるつもりでした。母親がなく、男親に愛されたとは言っても、父親はどちらかと言えば神経質で、つまり無愛想で、気分が変わりやすい人でしたから。私はまた、マリオを立派な若者、立派な士官にしたいと思いました。

私はいつも愛する者のために「光」、「道しるべ」、小さな「ベアトリーチェ」になる使命を持っていました。自分自身がもっと善良になり、もっと真剣に、もっと熱心になろうとすることで、ほかの人を善良で、真面目で、熱心な人になってもらおうとしました。

『新生』の中でダンテは書いています（そしてこれは、男性、愛している男性が女性に表すことができる最高の敬意です）。「彼女が姿を見せるや否や、私の中に突然愛の炎が灯り、私はそれまでに受けた不当のすべてを許し、敵を愛することができるようになった」。そして『神曲』の中でダンテは、彼女を登場させ、彼女は存在するだけで、才能中の才能を伝えたと書いています。その才能とは、敵を愛し、敵を愛せるようになるほどに気高い愛の施しですが、彼女はそれを、共同救済者として彼を導き、彼が「善を愛する」ようにさせることで伝えるのです。

私はこれらの言葉を学び、熟考して以来、同胞のための「ベアトリーチェ」になることを自分の目標にしました。この目標のためには、私は善良であり続け、そしてもっと善良にならなければなりませんでした。というのも、徳の学校における唯一の教師は模範であることを、私はいつも本能的に理解していたからです。前に手紙で、神は私に善を教えるためにあらゆる機会を利用したと書かなかったでしょうか？　ダンテの

『新生』や『神曲』でさえ、この目的に役立ったのです。なぜなら、何よりもまず自分が善の弟子になることによって、真剣に他人を善へ導こうと画策することは、大変なことなのですから。それは人間的な目的ですが、私たちを超自然的なレベルに向かって鍛錬しようと思わせます。私たちはまず、人間的な徳の掟を通じて善良になり始め、そしてついにはキリスト教の命令に従う善人になるのです。

もしもこの使命――確かに神によって私の心の中に据えられたこの使命――が無かったら、私はベアトリーチェが詩人のために介入する前に詩人を覆っていた森よりも暗い森の中で、道に迷っていたことでしょう。でも、防火服が炎から、潜水服が水や魚の攻撃から人を守ってくれるように、ほかの人を導くために善良であろうとする素質は、悪の襲撃に対する最も効果的なバリアなのです。

そして、私がバリアを必要としていたかどうかは、神だけがご存じです！　私は愛の記憶と恨みの記憶と共に、だんだんに自分が孤立していくのを感じました。母は、少しずつ私に有利な証言から遠ざかって、ばかげた厳格主義を募らせていました。私はそんな母に絶えず追い立てられて、ますます後退し、何年もの間規範としてきた善と愛の掟から離れて漂っていました。

でも、あなたはこうお尋ねになるかもしれません。「あなたはキリスト教徒としての義務にいつも忠実だったと私に言いませんでしたか？」と。

そうです。私はまだ信者で、掟を厳格に守っていました。神への愛は、とても長い間私の原動力だったので、私が気付かない間にも働き続け、わたしと神との間をつなぐ架け橋をすべて切り離したいと思わせることはありませんでした。私は教会へ行き、毎月の初金曜日に聖体拝領を続けていました。もちろんです！だって、教会に行かなかったとしたら、どこで泣くことができたでしょう？　ほかのどこで、虫歯の鎮痛剤のように私の苦悩を和らげる慰めが降るのを感じられたでしょう？　私は嵐の中で神の幕屋へと避難し、私の哀れな心の中で神の声を聞いたのでした。
でも、それは哀れな祈り、哀れな聖体拝領でした。それはもはや、人が本当に天の助けを求めながらも、「でも、神様、あなたが正しいと思うことをなさってください」と言う、信頼に溢れた祈りではありませんでした。聖体拝領は、その御顔が私たちに苦しい判決を言い渡し、その御手が彼のとげの一つを私たちの心に突き刺したとしても、主の尊い御顔とその最も聖なる御手に口づけする、魂と主との素晴らしい融合ではありませんでした。それらは尋問、取り調べなのでした――イエズスは決して論争をしませんから、私は「論争」とは言いませんが――彼に対しての私の告発行動なのでした。

人は善良な神に対して、このように振る舞うことがあるのではないでしょうか？　私たちが苦悩に捉えられることを主が許すとき――その理由を私たちは、向こう側の生においてのみ知ることになるのでしょうが――私たちは「なぜ？」にもとづく果てしない会話を始めます。私たちがある苦悩の原因を尋ねるだけにとどめるなら、かなり真っ当と言えます。問題は「なぜ」の後に、本当の非難を始めることです。それによって私たちは善良な主を被告席に置き、自分は検察官となって、検察席から非難の声を上げ、イエズスに対する論戦の熱弁を奮うのです。イエズスは、かつてピラトの前でそうしたように、答えることなく無限の憐みをもって私たちを見つめるだけです。

私はこうして、ゆっくりと絶望へと滑り落ちていったのでした。闘牛場の牡牛のように――若い娘のことをたとえるには不適切と思われるかもしれませんが、言いたいことをきわめてよく表してくれます――追いかけられ、打たれ、あおられ、嘲られ、全身に傷を負い、体に打ち込まれた短銛《バンデリリャ》を震わせながら、前足で地面をひっかきました。けれども、苦悩はますますひどくなるばかりでした。苦悩は外部からも来ましたし、私の内部からも浮かび上がりました。

私は苦悩の海の中にいました。外部からの苦悩は、一人でも十人分に匹敵する私の母を先頭にする親しい人たちによるもので、私をひたすら絶望へと誘いました。内部からの苦悩は、私の心から湧き出て、別の方向へ私を誘いました。前者は日常的な苦悩の網から逃れるために自殺したいという誘惑を引き起こしました。後者は肉体の誘惑を引き起こしました。というのも、それはあの晩の母の軽率な言葉によって種を播かれ、後に大佐の家政婦の悪意ある説明によって育てられたものでした。

絶望！　それについてどれほど話さなければならないことでしょう！　隣人を絶望に追いやる最も皮肉な殺人者たちについて！　彼らは実際に突き刺したり、自分が血に染まったりすることなしに、巧妙なやり方で実際に人を殺すのです。それは、人間の法に触れずに目的を達成する方法と、冷酷に実行する残虐さを兼ね備えているのです。彼らが殺すのは体ではなく魂です。それは神の掟に反する自殺へと人を駆り立てて、魂を殺すのです。

そして、絶望した者について、どれほど言わなければならないことでしょう！　惨めな者の中でも最も惨めな者！　もしも希望が人の心を慰め続けるなら、貧困や、最も恐ろしい手足の切断や、最も苦しい病や、最も悲惨な敗北が何でしょう？　もしも天の徳が超自然的な光として心を照らし続けるなら、神の御顔とその近くにおられる方と永遠の善を見ることができ、貧困も手足の切断も病気も敗北も、耐えられる悲しみになるのです。でも、希望が死に絶え、もはや何も望めないとき、つまり、絶望が強力なヒルのように私たちの魂を捕らえて、私たちの善なるエネルギーをすべて吸い取り、善へ向かう意欲をすべて麻痺させるとき、あるいは、その怪物が私たちを深い渦の中に、もはや何も信じることができない恐ろしい暗黒へと引きずり込むとき、悲しみを耐えることはできません。それは、私たちを押しつぶします。私たちはその重圧につぶされるのを感じ、倒れ、人生を呪います。そして人生ばかりでなく…

ああ！　私は父の苦しみを、彼を哀れな子供に変えてしまうほどに彼を損なった苦しみを、自分の苦しみと比較して、全くよく理解することができました！……絶望は、たとえ私たちが自分自身を殺さなくても、私たちを殺します。私たちがそれに負けて自殺に至ることがないように努力しなければならないことによって、まさに私たちを殺すのです……

絶望した人たち、この不運な人たちのために、私たちはどんなにか祈り愛さなければならないことでしょう！　この人たちは、避けられない出来事によって、あるいはしばしば、人を傷つけることを十分に意識した隣人の意図的行動によって、精神的狂気に追い込まれたのです！

もし私の部屋の家具が話すことができたら、私を自殺に追いやろうとする絶望の誘いに対して、私がどんなに長く激しく戦っていたか、その一部なりともあなたに語ったことでしょう。また、私はどうやったら悲しみで死ねるのか、あるいはどうやったら自分の命を奪えるのか知らなかったので（正しく実行できずに世間の物笑いになることを恐れていましたから）、自分に腹を立て、自分のこぶしで激しく殴って、気を失って床に倒れたこともありました。

ご覧のように、私は自分をあるがままに容赦なく示しています……でも、このような語りは誠実でなければなりません。どんなときでも。良いことを語るときも、悪いことを語るときも。そうでなければ、書いても無意味です。そうお思いになりませんか？

私は凶暴で情熱的でした。私がだれから授乳されたか、そして授乳が乳幼児の将来の性格に及ぼす影響についての科学者の理論を忘れないでください。そのころ、外的・内的な要因のもとで、頭のおかしい乳母の精神が飛び出してきました。すでに外的なものについては詳しく記しましたし、内的なものについてもお話ししました。

主は言われます。「口から出るものは、心から出るもので、悪い考えや、殺人、姦通、みだらな行い、盗み、偽証、誹《そし》りなど。これこそ人を汚すもの」*。

私の心には、私の無垢を少しも尊重しない人から、私が知らずに済んだかもしれない、私たちの動物的本性に関するある種の知識を投げ込まれました。そしてその深みから、欲望への誘惑が生じました。

それを経験したことが無い人は、理解することができませんし、したがって裁くこともできません。堕落者を激しく非難することは心地よいでしょう。でも、激しく非難し、裁く者は、順番に誘惑に駆り立てられるべきです。そうすれば人は理解するようになるでしょう。ああ！　イエズス、「裁いてはならない！」と言われるあなたのお言葉は何と真実でしょう。永遠の善によってある種の戦いから守られた人びとは、神を賛え祝福することだけに留めて——そしてそれだけをすべきです——誘惑された兄弟を責めるためにその舌と息を費やすのではなく……

私は激しく悶え苦しみました。

私のために神が送って下さったのだと確かに感じられる夢を見たのは、このときでした。

昨夜は具合が悪くて、続けることができず、ここで止まってしまいました。そして、長く苦しい夜の間に今まで述べたことを思い返すうちに、私の苦しい心の状態を説明するときに細部を省いていたことに思い至りました。見落としがあったのは、家族や訪問客など絶えず邪魔が入って、中断しなければならなかったせいもありますし、苦しくて、忍耐力が激しく試されたせいもありました。それらの見落としを、ここで補っておきましょう。

イタリア・オーストリア戦争が勃発してから六か月後、とても礼儀正しかった私の恋人ロベルトが、戦闘で死んだことを知らされました……死は、希望と忠誠によってずっと育まれてきた私の愛の夢に終わりを、逃れようのない終わりをもたらしました。

私は言葉にできないほど苦しみ、これ以上の苦しみはないと思いました！　数年後、それ以上の苦しみがあることを知りました。なぜなら、死によって引き起こされる苦しみに耐えることよりも、もっと痛ましい悲劇的な決意があるからです。それは、人間的な愛情の存在しないところでの苦しみです。でも、そのころはそうしたことをよく知らなかったので、「これ以上の苦しみはないはずだ」と心の中でつぶやきながら深く苦しみました。

自分の人生が壊れるのを感じました。そして実際、永久に壊れたのでした。私がその打撃を受けた時はまだ十八歳で、とても若かったので、その後数年間、元気になろうと努めましたが、その試みは無駄でした。折れた翼は、もはや私を人間的な愛と喜びの高みへ飛翔させることはできませんでした。超自然的な領域へ飛ぼうと目を向けたときだけは、私の哀れな折れた翼に羽ばたく力が湧きました。なぜなら、超自然的な領域では、周りの空気がもっと澄んでいて、もっと軽く、飛ぶのを助けてくれたからです。そして何よりも、永遠の医師の手が撫でるだけで、具合の悪いところが直るからです。世界のすべてが暗い灰色の色調を帯びて、私の前から消えていきました。

私は二度と、幸福という意味での愛を知ることはありませんでした。後におそらく愛情は経験したでしょう――そのことは確かです――それは初恋よりも深く、長い間ずっと続き、私の最後の時まで私の中に残るでしょう。でもそれは、恋愛というより、友情、きょうだい愛、母性愛でした。私にとっては人間的な意

* マタイ15：10-20、マルコ7：14-23。

味での愛の興奮、愛の喜びは永久に終わってしまったのです。それからは、私は一人の男性を愛する魂でした。そしてこれが、おそらく彼を私から去らせた一因だったかもしれません。男性は女性を愛し、魂よりも肉体を愛するものですから……でも、私はもう肉体で愛することはできなかったのです。私の若い肉体は、十八歳のときにロベルトと共に死んだのでした。

あなたはきっと驚かれるでしょう。彼とのごくわずかな接触——まなざし、挨拶、ほんの二言、三言——だけで、私がそんなに強靭な愛を育んだとは。

人里離れた土地——何世紀もかかってやっとほんの少し腐葉土が堆積した場所、海岸の岩場の石の間や崖の隙間、あるいは海に突き出た絶壁の間——そんなところに、時折、リュウゼツランが花を咲かせます。その花の姿は、ソロモンの神殿の聖なる七枝の燭台を思わせます。リュウゼツランは、人里離れた貧弱な土壌で、厳しい気候のところで生育すると、かえって強靭に育ちます。花茎をびっしりと取り巻く葉は頑丈で——「金属的」と言いたいくらい——肉厚の、とげのある灰緑色の槍をまっすぐに広げています。燭台のような花は、七本の枝を空に向かって壮麗に掲げ、その先端には、炎の代わりに、甘く心地よい香りを放つ黄赤色の花冠が輝いています。その花は焼け付く太陽に焙《あぶ》られても、風にむち打たれても、波にぴしゃぴしゃと打たれても、雹にたたかれても、萎れたり枯れたりすることはありません。人間が死の道具を用いて根こそぎにしようとしても、リュウゼツランが成長と繁茂の拠点とした土くれから引き抜くことはできません。その不屈な生命力を破壊して灰にすることができるのは、稲妻だけなのです。

私の愛は、孤独なリュウゼツランのようでした。涙と寂しさしかないところに、花咲く喜びをもたらすために生まれ、私の中に深く根付き、私の存在の根拠となりました。そこに浴びせられた反対は、その根をさらに深く伸ばし、その花茎を、たくましい葉の砦に守られて、なおも高く生き生きと伸ばすことに役立っただけでした。

この愛が生まれるためには、あらゆることが仲立ちになりました。障害のある父、横暴な母、一人っ子という家庭環境。寄宿学校への聖なる愛を奪われ、恋しくてたまりませんでした。私はもともと、食べ物や着る物や娯楽よりも愛を欲しがりました。冷淡で抑圧的な家庭（私の家庭がそうでした）から抜け出したいと思いました。未来に目を向ければ、愛する人たちに死なれて世界にたった一人残されることを想像しました。こうして、私は人間そのものよりも〝愛〟を、愛するように駆り立てられたのでした。

ロベルトは愛されるためのすべてを持っていました――善良さ、美しさ、富、教養。けれども、もし彼が美しくなく、裕福でなく、善良さと教養だけを備えていたとしたら、やはり彼を同じように愛しただろうと思います。

私にとって愛とは、生きることを可能にする絶対条件なのでした。

もしそれから先、「何が自分の平安のために役立つか」を知っていたなら、私は愛の欲求を別のところに向けたでしょうから、失望させられることもなかったでしょう。でも、善良な主は、私が経験を通じて主を愛するようになることを望まれました。つまり主によって無償で与えられる恩寵によってではなく、私自身の確信と自発的意志を通じて主を愛することを望まれたのです。人間的な愛情のはかなさを知り、人間的な喜びの偽りの芳香の下に隠された苦さを味わってから、主のもとへ行かねばならなかったのです。私が主のところに休息所を求めるしかなくなったのは、飛行中にどこで休もうとしても、不誠実なバラの下には針のようなとげがあり、どこで仲間を捜し求めても、辛い虚しさしかないということが分かったからです。主が、主だけが、忠実、優しさ、休息、温かさ、仲間、慰めを、私に与えることができました。

人間的な論理によれば、これは残酷に思えるでしょう。けれども、今や私は超自然的な次元で生きているので、これは神が私に与えた尊重の証だと思いますし、全く特別な偏愛だと思います。

主は、経験という学びの場で、善と悪の認識について私を指導されました。人生のはかない喜びと、霊の永遠の喜びとの違いを、私自身の目で見るように仕向けられました。今ちょっと思い出せませんが、熾天使《セラフ》のひとりが天から持ってきた炎によって、ある人の唇が人間的なすべての味わいから清められ、神の言葉の糧を完全に理解し、神の栄光を賛美するようになったという記述がありました。* けれども、私の場合、天使ではなく神が、私の心と唇の両方を、苦痛の火で清められ、地上のものではない事柄を味わえるようにされたことが分かりました。

おお、聖なる父よ、私はあなたを祝福します、あなたの燃焼の熱さ、あなたの焼灼の力、有能な医師のように私の破壊的な病巣を焼き切って命を与えた御力ゆえに。私自身の意志に反して私を救ったあなたの愛、私を待って下さったあなたの忍耐、私たちからのどんな拒否や過ちによっても壊れず、私にあれほど大きな慈悲を与えてくださった、あなたの破壊されることのない憐みのゆえに。私に再び福音を説き、私が「あなたのものになりたい！」と言うや否や、あなたの中で私を変容させたあなたを祝福します。

愛と祝福の身振りで両手を上げている私の疲れ果てた命、私の命のすべてをもってしても、あなたが私に与えて下さったすべてについて、あなたに感謝するのに十分ではありません――そして私があなたに求め、あなたに捧げた私の苦悩のすべてをもってしても――というのも、私の弱さと惨めさの中で私があなたに捧げることができるのは、苦しみ以外にないのですから――小さな捧げ物、全く無意味な貢物、あなたが私に賜ったすべてに照らして考えると、はるかに無意味な恩返しなのです。

でも、ああ主よ、ああ善良なる主よ、疲れを知らない憐みよ。あなたに捧げる私の無価値なこと。でもそれは、余り物ではなく、私が持っているすべて、まさに私自身です。それは、地上で生きるための本質的なもの、だれもが最大の宝物として追い求めるもの、健康、命、犠牲、苦しみです。でも、このすべてと引き替えに、聖なる三位一体、私のイエズス、あなたはほかの人びとへも、かつての私のような、無数の罪びとにも、あなたが私に与えて下さったのと同じものをお与えになり、回心と愛を通じて共に天へ昇ることをお許しになります。

私の物語に戻りましょう。

昨夜お話したのは、私が真っ暗な闇のなかで踠《も》がき、まるでシューシューと毒蛇のような無数の誘惑に囲まれていると感じていた、まさにそのころ、神が私に夢を送ってくださったということでした。

迷信深い女のように夢を信じるべきではないということを、私はよく分かっています。でも、いつも夢を信じてはいけないわけではないことも分かっています。すべては、人がどう信じるかにかかっているのです。一つのやり方は、密教や迷信の教えに従って、不安がることです。たとえば、ネコの夢を見たら裏切られる、白いぶどうの夢を見たら涙を流すことになる、などといった具合です。これとは全く別のやり方は、夢を超自然的警告として受け取ります。私たちの体を鈍らせる眠りの中で、魂は永遠に眠ることなく、自由で、未知の世界から降って来る声を受け止めようと一心に警戒しています。新約、旧約の聖書を見ると、聖なる歴史は、永遠なる方《かた》から地上をさまよう神の子たちへの声かけとしての夢で満ちています。キリスト教の聖人伝にも、同様にこうした夢が溢れています。私はそれらを「道案内の夢」と呼びたいと思います――創造主によって選ばれた道を歩くように宿命づけられた人びとを導くための夢なのです。

＊「…セラフィムの一人が飛んで来た。その手には祭壇から火挟みで取った、赤く焼けた炭を…。」イザヤ書6：1-7

多くの人は、「おや、私はそういう類のことは一度も経験したことがない！」と言います。そうかもしれません。でも、それはむしろ、彼らの精神の鈍さ、内省の欠如によるもので、彼らは神秘の領域からやって来る予兆をつかめないほど鈍感になっているせいなのです。

でも私は、予兆、ないしは人生の規範となる夢を、いくつも見てきました。私はそれらがスープを皿に注いでもらうように、いつでも私の眠りの中に降りて来るように用意されていたとは言いません。いいえ、とんでもない。私はたくさん夢を見ましたが、ただ心のさまよいだったり、美しい風景、海岸、過去の時間などに連れ帰ってくれたりする夢がほとんどでした。でもそのほかに、「あの夢」と括弧つきで呼びたい夢があったのです。目覚めたとき、「あの夢」に注目しなさいと、何か言葉で表せないものから警告されるのでした。私に軽く手を触れて、耳元で「注意しなさい！　よく考えて、覚えておきなさい！」と囁くようでした。

そのときは、こうでした。

一九一六年の晩春——こんなに長い年月が経っているので、正しいかどうか分かりませんが——六月十七日から十八日にかけての夜のことでした。私は絶望と欲望のとんでもない時期にいました……あらゆる宗教的実践の中で、初金曜日の聖体拝領だけが残っていたと思います。私の魂は恨みを抱き、反抗的でした。心に神を持てたかどうか、想像してください。無理です。私の方には、あの夢に対して何の備えもなかったことは確かです。むしろ、神からずっと遠い、反対側の岸にいました。

夢の中で、私は美しい田園にいました。緑の野辺には暖かい軽い風が吹き、細かい草の緑の茎をまっすぐに持ち上げ、斑《まだら》入りの小さな花たちを互いに口づけさせていました。あちらこちらの木々の茂みは、まるで巨人が会話をしているようでした。低い土手に挟まれて静かに流れる水色の川が、美しい田園を二つに分けていました。遠くに丘陵が霞んでいました……私はイタリアを北へ南へと何度も旅しましたが、そこが見たことのない場所だったということは、あの時も、今も確かです。私はエメラルド色の草の上を歩き、花を摘んでいました。

突然、私のそばに若い男性がいました。とても美しい人で。背が高く、浅黒く、巻き毛で、黒い目は星のように輝き、ふっくらした口はほほえんでいました。服装は、地面にまで届く長いチュニカで、私にはベドウィンと古代ローマ人の中間の、東洋人のように見えました。彼はどんどん私の近くに来て、礼儀正しげに私のしていることに興味を示し、彼も私のために花を摘み始めました。何でも、彼が手を触れた途端にとても美しくなるので、見たこともないような美しい花ばなでした。彼がそばにいて、一緒に話すのはいいものでした。彼はとても美しく、親切でした！……私はすっかり魅了され、彼に巡り合ったことを嬉しく思いました。

でも……遠景に、川の向こうのほとんど地平線上に、三人の人物が現れました。彼らもまた、丈長でゆったりとした服とマントを身に着けていました。彼らは速足で近づいてきましたが、その様子には威厳がありました。私は魔法をかけられたように彼らを見守りました。何か神秘的なものが彼らから発し、近くへ来るにつれて、それがどんどん大きくなったからです。

私のそばの美しい青年は、「見てはいけない！　行こう！」と言いました。そして、自分の意思をますます私に押し付けようと、私の肩に片手を置きました。私は彼を見て、返事をするために顔を上げました。というのも、彼は私よりもずっと背が高かったからです。すると、彼の顔つきの変化に驚かされました。恐れと怒りの入り混じった表情がその顔に広がり、顔を醜くしていたのです。私は脅え、彼にしっかりつかまれまいとしながら、「ちょっと見させてください、それから行きます」と、答えました。でも、若者はますます落ち着かなくなり、繰り返すのでした。「行こう、行こう。あの三人は敵だ。君を傷つけようとする」。私は言いました、「そんなこと！　あんなに善良そうな顔をしているのに」。

もう、三人の顔つきを見分けることができました。一人は無骨な、どちらかと言えばありふれた顔立ちの年輩の男でした。黒というより灰色のひげが、突き出た頑丈そうな頬骨だけを残して頬と顎を被い、額に数本の皺がありました。毛髪はどちらかといえば短く、でも現代男性の髪ほど短くはなく――長髪と現代風カットの中間の長さでした。彼の目は非常に生き生きとしていて、厳しく、私と、彼が熱っぽく話しかけていた真ん中の仲間に、絶えず視線を向けていました。もう一人は二十歳くらい、最大限に見積もっても二十五歳の若い男でした。最初の男は灰色の服と、濃い煙草色のマントを身に着けていましたが、この男は赤い服を着て、もっと濃い赤のマントをまとっていました。彼はかなり背が高く、痩せていて、でも痩せすぎてはいず、口ひげもあごひげもない非常に美しい顔と、生き生きしたバラ色の肌、とても優しい、明るいブルーの目、わずかにウェーブした、首までの長さの淡いブロンドの髪をしていました。彼も真ん中の人に話しかけていました。でも、とても静かに、そして深い憐みを持って私を見ながら。

ほかの人よりも私を引き付けた真ん中の人は、とても背が高く、そのために彼の頭と首はほかの二人よりも上に出ていました。彼は白いマントをはおり、下にはピンクに近い淡い赤の服を着ていました。彼からは、偉大な荘厳さが放たれていました。その悠然とした足取り、身振り、二人の仲間への話し振り、そして超人的優しさを備えたそのまなざし。彼の顔は非常に青白く、けれども弱々しいところはなく、濃い青い目と、広く滑らかで、非常に美しい額と、長く細い卵型の顔立ちをさらに長く見せる、顎だけに陰影をつける赤みがかったブロンドの顎ひげを持っていました。頭の上から肩までの長さの、左右に分けた髪は柔らかな巻き毛で、ブロンドというよりは赤く、画家たちが「ティツィアーノの金茶色」と呼ぶ色をしていて、シチリアの巻き菓子カンノーリにそっくりの房になっていました。また、白くて長い美しい手をしていました。体はほっそりしていて、痩せ気味のようでした。そのまなざしは善良そのものでした――ほほ笑みに彩られていましたが、少し悲しげで、「私を愛して」と懇願しているまなざしでした。

私はますますうっとりして見つめ、彼に引き付けられるのを感じました。私の連れは私の両手をとって、私を引きずっていこうとしました。彼は恐ろしい、不機嫌な、ゆがんだ顔で怒り狂い、今や醜くなっていました。彼は一分毎にどんどん醜くなり、身を震わせ、歯ぎしりをしていました。でも、私は彼に抵抗しました。私は今や、引っ掻いたり、噛み付いたりして、彼と戦っていました。

そのように戦っている間に、三人は橋のない川を渡っていました――どうやってかは分かりません――そして、もうすぐ近くにいました。私は彼らがだれであるかが分かりました。イエズスと、聖ペテロと使徒聖ヨハネです。私は最後の力を振り絞って、今は私の敵となった連れから逃れ、イエズスの足元に身を投げ出しました。そして、彼の衣の裾をつかんで、「主よ、お助けください！」と叫びました。

敵は――今では「敵」と書くことができます。もうはっきりと、彼がだれであるかが分かったのです。彼の顔は本物の悪魔の顔になっていました――イエズスの姿が彼に引き起こした不快感に打ち勝とうと、再び凶暴に私に駆け寄ってきて、私の肩を残忍につかみました。私は鍵爪に変わった彼の手が、体に突き刺さるのを感じました。

泣きながら私は繰り返しました。「主よ、お助けください！」。

イエズスは黙っていました。彼は私を見ましたが、黙ったままでした。まなざしに大きな慈悲をたたえていましたが、口は結んでいました。そして、彼の両手は白い衣の横にだらりと垂れていました。

聖ペテロは……ああ！　聖ペテロは、親切からは程遠く、そしてイエズスに、私が慈悲に値しない女だと言っていました。でも、聖ヨハネは、悲しげな声と落胆したまなざしで、私の弁護をしました。「先生、この哀れな者に慈悲をおかけください。彼女を解放してください！　彼女はいつも心の中であなたを敬い、一度はあなたを愛しました。今、彼女は偽りに苦しめられています…先生、彼女を助けてください！」。

敵は叫んでいました。「いやだ。彼女はおれのものだ。行かせるものか。おれが捕まえたのだ。離すものか！」。

それでも、イエズスは沈黙していました。

私は顔と腕を上げ、彼の両手をつかみ、口づけで覆いながら言いました。「ああ、主よ、主よ！　私をお見捨てになられるのですか？　私は結局あなたを愛したのです！　覚えていらっしゃらないのですか？　私は実際に悪いことはしていません。それなのに、私を引きずって行こうとする彼から、どうして私を救ってくださらないのですか？」。

そのとき、イエズスが口を開きました…だれがあの声を忘れることができるでしょう？　あの声音を、だれがもう一度私に聞かせることができようか？　あの声は、まだ私の中で正確に響いていますが、きっと天国で再び聞く至福のときまで、響き続けるのでしょう？　そしてイエズスは言われました。「マリア、悪を行わないだけでは十分でないことを知りなさい。悪を行う欲を持たないことも、また必要だ」。

ペテロが私をイエズスから引き離して、押し戻し、ヨハネが私のために懇願しながら、私を優しく撫で、そして敵が、罵詈雑言と恐ろしい軽蔑的笑いを浴びせながら、私の右肩をさらにしっかりと鉤爪でつかんでいるとき、イエズスがあの言葉をさらに二回繰り返すのが聞こえました。それから、彼の手が、赦免と祝福のしぐさで、私の頭に置かれました。私は今でも、私の髪に置かれた長い指の繊細な感触を感じます…

私は自分が赦され、贖われたことを理解しました。溢れ出る感謝の思いで、涙を流しながら、イエズスの胸に身を投げ出しました。それは感謝の涙、悔い改めの涙、喜びの涙でした。その沐浴で私はすっかり清められました。その間に、敵は絶望的な呻き声をあげて逃げ去り、私はイエズスに抱擁されました。

私は魂を非地上的な何かに照らされながら目を覚ましました。

あれから二十六年と九か月が経ちましたが、あの夢（一九一六年六月一七日・一八日から一九四三年三月）は今もなお、私が目覚めたときのままに、生き生きと私の中に残っています。あらゆる細部を正確に思い出せます。もしも私が画家だったら、夢の中のあの御顔と情景を描くことができるでしょう。私は夢で見たことを、一言も変えずに、装飾も技巧も持ち込まずに、忠実に語りました。

私は美術品や宗教用品を扱うあらゆる店で、夢で見たイエズスの顔を探しましたが、どうしても見つけられませんでした。顔の形が卵型でも、まなざしが違っていました。まなざしが同じでも、口が違いました。さらに別のものでは、口が同じでも、頬が違いました。人間の手では、あの顔を再現できないのだと思います……あの出来事の後、よくイエズスの夢を見ました。すると彼は、いつもあの顔、あの姿、あの手をしていました。ある時は、夢以上のものを見ました……そして、私が見るイエズスは、いつもあの顔、あの姿、あの手をしています。神父様、あなたがあの聖骸布についての本をくださったとき、私はびっくりしました。受難によって様変わりしていましたが、あの御顔だったのです。あの姿、あの手も……

誘惑の最悪の部分は終わりました。もう反抗の暗い時を経験しなくなったとは言いません。いいえ、まだ沢山ありました。でも、反抗、感覚、絶望の悪魔が、私に恐ろしい考えを抱かせようと襲って来たとしても、イエズスの言葉が私に悪を行う欲望をはねつけさせたのでした。

三月二十三日。今朝、私は聖体拝領をさせていただきました。それは天地のすべてにおいて、私が一番望むものです。それと同時に、あなたは一通の手紙をお持ちになりました。

その手紙にお答えするために、余談を挿入しましょう。私は物理的に極貧状態で、手元にあるわずかな「小銭」も数えて倹約しなければなりませんので、また別に手紙を書かなくて済むように、すぐここでお答えしておきます。

すでに口頭でお話しし、書きもしたと思いますが、真の赦しとは何かという問題です。私にとって、赦しが本物の赦しとなるための根本的条件。それは粗末な紛《まが》い物であってはなりません。ほんの少しでも偽善で汚されていたり、最悪、自分を騙《だま》すものであったりしてはなりません。神のことは言いません。神は騙《だま》されることがないからです。けれども私たちは、自分が慈悲深く、敬虔な人間であるかのように勘違いします…人間の自尊心をくすぐるだけの浅ましい技巧、それを嘘つきと非難する良心の声！

私が思うに、人はかつて自分への侮辱ととれた行為に、もう悲嘆を感じなくなったとき、まさしく赦すのです。

人間の体は、どの器官も痛まなかったり、嘆かなくなったりすると、その器官のことは忘れます。健康なときは、自分に肺や、心臓や、腎臓や、肝臓や、脳があることなど考えもしません。ところが、私たちをこんなにも完璧にしたり、こんなにも複雑にしたりしている、これらの有難い器官のどれか一つでも悪くなって痛み始めると、おお、なんとそれを意識し、その正確な位置を意識することでしょう。

受けた侮辱や、隣人からのどんな被害にも、同じことが当てはまります。それがもはや、火傷やナイフの傷のように、もう痛くなくなったときに、私たちは本当に赦したと言うことができるのです。それから、無関心になります。それは、愛の終りのように、恨みの終りです…そして、もう考えることもなく、人は完全に赦すのです。でも、これは…相対的な価値しかない赦しです。

さて、私はひとりでに無関心に達したようです。私にとっての侮辱だったある苦痛に対して、無感覚になりました……これはおそらく、ほかのもっと大きな苦痛が後に続き、そこから目を逸《そ》らされたせいでしょう。あるいは、もしかすると、もっと偉大な、もっと高等な愛が、あらゆる人間的劣等性を埋め合わせて、超自然的な贈り物を与えてくださったせいかもしれません。分かりません。いつのまにか、以前の傷を感じなくなっていたのです。けれども、父が苦しんだ悲しみには無感覚になれませんし、なるつもりもありません。

私はだれをも裁きません。思い出し、熟考しますが、それだけです。私は思い出し、詳しく書きます。というのも、これはモザイクの黒い小片のようなもので、私の人生のモザイクの構図に必要なのです。それだけです。私は裁きません。裁いたとしても、慈悲を持って裁きます。なぜなら、人が慰めと愛を与えられるのに、苦痛を引き起こしたがるのを見るのは辛いですし、また、人が善を行う能力も義務もあるのにそうしないのを見ることも、辛いですから。

私たちは、望むだけでは裕福にも、魅力的にも、知的にもなれません。富は私たちに収入をもたらす仕事と結びついたほかの多くの要因に左右されます。そして、美しい容貌と知性は、ああ！　どうすることもできません！　もし醜く、あるいは無能に生まれたら、どうやってもアポロや天才にはなれません。でも、私たちは、もし望むなら、善良になれます。一日に少しずつ、一時間にわずかずつ、自分の徳の資質を高めることができるのです。

私は裁きません。あるいは裁いたとしても、慈悲を持ってそうします。私は盲目ではありませんし、ばかでもありません。ですから、ほかの人の行動を見て評価します。今では、私は哲学的というか、キリスト教徒的になっていて、何らかの出来事で混乱に陥ることはないので、ほかの人を見ても自分に言うだけです。

「彼らは人間の木になっている果実、祖先の罪で根が腐っている」と。そして私の聖なる師、最後のときに苦しみをもたらし不正を行う者たちのために至聖なる乾いた唇を動かして祈られたイエズスとともに、慈悲の祈りを繰り返します。「父よ、彼らをお赦しください、彼らは自分のしていることが分からないのですから！」。

そうです。隣人を苦しませる悪行をしている者、そしてもっと悪いことに神を悲しませている者のだれもが、自分のしていることを分かっていないに違いないのです。善に対する一種の精神薄弱者です。今では、人間の法でさえ、責任能力のない障害者や狂人を有罪にはしません。せいぜい、特別の施設に収容するまでです。人はもし精神的均衡が申し分なく保たれているなら、無益で邪悪な行動で自分の品位を落とすことはしないでしょう。そんな行動は、彼に喜びを与えませんし、みんなからの尊敬を奪い、そして自尊心をも傷つけますから。

神父様、そうお思いになりませんか？　そう、そうはおっしゃらないでしょうね。でも、あなたもまた、ある種の道徳的サディズム傾向は、精神の変調に由来すると感じておられます。

ですから、私は彼らを責めません。でも、ずっと覚えています。

そして、私の父が苦しんだように、善良な者が善良さにおいて劣る者に苦しめられることが避けられないのなら、理由なく苦痛をもたらす者たちはみな、なんと嘆かわしいことでしょう！　この地上にいるときから、彼は罰を受けているのです。その罰は、もし別の、もっと耐えがたい形で与えられないとしても、平安が一切ない内面的不満という形で現れるのです…

私に関しては、正直なところ、神父様はご安心くださっていいです。私はだれも憎みませんし、まして、父と私の嘆きの源であった女性を憎んでいません。私の全生涯が、私の言っていることを証明します。イエズスと共に、私もまた大声で言います。「あなたたちのうち、いったいだれが、わたしに罪があると責めることができるのか？」*。

私はいつも忠実に、私の生活が最も動揺させられていたときでさえも、母に対して、また父、親戚、友人、知人、見知らぬ人に対して、人生のあらゆる状況において、いつも犠牲と義務を実践しました。母に関しては、そうしても何も変わらないことは分かっていました。でも、すべての詩人のように理想主義者であった私は、彼女に愛の波を送って愛で彼女を取り巻くことによって、彼女に愛を吹き込むことをずっと願ってきました。嫌がらせをされても、嫌がらせをしませんでした。犠牲にされても、私は犠牲にしませんでした。無視されても、私は無視しませんでした。私は忠実な奴隷がする以上に彼女に仕えてきました。もはやだれも彼女を満足させられないほどまで、彼女を甘やかしてきました。そう言っていいはずです！ 私ほどの忍耐、私ほどの助け、私ほどの自己放棄を、彼女はどこで探せるというのでしょう？ 私の魂への真実と愛に欠けることがないよう、私はこれを認め、宣言しなければなりません。私の魂は、第四の掟を尊重してきました。私ほどに、それを実践している息子や娘は、ごく僅かしかいないでしょう。

神父様、すべてをお話しすることはできません。でも、私は夜の自由時間さえも犠牲にしたのです。それは、私が部屋でひそかに、嘲られることなく祈ったり、邪魔されることなく瞑想したり、泣いたり、苦しんだりできる時間でしたが、軽い病気の彼女をもっと助けるために、私自身は本当に重い病気でしたが、犠牲にしました。一九二四年の初めから、母と共に眠り、一九三四年の八月一日まで、それを十年間続けました。私が現在の状態に衰弱したときに、母は私をほかの人に委ね、自分は別の部屋へ移ることにして、私は見捨

＊　ヨハネ8：46。

てられたのです。それが私を苦しめたとお思いになりませんか？

一九三五年三月一九日の夜、苦悩の夜に、私はまさに、患う者としての私の夜を詠んだのです。

…炎は揺らめきながら私を見守り
私に言い聞かせ、言葉をちらつかせる…
私は母の口づけを恋しく思い出す…
なぜ母はいないのだろう？　いつものように私のそばで
　炎のように心配し
　太陽のように慰めてくれないのか？
暁が遠慮がちに窓を叩きにやって来る――
まったき無垢の白い光。
すると暗い夢は消えて行く、
暁は窓を叩く、
　新鮮さに彩られ
　　私に母の愛撫を運ぶ

というふうに、私は続けました。これは詩としては大したものではありませんが、自分のためだけに書かれた魂の叫びです。ですから、告解のように本心からのものです。感じなければ書けないことがあるのです。

私が抱いていた、そして今でも抱いている父への愛のすべてをもってしても、父のための詩は浮かんできません。でも、母への飢え、飽くことのない飢えは、私の心を揺さぶり迸《ほとばし》り出る詩を生みました。詩によって、どんな美しい散文でも、思うように伝えることができない最大の感情が爆発するのです。

私は病気でしたが——階段の昇り降りが私にとって何を意味するかを、評価できる立場にあったのは、神と医師だけでした——健康だった母に仕えるために、そして人間的なあれこれの必要を満たすための義務を彼女に免れさせるために、一日に何十回も階段を昇ったり降りたりしました……これは身体的部分に関することです。

さらに、精神的には、彼女がみんなに避けられるほど何事にも満足できず、実に独裁的な様子を見て、私が悲しまないことがあるでしょうか？　そして、どうして私が悲しむかというと、私が死ねば彼女が一人残されると思うからです。年をとってたった一人で。今は私が接着剤の役目を果たして、多くの人と彼女を結び付けています。でも、私がいなくなれば、人びともみんな去って行くでしょう。これは、私にとって苦痛の種だと思いませんか？　でも、私が終りを考えるとき——恐れはありませんが——心配になる原因は、これだけなのです。私のためでなく、彼女のために。

霊的な面では、神父様、きっとあなたはご存じでしょうが、私はいつも父と母のために祈ってきました。彼らの必要とするあらゆることで、物質的、金銭的、道徳的、精神的に、彼らを助けてくださるようにと。私が自分を神への生贄として捧げるときに、私を捧げ尽くしたいと願う意向はいろいろありましたが、その中の一つがこれでした。つまり、私の犠牲によって、この地上で可能な限りの、そしてそれをも超える善が私の両親にもたらされることです。私の良識は、二人のうち父よりも母の方が天の助けをはるかに必要としていると知らせていましたから、当然父よりも母のために祈りました。

あなたは、悪い扱いは、犠牲者の中に、暴君に対するゆるぎない嫌悪を引き起こすことがあるとおっしゃいました。それはちょうど、本能的に羊をずたずたにしたくなる狼に対して、羊がゆるぎない嫌悪をいだくようなものです。それは本当です——でも全部がそうではありません。

私に関して言えば——私はほかの多くの人よりも愚かなのに違いありません——私はあのときも今も、母の前で震え、母がまた私に危害を加えるのではないかと、いつも恐れながら生きています。でも、私は母に嫌悪を感じませんでした。私が家を出る機会は何度もありました。私の並外れた行動力と知性を買われて、親戚やそのほかの沢山の人から、自分たちのところへ来て一緒に住んでくれないかと強く求められるほどでしたが、私はいつも断りました。もう何もできなくなっていた父と母を二人きりにさせないために、私は自分の平穏や利益が損なわれているのを感じながらも、家に留まりました。

これらのことすべては、母が私に対して不当に引き起こしたあらゆる苦しみを思い起こしても、母に対して何の憎しみも、恨みも、嫌悪をも抱かず、無関心にさえならず、大きな愛を持っていたことを証明するものだと信じます。というのも、見返りなしに愛し続けることができるのは完璧な大きな愛だけですから。

神父様が「しるしは語り、よく聞く者は理解する」とおっしゃるのは、その通りだと思います。よく聞く者は、心に火打石も、頭脳に軽石も必要としないというのは、まさにその通りです。おっしゃるとおり、善良な心と、良い判断力と、分別を持った人ならだれでも、隣人の悲しみについてよく理解します。ですから、あなたと接触するように私を仕向けたのは、まさに神の善意であると私は思いますし、そのことで神を賛えます。

お手紙の終わりの方で、動物飼育のお仕事に関する記述に元気づけられました。私も動物——二足歩行の家禽——の飼育が得意です。そして、それらに世話と愛情を与えますが、だからと言って、自分が飼育した鶏や鳩を殺したり食べたりさせないと大騒ぎする女たちのようにばかげた感傷主義に陥ることはありません。私は自分で殺すことはできないのでしませんでしたが、余っていれば殺させ、ためらわずに食べました。それは彼らの運命ですし、さらに思えば、この野蛮な戦いの時代に、同じことが――食べられることを除いて――多くの男たちに起きているのです…

私は命を奪うことを残念に思います。一つの花でさえ、私にとっては神聖なものです。それは神によって造られたのですから。でも、必要性と、良い判断力がそのように求めるなら、有益でない、むしろほかの命を混乱させる命を取り除くことが必要であるならば、躊躇せずに――神経質に気絶したり、うめいたりすることなく――行います。子供のときは躊躇しました。友達のように親しんだ鶏が処刑されると、泣きだすものでした。でもお察しでしょう…

さて、これで余談は終えます。中断したところから再開しましょう。

あの夢の後、たとえ自殺や官能への欲求が私をひどく悩ませたとしても、それらに抗うことができたと、私は申しました。

これだけでも大変なことです。罪の贖いへの第一歩です。一歩と言うよりむしろ――泥沼に落ちてそこに倒れた後、ただ体を起こし、自分の足で立ち、汚泥の被膜を拭い取ろうと努力することなのです。

まだ強く誘惑される暗い時間がありましたが、特に感覚の誘惑に関しては、もはや悪を行いたいとは思いませんでした。悪魔は、私が望みさえすれば私のものになっていたはずの未知の喜びを呼び覚ます魅惑的な歌を私に歌いました。でも、今では、それを経験したいという欲求にも抗う方法が分かりました。私の魂と意志は、夢想の種を播く悪魔の陰謀に同意しませんでした。私の哀れな魂は、患った精神的な大病によって、まだ疲れて弱っていましたが、私の心の中で響くイエズスの言葉が強壮剤のように私を力づけ、自分を捧げるように導かれるのを感じました。

自殺への誘いに打ち勝つことの方が大変でした。というのも、一日のすべての瞬間が、少しずつ着実に私を自殺の方へ引き寄せたからです…　どんなに死にたかったことでしょう！　息切れや、動悸が増えるのが、どんなに嬉しかったことでしょう！　私の中で出しゃばって来ているように見える病気が、もうすぐ私を墓場に連れて行ってくれるだろうと思っていました。浅はかな人間の判断力、どうしてこうもばかな間違いをしやすいのでしょう！　心臓の症状はますます悪くなったのは確かです。それにほかの病気も重なりました。でも、四半世紀も苦しんだというのに、私はまだここにいるのです。

今では、終りが近いと言えるでしょう。囁くような歌がだんだんはっきり聞こえるようになりました。それはとても優しい誘いです。あなたが昨日私にお示しになったのと同じです…　恋人よ、美しい人よ、さあ、立って出ておいで*…

でも、解放のときはいつ来るのでしょう？　今日、とてもはっきり見えた優しいイエズスはいつ…

今朝、あなたにお話ししませんでしたが、もしお話ししたら、私は嬉しくて泣いてしまったでしょう。泣いてしまって、疑い深い母を疑わせるようなことはしたくなかったので、お話ししませんでした。けれども、今朝から、イエズスの姿が見えているのです。彼は立っていて、ほほ笑みながら私に両手を差し出しています。彼は私が耐えるように、ほほ笑みで励ましてくださいます…

でも、彼はいつになったら、もっと近づいて、口づけとともに私の魂を彼のもとへ運んでくださるのでしょう？　でも、これはたぶん利己主義なのですね、十字架から降りたいと切望するなんて。

いけません、マリア。そんなことをしてはいけません。まだ沢山の祈りが捧げられなければなりません。祈らない人のために、苦しんでいる人のために。杯がいっぱいになるまでには、まだまだ耐えなければならないことが沢山あります。イエズスは渇いておられるのですから、飲物を捧げなければなりません…魂が乾いているから、飲物を与えなければなりません。キリストの渇きを癒すことができる唯一の液体は愛です。そして、魂の渇き、魂の欲求を癒すことができる唯一の液体は苦しみです。愛しなさい、苦しみなさい、私の魂よ。聖杯を満たし、キリストの聖なる渇きと魂の人間的な渇きを癒しなさい。魂に天の神へと向かう力を与えるために。それは、だれもが求める日々の糧を満たす恩寵よりももっと必要なのです…

けれども、だれ一人として、私の内面の闘争を、うっすらと感づくことすらありませんでした。

それに、だれに話せたというでしょう? 父に話しても無駄でした。母に話すことは危険で、さらに無駄なことでした。寄宿学校の友達やシスターたちに話すことも、同じように無駄でした。手紙では、わずかなことも不十分にしか書けませんし、それに――返信は検閲されました。私はフィレンツェに女の友達がいませんでした。あるいは、理解し、導いてくれる年上の善良な人がいませんでした――ですから話しませんでした。私は自分の感情を、自分だけに留めるところがあります。たとえよい感情でも――それに、よくない感情だったら、どういうことになるか、想像してみてください。

マリオは遠くにいました。そして、今では二十歳に近い若い男性である彼とは、とてもそのようなことを話せませんでした。彼は私がとても悲しんでいて、死にたいと思っていることを分かっていて、誠実な愛情で私を元気づけようと努めました。けれども、彼は遠く離れていましたから、彼の善良で、兄弟のような友達が、どれほど苦しんでいるかを知りませんでした。彼の前では、敬虔で、冷静で、忠実でいようと努め、そうすることで彼の模範になろうとしている私でしたが。

＊ 雅歌2：10－13。

私の状態にふさわしい司祭を私は見つけていませんでした…… そういう人を見つけるために、ほとんど死の間際までかかってしまったのです！

そんなわけで、私は全く独りで、歯を食いしばって、二倍の努力をして、戦い、苦しみました。哀れな、苦しいほほ笑みを顔に浮かべていましたが、本当はただ泣きたいところでした。

でも、泣くのは、夜になってからでした……

従姉と叔父

一九一六年の夏、従姉のジュゼッピーナが危険なリンパ腺炎と乳様突起炎を治療するために、私たちのところへやって来て滞在しました。彼女は以前にお話しした、私の母の弟の娘（少なくとも、そうであることを願いましょう）です。あの叔父が来たことで、私は寄宿学校へ追いやられたのでした。私は彼女に会ったことがありませんでした。彼女は、母とおばの有害な影響から遠ざけるために、いつも遠くの学校へやられていたのです。彼女はそのとき二十歳で、私は十九歳でした。私は彼女が私のところへやって来る前から、彼女を愛していました。

母は、その夏はペッピーナのことを考えなくてはならないから、私には新しいドレスも帽子も作らないと言いました。私たちは、夏服を二着あつらえることによって不自由になる状況ではありませんでした。でも母は、従姉の到着が、私にとっていやなことに違いないと見なして、それを我慢させるために、いつになく優しい調子で話しかけましたから、私は母がこんなふうに話すのをいつも聞けるなら、裸でいることだって同意しただろうと思いました！…… 私が、母のあらゆる提案に、どんなに同意したか、ご想像ください。

何にも増して、私はもうすべてのことから距離を置き、死にたいと思っていましたから、以前にも増して、私はおよそ媚態とは正反対のところにいました。

そしてさらに！・・・私と同じ年ごろの従姉が来るのです、私と同じように寄宿学校出で、同じく修道会のシスターたちから教育を受けた従姉が――ああ！　なんと興奮することばかりなのでしょう！　私は姉妹のように彼女を愛することを提案し、そうしました。

彼女はここヴィアレッジョに父親とやって来ました。叔父は二、三日滞在してから、ベルガモに帰って行きました。叔父はベルガモの病院で司書をしていて、終身の入院患者でもありました。ペッピーナは残りました。私たちは互いにとても好意を抱きました。彼女の名誉のために言わなければなりませんが、彼女は良くない人から生まれ、八歳までその雰囲気の中にいましたが、私を不品行で憤慨させるようなことは少しもありませんでした。少し思慮を欠くところはありましたが、二十歳の若者というのは、多かれ少なかれそんなものです。

私たちは、父と一緒にとても楽しい散歩をし、泳いだりもしました。ほかにも小さな従弟が二人いました。ヴェネツィアから来た十四歳と八歳の男の子で、そのころアドリア海はあまり静かではなかったので、ここへ泳ぎに来ていたのでした。

あの夏のような良い気分は、長い間味わっていませんでした。とりわけ従姉は、当時は信心深くて、よく教会――夏に行くサンタンドレ教会――へ行き、私も一緒に行きました。姪に慕われたかった母は、姪に反対するようなことはしませんでした。

ここで、私の物語にあまり関係がないかもしれないことをお話ししなくてはなりません。でも全く、関係がないわけではないと思います。

　私はウンベルト一世通りにある私たちの小さな家をとても気に入っていました。初めて行ったのは七歳のときで、そこではいつもとても良い気分を味わいました。その夏、私は落ち着きませんでした。なぜでしょう？　分かりません！　私が経験したことを正確にお話しすることすらできません。

　いつも、一人でいる気がしないのです。説明してみましょう。私が家に一人でいるのは、時々あることでした。そんなとき、私の周りにだれかがいるような気がしたのです。目には見えなくても、現存していると。経験したことがない感じで、私は怖くなりました。母に話すと、いつものように叱られ、非難されました。でも、いくら叱られても、非難されても、私はもっと勇敢になることも、いつも神秘的な現存を感じないようになることもできませんでした。

　一九一六年の八月十七日の夜、幼い従弟たちと大いに笑って過ごした後、私たちは二台の小さなベッドで二人の大きな赤ん坊のように眠りに落ちました。すると、窓の隙間に置いてあった重い踏み台がカタカタいう音で目が覚めました。私たちと一緒に眠っていた犬が唸りました。私は地震かと思って、明かりをつけましたが、照明器具の紐はじっとしていました。明かりを消し、若者の寝つきの良さで、また眠りに戻りました。

　三十分くらい後、平手で扉を叩くかのように、部屋のドアを三回強く打つ音が聞こえました。明かりをつけるよりも前に、冷たい汗をぐっしょりかきながら、「おばあさまなの？」と私は言っていました。彼女の死から十三年後に、まだ眠りと目覚めの間にいて、どうして彼女のことを思い起こしたのか、分かりません。

　家じゅうが騒がしくなりました。父、従弟たち、母が走ってきました。父と従弟たちは、あの音は何だったのかという、当然の質問をしただけでした。ああ、私たちに分かっていたら！　でも、母は本当にぶつぶつ文句を言いました。あれは、私たち女の子の悪ふざけのせいだと、母はいまだに確信していると思います……考えてみてもください。私たちは本当に震えていて、一つのベッドに入って励まし合わなければその夜を過ごせなかったのです。

九月中旬に、幼い従弟たちが去り、私たちと両親だけになりました。

忙しくフィレンツェへ戻る荷造りをしている最中に、叔父が死にかかっていると知らせる電報が届きました。それは九月三十日のことでした。母は従姉と一緒にベルガモへ発ち、私は父と残りました。

父と二人きりだったあの日々、私は目に見えない非物質的なものの現存を、かつてないほど感じました。私は激しい恐怖を感じました——でも、父から、悪気はなくても、笑われるのがいやで、黙っていました。ある晩、私は父の部屋に逃げ込みました。というのも、まるで石工が壁をはがしているかのように、壁の表面が手で擦られている感じがしたのです——でも、私の家は二階建てで、両隣の家よりも高く、その壁はどの家にも接していなかったのでした。

やっと、母とペッピーナが戻ってきました。叔父は、幸いにも肺炎から回復したのでした。

私たちはフィレンツェに向けて出発しました。前の家は地震で被害を受けたので、新しいアパートメントで暮らすことになりました。新しい家はピッポ・スパーノ通りにあって、物寂しく、外面も内面も付近の家々の中で埋もれていました。でも、イエズス会修道院の扉の乙女マリアを見ることができ、その教会の近くでした。その冬は、そんな風に過ぎていきました。

私は従姉と仲良くしていましたが、母と彼女の間には小競り合いが始まりました。母は私のことを軽率な事ばかりしているだめな娘と思っていましたが、姪が自分の娘よりももっとひどいことを知ると、私に対するのと同じ厳しさで彼女を扱おうとしました。けれども、ペッピーナはマリアとは違いました……そこで、逆効果になってしまったのです。ペッピーナはできるだけ家にいない方法を見つけました。聖カテリーナ学院と日曜学校で実用的な技術を教える仕事――彼女は女性的な仕事がとても上手でしたから――を得たのです。その結果、彼女は蓄えにできるお金を得て、母から距離を置きました。そんなわけで、私は毎日彼女と一緒にいる時間の多くを失ったのでした。

一方戦争は続き、制約が感じられるようになりました。父と母とペッピーナは、卵とコンデンスミルク、ヌードルスープ、ラードで揚げたフリッテッラを好きなだけとって食べていました。私もそれなりに食欲はあったのですが（つまり、生野菜一皿ならまだ消化でき、ミルクを一杯、または揚げ物や卵を今日食べたとしたら、あと十日は空けないと食べられない程度でしたが）、空腹に苦しみ始めました。私は一九一九年までブラックコーヒーを飲みませんでしたが、コーヒーも、それに入れる砂糖もなく、活力を保つことができませんでした。精神的悲しみと空腹が一緒になって、私をますます弱くしていました。

一九一七年の六月、私の叔父、つまりペッピーナの父が思いがけなくやって来ました。病院から解雇され、この苦しいときに私たちのところへやって来たのです。母は激怒しました。でも、それはもう起きてしまったことでした。この叔父の気まぐれは覚えていましたが、私は彼を歓迎しました。愛を注ぐことができる人がいれば、私は愛しました――たとえ悪魔でも。初めはすべてが上手くいきました。

七月には、みんなでヴィアレッジョへ行きました。でも、私は自分がもう水に入れないことが分かりました。冷たい水に入ると死にそうな気がしたのです――ほんの一年前には百回以上入っていたのですが！……心臓はますます悪くなりました。母は私が水浴しないことを非難しました。私は水に入ると具合が悪くなると言いました。母はいつものように、私の取り越し苦労だと言いました。アーメン！

家の中には、前年以上に、あの奇妙な目に見えないものの現存が感じられました。でも、幸いなことに、その夏はほかの人も同じようにそれらに気付きました。そこで、私は勇気を出して、この家にはもういたくないと言いました。恐れをなした母は、そうは言いたがりませんでしたが、ほかの多くのことも考慮し、家を人に貸すことに決めました。八月と九月の海水浴のための借り手を待っている間に、近所の人からあることを聞きました。冬の間、家を閉めたままにしないために、二冬続けてある家族——植物学の教授と、その妻と二十代の娘二人——に貸していたのですが、彼らがそこで交霊術を行っていたというのです。

私は何も推論を導きはしません。交霊術と私の間には厳然たる不一致があることと、特定の現象に対する私の感受性が現れた最初の体験だったことだけ申します。ああ、驚きました、なんと恐ろしいこと！

私たちは、八月十日にフィレンツェに戻りました。

ペッピーナは今や父親の支持を得て、ますます高圧的になりました。性格が似た者同士は決してうまくいかないという現実に、あなたもよくお気付きのことと思います。争わずにやっていくには、高圧的な人と従順な人、高慢な人と謙虚な人、などといった組み合わせでなければなりません。でも、母と、叔父と、その娘は、同じ性格でした。したがって、絶え間ない戦争です。地獄のような！…

一方、カペローネの敗戦[*1]がやって来て、大きな必要に迫られ、デルクロア[*2]が私たち女性に陸軍病院に携わるように勧める演説をしました。そこでは、看護婦がいないか、不足していたのです。最初からいた看護婦たちは疲れてしまったり、病気になったりし、一方、負傷者は増え過ぎていました。

＊1　第一次世界大戦中の一九一七年十月二四日から十一月九日までの戦いにおけるイタリアの敗戦地。
＊2　カルロ・デルクロア（一八九六－一九七七）、第一次世界大戦で重傷を負い、両手を失う。作家、演説家として影響力を持つ。後には政治家としても同様に影響力を持った。

病院で働くことは、いつも私の夢でした。私は役に立ち、家を離れることができ、そして——ああ！大きな希望！——私を別の世界へ連れて行く病気にかかるでしょう。というのも、もはや感覚的な欲望との戦いによって苦しめられてはいませんでしたが、いつも死にたいという大きな欲望に苦しめられていました——この欲望から私を引き離すには、母のやり方でさえ、不十分なのでした。それどころか、母は弟や姪との争いによって、神経質になり、私はそのスケープゴートにされたのでした。常に無神論者で変わり者の親愛なる叔父さんまで、私を苦しめることにおいては、母に後れをとらないのでした。というわけで、私の背中にはいつも、二人がおぶさっていたのでした！…ペッピーナは違います。彼女はいつも私に対して変わりませんでした。

盲目になり、まだ顔には生々しい傷を負いながら、それでもなお他人の面前に哀れな姿をさらすカルロ・デルクロアの雄弁のおかげで、母も私がサマリタン看護婦会に入ることを許してくれました。こうして、十一月十五日、私は初めて病院での仕事に就きました。

最初の日——というより、むしろ最初の朝、それは午前中でしたから——とても大勢の目に見られて、いつものように私は恥ずかしく、躓いて失敗してしまいました…ナイトテーブルにぶつかって、すべてを床に落としてしまったのです。つまり、カップや、グラスや、瓶などなどを。幸運にも、腕時計と体温計は負傷兵がかろうじて受け止めてくれましたが…それが私の洗礼でした——ちょっと騒がしい、言うなれば、ちょっとそそっかしい看護婦でしたが、実はそんなふうにして、看護服の十字架を濡らしてしまったのでした。けれどもすぐに上達し、有能な看護婦になりました。

気の毒な若者たちから、私はどんなに愛されたことでしょう！　私は監督の女性に私を士官病院へ送らないように頼んでおきましたから、彼らは下士官兵でした。私は苦しんでいる人に奉仕するつもりであり、戯れたり、夫を見つけたりするつもりはありませんでした。そんなことより、ほかに考えなければならないことがあったのです！……ですから、勇敢さと忍耐においてのみ偉大である慎ましい兵士の間にいることを望みました。

特徴的な大きな帽子をかぶった〝聖ヴィンセントの娘たち〟のシスターたちも、私をとても愛してくれました。仲間の看護婦たちや、医師たちも同様でした。病院で一年半ほど働いていた間、一度も非難されたり、粗雑に扱われたりすることはありませんでした。私は自分の義務を果たし、その結果愛され、敬意を示されたのです。

私は病室で、一日の中で最上の時間を過ごしました。病院へは日曜日を含む毎日通い、午後一時から八時まで、重症の人や死にかかっている人がいるときには、もっと遅くまでいました。二か月後には、隔離病棟へ移りました。結核やそのほかのさまざまな不治の病の人たちの真っ只中です。そこで私は、第二病棟と隔離病棟を受け持つことになりました。ベッド数は二百ほどでした。

病院はサン・マルコ広場の高等教育館にありましたから、私はいつもサン・マルコ教会とサン・マルコ美術館の前を通りました。そこを歩きながら、私はナザレ人の足元で目撃することになるあらゆる不運に直面できるように心の準備をするのでした。煉獄のような病院で数時間を過ごした後の夕方は、美術館が閉まる前や入場無料の日に、少しの間美術館に立ち寄って、フラ・アンジェリコの天使の絵の前で天国に浸るものでした。

そのような悲惨さの中で生活することは、私にとって良いことでした。過度の悲しみですっかり硬くなっていた私の心は次第に柔らかくなりました。まるでカメの皮膚を被っている鱗が落ちるように、私の魂は自由になり、善の流れへ向かいました。中でも、私に信頼を寄せているこれほど沢山の哀れな男たちを神に導かねばならないことは、私を少しずつ神に近づけました。

私たちの従軍司祭は、非常に献身的な〝御受難会修道士〟*で、この上ない忍耐、優しさ、機転によって、本当の回心をもたらしました。私の受け持ちの若者たちは、彼の言葉によく耳を傾け、宗教行事にも忠実でした。

毎日午後三時ごろ、ほとんど屋上のような——小さいけれども美しい——礼拝堂で、聖体降福式がありました。動ける負傷兵たちが出席しました。廊下をコツコツ叩く松葉杖の行列、杖をつく人、三角布で腕を吊った人、頭に包帯を巻いた人…　彼らは階段を昇り、先に着いた人から入れるだけ中に入り、小さな礼拝堂がいっぱいになると、ほかの人たちは踊り場や階段の下で押し合いました。そして彼らは歌いました。なんとすばらしい男声合唱でしょう！…　野蛮な戦争で戦い、殺し合い、そしてそして、不運にも弱って大きな子供のようになって戻ってきた男たちが生まれ変わって、そのように力強く信仰を歌うのを聞くのはすばらしいことでした。彼らは幼いころに、母親と一緒に教会へ行ったときのように、善良で素直になることができ、今再び信じているのです。私にはまだあの歌声が聞こえる気がします。「我ら主を望み奉る」、「願わくは、剛毅なる御言葉、悪を挫き」、「いつの日か、御顔を仰がん」、などなど…

イエズスは、私の受け持ちの負傷兵たちをも利用して、私の心に語られたのでした。あの歌声を聴いて、私は涙を流しました…　でも、その涙は、それまでのものとは違っていました。祈りの涙、洗い流す涙、神へ昇る階段の一段目の涙でした。

彼らは祭日の前日や土曜日には告解をし、翌日には聖体拝領をしたと私に言い、私もしたかと尋ねるのでした。気の毒な若者たち！　彼らからどれほどたくさんの善をもらったことでしょう！　彼らはしばしば、気分の晴れない私を見ると、一生懸命私を元気づけようとしました。

でも、私もまた彼らに、私の女性としての心が生み出すことのできる宝物をすべて与えました。私は彼らにとって、母であり、姉妹でした。私は彼らを愛し、彼らから愛されていましたから、嫌悪や苛立ちや疲労を感じるときがあっても、克服できました。そして、満足しながら自分に言うことができます。「私はそこでも義務を果たしました。良心の咎めるところはありません。私よりも年上の息子たちからの手紙が、何よりの証拠です」と。

あの若者たちについては、たくさん語りたいところですが、そうすると話の筋からはるかに遠ざかることになってしまいます……ですから、病院でも私はあらゆる面でまっとうに行動したと申し上げるだけで十分です。良く行動したと言えるのは、なんと心安まることでしょう！　私はときどき、天国で私の愛する青年たちが、病院にいる年若い姉妹のために祈りながら私を待っているのだと考えます。きっと、彼らは私の死の時に、私を助けに近くまで来てくれるでしょう。私が彼らの最後の時に近くにいたように。

でも、叔父と従姉の話に戻りましょう。

十二月二三日の朝、私は中央市場へ行くためにとても早く起きました。当時もまだ「並んで待つ」時代で、行列するのは母と私の番でした。母はその日は風邪をひいていたので、私が行きました

家に戻ると、悲劇が起きていました。母は泣き、従姉は去り、今度は叔父が出て行くところでした。母は本当に苦しいときにいつもするように、私にすがりつき、ペッピーナと叔父と母との間で、激しい喧嘩があったと言いました。母の話を聞くと、非は彼らにあったようでした。叔父に聞くと、落ち度は母に

＊　おそらく、グレゴリオ・デル・アッドロラータ神父（アントニオ・チェッカリーニ、一八七七―一九三一）。

あったようです。私に言わせてもらえば、どちらも一部は責任があり、一部は正しいところがありました。母が姪にもっと真面目になりなさいと助言することは、間違っていませんでした。ペッピーナは少しばかり不真面目になっていましたから。けれども、もう少し優しく言うべきだったのです。ところが、母は私に対してと同じ調子で言ったのです。それは、叔父たち親娘には我慢できませんでした。

そうは言っても、二人とも感謝と礼儀に欠けていました。結局のところ、母はいつも姉として叔父を助け、伯母として姪を学校へ行かせたのです。実際に負担したのは私の父でしたが、それはともかくとして…もう何か月も、母は姪をもてなし、のちには二人を世話する費用を出し、服を着せ、食べさせてきたのでした。母も少しは尊敬してもらう権利があるでしょう。それに、父を尊敬するべきだったでしょう。父はいつも彼らに親切にしていました。ところが、彼らは何の尊敬も払いませんでした。

母がすっかり落胆しているのを見て、私は二人を宥《なだ》めようとしました。けれども叔父は、「娘をクロアチアの奴隷のように苦しませるわけにはいかない」と断言しました。まさしく、こう言ったのです。昼食に、私たち三人がひどく悲しい気持ちでスープを啜っている間に、叔父はさよならも言わずに、扉を開け放しにして出て行きました。部屋のテーブルの上には、「荷物は後で知らせる住所に送れ」と私に「命じる」紙が置いてありました。

その一九一七年のクリスマスは、かなり悲しいものでした！　母はひどい騒動によって引き起こされた高熱と肝臓の発作で寝付いていました。父は傷つき、私は悲嘆に暮れていました。

やれやれ！　母は覚えておいてほしいものです。私も父も、母を病気にさせて寝付かせるような苦痛を与えたことなど、いまだかつて一度だってないことを…

幸運にも、そのころマリオが休暇で一五日間、フィレンツェに戻ってきました。そして、いろいろ世話をしてくれたのはマリオでした。彼は私が叔父のところに二人分の荷物を届けるのについて来てくれました。区役所へ住民登録の分離の手続きをしに行くのにも付き添ってくれました。家の中の家具の移動も全部やってくれました。母が、二人がいたころのままなのを見るのは苦し過ぎると言ったからです。しまいには、母の看護人となり、慰め手となり、母のことを「愛するお母さん」と呼ぶようになりました。

彼は私に対しても同様に積極的になり、毎朝一緒に教会へ行って、一緒に聖体拝領してほしいと言いました。彼が士官学校でもそれほど信心深いのかどうかは知りません。けれども彼の手紙は信仰に溢れていましたから、きっとそうなのでしょう。私たちの場合、弟子が師を超えたのです。

彼は私の苦しみを減らすことができないとしても、もう少し穏やかにするためには、私には神が必要だということを、愛の直感で理解していましたから、私を神へと連れ戻してくれました。彼は、あらゆる身体的訓練に慣れたたくましい若者の強さで、家具のように自力で動けない重い物を難なく持ち上げたのと同じように、私を持ち上げて幕屋近くの祭壇に置いたと言えるでしょう。彼は私に説教をしませんでした――説教というのは、うっとうしいことがありますから、そうされたら耐えられなかったでしょうが、彼は直接行動に出ました。彼は私が惨めな思いをしていることを理解していました…彼もまた、どちらかというと不幸な人生を送ってきたので、分かっていたのです。彼は、私が苦しみにうんざりして死にたがっていることを知っていたので、薬の中での最良の薬に頼ったのでした――私を神の腕の中へ投げ込んだのです。

そうです、私が神のもとへ戻ったのなら、それは主の善意によるものですが、でも、そのほかにも、特にマリオのおかげによるところが大きいのです。マリオは、私が鬱状態で死にそうだということや、私に少しでも幸福を与えることが必要だということを、母にきっぱり言ってくれたのに違いありません。

その時は、母はまだ彼の言うことに耳を傾け、彼を愛していました。母はいつも男性に弱かったのです。

生後数時間で死んでしまった息子のことを、いまだに諦められないと言っています。そして、おまけに、マリオは母にとって、素晴らしい救命具でした！…少なくとも、母はマリオをそう考えていました。母は私がマリオ以外のどんな男性にも関心がないと見て取って、私の心からそのほかの求婚者をすべて締め出すために——不足することはなかったのです——マリオを私の近くに引き付けていたのです。

　でも、マリオは成長していました。もはや少年ではありません。もう二十歳を超え、海軍士官学校を海軍少尉候補生として卒業するところでした。彼は私を前とは違う目で見ていました。そして、自分が考えていることを隠しませんでした。彼はそれをはっきりと率直に口にし、彼の父、祖母、おじやおばも彼を支持しました。何度も私の母を抱きしめては、「そうですよね、お母さん？　僕が士官になったら、お嬢さんは僕のものになり、あなたは僕のお母さん、ジュゼッペは僕のお父さんになるのですよね？　そうしたら、僕にはお父さんが二人になり、お母さんが出来、お嬢さんはぼくのものになるのですよ。そのためにぼくは勉強して、こういう男になったのですから！…」と言うものでした。彼の友情が、今では兄としての愛よりもずっと深いものに変化したことを、私に分からせようとしたのでした。

　でも、私はそれを聞きたくありませんでした。理由は二つありました。一つには、もう男性を魂と肉体とで愛することはできないと感じていたからです。

「なぜ？　あなたはあの目覚めさせられた感覚との戦いをあれだけ戦ってきて、今や自然の欲求を正直に満たすことができるようになったのに、なぜ聞きたくなかったのですか？」とお尋ねになるかもしれません。つじつまが合わないように思われますか？　でも、そうではないのです。

　愛する自由を残酷に奪われたこと、しかも潤色された解釈によって奪われたことが、私を大いにかき乱したのでした——あの解釈は、ある種の生理的・本能的法則について全く無知だった私の乙女心から、清らかさを奪うものでした。澄んだ池に石が投げ込まれ、底に溜まっていた泥が巻き上げられるように。

でも、感覚に支配され過ぎる女性になることは私の天性ではありませんでした。確かに、私は情熱的でした――かつても、今もそうです。私は愛するために何にでも執着してきましたし、今もしています。というのも、これは私の人格のために本当に必要なもので、私の周りの愛の不足によって、ますます強められたからです。成長過程では、被造物を熱心に愛しました。二五歳からは、創造主を熱心に――ますます熱心に愛しました。でも、大きな愛、私の人生の目標がなくてはいられませんでした。そういうわけで私は情熱的でした。おそらく熱烈だったと言った方がいいかもしれません。でも、官能的ではありませんでした。

ちょっと見では分かりませんが、生まれつき悪い人間と、周りの人間やいつも私たちを狙っている悪魔によってもたらされた環境的要因が重なって感覚の嵐に見舞われる人間とでは、際立った違いがあります。夏空に稲妻と雹をはらんだ暗雲が出来るとき、嵐になるのは避けられませんが、いつも破壊的な嵐になるわけではありません。細菌が人を襲うとき、いつも同じように破滅的になるわけではありません。特定の病気の因子がある人の場合、細菌は勢いよく増殖し死を招きます。でも、生まれつきその細菌に抵抗力を持つ人の場合、細菌は増殖することができず、その人の健康な血液で滅菌されてしまうのです。

私の空には、地獄の風が嵐雲を湧き起こし、不吉な細菌が私の血の中に植えつけられました。でも、たとえ雹に打たれて、私の若い希望の花が永久に咲くことができなくなったとしても、私の生命力である樹液が落雷によって枯らされることはありませんでした。

私の木は、喜びの花をつけることはできなくても、まだ役立つ枝を伸ばすことはできました。そして、私の血は、生まれつき淫《みだ》らではなかったので、接種された官能の細菌に打ち勝つことができました――確かに激しい努力と苦しみを伴いましたが、最後には勝利を得たのです。

その熱が過ぎたとき――それは、私が神から力と規範として役立つ答えを与えられてからのことでしたが――私は再び以前のマリアになりました。つまり、自然の誘惑を超越したマリアです。以前にもましてそうでした。なぜなら、今もそうですが、命から引き離されて死に向かいがちで、女性として愛する能力にもう永久に感応できないからです。また、実りある結婚を通じて種を長続きさせるという神聖な素質さえも、もはや私自身の中に残っていないのでした。実りある結婚は、神ご自身が私たちの祖先の心に最初にもたらされたのですから、神が非難なさることはないのですが。

こうして私は、もう女性として男性を愛することはできないと感じていました。このことを感じて残念だったのは、私が生まれながらに母性的な心を持っていたからにすぎません……自分の子供を持つことがないのだと思うと悲しくなりました……それは天国への憧れの次に大きな憧れです……でも私は、夫になる男性と「一つの体」になりたいとは思いませんでした。

ですから、私はマリオに私から離れるように忠告しました。自分がもう前ほど健康でないことを説明し、若く健康な男性を病気の女に縛り付けたくないのだと言いました。私をそっとしておいてほしいけれど、私にとって大きな慰めになっている良い友情は持ち続けてほしいと頼みました。私はまた、もしも彼が真剣に求婚しようとしていることを母が知ったら、ほかの求婚者たちにしたと同じように彼を苦しめるだろうということを、彼に分からせようとしました。彼は永久に追い出されることになるでしょう。

けれども、マリオも彼の父も、祖母やおじ、おばも、母があんなに彼のご機嫌をとった後で、そんなことをできるわけがないと、私の言うことを認めませんでした。はてさて！　彼は健康で、裕福で、なかなか美しく、前途有望でした。母がどんな障害を持ち出せるというのでしょう？　はてさて！　そうは言っても、母が無給の召使を自分のそばにいつも置いておくために、娘を犠牲にできるほど利己的な人間だと悟られたくはありませんでした？…　彼らは信じなかったでしょう…

実際、だれが信じたでしょうか？　私の家庭の苦しみの多くは、目撃証人である父を除いて、信じがたいことでした。神父様、私がお話ししていることを、全部信じていただけるかどうか、私には分かりません…　母性愛というものについて抱く考えと、あまりにかけ離れていますから――とても信じられないでしょう。でも、事実です。私がお話ししていることは、すべて本当のことです。私は小外膜と肋膜の滲出に圧迫されていて、いつ死んでもおかしくありません。けれども私は、たとえ告解なしに死ぬことになっても、私が述べている事柄の中の嘘について神に問われる必要がないので、心穏やかでいられます。

こうして、私は全力をあげて、マリオに聞き分けてもらおうとしました。でも、恋をしている男は聞き分けません。まして親戚すべてに支持されていては。私にできたことは、母に言う前に、もう一年――つまり、彼が海軍士官の肩章を得るまで待たせることだけでした。

私は母に何も言いませんでした。さもないと、気の毒なマリオはたちまち有罪判決を下されたことでしょう。私は私の父と彼の父に話し、ローマにいるマリオの親戚に手紙を書きました。すると、彼らはみな、私にマリオを受け入れるよう、これ以上母の利己主義の犠牲にならないようにと勧めるのでした。そして、生活は続きました。

私たちは、いつものように、善良な兄弟のような友人として、手紙を交わしました。マリオは、私が度々秘蹟を受ければ、精神面だけでなく、精神的影響を常に感じる身体的な面においても、よくなるだろうと直感し、私がしきりに聖体拝領できる方法を見つけてくれました。彼の試験のためとか、病気の友達のためとか、彼の祖母のため、彼の叔父のためなどと…　気の毒な若者！　彼は天国のパンに対する欲求を、まさに私に取り戻してくれたのでした！　そのころ、一九一八年の春、私は母の「絶対命令」に反して、ほとんど毎朝教会へ行き始めたのでした。

ことにも、私がいつも良きイタリア人であったことをマリオに気付かれてしまったことがありました。カポレットの直後に、私は神に勝利を誓い、そのしるしとして、学校からもらった大きなロザリオを衣服の下で胴に巻きつけていたのです。それは私の肉に食い込んで痛みました。ある日、そのロザリオが切れて、ちょうどマリオの足元に落ちてしまいました。そのことで、私はひどく困惑しました。なぜなら、私は苦行をするときは「人に気付かれないよう、頭に油をつけ、顔を洗って、隠れた所におられる父にだけ知られるように」*していたからです。

今でも私がとても苦しい帯を昼も夜も身に着けていて、熱があっても痛みがあってもそれを取り外さないことはだれにも気付かれていません。医師の診察を受けるときには、見つからないように、その時だけ外します。私の体には確かに痕が残っていますから、医師はその不思議な痕にしばしば当惑します。けれども、その胴周りは、腫瘍の腫れで皮膚がひだになっていますから、医師はそれが自然に出来た痕なのか、紐によって作られたものなのか、分からないままなのでした。

さて、そのロザリオの玉が落ちた日、マリオはそれを拾い上げ、何も言わずに私に手渡しました。でも、私のそのときの困惑ぶりが、彼の目を開かせたのです。

ご存じのように、私は地に落ちたとはいえ、本当の……無信仰者ではありませんでした。

それでマリオは、主が国を救ってくださるように私が何か誓いをしたに違いないと思ったのです。そこで、これを利用して、とくに私に聖体拝領を続けさせることで、私を神に向かわせたのでした。

そのとき悪魔が私に用いた最後の武器は、この羞恥心でした。感覚という完璧なやり方でも、自殺を勧めるやり方でも、それ以上私をかき乱すことができなかった悪魔は、私が全面的に神に向かうことを恐れて、神に反抗した後で神に向かうことになるという恥ずかしさを私に植え付けたのでした。これは悪魔が大昔から使っていた手段で、この地上の楽園で使われるのは初めてでした。けれども、私のマリオがそれを打ち負かしました。

そこで私は、もう一度神に近づいて行きました。母の振る舞いには、相変わらずとても苦しめられましたが、それに関しては、私たちのどちらかが死ぬまで苦しみは続くのでしょう。けれども、以前よりも甘んじて、苦しみを受け入れたのでした。

私がナイトテーブルの上の聖母マリアに退場願って、イエズスの聖心像に置き換えたのは、そのときでした。それは、それ以来ずっとそこにあり、一度も私から離れたことがありません。カラブリアへもクレモナへも、そのほかにも、長期だろうと短期だろうと、どこへ行くときにも持っていきました。

マリオと私の傷が私を神に結び付けました。痛みと死について熟考することは、いつでもすばらしい霊的薬なのです！ そして、キリスト教徒として同じ良い心を持つ者が近くにいること——善良なキリスト教徒の友愛——は、常に善の源なのです。

一九一八年の夏、母と私は「スペイン風邪」にかかりました。私は感染者の中で暮らしていましたから、重症になりました。私の日常的発熱は、そのときの名残です。心臓は以前にも増して弱くなりました。でも、私たちは病人どうし、医師の助けを得ずに互いに看護し合いました。病人でない人はほんの数人で、極端に忙しく、無敵でした。私は病院で看護されている若者たちが、医師の助けなしに回復したり、死んだりするのを見ていましたから、その通りに互いに看護し合い、病気に打ち勝ちました。母は以前よりも元気になり

＊ マタイ6：17–18。

ました。私はもともと心臓が悪かったためか、あるいは病院でさまざまな感染症のどれかをもらったのか、以前の状態まで回復することは二度とありませんでした。でも、あの世へ旅立てれば幸福でした。死んでしまったら、マリオの問題を含めて、騒ぎなしにすべて解決したことでしょう。

十一月四日、戦争が終わりました。知らせが届いたとき、私は病院を飛び出して、サン・マルコ教会のナザレ人の足元に走って行き、感謝しました…私はそのとき、イエズスに自分をお捧げしました。私の生命をお取り下さい、でももう二度と戦争が起きませんようにと、願いながら。

その日、私は自分が何を捧げているのか、まだよく分かっていませんでした。そして、私の奉献は、とても人間的な欲求で汚染されていました――もうこれ以上苦しまないために、これ以上生きていたくないという望みです。でもあれ以降、私はあれこれの動機で何度も自分を奉献することになりましたが、それについては適切な箇所でお話ししますが、それからは自分がしていることを良く分かりながらそうするようになったのでした。

でも、たとえイエズスが多くのことに関して私の願いを聞き入れたとしても、これに関しては聞いてくださいませんでした。一九一八年から現在まで、多くの戦争があって、イタリアの若者たちが殺されました…ひょっとすると私は、最悪の戦争が起きている間に死ぬのかもしれません。

一九一九年

戦争が終わって二、三日後に、サン・マルコ病院は閉鎖され、私は受け持ちの負傷兵たちと共に別の病院に移りました。彼らを見捨てたくなかったのです。その病院はカルドッチ通りか、あるいは反対側の通りの

G・ジュスティ文法学校の建物の中にありました。受胎告知バジリカ聖堂の前を通り過ぎ、聖イノチェンティ病院とほかの建物とをつなぐアーチをくぐり、それからかなり歩いて、エトルリア・エジプト美術館などの前を通ったことを覚えています。

病院の半分はきれいな新しい建物の中にあり、残りの半分は、以前は修道院の隠遁所だったところで、汚く陰気でした。まるで監獄のような小さな高窓、陰鬱な回廊と中庭、扉の上のアーチに彫られた訓戒、水時計、フクロウ、頭蓋骨――そして階段部屋、はしご、階段と、段差だらけで、息切れする私は心臓を試されて苦戦しました。

一月の初め、二回目の「スペイン風邪」にやられ、もう耐えられなくなりました。診察を受けました。最初はある医師に、次に私の病院の医長に。最初の医師には、ちょっとした嘘をつきました。自分は孤児で、私との結婚を望んでいる若い男性に返事をしたいから、自分の状態を率直に知りたいのだと言いました。私は自分の症状を正確に知る必要がありました。そして、教えてもらいました。二人目の医師は、私に父と母がいることを知っていましたから、この嘘は言えませんでした。でも、彼は良い人で、自らも父親であり、家庭が幸福でなかったことから、多くのことを察し、私に父親のように接してくれました。私を詳しく診察した後、所見を伝えてくれましたが、それはもう一人の医師が言ったことと全く一致していました。互いに面識のない二人の医師が全く同じことを言うという「奇蹟」が起きました!!!

その後、医長は私の母に話しをしたいと言いました。私が一人で診察を受けに行ったのは、もうこれ以上続けられないからですし、もし、私が自分で母に話したとしても、母は私の病状を理解せず、認めようとしないだろうということだったのです。医師が母に何と言ったのか知りません。私が知っていることは、母がとても気落ちして家に帰ってきて、しばらくはとても優しかったということです。

でも、治療によっても私の健康は回復しませんでした。私の心臓はどんどん弱くなりました。不眠症にも苦しめられました。おそらくそれは、絶え間ない心悸高進が、夜、横になるとひどくなったからです。でも、私は死ぬことは恐れていませんでした。むしろ…

私はただ、シスターたちと、仲間たちに会いたいとだけ思っていました。クラスメートがしていたように、一度学校を訪ねることができたら、最後の不安も超自然的な平安のうちに消えるだろうと感じていました。最も混乱した時期でも、このことは分かっていたのです。そして、平安を再び見いだすために、平安の巣に避難したいと思い続けていました。でも、シスターたちと手紙をやり取りすることも反対している母に、そのことを言ってみようともしませんでした。でももう死にそうだということになれば、いよいよその望みは強くなりました。とりわけ、もう一度そこへ行き、彼女たちが私を教師として置いてくれるなら、最後には修道女になるかもしれないとさえ思いました。

今や私は再び神に大いに目を向け、すべてのものと永久に縁を切って、修道院と修道衣に避難したいと思いました。

私にはまだ神のみ旨が明確に見えていませんでした。神が私を絶えず引き付け、ご自分の方に引き寄せておられるのは感知していました。でも、私は修道院に入ることを神がお望みだと勘違いしていました。これは、私の欲から生まれた付け足しでした。修道院は、死と同様に、家庭のあらゆる葛藤から私を解放したことでしょう。私はあらゆる苦しみに疲れ果て、これだけを望んでいたのです。この世から去りたい、どうにかして、これ以上苦しまないように。けれども、その反対に、私はこの世に留まってさらに激しく苦しまなければならなかったのです。

もう病院の仕事には耐えられず、辞めざるを得ませんでした。私は大きな悲しみのうちに、致命的な病を宣告されていた若者たちと別れました。

五月に、母の従妹のクロティルデが八歳の息子を連れてフィレンツェにやって来ました。二人はレッジョ・カラブリアから来たのでした。彼女はごく幼い息子を悲劇的に亡くしたばかりで、今ではただ一人の子になってしまった息子は、乳様突起炎にかかっていました——少なくとも、そのように見えました。彼は、フィレンツェのペディアトリコ・マイヤー病院で小児科教授に診てもらうよう、紹介されてきたのでした。

私はその医長をよく知っていましたので、さっそくとりかかりました。幸いにも、乳様突起炎と疑われたのは、単なる舌下腺炎でした。ほんの三センチの切開と、二十日間の入院で、傷痕も残らず、それですっかり終わりました。けれども、私はその二十日間を、幼い手術患者とその母親のそばで過ごしました。クロティルデは、私をとても愛してくれましたし、親戚として、私の母の性格を知っていましたから、私のことを実によく理解してくれました——私が何も言わなくても、実に多くのことを分かってくれたのです。彼女はまた、私を治療している医師にも話を聞きたがりました。医師は彼女に、私の治療のためには、「私を家庭環境から連れ出す」のが最善であると言いました。私の家庭環境こそ、「私の病気の主因であり、私の状態を悪化させ得る障害の継続的原因」なのでした。クロティルデはすぐに行動を起こしました。大胆にも母に話したのです。

クロティルデは、率直で、だれをも恐れませんでした。彼女は気質において、全くのピエモンテ人です。彼女のことを善良でないと言う人もいます。そうかもしれません。彼女はとても苦しみましたから、神経を傷めてしまったのです。けれども、私に対してはいつも親切で、母親のようでした。そして、彼女と二年間も暮らしたのです！

そんなわけで、クロティルデは、私を自分に託すように母に言ったのでした。私たちはまず、彼女の生まれた町、トリノへ行き、その後、モンザへ、シスターたちに会いに連れて行ってくれるつもりでした。母は譲歩しました。降りる駅をいやいやながら教えました。でも、母が譲歩したのです。修道院長に手紙を書き、私を待っているという返事を受け取って、私たちはトリノへ出発しました。

素晴らしい日々でした。クロティルデはそれらの町のほかに、ラッコニージ、ストゥピニージ、モンカリエーリ、スペルガなどといったところにも私を連れて行ってくれました。彼女と、その息子と一緒にいて、すっかり世話をしてもらって、私はすぐに具合がよくなりました。肉体的というより精神的な回復でしたが、やつれた容貌を少し改善するのに役立ちました。

しばらくして、私たちはモンザへ向かいました。トリノで私は修道院長からとても愛情のこもった手紙を受け取っていました――彼女は重い心臓病を患っていて、苦労して書かれた手紙でしたが、手紙は愛情に溢れていて、シスターたちと私を待ちわびていると書いてありました。

なんという幸福！　長い年月を経た後で！　もう一度学校に行き、シスターたちに会えるのです。そして、もう一度、一か月か二か月の間、もしかしたらずっと、あの静かな、秩序ある、敬虔な生活を経験するのです。私の仲間たちにもう一度会えるでしょう。もう結婚して子供がいる人もいれば、私のように独身の人も！　私は彼女たちみんなに知らせていました……

でも、私は一体、幸福になどなれるのでしょうか？　私の名前が「マリア」だというのは、ゆえないことではありません。マリアという名前には、宿命だけでなく、苦痛も含まれているのです。名前の語源によれば、私も海の、しかも「苦い海の没薬《ミルラ》」にならなくてはならないのでした。このようなわけで、事の正当性や場所の聖性を考えれば、私が少しばかりの喜びを見いだしてもよいはずのところでも、苦悩を見いださねばならないのでした……

六月十日の夕方、モンザに着き、私はすぐに学校へ行きました。正面玄関の大きな扉のベルを鳴らしたとき、なんとワクワクし、感情が高まったことでしょう！　その敷居を跨ぎ、立派な中庭を通り、客間に入り込んだとき、なんと思い出がよみがえったことでしょう！　長いロザリオをかすかにチリチリと鳴らしながら、シスターが近づいて来る足音が聞こえたとき、なんと感動したことでしょう！　今でも、開いている窓からシスターが通り過ぎる気配を感じたり、あなたがお見えになったりするとき、腰から下がっているロザリオの音を聞くと、私のシスターたちが思い出されるのです……

最初に、副院長がやって来ました。本当のことを言うと、彼女は少し冷たく挨拶しました。彼女が社交的なことはなかったので、私は気にしませんでした。次に、私の気の毒な院長がやってきました。心臓病のためにむくみ、息を切らしていました。彼女はいつものように、とても優しくしてくれました。

副院長は、学校にはベッドがないので、私は大聖堂に仕えているシスターたちの住居に泊まらなければならないだろうと通告しました。モンザには、司教冠の権利を授けられた首席司祭や、あたかも司教顧問会のような聖堂参事会があったのです。

クロティルデも気付いたとおり、私のことを知っている学校に滞在するほうが私のためにはずっと良かったのです。何日も前にわざわざ手紙を書き、私が客として、もちろん寮費は自分で払い、滞在することができるかどうか、尋ねていたのでした。でも、私のシスターたちの近くにさえいられるのなら、私はその条件をすべて受け入れることにしました。私はクロティルデとメンミーノと別れ、学校に残りました。

ほかのシスターにはだれにも会いませんでした。三十分くらいして、指示を受けた人が、私を小さな女子修道院に連れて行きました。そこのシスターたちはとても親切に私を迎え入れ、近代的でない部屋を私にあてがわなければならないことを詫びました。私が何を気にしたでしょう？　確かに、私が案内されたのは広大な部屋で、家具は一八四八年のラデツキーと「ミラノの五日間」に遡りそうなほど古いものでした……ベッドはとても高く、休むには、椅子を梯子代わりにして上らなければならず、寝ている間に落ちないように守ってくださいと天使にお願いしたほどでした……

でも、私は確かに、シスターたちの近く、モンザにいるのです。この喜びに比べれば、ほかのことは何でもありませんでした。

そのころから、私はほんのわずかしか食べなくなっていましたから、夕食はとりませんでした。心臓の力を維持するためにと医師から命じられたコーヒーを一杯だけ啜りました。そして、退室して床に就き、すぐ近くの大聖堂のアヴェマリアの鐘で目覚めさせられるまで、ぐっすり眠りました。

私は私の……棺台から下りると、大急ぎで着替え、ミサに与《あずか》るため出かけました。告解師を見つけられませんでしたので、聖体拝領はしませんでした。でも、あした学校でしようと自分に誓いました。あしたは自分の生活をもっときちんとできるでしょう……朝食として、もう一杯コーヒーを啜り、学校へ向かいました。モンザのことはかなり良く知っていましたから、付き添われる必要はありませんでした。

私はベルを鳴らし、学校に入り、ホールに案内されました。私は待って、待って、待ちました……だれも来ませんでした。九時、九時半……やっと副院長が現れました。深刻そうに、ほとんど不機嫌にと言いたいくらいに、彼女は私に良く眠れたか、朝食はとったかと尋ねました。それからすぐに、長々とした説教を始めました。その中心は、「あなたは規則を知っているでしょう。私たちは先例を作るべきではありません」などといったことでした。そして、結論は、「私たちはあなたに、ここにいてほしくない」でした。

私は、あらかじめ手紙を書いていることや、規則では元学生が自分で費用を払って、ある期間学校に滞在することを歓迎していること、したがって、私は先例を作り出しているのではなく、半世紀以上の伝統的慣習に従っていることを指摘しました。また、私は伝染病に罹っているわけでもなく（診断書と処方箋を持って来ていました）、後ろ指を指されるようなことも、クロティルデはボローニャに出発してしまったのだから、少なくとも、彼女が戻るまでは、滞在させてもらわなければならないことを述べました。

どうしようもありませんでした。シスターは無慈悲でした。彼女は、私は子供ではなく、二十二歳なのだから、一人で旅行できるはずだと言いました。私は、今週中にやって来るはずの私の仲間に少なくとも挨拶できるまでは滞在させてほしいと頼みました。一言もありません。モンザには、私を数日ぐらい喜んで泊めてくれそうな人たちがいるので、少なくとも電話をかけさせてほしいと、もう一度頼みました。その人たちは、何度も私を招待してくれていたのです！　一言もありません。私は立ち去らなければなりませんでした。

何とも訳の分からない冷酷さに直面し、これほどに厳しく拒否されて、私はうなだれました。私は泣きました。何年も大切にしてきた夢が、もう少しで実現すると思った矢先に消えてしまったのです……

副院長は私に、教会へ行きたいかと尋ねました……なんという質問でしょう！　その質問をした人を、私が尊敬していなかったなら、なんと愚かな質問と言ったことでしょう。彼女は私を美しい礼拝堂へ連れて行きました。主祭壇から、聖心の像が、私に向かって手を差し伸べておられました。その像のほかには、オルガン奏者のシスターが聖歌隊席のオルガンの前に座って、ミサ曲を練習しているだけでした……

私は祭壇の近くに避難して、泣いて、泣いて、泣きはらしていました――すると副院長が、私の親戚が戻ってきたと言いに来ました。クロティルデは、人間の顔を観察することにかけては名人でしたから――彼女は大きなホテルのオーナーです。ホテルでは、人は性格を見分けるのが上手になるものです――前夜の副院長の甘い言葉を信用せず、もう一日モンザに滞在していたのでした。

彼女は私を見るや否や、いつものように、力強く言いました。「あなた、諦めなさい。シスターたちは、あなたにいてほしくないのよ。あなたには気の毒だけれど、どうしようもないでしょう?」。

「そうお思いになるのですか? 奥様。私たちは彼女にいてほしいのですが、よくお分かりでしょうけれど……」。

「あなたが彼女にいてほしくないことは分かります。けれども、すぐに手紙でそうお書きになるか、少なくとも昨夜、率直におっしゃっていただければもっとよろしかったです。私が万事うまく行くと信じて、出発してしまっていたら、あなたは心臓を患っている彼女を、ストライキの時期に、一人で汽車に乗せることになったでしょう」。そして、彼女は私に言いました。「さあ、行きましょう。いてほしくないと思われているところに、いるべきではありません」。

副院長は、自分がひどい行動をしたことを理解すると、私がシスターたちに会えるよう、特別許可として、夕方まで残るようにと言い張りました。なんと、私はまだ、彼女たちに会ってもいなかったのです。その一方、彼女はモンザにいる私の仲間たちに知らせてあげようと言いました。そうは言ったものの、彼女たちが私を引き止めるかもしれないと恐れて、何もしませんでした。

クロティルデは譲歩しました。こうして私は、午後五時まで滞在しました。でも、危険な法律侵犯者や、何かの伝染病に罹った人と寸分違わない扱いを受けたようです。昼食の時間を除いて、一日中庭の隅に追いやられていました。食事は遠く離れた小さな部屋で供されました……

食べなさい――食べませんでした。食べられませんでした。悲しみで胸が塞がれました。記念として、私は小さいパンを一つ、記念に持ち帰り、数年前まで持っていました。虫に食われたので捨てましたが、

『婚約者』の中のクリストフォロ神父は、修道士のかごに赦しのパンを入れます。私は二十年以上の間、拒絶のパンを持っていたのでした。

その日、私のシスターたちは、私に付き合って食事をしませんでした。彼女たちは、副院長のとても強引なやり方を認めていませんでした。副院長は、院長が病気でほぼ放心状態になっているために、自分の好き勝手に振る舞っていたのです。でも、彼女たちにはどうすることもできませんでした。

院長がはあはあと、ふいごのように息を切らして謝りに来ました。彼女は泣きました……気の毒な方！　もはや彼女は終わっていました！……私は彼女に恨みを感じたことはありません。けれども、副院長に対してひどく苦々しい思いを持っていないと言ったら、嘘になるでしょう。彼女はもう亡くなっています。死はすべてを終わりにします。神も彼女の私に対する冷酷さを赦しておられることを願いますが、彼女が私に慈悲を示したと言えないことはたしかです。あなたも同意してくださるでしょう。

もし、私があそこで休むことができていたら、神へ向かう私の道は、どんなにか容易になっていたことでしょう！　でも、いいのです。私はキリストの花嫁としての環境や共同生活に助けられずに、独りで今の自分になりましたと、大喜びで言うことができます。イエズスは、ご自分だけを私の魂にもたらされました。そして私は応え、私の内に彼の働きを求めたのでした。

私は最初のひと押しをくれたマリオと私の傷を祝福します。でも、それから後は、神だけを賛えなければなりません。そして、私自身の魂も少しばかり褒めましょう。それは、一日動き出すと、ますます速度をあげて進み続けました。

私は悲しみですっかり気落ちして家に戻り、とうとう病気になりました。本当に、「あなたの祭壇の近くにスズメさえ住みかを見つけ、つばめも巣をいとなんで、雛を入れる」[*1]が、私は苦悩を穏やかに耐える住まいさえ見つけられないというありさまでした。そしてその後、あらゆること、あらゆる人に失望し、恐れうろたえて「人はみな偽り者だ、と思うとき」[*2]を経た後、私の傷ついた飛行は神へ向かいました。この飛行は、ただの羽ばたき、地上でぴょんぴょん跳び回るだけのことだったと認めなくてはなりません。でも、実はもう、イエズスに向かう動きだったのです。

二年前には、深い泥沼から立ち上がり、一年前には、祭壇の前に一人でちょくちょく行くのは恥ずかしくて、ひきずられて行きました――良心が再び目覚める時ほど、悪い瞬間はありません。悪魔か、あるいは何がさせるのか分かりませんが、神の足元に身を投げ出して、「主よ、私をお救いください、私は罪を犯しました！　主よ、私を清めてください、私は重い皮膚病に罹っています！　主よ、あなたの御《み》国で私を思い出してください！」――と慎ましく、言うのではなく、自分の罪を誇張し、罪が赦されないものと思い、羞恥心のために神から身を引くように仕向けられるのです。以前なら、私はこのように振る舞うだけでした――ほとんど無価値の、まずいやり方です。でも今、辛い新たな打撃を受けて、私は鞭で駆り立てられる疲れた馬のように、自分を前に進ませる力を見いだしたのでした。

「悪者が自分の道を、不正な者が自分の思いを捨てるように。主に立ち帰るように、主は憐れんでくださる方。わたしたちの神に立ち帰るように。主は寛大に赦してくださる」[*3]。

「わたしは失われたものを捜し求め、迷ったものを連れ戻す。傷ついたものを介抱し、病気にかかったものを励ます。しかし肥えたもの、強いものをわたしは滅ぼす。わたしは正義によって彼らを養う」[*4]。これらの言葉は、私のために、そして私と同じように病んでいるすべての哀れな魂のために書かれているように思えませんか？

私は重い足をひきずり、ひきずりして、主の方へ歩いて行きました。主は憐みを込めて私の折れた手足に包帯を巻き、弱っている私を元気づけ、私を膝に乗せて、やすらかに暖かく眠れるようにしてくださいました。というのも、私は深く傷つき、ほかのだれからも愛してもらえなかったからです。そして私は、彼に仕え、彼に従い、彼を倣い、彼を愛するために、回復しなければなりませんでした。彼への愛は、無限・完全・完璧・自由の強い光に照らされて、もはや消えることも、冷えることも、人間的愛に戻ることもない絶対的な愛でなければなりませんでした。

もはや私は、母からであれ誰からであれ、踏みつけにされても平気でした。私の苦しみはまだ続くでしょう。それは自然です。けれども、どんな苦しみも、それを神のせいであるかのように私に思わせて、私を神から引き離れさせることはないでしょう。あらゆる苦しみは、むしろ私を神にもっと近づけることになるでしょう。なぜなら、今ではもう、神だけが私を愛し、私に善を求め、神だけが私に善をもたらされることを知っているからです。悪はみな人間から来るものでした。

あらゆる苦しみは、私をキリストの十字架にさらに一体化させる釘を強打するハンマーになりました。そして、それが十字架であるならば、どんな高貴な寝台とも換えるつもりはありません。なぜなら、「苦しみはキリストとの婚礼の衣である」とロイスブルークが言うように、それは私の魂とキリストとの婚礼衣装なのですから。

お気付きと思いますが、私と人間を結んでいた沢山の架け橋は壊れてしまい、ほかの木を抱擁するために差し出した私の枝は伐り落とされてしまいました。神は私を独り占めにしようとして、私を孤立させるように仕向けていたのでした。唯一残った架け橋は、マリオへの友情でした。それは私の心にとって、かけがえ

＊1　詩編84：4。　＊2　詩編116：11。　＊3　イザヤ書55：7。　＊4　エゼキエル書34：16。

のないものでした。

あの若者は、自分の意図を主張し続けていました。そして、私は私の主張を。けれども、いくら私が、もう世間の人が言う意味で愛することはできないと言っても、彼は、私に夫として愛されなくてもかまわないと答えるのでした——私は彼の愛を受けるだけで十分だと言うのです。愛は徐々にやって来るだろうからと。

「ロベルトのことが忘れられないの？　かまわないよ！　ぼくも彼のことを覚えていよう。二人の最初の子ができたら、彼の名前をつけよう。悲しいの？　だいじょうぶだよ。ぼくがきみを幸せにするから、きみはきっと、うれしくなるよ。病気？　そんなことたいしたことないよ。ぼくの愛の優しさで治してしまうよ。きみは見捨てられ過ぎて病気になったのだから」。そう、この点では彼が正しかったのでした。

十月には、私は本当に包囲されました。それほどの愛情を示されると、私は揺さぶられ、身に沁みて感じられましたが、断り続けていました。大佐も息子に加勢して、私を攻略しにかかりました。マリオの最後の試験が近づいたある日、大佐はマリオが落ち着いて試験を受けるために、安心して出発させてやることが必要だと言いました。私の母のばかばかしい拒否に終止符を打つときが来た、私が取り越し苦労の犠牲になるのは間違っていると言いました。そして、とても優しくですが、私が母の頑なさについて誇張していると非難しました。私は馬のようにびくついていると言うのでした。

私は「待って！　もう少し待って」と言い続けました。私は恐れていました。一九一四年一月五日の修羅場を覚えていましたし、それが繰り返されるのを望みませんでした。でも、マリオは全く耳を貸しませんでした。愛の早急さで、ある朝、正確に言うと、一九一九年十一月三日、母と二人だけでいた時間を利用して、はっきり言ったのです。正式な結婚申し込みでした。

まあ、なんてことでしょう！　マリオはずたずたに引き裂かれこそしなかったものの——母よりもずっと大きいですから——それに近い状態でした。私が予想したように、彼は私たちの家に再び招かれることはありませんでした。

午後、大佐は通りで、犬を散歩させている私に追いつきました。私は次から次へと非難され、この友情も壊れてしまったと考えると、とても悲しくなりました。大佐はすっかり愛想を尽かして、自分の気持ちを率直に述べました。取り乱した彼を見るのは辛いことでした。でも、私が誇張していたかどうかに関しては、こうして納得したのでした。

「わたしの心に　悩みがいや増すとき
あなたの慰めは　わたしの魂の喜びとなる。」（詩編94：19）

彼はいずれにしても、私を息子の婚約者と考えていると言いました。私が断固として拒否しない限りは。拒否した場合には、私もまた、母と同じように嘘つきだと言わねばならないだろう、と言いました。というのも、私は時が来れば最後には彼のものになるだろうと、いつもマリオに信じさせておきながら、結局は、私の母が最も巧妙なやり方でしたように、彼を笑い物にしたかったのだから。

それは事実ではありません。私はいつも、私の考えをマリオと大佐に説明してきました。でも、苦悩はときに、事実でないことを人に言わせるものです。そして、大佐は深く悲しんでいたのでした。

彼は、マリオと一緒になれば私も幸せになれるのだから、自分のこの粘り強さをいつか感謝するだろうと言い、断り続けないでくれと私に頼みました。私のきわめて忠実な友情は、忠実な愛への最上の準備だったのだと言いました。そして、たとえ私が情熱的な愛を感じないとしても、今にきっと、激しさと優しさにおいて勝るとも劣らない忠誠という大きな贈り物を手に入れるだろう、と言いました。

「友情に根ざした愛は一番長続きするものなのだよ、君。習慣によって崩れることも、老化によって消え去ることもない。あらゆる試練、あらゆる出来事に耐える愛だ。年齢を重ね、中年以降にもなれば、気力が衰え、肉体的な優雅さや外観が衰えるものだが、そんなことにも動じない。本物の友情は、決して衰えることがない。そして、マリオの友情は本物だ。何年も何年も続いたばかりでなく、常にその強さを増し、善良さの源であることを最もよく立証してきたのだよ」。

彼の息子がそんなに立派に育ったのは、私を目標にして、仕事や勉強や修養に励んできたからだと言うのです。これ以上、どんな大きな証拠が望めるでしょう？　忠実な友情という純粋で持続的な絆で年若いころから魂と魂で結び付けられてきたために、このように私の魂を愛することができる人が、一体どこにいるでしょう？

そして私もまた、愚かにも、彼、マリオを愛していないと思っていた哀れな女でしたが、彼を失うと思うと深い苦悩を感じるほど、心からの愛で彼を愛していたのでした。母への恐れで盲目になり、亡くなったロベルトの思い出に背くという考えや、男性を幸福にするにはあまりに病弱であるという無数のためらいで、まさに怖気付いていたのでした。ロベルトのことについては、安心してよいというのでした。それは、恋人を失って永遠の犠牲を自分に宣告したすべての女性に必要なことでした！　私の健康に関しては、大佐は息子に完全に同意する前に、私を診察している医師に尋ねていました。そして、私の病気は精神的疲労、私が過去からずっと今まで苦しんでいるものによる以外の何ものでもないという完璧な保証を受け取っていました。自分の家庭で自分を本当に愛している夫のそばで幸福になりさえすれば、十分に回復するだろうということでした。

大佐は雄弁でした――いつもはほんのわずかしか話さない人だったのに！　最後に彼は、すっかり断る前に、だれか信頼できる人から助言を得るように、と言いました。

私はそうしました。心の底では、私も以前の友情が深い愛情に変化しているのを感じていました。太陽が照らし続けるなら、氷河さえ暖めることができます……マリオは何年もの間、真実の愛の最も繊細な努力で、私の凍えた心を温めてくれたのでした。

承諾する前に、私は三人に相談しました。一人はマリオと私をとても良く知っているイエズス会の司祭。もう一人は、私たち二人と親しく、非の打ちどころの無い本物の深い信仰を持っている女性で、母の考えをよく知っていて、それが私に及ぼす有害な結果に気付いている人でした。三人目は、上院議員、名誉判事、最高裁判所初代所長、夫であり、父であり、祖父であり、そして現代的な市民――公正な良心、バランス感覚のある精神、そして私がほかのだれにも見いだすことができないほど愛することに開かれた心の持ち主。彼は私を可愛がってくれ、近代的過ぎる、つまり思慮がなさ過ぎると彼が評している彼の孫娘よりも、私と出かけることをしばしば好んでいた人でした。

そこで、司祭、歳とった信仰心の篤い婦人、善良な上院議員である判事のみんなが、母の「破門」を恐れずにこの愛を受け入れることを私に勧めました。そして三人のだれもが、反論のしようがない正しいことであるという理由を挙げました。

私はどうするべきか、かなり熟慮し、たくさん祈り、二、三日の間まだ気持ちが定まりませんでしたが、それから決心し、承諾しました。

大佐は私を「娘」と呼び、利己的な考えの母をまともな状態に持っていくように心を配ることを私に約束しました。「私は兵士として三つの戦争に参加した長い経歴の中で、多くの戦いに勝ってきたのだよ。この戦いにもきっと勝つから、見ていなさい。互いにもっともっと愛し合いなさい。これからは婚約者同士として手紙をやり取りしなさい。君は隣にいるのだから、手紙は私のところか、パオラのほうがよければ、パオラのところに寄こさせよう。春にマリオが士官になったら、我々は決戦を開始しよう。そして勝利するのだ」。

マリオは幸せでした。私はほとんどびくびくものでしたが、満足していなかったと言ったら嘘になるでしょう。私はもうすぐ自分の家を持つことになるのです。そこで私は、母の独裁に絶えず押さえつけられることなく生きることができ、安心して元気を取り戻すことができるでしょう。そして子供を持つことでしょう！…おお！　子供たち！　私に訴えかけた魅力、その一番強力なものは子供でした。自分の赤ん坊を持って、私が得られなかった愛情のすべてを注ぎ、彼らをこの上なく幸せに、幸せに、幸せにするという考え！…

私たちは毎週手紙をやり取りしました。マリオの手紙は愛情に溢れていました。私の手紙はずっと冷静でした。彼を友達として扱う習慣が残っていたのです。でも、私は、私の渇いた心が日に日に温められていくのを感じていました。

母はあの男をやりこめたと確信していて、彼が手紙を書き、私が返事を出すことまであえて禁止しませんでした。でも、この唯一表に出た規則正しい公的な通信は、実は非公式で個人的な通信であり、マリオが手紙の中で歌っている愛の賛歌のための低音の伴奏以外の何ものでもありませんでした。それは、今では命の香油で私の心に慰めをもたらしていました。

私は最後にはすべてがうまく行くように、善良な主が母の心を動かしてくださるように、たくさん祈りました……そうです、たくさん祈ったのでした。私はほとんどの人がするように、神が私たちのほしがるものを与えてくださって、私の思い通りにしてくださるように祈ったのです。実のところ、その願いは不誠実なものではありません。でも、善良な神は、ときには誠実な願いであっても、叶えないほうがふさわしいと判断します。この場合、「あなたの御旨のままになりますように！」と言える人は幸せです。でも、もっと幸せなのは、神に何かを望む前に、いつでも「主よ、あなたがお働きください。私は何も望みません。あなたのみ旨だけが支配し、行われますように！」と言う人です。私はまだそこまでは至っていませんでした。神の愛だけを求め、神が最善と思われるやり方で私を用いてくださいと求めるほど、私の人間的個性を神の中で抹消できていませんでした。それができるようになる前に、私は悲嘆、大きな悲嘆に浸らなければならなかったのです。そこに至ったときに、私は完璧な平安を見いだすことでしょう。なぜなら、シエナの聖カタリナが言うように、「神に従うものはだれでも平安を見いだす」からです。

冬はこのように過ぎて行きました。私はいくらか快方に向かっていました。私をとても愛してくれるマリオを幸福にするために、私は今や、よくなろうと熱心に努めていたのでした。

一九二〇年の一月二十四日、マリオは休暇で帰ってきました。彼はこれ以上母の怒りを刺激しないように、この上ないほどに抑制して、ほんのわずかしか訪ねて来ませんでした。でも、彼は中間の場所──私たち両方の女友達の家で──友達ではなく婚約者として私と話をする道を見つけました。ただ一度の会話とただ一度のキス。誠実で優しい会話と、清らかな、最も清らかなキス。それらは今や私たちに近づきつつある戦いのための、餞《はなむけ》だったのです。

マリオは勉学のために戻りました。それが最後の試験になったというべきでしょう。私はさまざまな災難のもとになる災難に近づいていたのですが、気付いていませんでした。私は本当に元気になり始めていました。心臓はまだかなり動悸がありましたが、体重は増え、活力を取戻しました。医師は満足していました。

三月十七日、私は母と一緒に、非常に高齢の友人である女性を訪ねました。私を可愛がってくれる老婦人で、三月十四日の私の二十三回目の誕生日のために贈り物をくれたので、お礼を言いに行ったのです。私は母に腕を貸して歩いていました。母は急速に視力が衰え、ほんのわずかの突起にも躓いて転んでしまうからです。家の近くまで来たとき、私は小さな悪党、共産主義者の帽子職人の息子に、背中を殴られました。彼は後ろからやって来て、「金持ちと軍人をやっつけろ！」と叫びながら、ベッドからはずした鉄の棒で、力まかせに私を殴ったのです。

大きな音がして、母はそれを彼が投げた石が歩道で跳ね返ったのかと思いました。そうではなく、私の背骨に鉄が当たった音だったのです。ここで留意してください、私は心臓の問題でコルセットをつけていませんでしたから、その保護もなかったのです。私はひどい痛みを感じて地面に倒れ込みました。私の足は、私を支えることができなかったのです。それから、何とかして立ち上がり、足をひきずってようやく家に帰りました。

服を脱いでみると、腎臓のあたりに著しい打撲傷がありました。背中から肝臓まで、皮がはがれたように真っ赤でした。湿布をしてもらうと、痛みが和らぎました。私はもしかすると——いえ、むしろ確実に——すぐに医者に診てもらわないという間違いを犯したのでした。でも、そんなに危険なほど打たれたとは思わなかったのです。私は災難を怖がりませんでした。それどころか、父のように、肉体的疾患に対して克己心が強すぎたのでした。

金曜日、土曜日と過ぎました。打たれた場所に触ったり、ベッドで仰向けに休もうとしたりすると痛みましたが、その痛さのほかに、奇妙な苦痛がありました。目眩、目の前のちらつき、激しい吐き気、そして、深い、疲労感でした。それでも私はいつもと同じように、朝九時から晩まで起きていました。

日曜日には教会へ行き、聖体拝領をしました。ひざまずくのが一番痛かったので、大変でした。栄養を取ることもできませんでしたから、母は私の一番好きな食べ物を用意しようとしました。何を食べようとしてもむかつきました。私は昼に鳩のローストを四分の一ほど食べただけで、ほかには何も食べませんでした。

その日の午後、マリオのことで助言をくれた友達の女性と、もう一人の女性と、母と私で、展覧会に出かけました。私は家に残ろうとし、母も私に出かけることを強いませんでした、本当です。母も私と一緒に家にいることを望んだくらいです。でも、ほかの二人は、それほど遠くないし、私のためにも良いだろうと言い張りました……それで私たちは出かけたのでした。私は重い足を引きずり、ベンチが見つかるたびに休まずにいられませんでした。夕食は何も食べませんでした。これまで一度もなかったほど疲れ、すぐに部屋に引き下がり、そして眠りました。

午前三時に、私は耐えがたい痛みで目が覚めました。あれほどの痛みはそれ以降二度と経験したことがありません！　とても長い間、たくさんのひどい痛みを抱えていたことは確かですが。片方の腎臓か何かが、靭帯からもぎとられて、脚の付け根のところに転がり落ちていくような感覚がありました。それにしても、なんて痛い、なんて痛いのでしょう！　私は背中を丸めました。ぐっしょりと冷や汗をかき、縮こまり、吐き気を催しました。話すことも、動くことも、叫ぶこともできませんでした。死にそうでした。

私の小さな犬が、部屋の隅の自分のベッドで寝ていましたが、それに気付いて吠え始めました。私は彼に救われました。母が飛んできて、父も飛んできて、二人は女性の友人と医師を呼びました。医師は建物の持ち主で、一階に住んでいました。時宜にかなった助けで私は苦悶を脱しました。でも、高熱が出始めました。たぶん、腎臓に膿瘍が出来、それが破れて血液が汚染されたのだと思います、というのも、私は敗血症にかかっていたからです。私は病院で敗血症の発熱の様相をよく理解する機会がありました。それは一日のうちに、抑えられない震えが来る最低体温から高熱へと変化するのです。私が思いますと言うのは、医師も、立会医も、だれ一人として、それについて理解していなかったからです。ある人はこう言い、別の人は別のことを言うというありさまでした。内部検査でも外部検査でも、診断結果を得るに至りませんでした。

三か月の間寝たきりでした。四十度に達する熱、激しい痛み、間違った治療などにより、もともと弱かった私の心臓は発作を起こし、心停止に近い状態で三回死にそうになりました。でも、だれも何も分かりませんでした。重大な病根は脊柱管にあると気付いた者はだれもいませんでした。それは十四年後に気付くことになります……

そしてマリオは？　彼の父から知らされたマリオは、すっかりおろおろしていました。私は眠れない夜ごとに、大変な苦労をして、そんなに悪くないのだと彼に書きました……私からの手紙を見て、彼は私が重病ではないことを確信したのでした。こうして、私は彼に手紙を書き、大佐か私たちの友人である女性に渡して投函してもらいました。私は世話をされることを決して望みませんでしたから、夜は一人でしたから、安心させる短い手紙を書くことができたのです。

けれども、私はとても具合が悪かったので、だれよりも私が、そして医師をはじめとしてみんなが、私はきっと死ぬだろうと本当に思っていました。

私はそれを残念に思ったでしょうか？　いいえ、全然。それは私の最大の弱点に違いありませんでした。死がすべてを解決するという考え、愛する自由を手に入れるための戦いがついに近づいていること、あるいは神の特別の恩寵、または神の御意思、あるいはそれが何であっても――私は諦めていたというのが事実でした。諦めるというよりも、終りが近づいていることに満足を感じていたのでした。

自分が穏やかな河の上に浮かんで、優しく運ばれているように思えました。その河口には永遠がありました。まだ今の私がしているように、ほとんど目に見えるかのような強烈さで、「私を待っておられる神がいらっしゃる」と思っていたとは言いません。そうではありませんが、近づきつつある永遠の日が、私に平安をもたらすのだと思いました。私はすでに神の慈悲を深く望む地点に到達していたからです。魂が主に深く望むとき、それはすでに救いの道をかなり前進しているのです。

神の慈悲という考えは、信頼、感謝、平安、愛、そして謙虚さをもたらします。人は誤りを犯したことを認めると、信心深い謙虚さという、神が魂に働きかけるのに必要な徳を備えることができます。私たちは平安をもたらされます。というのも、もし本当に自分の過失を思い起こすならば、私たちは慰められるからです。一方、神は犠牲ではなく慈悲を望む方ですから、私たちが神に赦しを叫び求めるなら、神は慈悲深い愛のうちに、私たちを赦し、赦免してくださいます。私たちは感謝します。というのも、私たちが赦しを求めることを考える以前から、私たちを赦そうとしておられる、あれほど優しい父はいらっしゃらないからです。それはちょうど、善良な父が、息子の罪を嘆き悲しみながらも、愛のうちにそれらを赦し、息子が「お父さん、私はあなたの息子と呼ばれるのにふさわしくありません！」と言ったらすぐに平安のキスを与えようと、歓びの時をうずうずしながら待っているのとそっくりです。私たちは信頼します。善なるものに自分を差し出さねばならないことを知っているとき、私たちはいつも信頼に溢れますが、ここで私たちは〝至高の善なる御者〟に自分を差し出していることを知っているのですから。

これらのすべては愛を生みます。なぜなら、愛は愛を引き付け、生じさせるからです。そして、神の愛以上に、大きな愛を見いだすことなどできるでしょうか？　要するに、愛は私たちの魂をもっと大きな謙虚、平安、感謝、信頼へと向かわせるのです。これらの徳は互いにそれぞれを完成し合い、時計のたくさんの歯車が針の動きを生み出すように、私たちの魂を上昇させるように働くのです。

二十三年後の今でも（腎臓を殴打されてから一九二〇-四三年）、私はあのころを大いなる諦めの大いなる時期として思い出します。今では十字架への、そして十字架の神への自覚的な愛は、さらに大きくなっています。私の愛は――博愛の炎に燃え尽きることなく――人がこれ以上高く上ることができない頂上、受難を最大の喜びとして味わい、最も十全の真理を知る頂点にまで到達しているがゆえに、「ご聖体と一つになった生贄、そしてご聖体のための生贄」として、ヤコポーネ・ダ・トディと共に叫びながら、私たち自身を進んで十字架につけるのです。

「おお十字架よ、私は自分を吊るし、あなたにしがみつく
私は死ぬことによって命を味わうだろう！
あなたのために苦しみたい、愛よ、あなたと共にいるために
愛よ、どうか私を愛ゆえに死なせてください！」。

まさに、こうした事すべてのゆえに、私はもはや諦めを必要としていません。それは愛に吸収されたのです。

ですから、私は苦しむことや死ぬことを嫌いませんが、でも生きて苦しまないことを諦める恩寵を神に求めなければなりません。なぜなら、私にとって、死が生きることであり、苦しみは喜びであり、十字架から降ろされること以外には恐れることはないのですから。私はそれを求め、受け取りました。十字架の上に留まり、そこで死にたいのです。そして十字架と共に、十字架を私の家紋として、天国へ行きたいのです。

マリア・ヴァルトルタは何年も前に死にました。今存在しているのは、十字架のマリアです。それが私の領地、私の高貴な冠、私の富です。そして、地上のどんな王宮も、領地も、富も、冠も、私にとっては無――私が見向きもしない無――なのです。この聖なる木、傷というこの富、この紫の血、処刑台という領

地、イバラの冠、歌と償いの苦悩、これがすべてです。これらすべてを、私はいつも用心深く見つめています。そして、これらの宝物が奪われることがないように、ますます用心して、しっかりと握りしめています。

十字架の上で一緒に苦しみながら、イエズスは私に言われます。「なお苦しまなくてはならないことを恐れてはならない。死ぬまで忠実でいなさい。そうすれば、命の冠を授けよう。だれにも奪われないように、あなたの冠を守りなさい」。すると私は答えます。彼の優しい瞳を覗きこみ、彼の聖なる唇にキスをし、彼の涙を飲み干し、彼の血を吸い、私の鼓動を彼の鼓動に合わせ、心臓を聖なる心臓に重ねながら。「はい、主よ、私の神、私の贖い主、私の王、私の師よ――はい、私のいとしい人！　あなたの恩寵によって、私は死ぬまで忠実でいます。苦しむ喜びをありがとうございます」。


私の具合はとても悪かったので、大佐は最後にもう一度私に会う喜びを息子に与えるのは正当なことであると考えました。

あの立派な人はこう考えたに違いありません。「もしマリアが死ぬなら、息子は最後にさよならを言うことができて満足を得るだろう。もし生き延びれば、母親から同意を取りつける機会になる。彼女はとても打ちひしがれているから、反抗しないだろう！」。気の毒な人！　彼は思い違いをしていたのです――それも途方もなく！

善良な彼は居間で母と話し、それから得意満面で、すべてを解決したと確信して私のところへやって来ました。彼は本当の父のような愛情で私を抱擁し、そして囁きました。「幸せになって、良くおなり。すべて上手くいったよ！」。

ああ！　本当に！……彼が帰ると、母が来ました。彼女は非難の言葉で私を激しく攻撃することはしませんでした。それは彼女の性格との大いなる妥協でした。でも、彼女はすべてをぶち壊したのでした。

　彼女は、あらゆる点で反対はしないけれど、このような病気のあとでは、同意を与えるのは、私が本当に良くなってからにしたいと言いました。彼女がそうするのは正しいと私は納得したでしょうか？　私は納得したと答えました。私は疲れ果てていましたから、彼女がいつもの騒ぎで私を苦しめないことで十分だったのです。そして、彼女の提案は適切でしたから、私は納得したと答えました。

　それから彼女は、マリオに手紙を書き、また大佐とすべてを取りまとめるなどなどと、言いました。これで良いかしら？　ええ、結構です。私は予想外のそんな優しさに感動していました。そして、限られた力で、心の中で主にそのことを感謝しました。涙がほおを流れました。弱さと喜びと感謝の涙を。

　母は言いました。「でも、あなたたちは率直に言って、どこまで行っているのか、どうやって手紙をやりとりできたのか、いつあなたは同意したのか、だれがあなたに続けるように勧めたのか、今すぐおっしゃい。い、い、い、い、いいから、い、い、い、い、い、い、い、い、い、い、い、だれも責めないから、ただ正直に言ってほしいの」。

　これはあまりにも正論だとお思いになりませんか？　私もまた、詩編作者と共に、「私は信頼していた、〈私はあまりにも不幸だ〉と言ったときも、恐れうろたえて、〈人はみな偽り者だ〉と言ったときも」と申します。というのも、そのときの私は、副院長に厳しい言葉を吐かれた時よりももっと、「人は必ず欺く」*と言わなければならなかったのでした。

　けれども、私は母に打ち明けました。すると、どんな結果がもたらされたでしょう？　母が翌日やって来た大佐に何と言ったのかは、正確には知りません。けれども、あとで少しずつ寄せ集めることができた情報によると、私がそっとしておいてもらいたいと望んでいること、そして、マリオとの連絡を私に代わって母がするように任せたと、私の言葉として伝えたのでした。それは、私に後遺症が残るかもしれない病状であるから、今は何よりもそうするのがふさわしいと判断したということでした。こうして、マリオは追い払われました。

大佐は私と話したがりましたが、母は最も手厳しいやり方で彼を妨げました。お気付きでしょうが、私は今でもずっと、母の監視のもとでなければ、だれかと一緒にいさせてもらえないのです。面会所で看守に見張られている囚人のような気がします……けれども今では、私は一階にいるので、時には人と個人的に話すことができます。あのときは三階にいましたし、アパートの玄関はいつも鍵と閂で施錠されていました。母は決して私を一人にさせず、家を空けませんでした。それで私は、もう大佐に会うことができませんでした。彼もまた追い払われたのでした。

三人目の処分者は、マリオと私が信頼していた女友達でした。ひどい騒ぎがあり、その女性は永久に追放され、すべてが終わりました。

四人目はこの女性の友人で、彼女が仲介役をするのではないかという恐れから、追い払われました。そしてそのほかの人びとも。医師を除いて、私はもうだれにも会えませんでした。母が、私はもうだれからの訪問も受けないと、みんなに知らせたからです。これは、近所でたくさんの噂話、とりわけ、私が妊娠したという噂の原因になりました……

三か月後に私が床を離れると――まだ高熱と痛みがありましたが、私は床を離れたかったのです――母はわずか八日後に私をモンテカティーニへ連れて行きました。ヴィアレッジョの家は一九一八年に売ってしまっていましたし、ヴィアレッジョはマリオや私たちの共通の友人があまりにもしばしば訪れていました

＊ 詩編116：10。

……そこで、母が湯治する一方で私に気分転換をさせるという口実で、モンテカティーニへ行ったのでした。でも真相は、私を永久にアパートに閉じ込めておくわけにはいかないということでした。そして七月には、すでに士官になったマリオがフィレンツェにやって来ることになっていました……

モンテカティーニで、母は私の心からマリオを取り除くために、得体のしれない魔術のようなものを私に受けさせようともしました。母はその手のことを信じているのです……けれども私は反抗しました。私はそのような術をひどく恐れています……

私たちはモンテカティーニに五十日間いました。マリオがもう船に乗り、彼の父がサルサマッジョーレの泥温泉かどこかの温泉に出かけてしまったと確実になるまでに、時間が必要だったのです。その後、私たちがレッジョ・カラブリアへ出発する九月二十日までの間は、私は家に閉じこもっていなければなりませんでした。そして、それから先も！……

母はそれまで、親戚からの招待を決して受け入れてきませんでした。けれども今、それが好都合なことが分かり、彼女の発案で私たちは行くことになりました。フィレンツェは母のゲームに都合がよくなかったのです。父がマリオか大佐に出会うかもしれません。父は妻がいるところでは、彼女に従っていましたが、妻がいなくなると、自分ではそのつもりがなくても、彼女の厳しい忠告を忘れて、口止めされたことを言ってしまうのでした。私は永久に世捨て人ではいられませんでした。そこで——私たちみんなで遠くへ行くことに。それは、私が子供を産むという噂をさらに裏付けるようなものでした。

人間的に言えば、その方が良かっただろうと、私はあなたに申し上げます。私に赤ん坊が出来たら、母はその現実に直面して、はるかに独裁を抑えたことでしょう。その場合、私がマリオと結婚することが正しいと、彼女に思えたのではないでしょうか！……

そんなわけで、私たちはだれにも行先を知らせずに発ちました。家主——医師——にだけは、税金のために住所を知らせていましたが、母はこの老人は信頼できると感じていたのでした。

こうして、三月十七日以来、私が玄関の扉から外へ出たのは、モンテカティーニへ夜明けに発ったときと、レッジョ・カラブリアへ午後十一時に発ったときだけでした。モンテカティーニから帰って来たときは午後の十時でしたから、私は三月十七日以来、フィレンツェの通りや人びとを一度も見ていないと言えるのです。

カラブリアにて

私たちは一九二〇年十月十日にレッジョ・カラブリアに到着しました。その前にローマ、ナポリ、そしてカゼルタに数日滞在していました。

レッジョでは、母のいとこたちの所有する広いホテルで、心の中の燃えるような苦しみがかなり紛れました。私たちはホテル・ヴィラで暮らしました。広い敷地には、広大なバラック小屋地帯が広がっていました(街は一九〇八年の地震から復興し始めたばかりだったのです)。柑橘類の林、アーモンドの林、果樹園、空豆、アーティチョーク、フェンネル、えんどう豆などの畑、そしてたくさんの庭。それに何よりも美しいのは、オレンジの林に沿って丘の突端にある東屋へと続く長い散歩道でした。その先はヒラウチワサボテンの群生する谷へと下っていました。そこは素晴らしい場所でした。海峡やカラブリアの山々がすっかり見晴らせて、街が足元に広がっていました。

そこは私の気に入りの場所でした。私は読むと見せかけた一冊の本と犬と共に、そこへ出かけました。でも私がしたのは、海を眺めることだけでした。商船に加えて、しばしば軍艦が通過したからです。そして、マリオを想いました。ひょっとすると、彼はその船のどれかに乗っているかもしれませんが、彼の愛する者がこの高台から、心の限りに名前を呼んでいることを知らないのでした。

　私から引き離されたとき、彼はどうしたでしょう？　何を考えたのでしょう？　あれが全部母のたくらみで、私は追剥に縛られて猿轡をはめられたかのように、話すことも、行動することも全く禁じられていたことを想像したでしょうか？　私のことを、頭が変になった、約束破りの悪者だと思ったでしょうか？　これらの疑問が、昼も夜も私の心と頭を執拗に悩ませて、まるでたくさんのキクイムシに食い尽くされているような心地でした。

　あなたは不思議に思われるかもしれません。「でも手紙を書くことくらいできたのではないですか？　ホテルなら、家にいるよりもずっと自由にいろいろなことができたでしょうに」と。

　そうです。私は書くことができたはずです。いろいろなことができたはずです！「私は成人ですから、自分が一番良いと思うこと、当然して良いことをします。それは正当なことですから」と言って、反抗することさえも。でも――私が従順な、品行方正な娘であるかどうかをこれに基づいて判断してください――私は母に従わなかったり、背いたりすることはできませんでした。そのときでも、私は私の義務を果たしたのです。そのときでも、私の犠牲を実行したのでした。とりわけ、私はあまりに打ちひしがれていたので、元気なくボーッと暮らしていたのです。内面生活においてだけ、激しく生きていたのでした。

　私の内面では、記憶、思考、悔恨のすべてがうごめいていました。けれども、それは、あの不吉な一九一四年一月四日の後の爆発とは、かなり異なるものでした。あの事件は、それ以降のあらゆる苦難の源でした。もしも、あのとき、母が私たちのまっとうな要求を砕かなかったなら、私はいつか結婚していたことでしょう。ロベルトは（未亡人の母の一人息子ですから従軍の義務はなく）、志願兵として軍務に就くことはなく、戦死することもなかったでしょう。私は彼と一緒にバーリにいたことでしょう。マリオは私に恋をすることはなかったでしょう。私はこうした精神的苦痛、心臓疾患、脊柱損傷のすべてを経験しなかったでしょう……私はとても苦しみましたが、それは、燃えるような感覚を伴わない苦痛、何の反動的刺激もない、聖なる苦痛でした。

最初の苦痛は、私を神から、そして神の掟から引き離し、塵の中へ投げ込みました。時が癒したはずの苦痛をすべて再び甦らせる——そして年月を経ても変わらず、自分の便宜のために私の喜びを壊した同じ母による行動を通して再び甦った——第二の大きな、さらにずっと大きな苦痛は、私を完全に神に連れ戻し、神に結び付けたのでした。

私の魂を十分に満足させることができる愛情は、もうこの世に何も残されていないのでした。父はますます母に支配される子供になっていました。母は私の敵でした。もうマリオはいません。シスターたちは私を拒みました。そのほかの良い友人たちは家から追い払われました。何も、だれもいないのでした。

神だけが残って、私の父、母、夫、友、そして師の役割を果たして下さったのでした。私は神の足元で泣き、神に語り、神からの慰めを追い求め、そして神に私の手をとって、神が最も喜びとする道に私を導いてくださるよう、慎ましく求めました。なぜならば、私は道に迷い、神の意志によって私のために定められた道を一人では決して見いだすことができないことを理解していたからです。

ほどなく、母はその権威的な態度で、みんなの反感を招きました。使用人、宿泊客、自分の親戚からも。母のいとこたち——彼女たちは母の最も近いいとこでしたから——何回か、曖昧ではない言葉で、夫や娘や雇人に対してそのように振る舞ってはいけないと、彼女に忠告しました。想像してみてください！　私の母はだれからも絶対に批判されたくない人でした。だれであれそうする者は、彼女のすさまじい敵にされるのでした。すでに小競り合いが起きていましたが、私たちはまだそこに二か月も滞在していなかったのです……

十一月の末に、いつもより激しい悶着がありました。そして、結果として、母の別の従兄が私を別のホテルへ連れて行こうとしました。

口論の多くは、母のいとこたち――ジュゼッペ、アメリーデ、エンマ、ノルマンナ――が、母の私に関する考え方や振る舞いを共有できない事実から起きたということを知る必要があります。それから別の親戚たち、バッティスタとクロティルデは、自分たちのところへ私を連れて行くことを希望しました。私が母と一緒にいる時間を少なくすれば、母が絶対的支配権を行使する機会も減り、この関係に関する口論が減るのではないかと期待してのことでした。

そんなわけで、私は朝の八時ごろ、海へ向かって下ったところにある別のホテルへ行き、そして夜の八時、あるいはもっと遅く、ホテル・ヴィラに戻ることになりました。このような方法で、夜の時間以外、私は離されたのです。

父にはすまなく思いました。でも、彼はレッジョで多くの気晴らしを見つけ、前よりも幸せでした。もう一つ残念なことは、もう敷地内を歩き回ることができなくなったことでした。お気に入りの東家《あずまや》へ行って、そこから空と海を存分に見渡し、花をつけた植物や鳥のさえずりの中で一人になれる機会が持てなくなりました。最後に残念なことは、愛らしい小さなはとこたちにもう囲まれることがないことでした。絶えず動きまわる、三歳から六歳の活発な三人の子供たちは、私にとても懐《なつ》いていたのです。でも人は、同時にすべてを手にすることはできません。

私をモンザへ連れて行ってくれたクロティルデとは、とてもうまくいっていました。私はほかの人の考えと、ほかのどんな場所でどんな人と暮らすのも容易なことを発見しました。私は静かな二十か月を過ごしたのです。

私は独りで放りっぱなしにされていた愛らしい十歳の少年メンモの勉強を手助けして、世話をしました……まるで一九一三年に、マリオの勉強を見ていたころに戻ったかのようでした。メンモと一緒に馬車か徒歩で楽しい散歩に出かけました。クロティルデとは一緒に手仕事をし――彼女は刺繍とレース編みがとても上手でした――そして読書をしました。クロティルデは素晴らしい本のコレクションを持っていました。彼女は教養の高い女性でしたから、書物においても、最上の文体と筋立てのものを選ぶ術を心得ていたのでした。

私は前に、善良な主が私に神の掟を教え、私を神に向かわせるためにあらゆる手段を利用したと申しました。私は特別の贈り物として、子供のころからずっと、ある種の好奇心から守られていました。それは前にもお話ししたように、本来なら大人の会話によって刺激されていたはずのものでした。後に病院では、私の傷ついた患者たちを、私が一度も男性として見ることなく、いつも哀れな病気な子供たちとして見るという、完璧な落ち着きを与えてくれました。十六歳から二十歳までの間に起きた激しい嵐の後には、人間たちといくつかの出来事によって、私を少女のころの美しい信仰に連れ戻してくれました。そして、今、書物を通して、特に一冊の本によって、神は私をご自分に引き付ける仕事を終えたのでした。

私は、不運なことに、この人こそ指導司祭と思える司祭を見つけることができなかったと、前に申しました。聴罪司祭はいましたが、指導司祭はいませんでした。ですから、学校を卒業して以来、自分の霊的指導に関しては、独りで取り残されていたのでした。もう霊的修行も説教も何もありませんでした。けれどもイエズスは、いないように見えても、現存し、私の状態を改善する機会を与えてくれたのでした。

一九二〇年－一九二一年にかけての悲しい冬の時期に、私は一番大切な絆が全部引き裂かれるのを感じ、神の近くへ近くへと向かいました。まだ少しおずおずしながらだったのは、愛と信頼の道において、どこまで勇気を見せてよいのか知らなかったからです。私の師は、一冊の本を通して、私の背中を力強く押したのでした。神父様、どうぞ憤慨なさらないでください。それは、禁書目録にあるフォガッツァーロの『聖人』だったのです。

クロティルデは、何を読んでもよいという大司教からの許可を得ていました。私は当時それを得ていませんでした。今では、もう何年も前から得ていますが、それを利用することはほとんどありません。そのころは、禁書目録にあると知っている本を読みませんでしたし、読むべきではありませんでした。でも、まだ信仰心の薄かった私は、あまり罪の意識も感じずに、コレクションにあったほかのすべての本と一緒にそれを読んでしまいました。

ほかの本も多かれ少なかれ好きでした。でも、それは本物の小説として好きということで、時間を過ごすための美しい物語、一度読んだらそれで終わりなのでした。けれども、『聖人』は、私の心に消えない跡を残しました。それは良い跡でした。

私はそれが禁書目録に載せられた理由に立ち入るつもりはありません。私には関係ありません。それを決めた高位の権威筋には、それなりの理由があったに違いありません。今でも私は、何がその理由だったのだろうと自問しています。そして、多くの司祭に尋ねました。けれども、満足のいく説明をされたことはありません。でも、私には——そして同じことをほかの人からも聞きましたが——この本はとてもためになったのでした。

それは私を、神の慈悲の大河の帆走、いやむしろ大海原の帆走へと、力強く送り出したのでした。また、悔悛の贖いという、超自然的価値に望みを置くように私を元気づけました。悔悛は第二の洗礼のように、私たちをもう一度純白にして、神に受け入れられるようにしてくれます。フランコ[*]が進歩し、霊的に勝利し、霊の王国へと上昇するのを見て、私は愛において大胆になるための翼と活力を与えられました。

そのときまで、私は自分の失墜を思い出しては、少し麻痺した状態になりました。いたずらをした子供が、許されたと分かっているのに、いたずらをしたことを思い出すとまだびくびくしてしまうようなものです。すでに一年以上前から、私は主と主の御慈悲に心から望みを置くようになっていました。でも、まだ主に思い切って言うことはできませんでした。「私はあなたを愛しています。私をあなたに捧げます。私のすべてをいつでも役立ててください」と。私は私の神をとても苦しめました！…フォガッツァーロは、どんな大きな罪も救済を受けられないほどのものはないこと、どんな過去の罪の記憶も、善の進歩を妨げることはないこと、また、救い主というより裁き手だから父らしくないと考えて善なる主に背くことがあってはならない、ということを私に悟らせたのです。

のちに、私はこの神聖な原理を、福者クラウディア・デ・ラ・コロンビエーレと、とりわけ、シスター・ベニーニャ・コンソラータ・フェレーロの書いたものの中に見いだしました。後者はイエズスからの聞き取り以外の何ものでもありません。でも、二年以上にわたって、神の慈悲の大海に私を投げ込んだのは、フォガッツァーロと彼の『聖人』だったのです。私は時々思います。あの本は、私の魂や、私のように傷つき恐

＊　フランコではなく、ピエロ・マイローニ。ニックネームはベネデット。一九〇五年に出版されたアントニオ・フォガッツァーロの小説『聖人』の主人公。

れているほかの魂に善をなしたのですから、神はあの著者に平安をお与えになったに違いないと。

一九二一年四月に、母はフィレンツェに戻ることを考えなければなりませんでした。居住しないアパートを所有することを禁止する法律が出来たのでした。そこで問題は、フィレンツェに戻るか、家具をレッジョに運んで住むか、ということになりました。

私はカラブリアに落ち着くことに何ら異存がありませんでした。それどころか、そうしたかったのです。マリオとの関係は本当に終わったと思っていました。そして、フィレンツェに戻ると考えるだけで、恐怖が走りました。フィレンツェでは、すべてがロベルトやマリオや以前の悲しみのすべてを、私に思い出させるのです。レッジョでなら、記憶の糸を断ち切ろうとすることも、断ち切ることもずっと楽でした。あんな悲しい記憶は、もう思い出さないように、何も考えないことが望ましかったのでしょう。フィレンツェに帰れば、私はまた愛の欠乏と孤独に戻ってしまうでしょう。

母もまた、レッジョにいたがりました。私たちの人生で一度だけ、母と私は同じことを望んだのです。理由は異なっていましたが。母にとって、フィレンツェに戻ることは、大佐とその息子に出くわす危険をあえて冒すことを意味していました。私を巻き込む可能性のある出会いがあってはならない――どうなるか分かったものじゃない！　私が彼ら二人と示し合わせるかもしれない、そうしたら…どうあれ、私を永久に家に監禁しておくことはできないのでした。母と先方との憎しみに満ちた出会い。ある人に対して間違ったことをすることほど、その人に遭遇するのを避けたいと思わせるものはありません。その人をただ見るだけで、自分をとがめる良心の声が目覚めさせられるからです。

でも父は、フィレンツェに自分と同じ軍人の友人が大勢いるので、頑として承諾しませんでした。これは二つ目の驚くべき事件でした。父が初めて自分の意思を強く主張したのです。まさに聞き分けのない子供のように、癇癪を起こし、もし私たちが行かないなら、一人で出発する。レッジョにはもう二度と滞在しないと言いました。どうして？　だれに分かるでしょう！　レッジョではとても元気で、楽しく過ごし、何も支払いをしなくてよく、ずっと支払わないでいられました。というのも、ホテルでは、メイド、給仕、料理人、などなどに目を配る人手が足りたことはなく、母のいとこたちは私たちに滞在してもらいたがり、彼らの監督業務を補佐することを望んでいたのでした。そんなわけで、父もまた経済的に恩恵を受けていたのでした。でも、父は折れませんでした。

私は父に、私への愛のためにフィレンツェには戻らないで、と頼みました。私は戻れない、戻ればあまりに苦しむことになる、と。三つ目の異例な出来事が起きました。いつも私に満足し、私と一緒にいることを望んでいた父が答えたのです。「そうしたいなら、ここにいなさい。母さんと二人で帰る」。何事も父の心を変えられませんでした。

母は困った立場に置かれました…　それから、決めました。クロティルデが喜んで私を預かると言っていたので、私はそこに残り、父と二人でフィレンツェに戻ることにしたのです。何としても私をマリオに会わせないために、遠く離れたところに置くことにしたのでした…　凝り固まった考えは、人をそうまでさせるのです。

私を「いけません」の雪崩の下に埋もれさせ——大佐に手紙を書いてはいけません、マリオのおばあさんに手紙を書いてはいけません、マリオに書いたりしたら、どうなっても知りませんよ、ホテルの客なんかと親しくなってはいけません、いけません、いけません——そして、母は発って行きました。

三月十四日にマリオからの絵葉書を受け取っていたことを知っていたら、母は出発しなかったでしょう。それはフィレンツェに出され、家主が転送してくれたもので、そこに書かれていたのは、「命ある限り、そしてそれからも……」という言葉だけでした。それは私の二十五回目*の誕生日の一番素晴らしい贈り物になりました。それは私を一日中泣かせました――感動で――なぜなら、マリオがまだ私を愛していることが分かったからです。クロティルデは言いました。「返事を出しなさい、愚かな子、自分の人生を生きなさい」。でも、三回目の惨事を引き起こすことを確信した私は、もはや三回目を試みる勇気がありませんでした。

結局、五月二十一日に父と母は出発しました。私はバッティスタ、クロティルデ、メンモのところに滞在し続けました。

私の健康は、すでに八か月に及ぶ細やかな世話にもかかわらず、少しもよくなりませんでした。苦痛が悪性腫瘍のように私を徐々に破壊していました。私は消耗し、青白くなり、自分がどんどん弱っていくように感じました。六月の激しい暑さがやって来ると、すっかり衰弱してしまいました。冷たいコーヒーと果物だけで生きていました。ほかのものは何も食べられなかったのです。

眠ることは不可能でした。眠れずに朝になると、目は真っ赤になり、眠りたいという思いが心にのしかかるのに、決して本当の眠りをとれず、私は哀れなぼろきれのようでした。私はたいへん早く起きて庭に出て、新鮮な夏の夜明けの空気を吸ったものでした。それから、メンミーノと私は、よく馬車で海へ行きました。

母のいとこたちは、大きなビーチハウスを持っていました。まるで山の別荘のような建物で、とても快適で、調度品もよく整っていました。美しいヴェランダが正面を飾り、カラブリアの美しい瑠璃色の海を見下ろすことができました。まるで現実とは思えないほどの強烈な青さは、いかにも南の海にふさわしく思えました。メンミーノが小さないとこたちや同年代の友達と海に入っているあいだ、私はヴェランダで肘掛け椅子にもたれていました。読書も手仕事もせず――ほとんど目を閉じたままでした。周りを見回すことさえ、苦痛だったのです。ただ遠いマリオとだけ繋がって、ほかのだれからも何事からも引き離されていました。ときには、あまりに疲れてしまって、メンミーノに頼んでバスローブとクッションを、床か、床に広げたマットの上に投げてもらうこともありました。そして、まるで哀れな病犬のように、日陰でばったりと身を投げ出すのでした。そして、波が岸やビーチハウスの床下の杭にピタピタと打ちつける音で、私の悲しい思いを刻みつけたのでした。

熱は完全に下がることはなかったのですが、冬の間は微熱程度に下がっていたものが、今は前よりもひどくなっていました。三七・八度から三八度です。脊柱と右腹部の痛みは再び鋭くなっていました。心臓の働きは前よりもおかしくなっていました。そして、しつこい喉の痛みと咳にも悩まされました。

クロティルデは重大性に気付きました。彼女は私が家族に知らせたかどうか尋ねました。いいえ。私は全然手紙を書いていませんでした。何のために？　彼女は自分が知らせたほうがよいかどうか尋ねました。私はそうしなくてよいと言いました。もしも死ぬなら、なおさら結構。私はこんなふうに彼女に面倒をかけることを詫びました。けれども、彼女の私への愛、まことの母性愛のおかげで、彼女のそばで心安らかに死なせてもらえればありがたいのだがと頼みました。クロティルデは、私の意をくんでくれました。

けれども、肉体的には衰えているのに、私の精神生活は、どんどん強烈で活動的な、生き生きとしたものになってきました。問題となっていたことがすべて崩壊して廃墟が大きくなるに従って、霊的な力の感受性と明晰さが増してきました。

＊　正しくは、一九二一年に彼女は二十四回目の誕生日を祝っている。七節前で、彼女は「一九二二年」と書き、後で「一九二一年」と訂正している。同様に、「二十五回」を「二十四回」と訂正すべきだった。

前にお話ししたように、一九一〇年以来、私は奇妙な予感に襲われ、それはまさに苦痛の種になっていました。睡眠中に、未来の断片、あるいは人生の境遇に対する予告や助言が神秘の領域から私に届いたのです。一九一六年のあの夢は、そのような顕示の一部だったのでした。でも、それはいつも睡眠中のことでした。私はとても感受性が鋭くて——ほかのいわば「送信機」から発する電流を、ごくわずかに触れたたけで感じることができるのでした。ですから、それが「良い」存在かどうか、明確に感知しました。私のいわゆる「好き嫌い」は、いつでも後からやって来る出来事によって裏付けられましたし、今もそうです。私が間違えることはほとんどあり得ません。私が受ける第一印象は、ほぼいつも正確です。私が間違えたのは、人生で二回だけです。専門家によれば、このことは、私たちを受信アンテナとしているさまざまな要因が関係するそうです。きっとそうなのでしょう。でもその議論は抜きにして、先へ進みます。ただ言っておきますが、私は、受信アンテナのような鋭敏な感受性などないほうが、ずっとよかったでしょう！……

さて、あの一九二一年の初夏、私は奇妙な出来事に気付くのに眠る必要はなかったのでした。私の指から長い、長い糸のようなものが出て、宙に投げられ、そしてマリオから出て来る同じようなものと結び付けられる感覚がありました。それだけでなく、私たちの霊魂が、ある交わりにおいて融合したと感じました。その交わりを、どんな障害も人間的な悪意も邪魔することはできないのでした。さらに二人の距離がどんどん縮まってきました。あたかも船をケーブルでたぐり寄せているかのように、幾つもの糸が、彼を求めて出て行ったあと、私のマリオを引きずって、私の中に集めて来るのを感じました。

私は霊感を説明するために、いくつかの世俗的な例えで示してきました。でも私は本当に、私から糸が出て、彼を見つけた後、彼を私のところに連れて戻って来るという印象を受けたのでした。それはおそらく私の魂が、彼の魂を探して、私が彼を求めて死にかかっていることを彼に伝えるために、光線を大気の上層へと発したのではなかったでしょうか？　さあ、どうでしょう！　分かりません！　私たちが生きている限り、決して完全には理解できない神秘があるのです。

私がマリオの絵葉書に返事を出さなかったことに注目してください。

七月の終わりごろ——日付をあげることもできますが、私が記した事実に反駁できない証拠を提供する手紙を保管してある箪笥を開けることは、私には辛いのです——マリオの叔母からの手紙を受け取りました。彼女は女子修道院に入る寸前でした。彼女は、彼女自身の気遣いと、彼女の母であるマリオの祖母に代わって、溢れる愛情とキスを伝えてくれました。この齢取った祖母は、すでに私を孫娘と見なしていたのです。彼女はまた、「祈りなさい。そうすればイエズスがあなたを幸福にしてくださり、あなたは喜びを知るでしょう」と書いてありました。善良なガブリエラは、ある局面について言及していました。でも、私は何が私を待ち構えているのかを知らなかったので、彼女が全く霊的なことについて話しているのだと思い込みました。

あなたはお尋ねになるでしょう、「この叔母さまは、どうやってあなたの居場所を知ったのですか？」と。とても簡単でした。イースターの間、マリオは休暇でフィレンツェに滞在したのです。そして——私たちの家主をうまく口説いたので、家主は腹をくすぐられた蝉のように、うっかり秘密を洩らしたのです。私たちの居場所ばかりでなく、私の父と母が間もなくフィレンツェに戻るが、私は残るということも。母が何を恐れていたかも全部言ったでしょうし、このことは言わないで、と頼んだことも、すべて家主は伝えたのでした。彼が無分別でそうしたのか、年のせいでうっかりしたのか、あるいは母の行動を正しくないと見なして、意図的にそうしたのかは分かりません。そのことについては一度も聞いていません。マリオは私の居場所と、間もなく私一人がそこに残るということを知ったということです。

私はガブリエラ叔母さんに返事を書き、私への心遣いを感謝し、祖母によろしくということと、修道院で私のために祈ってくださいと書きました。それだけです。そしてすべては終わったと思いました。

八月五日、私たちが昼食を取っているとき——それは午後二時でした、というのも、ホテルのオーナーは客の前か後に食事をするのが普通で、私の親戚たちは、いつもほかの人の後で昼食を取っていましたから——給仕が、オーナーと話しをしたいという海軍士官が来ていると知らせに来ました。

海軍の基地近くの海辺の町ですから、士官たちがやって来ても少しも不思議はありません。そうではありませんか？　彼らはいつもホテルにやって来ていました！　それでも、私はそれが彼だと感じました。私は昼食になっていたコーヒーをそのままにして、慌てて立ち上がると逃げ出しました。そうです、神父さま、私は逃げ出したのです。私はあなたがお読みになるように、とてもはっきりと書いています。私は避難しに自分の部屋へ走り、閉じこもり、鍵をかけました。どうして？　喜びが私を窒息させ、ほかの人の前で自分を保っていられないことを恐れたのです。嬉しい時も悲しいときも、私はいつもとても控え目にしていましたし、私の最も内密な感情をさらして大勢の人に見られることを、決して望んできませんでした。私は泣くと同時に笑い、祈り、神を祝福しました。そして自分が死んで再生するのを感じました。私の胸の中で、心臓が狂気のように飛び跳ねて鼓動したからです。私はマリオがやって来たこと、その士官は彼以外ではあり得ないことを、確信していました。強く、強く、確信していました。彼がやって来たこと、彼が聞いた偽りの言葉を信じないほど私を愛してくれていることで、私は幸せでした。とても、とても、幸せでした。

おお、どうして、人生のある時間を止めることができないのでしょうか？　あれほど喜ばしい時間に戻りたいと思うことはないでしょう。ただ、あの時、あの時だけを止めることができたらと願ったのでした……

バッティスタが上がって来て、閉まった扉越しに、マリオ本人が来ているから、降りて来た方がよいと言いました。私は喘ぎながら、喜びが収まったらすぐにそうすると答えました。突然の悲しみは私たちを打ちのめしますが、喜びもそうなのです。人は喜びに打たれて死ぬこともあるのだと、はっきり分かりました。ついに、震える足で私は下へ降りて行きました。彼は階段の下の小さな部屋にいました……私は叫んだのか、無言でいたのか、私が彼のところへ走って行ったのか、彼が私のところへ走って来たのか、分かりません。何も分かりません。気が付いたときには、彼の腕の中にいました。後で、何日か後で、メンモが言いました。「みんな、あなたが死んだかと思ったんだよ！」。

マリオは事態をはっきりさせるために来たのでした。彼は母のいとこたちに誠実に自己紹介をし、私がまだ彼に愛情を感じていると思うかどうか、彼らに訊ねたのでした。もし愛があるなら、自分が来ていることを知らせたいが、でももし、母が言ったように、私がもはや彼のことを考えていず、彼と無関係でいたいのなら、挨拶もしないで帰ると言ったのです。そして、私のことを本当に愛していて正直で信頼できる人たちから、すべての真実を聞きたいと言いました。彼はそれを聞いてから、私を呼んでほしいと頼んだのでした。

彼は数時間滞在しました……まるで夢のような時間でした。太陽のような光が私の内に閉じ込められて残りました。あの甘美さをしのぐものは、超自然的な喜びしかないでしょう。

彼は三月十四日に書いた手紙を手渡してくれました。母の手に渡ることを恐れて投函していなかったのです。私はその手紙を今でも持っています。すべての手紙を持っています。彼は、自分の変わらぬ愛情と、親族みんなからの私への愛情を約束していました。彼はそのころ、トルコ海峡の守備に当たっていた国際艦隊に配属されて、コンスタンティノープルへ向けてちょうど出発するところでした。でも、彼は幸福な気持ちで出発することになったのです。

当面のところ、私は母に手紙を書くことになっていました。私たちの間には九九〇キロの距離がありましたから、母は私を粉々に砕くことはできませんでした。とりわけ、親戚たちが私を助けてくれるでしょう。私たちは勝利を手にするでしょう。クリスマスか、少なくとも新年には、彼は正式な婚約のためにやって来るでしょう。そして一年後には――彼はイスタンブールに一年間滞在しなければなりませんでした――私たちは結婚するでしょう。母が同意すれば結構、同意しなくても、その必要はありませんでした。私はもう二十五歳でしたし、彼にはすでにキャリアがあり、三十万リラの立派な資産と、さらにローマに一軒と、モンカルヴォ・モンフェッラートにもう一軒、家がありました。ですから何も心配する理由はありませんでした。もし母が嫁入り道具の面倒をみるなら結構、もしそうしなければ、彼の祖母がするでしょう。彼女は大いに喜んで、私のために彼女の心を、彼女の腕を、彼女の財布を開いてくれるでしょうから。

私たちはこうして一緒の時間を過ごしました。日中はホテルで、それから後は馬車の中で――バッティスタの忠実な御者の保護の下――、そして夜中の十二時にホテルに戻り、クロティルデとメンモと私で、彼を駅まで送って行きました……

……私には、母に手紙を書く仕事が残されました。そして、そこで私は誤りを犯したのです。

クロティルデは言いました。「婚約したから、一年以内に結婚すると、単刀直入に書きなさい。それだけでいいのよ。あなたのお母さんは道理が分からない人だから、礼儀正しく説得しようとしても無駄よ。既成事実を突きつけるの。そのほかのことは、後でバッティスタと私が説明するわ」。私は彼女の言うことに注意を払うべきでした。でも、私はあまりにも礼儀正しい娘でした。人の横暴さをたしなめるために用いられる唯一の武器である尊大さよりも、愛想よくする方を好みました。その結果は？　際限のない呪い、破門、中傷、そして恨み言。私はそれらの手紙を全部持っています。もしお望みなら、読ませて差し上げます。

それから、それでは不十分であるかのように、私にも母と同様に愛する権利があることを理解してほしいという私の切なる願いに耳を貸すことなく、母は私の父であり母の操り人形のようにただ「はい」と「いいえ」しか言わない気の毒な人を大佐のところへ引きずって行きました。とても激しい口論になったに違いありません。ある時点で、大佐はタイミングを見つけて、話を打ち切り、母と彼女のあまりに弱い夫を追い払ったようです。

「あのような侮辱を引き起こした」私に対する呪い、破門、恨み言などなどは続きました。でも、遠く離れて、クロティルデに支えられていた私は、ライオンのように勇敢に抵抗していました。

そうこうするうちに、私は奇蹟的に回復しました。私はマリオと約束していました。暑さで衰えた植物が恵みの雨で潤うように、私は日に日に力を取り戻しました。希望が私を生き返らせ、喜びが私の糧になりました。もう一度食べることができるようになりました。もし眠らないとしても、それはもはや、あの心を痛めて苦しむ夜のためではありませんでした。愛——私たちのとても忠実で純粋な愛——が私をすっかり回復させたのです……

母との手紙のやり取りは、八月、九月、十月と続きました。私は母の妨害のすべてに反論しました。持参金を持たせてくれない？　いりません。婚礼衣装を作ってくれない？　いりません。それは狂気の沙汰で、私は死んでしまう？　私は喜びの中で死ぬでしょう——ところが、私は良くなっていたのです。マリオは真面目な男ではないですって？　彼は真面目さの最も美しい証拠を示してくれました。マリオはずるがしこくて、私を驚かせて誘惑するために現れたのですって？　全く真実ではありません。彼は私に会う前に、私の親戚たちに話したのでした、等々。

マリオの方でも手紙を書きました。けれども母は返事を出しませんでした。それどころか、怒って手紙も住所もずたずたに引き裂いてしまったのでした。

何をしても、私と彼が挫けないことが分かると、母はいつもの気に入りのやり方に転じました。

私はかつて、ある法学者の本で、犯罪者はいつも同じやり方で犯罪を繰り返すと書いてあるのを読んだことがあります。それぞれの人が独自のやり方を持っていますから、警察は犯罪者を特定するために細部に着目し、それがいつも同じであるなら、それを根拠とします。殺人や、盗みや、詐欺など、重大な犯罪でなくても、人は道徳的な犯罪者になり得ます。なぜなら、人の心を殺す者、人の喜び、平和、名声を奪う者、人の信頼を裏切る者はだれでも、命を奪ったり、金を奪ったり、あるいは国を裏切ったりする者と同じ犯罪者なのです。罰されない犯罪は神にしか見られませんが、だからと言って罪が軽いということはありません！こういうことを犯す人はだれでも、いつも自分独特のやり方に従うのです。

母はいつものやり方を用い、そして全く愚かな私は、まんまとひっかかり、そしてマリオも道連れにされました。十一月の末、クロティルデからとても明解な手紙を受け取った後、母は降参して諦めたふりをして、私にマリオの住所を尋ねてきました。

クロティルデは「教えてはだめ」と言いましたが、教えずにいられたでしょうか？　やり方は異なっても、同じ強さで私が愛していたこの二人が理解し合うようになるのは、正しく適切なことではなかったでしょうか？　戦いを続けることは、母から結婚を祝福されないことを意味しました。私にそれを望めたでしょうか？　そんなわけで、私は住所を知らせたのです。

フィレンツェからイスタンブールまで、郵便は約一週間かかり、イスタンブールからレッジョまでも同じくらいかかりました。そこで日付を比べてみると、母は間違いなくマリオに手紙を書き、彼はそれに返事を書く一方で、私宛に全体に愛情に満ちた手紙を書き、最後に「あなたのマリオ、いつまでも永遠に、完璧に、永遠にあなたのもの」と結びました。

母はもう一度書き――彼はもう二度と書きませんでした。母は彼に何と言ったのでしょうか？　母と彼と、そして神だけがそれを知っています。

八年前のある時、私がまだ精神錯乱の発作でまだ半分ぼんやりしていたとき、母がそこにいた女性に、「ああ、イダ、どうしてあんな手紙を書いたりしたんでしょう！」と言っているのを聞きました。私の聞き間違えとお思いにならないでください。翌日、イダというその女性に私が尋ねると、母が確かにそう言ったと認めました。

マリオはもう私に手紙をくれませんでした――二度と。私は彼の到着を予感したときと同じ現象を、反対の感覚で察知しました。十月の末にかけて、あの神秘的な糸が遠ざかって行って、それから切れるのを感じました。私はクロティルデにそのことを話しましたが、彼女は私を元気づけるために言いました。マリオはまた手紙を書いて来るし、あんなにあなたを愛しているのよ。どうして些細なことを信じるの？　でも、十一月六日付の手紙を十一月十三日に受け取った後、彼がもう手紙を寄こさなくなると、クロティルデは当惑させられました。

母はその時から正体を現しました。もうマリオの話をしなくなったのです……私はクロティルデの助言に従って、何事もなかったかのように、彼に手紙を書き続けました。でも、哀れなことに、私の手紙には返事がありませんでした。

こうしているうちに、十二月二十四日の朝になりました。晩には特別のディナーを予定していましたから、クロティルデと私は、花やグラスなどの準備に忙しくしていました。

一人の海軍士官が到着しました。彼は旅の途中でした。結婚のためにローマへ行くところだったのです。

こんな時間で悪いけれど（十時半でした）、スープと卵だけでも食べさせてもらえないかと頼みました。ターラントから乗って来て、侘しいメタポント線では何も食べることができなかったからと言うのです。スープができるのを待つ間に、マリオの情報を知りたがっていたクロティルデは、この士官がどこから来たのか尋ねました――マリオから手紙がないことを気にかけ、私が「母のせいですっかり終わった」と言うので動揺していたのです。彼女はすべての海軍士官にこの質問をしていました。

彼はトルコから、正確には黒海からと答えました。黒海はすっかり国際連盟艦隊の支配下にあったのです。

「あら、そうなの？　それじゃあ、コンスタンティノープルに行ったことは？」。

「ええ、最近も。僕たちの魚雷艇は行ったり来たりしていて、よくイスタンブールに停泊しますから」。

「それじゃあ、マリオ・オッタヴィ大尉をご存じ？」。

「だれ？　オッタヴィーノ？　もちろん！　彼は僕よりほんのちょっと年上で、士官学校時代から知っています」。

「彼は今どうしている？　元気かしら？　彼もイスタンブールにいるのかしら？」。

「ええ、そうですよ。彼は本船にいますから、いつもイスタンブールです。彼をご存じなのですか？」。

「ええ、ここのお客さまなのよ」。クロティルデは、相手に自由に話させるために、客だという以外のことは言いませんでした。

私は隣の小部屋にいました。声は聞こえましたが、士官の方から私は見えず、給仕とオーナーだけだと思われていました。

クロティルデは続けました。「彼は今どうしているの？　前はよく手紙をくれたんだけど、最近は一言も言ってこないのよ……」。

士官はほほ笑み、人がよさそうに説明を始めました。「さて、なんと言ったらよいでしょうかね？　マリオはとても真面目で分別がありました。良く知りませんが……たぶん、ある若い女性と真剣に交際していたのだと思います……何が起きたのか、分かりません。さっきお話ししたように、イスタンブールには出たり入ったりしているものですから。でも、仲間に聞いたところでは――いや、ただの雑談ですけど――マリオは二か月前から、すっかり変わってしまったようで。まず、どうしようもないほど不機嫌になりました――前はとても温厚だったのに……それから、ええっと、女で身を滅ぼしてるってわけです。ロシア革命が我々にもたらしたプレゼントともいうべきロシア女です。彼女は死から逃れるために逃げてきた貴族だと言っています。けれども、僕は、単なるあばずれだと思いますよ。とても美しい、でも、堕落しています。考えてもみてください……」。

神父さま、私が書いたり、あなたが読んだりするのに相応しくない詳細は省くことにいたします……その士官は、最後にこう言いました、「かわいそうなマリオ！　彼は気が狂ったのか、僕たちの知らない何かが彼の気を狂わせたのです。本当ですよ、彼は素晴らしい青年だったのに、残念です！……」。

神父さま、大きな火傷に酢を注がれるような苦痛をこれまでに経験なさったことがおありですか？　私はあります。それは、神経と髪の毛が逆立つほどの苦痛です。あの朝、私はそのような苦痛を経験したのです――しかも、酢が注がれたのは、私の焼け焦げた魂だったのです……

これが母の仕業でした。私は犠牲にされ、彼は破滅したのです。

その夕方、私は高熱を出しました。客のすべてが「今夜は素晴らしい顔色をしている」と私を賞賛しました。とんでもない！　彼らは「まなざしが輝いている」と私を賛美しました。確かに輝いていたでしょう！

高熱でギラギラしていたのです。そして彼らは、婚約者がもうすぐ着くと言う知らせを受けたせいなのかと私に尋ねました……人は時に、そうするつもりはなくても、他人に残酷になるものです。立派な人たちからの、賞賛、質問、ほのめかしは残酷でした。でも、彼らは何も知らないのですから、責めることはできません。彼らは何も分からない子供のように話していただけです……

私はすぐにマリオと彼の祖母に手紙を書きたいと思いました。でも、クロティルデとその夫は、「待ちなさい、一時の気の迷いに違いない。待ちなさい」と言いました。私は待ちました。けれども、もう二度と彼に手紙を書きませんでした。

私は泣き、祈り、そして赦しました。彼が演じているドラマを理解して、彼を赦しました。そして、母がそのドラマの作者であることを知っていて、母を赦しました。私はいつも、自分に対して向けられた悪を赦してきました。そうですよね。

一月に、私は再びスペイン風邪にかかりました。それは、ベネディクト十五世が命を落としたあの最後の恐ろしい流行のときでした。ホテル・ヴィラにいた母の従妹ノルマンナも四人の子供を残して亡くなりました。一番下の子は七か月でした。この子供たちが、私に新たな二つの刺し傷を感じなくさせました。当面は彼らの世話をしなくてはならず、そのことによって、私は持ちこたえたのでした。

私は使命を与えられると、熱意を持ってそれに突き進み、ほかのことはどうでもよくなるのです。とはいえ、私は望み続けました。私はあんなに私を信頼し、忠実だったマリオが、突然不実で信用できなくなったなんて、受け入れることができませんでした。母が私から彼を引き離すために何か言ったに違いありませんから、彼を赦しました。けれども、彼が聞かされたに違いない嘘を、どうして信じることができたのか、私には納得できませんでした。そして、最初の怒りが収まったら、どうか罠だったと気付いてくれるようにと思いました。

私は五月まで待ちました。六か月もあれば、物事をありのままに見て判断し、光に到達するのに十分でしょう。そして、気まぐれが止むのにも十分です。不道徳な愛は少ししか続かないものです。

彼がクリスマスのころに受け取ったはずの私の最後の手紙の中で、私は彼の幸福を祈る言葉に加えて、彼を信じ、信頼し、彼に私の心を捧げた私を後悔させてはいけませんと忠告しました。まるですべてを見通す霊に命令されたかのように、次の文章を書いたことを覚えています。「この私たちの愛が命を得るまでに、私がどれほど努力してきたか、あなたは知っています。それを決して忘れないでください。べつに、あなたに私のような生き方をしてほしいと言っているわけではありません——私は女、あなたの女です。そんなことは不可能だと分かるくらいの分別はあります。そして、真実でないことを無理矢理言わせようとは思いませんから、修道院の奉献者のような生き方をすると、あなたに誓ってほしいわけではありません。そんなことではありません。私を決して裏切らないでください、私も絶対にあなたを裏切りませんから。私はあなたのすべてを赦します——私に対する不信を除いて、すべてを——これを忘れないでくださいね。私への不信は、あなたがまだ私を知らず、私を完全に愛していないことを示すでしょう。もしあなたが私を完全に愛し、完全に知ったなら、あなたに対する私の愛もまた完全で完璧だということに気付くでしょう。私の愛は、妻としてばかりでなく、母として、姉妹として、友としての愛の特徴を兼ね備えているのです。本物の母はすべてを許し、本物の姉妹はすべてに寛大で、本物の友はすべてを理解します。どうか、私を不誠実と不信で傷つけることのないようにしてください。私はあなたの体ばかりでなく、あなたの心を愛しているのです。そして、あなたの心は私に秘密を持ってはいけません。あなたのマリアに告白することが苦にならない生き方をしてください。あなたが住んでいる町には、男性、とくに若い男性を罠に捕らえようと、あらゆる狡猾な危険が集合し、ひしめいています。あなたを快楽の奴隷にするために泥沼に引きずり込もうとするあらゆる触手から、いつも自由でいるようにしてください……あとで、あまりに恥ずかしく思うでしょう。私のためというよりも、あなた自身の、人間としてのあなたの尊厳のために。マリオ、単なる男ではなく、いつも人間であってください。無数のやり方で男の魂を誘う、危険な美女たちの歌声の中にいても、捕らわれずに、強く、立派でいてください。そうしてくれますよね？　あなた自身のため、あなたの将来のため、そして私のために。あなたは私の善、希望、命なのです。でも、もし嘆かわしい間違いから、あなたがすでに屈服してしまっているなら――おお、その時は私のところへいらっしゃい、何よりもまず、私のところへ！　一緒に泣きましょう。そして、私はあなたを癒し、あなたを生き返らせましょう。再び自由で強いあなたを。本当に愛している女の心には、あらゆる肉の病を癒す薬と、精神の弱さから解放するあらゆる特権が備わっているのですから」。

あなたはお尋ねになるでしょう。「こんなに長い年月が経っているのに、あのとき書いたことをどうして覚えていられるのですか？」と。

おお！　覚えています！　覚えていますとも！　私の体は全体的に衰弱していますが、記憶だけはしっかりしているのです。私はすべてのことを、最も意味の無いことでさえ覚えています。心の中で何度も何度も考えたことを、思い出せないことがあるでしょうか？　私は自分が書いた手紙をすべて、あなたに繰り返すことができるでしょう。私の手紙は、蓄音機の録音のように、私の心に刻みつけられているのです。彼の手紙が私の心に刻まれているように。それらは私のベッドの脇に置いてありますが、見ることはありません。見る必要がないのです。それらは、すべて私の心に書かれていて、読むには、私の心の中を見るだけでよいのです。

マリオを心配しながら六か月の沈黙が過ぎ、私は彼の祖母に手紙を書いて、何が起きたかをすべて知らせ、次のように締めくくりました。「私の尊厳のために、この不運な愛を終わりにするほうが良いと思うようになりました。私はマリオを裁きも非難もしません。ただ、彼の素晴らしい青春が、このようにふさわしくない関係によって傷つけられたことを残念に思います。でも、そうなってしまったのです。マリオは少年のうちは完璧でした。大人になって、みんなの行く道を進みました。多くの間違いの源である悲しい道です。私はマリオを赦します。神も彼を赦してくださいますように。どうか、彼に伝えてください。彼の誓いをお返ししますと。彼はあんなふうに惨めに破ってしまいましたが。それから、たとえ彼が忠実でいられなくても、私は彼と私のために忠実でいます。私は彼を生身の人間として世話することはできないかもしれませんが、彼の霊魂を気遣い、彼の幸福を祈っています。彼に完全な自由をお返ししますけれど、何があってもやはり、私は自分を彼の忠実な妻と思い続けるでしょうから」。

神父さま、ロベルトが私から奪われたとき、私はこれ以上の苦しみはないだろうと思ったと申しました。でも、一九二一年の私は、はるかに苦しみました。一九二二年十二月二十四日のあの朝から――いったいいつまででしょう? 生きている限り、私は私の心に突き刺さったこの苦痛に耐えるのでしょう。その苦痛は、神への奉献の喜びのただ中にあっても、消えることなく残存しているのです。

キリストが不忠実な使徒に裏切られたときの悲しみが、なんとよく分かるようになったことでしょう！そうです。愛し、尊敬している人からの裏切りほど、苦痛を与えるものはありません。死が私たちから愛する者を奪うと言っても、この邪悪な行為に比べればずっとましです。その行為は、それまでいとしい人に与えていた評価を低め、地面に投げ落とし、泥沼の中で踏み砕きます。それは、まさに私たちの心の贈り物を侮り、裏切る行為です。それはまるで、体から血を絞り取り、碾き臼ですり潰すような苦痛を与えます。それは私たちを滅ぼすのです。

私たちは死んだ人を思うことによって、死後の世界までついて行くことができます。死者は私たちを見捨てることがなく、ほかの世界から私たちを見守り、つき従い、保護してくれます。その霊は肉体の束縛から逃れて、守護の天使のように私たちの近くにやって来ることができます。でも、裏切る人は、私たちから失われます。その心を携えて引き下がってしまうのです——私たちにとって苦い杯となったその心——足元で空しく最後の慈悲を願う私たちの心を踏みつけにし、侮辱して立ち去ります。彼は、失われます。永久に失われるのです。私たちの信頼、尊敬、愛に対して、裏切りと不当な放棄という、苦悶と侮辱の平手打ちを与えて。

死者は私たちを愛することを止めません。しかもあの世からのさらに大きな完全さで私たちを愛します。私たちの愛は、いとしい死者と共に続きます。でも裏切る者は、もはや私たちを愛しません。彼は完全に立ち去ってしまい、私たちは独り残されて愛し続けます——不可能に思えますが、でも真実なのです——私たちのように、自分を裏切った人を憐みの愛で愛する以上に完璧で激しい愛はないからです。私たちの心の中に、彼はしっかりと残っています。彼には私たちを深く傷つけた罪がありますが、私たちが嘆くのは自分の傷ではありません。彼が人間としての誠実さにおいて彼自身を損ねたという、彼の傷を嘆くのです。私たちは彼の未来の悔恨を嘆きます。彼が魂を誘惑した気まぐれから脱したら、どんな浅薄な者でも考える時があるでしょうから、自分自身や過去と向き合い、必ず悔恨の思いが湧き上がることでしょう。

私が思うに、マリオは私の母が書いた手紙によって、かなり酌量されるべき事情があります。でも、それは彼の罪を軽減したとしても、裏切りは残りますから無罪というわけにはいきません。彼の忠実で誠実な恋人である私よりも、国際都市の歩道で偶然出会った不徳の人を好きになって私を侮辱したのですから。もし彼が、短期間の気ままな振る舞いの後で、私のところへ戻ってきたとしたら、私は彼を大目に見たことでしょう。でも、そうしたところで…苦々しさは鮮明に残り、墓場まで続くことでしょう。

それでもなお、彼に対する私の愛は消えませんでした。だとしても、神への献身的な愛が減少するとは思いません。修道院に入った未亡人は、修道生活のあらゆる実践と愛で神を敬うことができます。その愛は、それまでの人間のための愛が創造主への奉献によって完璧にされたものです。私も同じように、妻になる前に哀れな未亡人でしたから、ただ一人私を支配し、私のうちに留まっている私の神を愛すると同時に、彼の魂に対する超自然的な愛を守っています。彼は私があれほどの善を育んだのに、私から去って堕落してしまったのですが！…

私はそうしてよいですよね？


私の新しい悲しみは、私を神から引き離すことはありませんでした。むしろ神に対する愛を増大させました。一九一四年とその後の数年間に過ごしたあの激しい反抗の時を全く経験しませんでした。私はこの上なく苦しみました。ええ、そうですとも！ 今、はっきりとそう言うことができます。わが子の死以外の、あらゆる悲しみを今や経験したのですから。私は苦しみました。けれども、涙は一滴も地面に落としてはいません。私は心を焼き尽くした後、すべてをキリストの聖心に注いだのでした。

イースターのころ、私がいたホテルの教区司祭が、聖フランチェスコの第三会に入会するように、信者に勧めました。

聖フランチェスコは私の古くからのお馴染みでした。

私がまだ寄宿学校にいた一九一二年の春、院長は私が当時はまだ全く賞賛されていなかったこの聖人に私が熱中しているのに気付き、彼について書かれた本を下さいました。題名は、私の記憶が正しければ、『吹き込む愛』だったと思います。だれも、シスターたちでさえ、その本を最初に読みたがらなかったのです。院長は私にその本を持ってきて言いました。「ヴァルトルティーノ、あなたは小さなフランシスコ会士だから、これをあげます。読んでみて、食堂でほかの人にも朗読して聞かせるのが良さそうかどうか、私に教えてちょうだい」。それは、まだページを切ってもいない新しい本でした。私はその本に没頭しました。そして、その熾天使《セラフ》のような師父を最初は本能で愛したのでしたが、後に知識を得てからは三倍も愛しました。私は私の聖人を見つけたのです。そして、私の暗い青春時代においても、彼への愛情は弱まることがありませんでした。

　自分の全意志をもって神に立ち返った私が、この聖人に今まで以上に導かれていると感じたのは全く自然なことでした。彼は神の使者であり、ヴェルナの聖痕を得た聖者であり、肉体であった後に、キリストへの愛によって霊魂になることができたのでした。

　私はすぐにも第三会に入るばかりでいました。でも止めました。なぜでしょう？　私の中には、まだ羞恥心の名残があったのです。私は今ではもう信頼して神の慈悲に身を委ねています。そしてあらゆる人間のうちに見いだそうと空しく求めてきた慰めを、ますます神のうちに見いだしています。でも当時はまだ、神の慈悲が無限で、神が被造物を愛することに何の障害も無いということを、今ほど信じるには至っていなかったのです。

　私は自分に言い聞かせました。「そう、神はお前を赦し、以前のようにお前を愛してくださる。でも私の魂よ、お前は神の掟に反して何をしたか、忘れてはならない。だから、第三会のような部隊に入る前に、お前は煉獄を経験しなければならない。悔悛の煉獄で、お前は自身を浄め、キリスト教徒としての義務を知って成長するために学ばなければならない。お前は長い年月感染していたのだから、今は検疫所に隔離されている」。

自分の間違いを忘れないようにと自分に言い聞かせるまでは良かったのです。私は今でも覚えています。それは私に対してあんなにも慈悲深かった神への感謝の気持ちを奮い立たせるためです。また神の裁きへの負債を帳消しにするために、絶えず生贄を捧げなければという気持ちを引き起こすためでもあります。私が間違ったのは、入会するのを待ったことでした。聖なる恥じらいではない羞の残滓に妨げられて、入会を控えてしまったのです。私は神を人間の目で判断し、人間仲間を怒らせてしまったときのように、神に対して振る舞いました。あのときはまだ、正しく見えていなかったのです。

善良なイエズスはそのときすでに、ベッサイダの盲人にしたように私の手をとって、群衆から連れ出していました…そして私の瞼に唾をつけ、両手を押しつけました…すると、私は見えるようになりかけましたが、邪悪なものの最後の欺きによって、私の過去すべてが恐ろしく大きく見えました。そして福音書の盲人にとって、人が大木に見えたように、私の過失――まぎれもない過失――は、ぞっとするほど巨大に見えました。それで、第三会の会章の下でキリストの弟子たちの中に入ることは恐ろしく思われました。私がすべてをはっきりと見るようになるためには、もう一度神の両手を押し付けられる必要があったのでした。

そこで、私は自分に言いました。「聖職志願者の自分を想像してみなさい。特別な規則のもとで主に従うことができるか、よく考えなさい。あるいは、素朴な信者で満足しなければならないか」。

神と人間に関する問題に関しては、私は結論を出せるかどうかいつも慎重に考えてきました。多くの人び

＊ マルコ8：22–26。

とは、突然の熱意に駆り立てられて全速力で動き出すものですが、私は決して——今でも——そうしません。というのも、そうした熱意は、たとえ聖なるインスピレーションによるものであっても、そのほかに多くの強化要素がなければ長続きしないものだからです。私は後脚ではねて全速で走り出して疲れるギャロップよりも、遠くまで連れて行ってくれる安定したトロットをいつも好んできました。オリンピック勝者のように非常に速い疾走よりも、山岳生活者の規則的な歩みの方が好きです。たとえゆっくりなように見えても、どんな勝者よりも長い距離を行くことができ、あらゆる障害を荘厳と呼びたいほどの落ち着きで克服するのです。

神にもっと似た者になるためには、あらゆることで秩序と規律と熟考が必要です。神は無限の力を持ちながら、創造において秩序正しく、整然としておられました。例外的に秩序を乱されるのは、宇宙の諸要素を掻き立てて私たちを罰するときと、奇蹟によってその存在を私たちに確信させるときだけです。また私たちが何かを始める前に熟考が必要なのは、最初の逆流にあった途端に穴が空いてしぼんでしまった浮き袋のように、後で見込み違いを人から笑われることがないようにするためです。

したがって、私は自分に待つ時間を課しました。その間に私の魂の土壌をきれいにして、神の種子を受け入れる準備をしようと努めました。

＊

石を取り除く、すなわち、私を最も傷つけた人たちに対する恨みの感情を除くこと。たとえごくわずかでも憎しみに支配されている領域があれば、そこは神の支配を受けることができません。慈愛と憎しみは同じ屋根の下に留まることができないからです。まず、私は非難に値する二人の人間、嘘と身勝手の罪を犯した私の母と、不思慮と裏切りの罪を犯したマリオを赦すことによって、私の心から憎しみの石を取り除きました。

次に、空の鳥を除くこと。すなわち、私たちの心をあちこちに飛び移らせるさまざまな考えを取り除くことでした。それらは下等な人間の食料を求めて、神の霊感をがつがつと飲み込み、砂袋の中で徹底的に破壊するか、さもなければ、種子を畑の畝溝の外にまき散らしてしまうからです。

それから私は、私の種を踏むかもしれない通行人を取り除きました。すなわち、その道の真ん中や、種を播かれた土にはない愛情を取り除きました。だれをも霊的な愛で、愛します。人を愛するのは彼らの魂のためであり、人間的同情で育まれるはかないものへの人間的な愛着によるのではありません。

四番目に取り除かなければならなかったのは、刺《とげ》、すなわち、これから起きるかもしれないことへの人間的な予見でした。悲しい未来が来るかもしれない、などなどと。

それは簡単な仕事だったとは言いません……　でも、土地だって開墾するのに何年も何年もかかります。でも、やがては清らかな性質に満たされて、あらゆる不完全なものを除かれて、百倍の豊かな収穫をもたらすようになります。

私の魂は、私の熱心な努力によってすべての石と刺と淀み水を除かれ、愛によって潤され、でも情熱の奔流に支配されることはなく、苦しみと慈悲によって肥沃になり、悔悛によって耕され、信頼によって柔軟になり、いよいよ準備ができました。神聖な種まき人がやってきて、すべてはキリストのうちに開花しました。その開花は止むことがありません。むしろどんどん活発になっています。常に新しい茎が増えています。というのも、最初に定められた徳の種が播かれた時から、私たちは福音の勧めに従って、聖なる愛の大胆さへと進み、苦しみを渇望し、生贄にされることを願うようになったのですから。

＊　マタイ13：3-23、ルカ8：4-15。

「私たちは」「進み」と言ったのは、キリストとの聖なる婚約のうちで、私の魂はもう一人で求めているのではないからです。キリストが一人で種を播いているのでもありません。私たち二人なのです。二人の意志、二人の愛、二人の心が、常に新しい花を求めます。ますます素晴らしい開花を見るために働き、もしどちらかが一瞬でも動きを止めるなら、相手から続けるように促されるのでした……

私は、種まきの段階から至上の花として生贄にされることを願う段階に入ったと言いました。いいえ。これ以降、この至上の花は私の心の中にも開花したのです。その花が、種から成長して永遠に咲くためには、完全な犠牲という肥料が必要です。キリストが私の中に生まれたのでした。

はるか彼方から――時間的にはるか彼方から――私の心にキリストが生まれたと言う告知がありました。私の魂は、人間性の重さのすべてを背負わされた暗い苦悩の時期の後で、キリストが新しく生まれる場となったのです。キリストは生地である私の哀れな魂を豊かな繁栄で覆いました。主の台座になることこそ、私の魂の唯一の存在理由です。

マリアは消滅しました。キリストだけが生きています。マリアは死にます。キリストは彼女のうちでこの上なく美しく花開くために、彼女から命を吸い込みます。間もなく、マリアは人びとの中で単なる思い出になるでしょう。けれども、キリストは私の魂を、天の麗しい庭園へと運ぶことでしょう。私はそこで、三位一体の聖なる光のもとで、聖母マリアの手に愛撫され、永遠に咲き続けるでしょう……

フィレンツェへの帰還

ゲーテがある悲劇作品の中で書いています。「愛が不活発なところでは、義務を活動させなさい」。私がゲーテの助言に従って行動する時がやってきました。

母は、マリオを永遠に打ち負かした——どんな武器によってかは神のみが知るところです！——と確信すると、私に帰って来るよう、執拗に言い始めました。

それは、私は役に立ちますから！　私はどんな働き者の女中にも負けないくらい働きますし、費用は食費以外、何もかかりません。食費以外というのは、私はどんな流行にもおしゃれにも全く興味がなかったからです。女性というのは、そういうものに多額の費用をかけるようですが、私はもうすべてに嫌気がさしていましたから、なおさらでした。着なさいと言われたものを身に着け、清潔でさえあれば、どんな服でも気に入りました。何年も前の流行のものでも、安物の生地（まだあったのです）でも、何でもよかったのです。ですから、経費において、私は理想的でした。

家族の住まいをレッジョ・カラブリアに移すように父を説得することはできませんでした。そこで私は、フィレンツェへ戻りました。

喜んで帰ったと言ったら、大嘘になります。私は平和なオアシスを離れて、全面戦争でないとしても、ゲリラ戦に戻るのです。そして、それは分かっていました。私はレッジョで悲しみに遭いました——まさしく悲しみのうちでも一番の悲しみに。でも、多くの愛に包まれていましたから、このことは新たな落雷に耐えるのに役立っていたのでした。

私たちがある種の性格の人びとのそばで暮らすとき、どんな小さな刺し傷でも、日々対処しなくてはならないと、これほど私たちをうんざりさせ、やる気を失くさせ、消耗させるものはありません。これらは刺し傷と言っても本物の傷ではありませんが、本物の深い傷よりもずっと消耗させられます。蚊の群れに刺されるようなものです。蚊の群れは次から次へと新しい蚊がやって来て、私たちの体に止まってチクリと刺し、血を吸い、苛立たせ、微量の毒液を注入します。一つ一つの刺し傷は人を殺すほどではありませんが、注入された細菌は、人を発熱させて殺すこともあります。刺されたところに目に見える傷はありませんが、表面が膨らんで腫れます。こうなると腹立たしく、睡眠の喜びを奪われ、午睡は乱され、読書は妨げられます。使う道具は小さくても、大きな影響を与える厄介者です。

私はこの厄介者と衝突しに行くのでした。これまで過ごした平和も、私が受けた理解も、私を薬のように癒してくれた愛情をも後にして。私はマリオに捨てられて苦しみましたが、再び花を咲かせました。八月からは、再び元気になりました。喜びの衝撃の恵みのもとで、私の若さは新たな力を得て、一種の身体的な蘇生が起こりました。幸福と愛は、それを奪われたことがある者に、多くのことを成し得ます。新たな苦痛を与えられましたが、悲しみの最後の一撃を受けるところだった私の哀れな魂を、神が独り占めなさったせいでしょうか、あるいは、器官の日常的防御機能を統御する自然界の調和的法則が、以前は惰眠性の衰弱で衰えていたのが、今や新たに動き出したせいでしょうか——理由はともあれ、私は非常に苦しい試練を通り抜け、良好な健康状態へと戻ったのでした。

私の親戚たちは、私を行かせたがりませんでした。彼らはとても愛情深く、また、彼らが十分に注意を払ってくれたお蔭で、私が健康になったことを誇りに思っていたのです。でも、私は自分の家から遠く離れたままでいるわけにはいきませんでした。家族のもとへ帰りたいという欲求は、私に刺すような痛みを感じさせました。何よりも、父の生活が惨めなものだろうと想像がつきましたから、父のために、そしてまた、いろいろなことがあったにもかかわらず、私はやはり、いつも母を愛していたからです。決して返されることのない愛と知りながら。でも、だからといって愛が減ることはないのでした。

私は母が被害妄想に陥っていて、私に愛されたことがないと思っていることをよく分かっています。けれども、もっとよく分かっているのは、私が母をどんなに愛してきたか、そして母に冷酷なことをされても、その愛が弱まりも減りもしなかったことです。いつかある日、母も神の光の中に高められるときが来たら——私はそれを、自分を生贄として捧げる代償としてお願いしてきましたし、今も母のために求めています。この愛は、作り笑いや小さなキスに基づく愛よりも、ずっと実りのある愛だと思います——母が光の中で真実を知るときが来れば、母はやっと自分が娘に愛されていないと誤解していたことを理解するでしょう……

とは言え、私の娘としての愛が評価されていないとしても、問題ではありません。そのために、そこからもたらされるはずの喜びを奪われはしても、私の愛情は二倍の価値を持つのです。

こうして、私はフィレンツェへ戻りました。それは一九二二年の八月二日でした。天使たちの聖母、〝アッシジの大赦〟の聖母が、大いなる赦しであるこの帰還のための私の守護聖人でした。そして天使たちは、私からすべてを奪った女性との最初の出会いを私が切り抜けるように助けてくれたに違いありません……彼らの中で一番働いたのは天使だと思います。キリストが口づけで欺かれ、ペトロに否定され、恩恵を与えた者に背かれ、拷問にかけられ、愚弄されているとき、晩餐の高間《たかま》でキリストの母を慰めた天使です……悲嘆にくれた女たちの中でも最も悲嘆にくれていた方の天使、ゲッセマネとカルワリオの天使、母と子の間を行き来した天使、神の血の雫とイエズスの母の涙を集めていた**天使**は、イバラの冠、拷問の釘、鞭、十字架、槍、そして海綿を私に見せながら、それらが神の子羊である救い主のためばかりでなく、哀れなマリアのためにも、犠牲と栄光のための武器になるだろうということを指摘して、私たちを虐待した者を許す歌を歌ってくれました。

父の健康はかなり衰えていました。いつも色が白く、血色がよかったのに、痩せて土気色をしていました。

母もまた、手伝いの女性がずっといたにもかかわらず、衰えていました。その女性は、私が到着したので必然的に姿を消しました。

フィレンツェまで私に付き添って来たクロティルデとメンモは、一か月以内に一緒にカラブリアへ行きましょうと、父を説得する最後の努力をしましたが、父はある種の病気の後遺症である頑固さで、完全に拒否しました。こうして親戚たちは去り…　そして私は残りました。

メッシーナ海峡の軽やかで風通しのよい雰囲気に慣れていた私にとって、フィレンツェの息詰まるような暑さはまさに耐え難いものでした。広いホテルの開かれた空間に慣れていた私にとって、熱せられた狭い集合住宅は苦痛でした。さまざまな思い出がせめぎあって私の魂を突き刺し、そして出入りの商人や近所の人などからの優しい——とでも言いましょうか——質問は多かれ少なかれ、あれは（つまり子供は）どうしたのかと、あからさまに問うもので——ある者は単刀直入に私に質問し——それらは直ちに、小さくない苦しみを私に引き起こしました。そして私の心臓は、数か月静まっていた熱狂的なタランテラ*を踊り始めました。たちまち体重が減りました。でも我慢しなければなりません。

最初の数日間は、まだクロティルデが戻って来る危険があったので、母も優しくしていました。でも脅威が去ってしまうと母は爪を、いえ鉤爪をむき出しました。母は私に質問をしたり、嫌味を言ったりしたがりました。でも私は強力に——私の唯一の精力で——沈黙を課しましたので、母はその問題を何年にもわたって話題にしようとはしなくなりました。母は自分がしたことを、私が何もかも知っていると思ったに違いありません。そうでなければ、あんなに早く屈服したはずがありません。

次なる強制。母は家庭教師あるいは教師になることこそ、最高の生き方であるという考えに取り憑かれていたため、私を家庭教師にしようと、ベルリッツ語学学校へ送り込みました。私はいつも勉強が好きでしたし、私のフランス語を甦らせることが嬉しかったので出かけました。でも大急ぎで市場に行ったり、家の掃除をしたり、勉強して学校へかけつけたり、当時荒れ狂っていた大衆の暴動を恐れたり、大佐に会うのではないかとどきどきしたり、などなどで私は具合が悪くなり、止めなければなりませんでした。私を家庭教師にさせようという母の夢よ、さようなら！

それから別の気まぐれです。母は私を洋裁学校へ通わせました。私を裁断の講師または洋裁師にさせようと思ったのです。私は行きました。私が着る「仕事着」を作るのに役立つかもしれないと考えたからです……本当に味も素っ気もない、僧服のような仕事着でした。でも私は、魅力的になることに関心はありませんでした。

ここで、私は母の本当の目的を知りたいと思います。なぜそうまでして、私が教師や洋裁師になって生計を立てる必要があると、人びとに思わせたかったのでしょう。正確には分かりません。けれども、隠された目的があったのです。

私は働く必要はありませんでした。十年間の病気の後でも、私はヨブのようにならなかったということは、私たちの資力がそれほど乏しくなかったということでしょう。今では、確かに、我慢の限界にきていますが、十年間はこのようにして暮らしてきたのです。以前はわが家の収入はかなり豊かで、余剰さえあったのです。

でも母は、私が資産のない貧しい娘であるとだれかを説得したかったのでした。そのだれかとは、だれのことだったのでしょう？　それはマリオと彼の親族だったのではないかと、私はいつも考えてきました。あの悪意のある手紙で母が何と言ったのか、だれにも分かりません！……今や、母は自分の言葉を実証する

＊　イタリア南部の快活なテンポの踊り。

必要があったのです。私が年取った両親を扶養しなければならないと言ったかもしれません…　いろいろ考えられます！　私が別の大金持ちと婚約したと言ったかもしれません…　それとも、私が思考力も誠実さも失ってしまったとか…　私が恥ずべき病気を持っていると言ったかもしれません…　沢山、沢山、考えられます！…　私は母を知っています。ただ自分の気まぐれを満足させるために、どんな作り話でもできる人です。人の名誉が夢と消えようと問題ではないのです。家族全体に対して、人びとが批判しようが疑問視しようが、問題ではないのです。自分が勝利を得るなら問題はいっさいないのです。

要するに、私は裁断と洋裁のコースに通い、試験を受け、野心のないすべての生徒たちと同じように、その課題を嫌っていたにもかかわらず、最高点をもらいました。でも健康がますます悪化したので、そこを止めました。どうしようもありませんでした。

ときどき、マリオの父親に偶然出会いました。彼が私の挨拶すら拒むのを見ると、心が激しく痛みました…　こういうことが起きると、私は決まって数日間具合が悪くなりました。そして父は、母の暗示によって割り当てられた、マリオとの結婚を望んでいない父親という役割をすっかり忘れて、ほとんど毎日、「それで、どうしてマリオと結婚しないの？」と尋ねるのでした。全く、お父さんたら…

一九二三年の大晦日に、私はナギイカダとヒイラギを買いに出かけました。霧の深い寒い日で、私はまるでトルコ人のようにショールで身を包み、小さな犬を連れていました。

カヴール広場――今のシアノ広場――に行き、小さな赤い玉のついた枝を買っていたとき、私はだれかに肩を触れられたような気がして振り返りました…　するとマリオが、広場を横切って私の方へやって来ます。制服を着て、マントに身を包んでいました。私は魔法にかけられたように立ち尽くしました。

ヒイラギ売りが、私に座るようにと椅子を差し出したところからすると、私はひどく痛ましい表情をしていたに違いありません。でも私は発作的に荷車の縁をつかんで、立ち尽くしたままでした。とげだらけの小枝が突き刺さることとさえ感じませんでした！…

私はショールに包まれていましたから、マリオは最初私が分からなかったに違いありません。見覚えのある犬を見て、私だと分かったのでしょう。これ以上なれないほど青ざめて、しかも罪びとのように頭を下げ、そしてよろめきながら通り過ぎて行きました…

なんという破滅、神父さま、なんという破滅でしょう！…あんなに逞しく、毅然として、健康で、若くて、誠実な私のマリオに、あの二人の女は一体何をしたのでしょう？いったい母は彼に何をして、私に愛想づかしさせ、見くびらせ、絶望させ、虚脱状態の中で吸血鬼の腕に押しやったのでしょう？そして、女を装った吸血鬼は、あんなに素晴らしい若者に何をしたのでしょうか？破滅…背中を丸め、痩せ、青白く、目はうつろで、未熟のうちに老けてしまった顔には皺、自信のない足取り…廃墟と化した男、廃墟と化し、それでもまだ二十七歳の私のマリオ！病んで、破滅した人——ほんの少し前までは、あれほど健康で希望に溢れていたのに！

ところで今朝、私はあなたに、「私は自分がずいぶん変わったことに気付いています」と申し上げました。「ある話題に触れても、以前のように内部でひどく動揺するのを感じませんから」と。でも今、あの出会いのことを書いていると、私のマリオが老けて、落胆して、やつれて、罪人のように頭を低く下げて、私の側を通り過ぎて行くのが見え、最も大事な命の糸が私の内部でずたずたになるのをやはり感じます…

私は何度も自分を責めてきました。彼を呼び止め、彼がなぜあのように行動したのか、尋ねる勇気を出すべきでした。そうしていれば、私を苦しめてきた謎への手がかりが得られたことでしょう…でも私は麻痺したままでした。傷つけられた女の誇り、心に激しく溢れた愛、そして哀れみ、彼の破滅を目にしての無限の哀れみ――すべてがあの麻痺をもたらしたのです…　そして彼に尋ねていれば、とても良かったはずです。人間的に見れば裏切りのあらゆる様相を呈していた彼の振る舞い、あの刺を私の心から取り除くためには。

　でも、私はそうではないと感じています。マリオは一連の環境的要因によってあのような行動へ導かれたのであり、その罪は裏切りではなく、弱さによるものと減じられてよいでしょう。あのころ彼は青春の盛りにいました。そして私に約束したように、私を神から手に入れるために、安易な愛というあらゆる欺きを拒否したはずでした。私は彼の貞潔に対する褒美になるはずでした。私が女であるよりも魂であったことは認めなければなりません。私は全身全霊で彼を愛していましたが、一人の男を魅了する激しい情熱や自由奔放なところはありませんでした。母は多分、私の不完全さを捏造し、裏付けたのでしょう。それに加えて、私は過度に抑制的でした。それらが相まって、彼にそれが本当だと思わせたのかもしれません。最後に、あんなに待ち望んだあとの破滅に対して、私はどんなに憤慨し、失望したことでしょう。まさしく彼の錯乱の瞬間、悪魔のようなロシア女と偶然に出会い、たとえ無理矢理にしても渦巻きの中に捕らえられ、屈服してしまった姿が目に見えます。私は許せません。でも彼を哀れみます。

　私はやっとのことで家に戻りました。何も言いませんでした。何年もの間、もはや何も言ってきませんでした。母への信頼の扉は何年も閉ざされ、釘づけにされていました。でも今では、神を慰めとしています。

　私はレッジョでいたところに留まってはいませんでした。私は常に神に向かって歩んでいました。私は家に戻るとすぐに、これからは毎朝でも教会へ行くつもりだと宣言しました。そして実際、ほとんど毎日行きました。特に、五月、六月、九月、十月、十二月と、謝肉祭、四旬節には。母は腹を立てていましたが、腹を立てさせておきました。

それから私は、ルカの聖福音書を見つけました。父が家に持ち帰っていたものです。一九二二年の四旬節中に、聖書の普及のために数日間があてられていたに違いありません。それは質素な体裁の本で、あちらの家具からこちらの家具へとフラフラしていました。その福音書に関しては、私は日曜日のミサで解説される部分にしか馴染みがありませんでした。それらの説明は全霊がこめられていないことが多く、聞き手も全霊を傾けてというわけでないことがしばしばでした。ですから、そのころの私は、孤独なゾウでした。私がある考えに本当に触れるためには、それについて何度も自分で考える必要がありましたし、今でもそうです。というわけで、私はその貧弱な本を拾い上げました。母が何か月もの間、家具から家具へと躍らせていて、父が時々読んでいたその本を、自分の部屋へ持ちこんで、読み始めました。

それは「光が見えるように、燭台の上に置かれた灯*」でした。読めば読むほど、私は自分の中に新しい心が形成されるのを感じました。私はその小さな本を読んで大いに涙を流しました……十字架から降ろされたキリストを愛した幼い日々のように、優しい涙が私の魂を新たにしました。神の福音伝道者としての愛では、希望と、放棄と、渇望が、なんと大切にされるのでしょう！

それ以来、私は福音書から離れることができません。それは私の日々の霊のパンです。もう暗記していますから、読む必要はないのですが、いつも新しい魅力を見いだすので、いまだに繰り返し読んでいます。とても気分が悪いときや、何かにとても恐怖を感じるときでも、一九二五年の初めに買った四福音の入った小さな本を私の心臓の上に置くと、もう何も怖くありません。それらのページから、イエズスは私に「恐れることはない」と言い、そして世間に「この女を傷つけてはならない」と言っているように思えるのです。

＊ マタイ5：14-6、マルコ4：21-22、ルカ8：16-17、11：33。

私は黙想に関する本については、大きなものであれ、小さなものであれ、どう考えてよいか分かりません。読んで、良い本だったと思いますが、それだけです。けれども、福音書はどうでしょう！　疑いや憂鬱にとらわれたとき、私は熱愛する聖霊に祈り、それから何気なく福音書を開きます。すると慰めになるか、私の目を開かせるか、あるいは私の悩みの理由を教えくれる言葉が必ず見つかるのです。

聖ルカの福音を含む小さな本は、気持ちの良い炉辺の炎のように、私の心を次第に温めてくれました。その熱は私の血管のすべて、組織のすべてに広がり、全身に行き渡り、私の中でキリストを成長させ続けました。ロイスブルークは――私が理解できる数少ない人の一人。古くは聖パウロ、シエナの聖カタリナ、アッシジの聖フランチェスコ、現代では、幼きイエズスの聖テレーズ、シスター・ベニーニャなどと共に――言います。

「神があなたの中にやって来るとき、実際は、あなたはすでに神の中にいます。なぜなら、神がご自身から出られることはないからです……神の恩寵を受け取る能力は、私たちが神に向かって動くときの内面の強さによります。私たちが動くその瞬間に、キリストは私たちのところへやって来ます。そのとき、媒介物があるかどうかは関係ありません。つまり彼の恵みを伴うときもあれば、それらを超えて伴わないときもあります。私たちもまた、彼の中へ、あるいは彼に向かって、突進しますが、そのとき私たちの知力という媒介物を伴うときもあれば、それらを超えて媒介物なしのときもあります。今や彼は恵みをもたらし、彼自身を与えながら、私たちに自らの似姿を刻印し、私たちの罪を赦し、私たちを自由にします。解放の瞬間、魂は愛の喜びに浸ります」。

私はこれらの言葉をとてもよく理解しました。そのころ、私はまさにこの時点にいたのでした。神は私のところへやって来られました――つまり私の魂は彼が私の中に入って来られるのを感じましたが、それは彼の愛のきわめて甘美な磁石に引き付けられて、私が徐々に彼の中に浸透したからなのでした。

彼はまず、私の心の周りに何もない空間を作り、それから私を引き付け、魅了しました。それは、それはちょうど、人間が私たちの愛情を引き付けたがるのと同じでしたが、そこにはさらに、どんな人間的誘惑をも凌駕する神の想像を絶する完璧さが備わっていました。それから彼は、私が彼の招きに応じるのを待ちました。私が心から、固い決意で「私はあなたのものになりたい」と言うと、彼は私の方へと近づき、私は彼へと近づきました。

私はただただ、神が私を支配してくださることだけを求めました。もはや、あれこれを願い求めませんでした。ただこう言ったのです。「主よ、あなたが正しいと思われることをなさってください。私は決して正しく見ることができません。あなたがなさってください。あなたを信じます！」そして、イエズスは、友として、師として、王として、超自然的な恩寵のすべてをもたらしながら、入って来られました。一方、私は自分が到達していない場所に、神が到達するようにしてくださるだろうと考えながら、全力で、まだ弱々しかった私の力以上の力で彼の中に飛び込みました。でも、たとえイエズスが恩寵なしに私のところへやって来られたとしても、今私が愛しているのと同じように彼を愛したことでしょう。現に、私が何年もイエズスを愛してきたように、彼を彼**自身**としてのみ愛したことでしょう。

イエズスは無限の善であられる方、私との結びつきの初めころ、繊細な愛の持つあらゆる優しさで私を助けようとされました。聖マルガリタ・マリアと共に、私は言うことができます。「私の素晴らしい師は、そのとき、これが婚約のときであることを私に理解させました。そしてそのとき、最も情熱的な恋人たちのように、愛の抱擁の中であらゆる甘美なものを私に味わわせるだろうということを」。

彼の声で囁かれる甘い言葉は、物理的な音はなくても、霊の能力でよく聞き取ることができました。それは、花が太陽に向かうように伸びていく心を神秘的に抱き取りました。そして、夢、夢、夢……

一九一六年六月のあの夢以来、私はもう夢を見ていませんでした。今、しばしば夢が戻ってきて、まるで第二の素晴らしい人生のように、私に眠りを望ませます。私はガリラヤ地方をずっとイエズスについて行きました。彼が群衆に説教するのを聞き、私はイエズスとすれ違いました。そして、彼が階段の最上段に座って話している間、私は彼の足元にいて、小麦畑でイエズスとすれ違いました。そして、彼がゲッセマネの園で憔悴し、ゴルゴタで亡くなるのを見ました。そして――美しい天国で、私は彼の手から聖体を拝領しました。いつも、あの顔、あのまなざし、あの声、あの手、そしてあの無限の愛情深い優しさと、崇高な気高さ。なんとたくさんの、素晴らしいヴィジョン！……」。

イエズスの慈愛の炎は、私の奥にどんどん深く浸透し、私に火をつけました。私は彼を限りなく愛するため、そして彼が愛されるように、燃え立ちました。私はみんなに言いたい気持ちでした。「愛しなさい、幸せになりたかったら、神を愛しなさい！　神を愛して、神が望むままにあなたを愛させなさい！　神が入るのを邪魔してはいけません！」。

イエズスの愛によって解放され、罪を赦され、私はロイスブルークのように愛の喜びの中に飛び込みました。この天上の愛、その優しさ、甘美さ、完全さは、何とも比べようがありません。私を人間に縛り付けてきたすべての絆を断たれ、私の魂は超自然の国へと喜んで自由に飛びこんで行きました。そしてその中にますます浸透していったのです。そこから二度と離れたことはありません。

第四章

一九三〇年の夏

「愛に身を捧げることはあらゆる悲しみに身を捧げること。」

―幼きイエズスの聖テレーズ

悲惨なこの世界は、罪に罪を、違反に違反を重ねています。
よく考えれば、このますます非道で不実になるこの人類に、
、、、
完璧な罰が下らないことは驚きです。
ですから、神を宥《なだ》める生贄が必要です。

「人間の愛と神の愛を経験した者は、それらの間にどれほど大きな違いを見いだすことでしょう！」

－アヴィラの聖テレサ『完徳への道』

それは本当です。霧の深い冬の日の夜明けと、輝く夏の朝の透明な夜明けを比べてごらんなさい。周りをきっちり囲まれた小さな水溜りと、広大な水平線しか区切るもののない大海原を。二、三本の乾いた小枝のともし火と、燃え立つ溶鉱炉の火を。ささやかな石油ランプのチロチロとした炎と、眩しい太陽を。これらの違いは、たとえ最高に目のくらむような愛だったとしても、人間の愛と、神の愛の違いに比べれば、ほとんどないに等しいのです。

私は二度愛しました。一度は若い頃の激しい情熱で――そしてその中で肉体の興奮を知りました。二度目は肉体よりも魂で多く愛しました。それは、はるかに高等な愛として、初めの愛よりも気高く、長続きする恍惚と高揚を私にもたらしました。純粋に人間的な愛は、たとえ束の間激しく燃えても、短命であるように定められています。一方、精神的物質的魅力による、魂と肉体を兼ね備えた愛、友情に根ざした愛は、はるかに強靭で、たとえ幻滅しても終わりになることはありません。この点に関しては、私がマリオをロベルトとは比べようもないほど愛するようになるという大佐の予言は全く正しかったのでした。

でも今では、神を信じる大多数の人に共通するやり方よりもずっと熱烈にイエズスを愛しましたから、この超自然的な愛と私の人間的な愛――というよりも人間的な二つの愛――との違いをすべて理解しました。

今や私の生活は、この愛にすっかり投入されました。外的な事柄はまだ存在し、迷いや喜びや悲しみは生じていました。とりわけ悲しみは。でも今では、これらの事柄を別の領域から見るようになりました。あたかも、私の見え方を変えてくれる眼鏡のレンズを通したかのように、悩みごとは耐えやすく、喜びはなくてもよいものに、悲しみは快いものになりました。すべてのことを、神を通して見るようになったのです。神はレンズでした。私たちが人間的な視力と判断力で物事を見るときの光とは、異なる光で見るようにさせるレンズです。私はもう、すべてのことは愛の法則に従って発生すると信じるようになりました――それは、嫉妬深く威圧的な愛ですが、その嫉妬深さと尊大さは、それが偉大な愛であることを証明していました。

おお、そうです！　イエズスは嫉妬し、圧倒する方法を知っています！　神の嫉妬と圧倒的な力は、ひとたび完全に自覚して「はい」と言った者を、もはや逃れさせはしません。イエズスはその「はい」を、学校で私に求めました。そして、地上ではすべてが悲しみであることを私に納得させてから、ご自身の権利を主張なさったのでした。

私が言っていることはすべて、この物語の初めに言ったことと矛盾しているように思えるかもしれません。でもそうではありません。あのとき私は、神は御自身を押し付けることなく、魂が喜んで動かされることを望まれると言いました。そのときだけ雪崩が生じるのだと。その通り――そこに何の矛盾もありません。私は青春時代に、「主よ、私を御自由にお使いください」と言いました。そして最初の雪の層がつくられました。その時形成された魂の願望の絶え間ない作用によって、それは少しずつ大きくなっていきました。次に停滞がありました。何かが、層の形成ともっと激しい雪崩の発生を抑制しました。それは、私の人間的な時期、注意散漫の時期――あるいはむしろ逸脱の時期でした。そしてイエズスは待っておられました。その最もひどい瞬間に、彼は私を破滅から救うために、私を呼び戻す身ぶりをされました。夢に現れては、私を優しく叱り、私を反省させ、悪へ走るのを止めさせました。

それから彼は再び待たれました。忍耐強く、善良な彼は、時間をかけて私を精神的に癒しながら、さりげなく私を隔離なさいました。おお！　このことでは、彼はとても活動的でした！　彼は私を得ようとしました——そしてすべてを取り上げ、彼だけが私に残されるようなさったのです。

後に私が、「あなたのものになりたい！」と叫んだ時、彼は完全に私を所有されました。もはや私には、鼓動も、呼吸も、まなざしも、言葉も、思考も、神の愛のフィルターを通さないものは一つとしてないのでした。外部から私に入って来るものも、この神のフィルターを通らないものは一つとしてないのでした。

こうしてもう二十年続いています。この一体化は絶え間なく進み、そしてフィルターはさらに完璧になっています。その結果、他の人びとから私に来るかもしれない悪は、この神の庇護で弱められ、私が周りの人たちに及ぼすかもしれない善は、愛によってあらゆる人間的不完全さを取り除かれて、ますます純粋になっています。苦しむことは私の定めですから、私は今でもとても苦しんでいます。でも、人から私に来る苦しみは、キリストから私に来る喜びによって弱められます。ですから、私は自分に言います——そしてそれを確信しています——心にとって唯一の真の悲しみは、私たちを試したり罰したりするために、神からやって来る悲しみだということが、やっと分かりましたと。

人から来る悲しみは、当然私たちを嘆かせます。イエズスも嘆かれました。私たちも、イエズスと同様、嘆き悲しみますが、隣人から来る悲しみでさえ、隣人のために、救済、償い、獲得に役立つことを思えば、甘さが溶け込むのを感じます。でも、神がその目には見えない現存を控え、私たちを独りにして衝撃を与えるとき、その苦しみは言葉にできないほどです。それはきっと、煉獄の魂が苦しまなくてはならない状況の縮図なのでしょう——地獄の呪われた者については、考えたくもありません。

おお、神からやって来る、何千もの顔を持つ苦しみが祝福されますように！　今ある苦しみ、すなわち病苦、迫り来る貧困、私の病床を取り巻く隣人の無理解による苦しみ、今無数に引き起こされる苦しみが祝福されますように！　そして過去の苦しみ、すなわち想像の病だと嘲笑された苦しみ、父の最期に会えなかった苦しみ、私の使徒的熱意が理解されなかった苦しみ、いつも、全くいつもながらの、母の愛情の欠如による苦しみに祝福がありますように！　そしてあの苦しみ、私はその立派な姿を理解せず、嫌っていたのですが、私が二十歳のときの苦しみ、私の破れた愛の苦しみが祝福されますように！　おお、私をこの世界から奪って、神に与えた苦しみに祝福、祝福を！　私に知識を与えてくれた苦しみ、私に慈悲を注いでくれた苦しみに祝福がありますように！　私が天で気を取り直して、私の最も聖なる願いに立ち帰れるように、私に翼を返してくれた苦しみに、祝福がありますように！　魂を神の王国に、そして神の王国を魂に運ぶために、二千年にわたって続いた一つの使命において、私をイエズスと同じ十字架に結びつけた苦しみに、おお、祝福がありますように！　おお、苦しみよ、おお、私の喜びよ、私は御身を祝福することをやめないでしょう、御身の中に私は平安を見いだしたのですから！

私が初めて自分を神に奉献することを記したのは、一九二三年の春でした。私が八年間繰り返した祈りは、まだ祈祷書のなかにあるはずです。その中で私は、神の前で過去の過ちのためにへりくだり、神の慈悲の名において赦されることを求めました。

でも、私に対する神のご意志がだんだんはっきりと見えるようになると、赦しを請うことも、神を愛することも、十分ではないと感じるようにもなりました。私の愛は、マグダラのマリアの愛のように、悔悟の愛でなくてはなりませんでした――一九二二年の錬成会の説教で、私は彼女の生き方に強い衝撃を受けたのでした。

神に求めるものはすべて見いだされると、私はこの物語の初めに言いました。でも神が播いた種も、すべて見いだされるのです。もし、魂が身をかがめてそれを探すならば。私は今、一九一二年十一月の遠いあの日にイエズスが語られたことを思い出しました。「あなたはアグネスのように、私以外のだれをも見ない純粋で無垢な者にはならないだろう。あなたは多くを経験したあとで、別の道から私のところへやって来て、悔悟と長く継続するひそかな犠牲を通して、私を愛する者になるだろう」。

こういうわけで、私は最初に自分を奉献したとき、「なされた悪を償い、私の絶望の時間のすべて、私が間違って過ごし、人生から去ろうとした忍耐を欠いた不浄の年月のすべてを償うために、私に苦しみの中で生る恩寵」を与えて下さいとイエズスに願いました。

お分かりのように、私はまだ身勝手に祈っていました。私の魂のため、それは本当です。神への償いをするため、それも本当ですが、まだ完全な祈りではありません。後になって私の祈りはもっと良くなりました……その時はまだ始めたばかりでした。そして人は――文字を習ってすぐには手紙を書けません。そう思われませんか？

私はその奉献において、神に何人かの魂を、特に私の両親とマリオの魂を一緒に連れて行く喜びを与えて欲しいと願いました。

でもここでも、要望それ自体はよいものであっても、手段が間違っていました。祈りは実に大切ではあるけれど、犠牲こそすべてであることを、あのときはまだ知りませんでした。言葉は効果がありますが、犠牲を覆う沈黙は千倍の効果があります。私はあのとき、回心者の熱情でたくさん話しました。でもたくさん苦しむことにはまだ抵抗していました。私はすでに私を襲っている苦しみを嘆かず、諦めてやり過ごし、それを神に感謝することで、大いに力を尽くしていると感じていました。後に、私はもっと先に進みました……

それなのに、イエズスはなんとよい方なのでしょう！　神はまだ熱意の足りない、人間性の中にかなり浸っている彼のマリアに最初の勝利を与えたのです。それは七十二歳の老女でした。

彼女は痛ましい一連の事情により、自分にふりかかった不運の責任を神に負わせて、三十年間も神から引き離されていました。彼女はかつての私と同じ状態にいましたが、その年齢から言って死が近いにもかかわらず、長い間そこに留まって、その状態から出ようとしないという点で私とは違っていました。

私は自分が、彼女よりもましだったと自慢することはできませんでした。神の善意はたくさんの方法で私の蘇生を加速させましたが、まさにこの理由から、私は齢取った友人のための善の仲介者――案内灯のようなもの――になりたかったのです。私はその女性が人生の最後まで恨みを抱いて、不信心の恐ろしい苦しみを持ち続けることが残念だったのです。彼女の老年の心の中に青春の慰めをあげたかったのです。第二の、でも第一よりも甘美で、有益な青春を。私は成功しました。私の大切な友は神のもとへ戻り、今も神と共にいます。彼女は九十二歳にもかかわらず、まだ生きているのです…

私はこのことに聖なる誇りを感じました。私はすでに二つの魂、私自身と老女の魂をイエズスにもたらしました。私の場合は、もしイエズスが魂を奪って下さらなかったとしたら、自分でそうしてしまったところでした！…でも結局は、イエズスに最初に助けられた後、私は善意をもって前へ進んだのでした。

この最初の勝利の後、私は着実に進歩しました。神の道具になりたいという望みは増大し、私の頭の中には悔悟の人生という全計画が描き出されましたが、私の家族の生活態度によって、それはさらに困難なものになりました。

というのも、母とはある種の考えを共有しないからです。教会へ度々行き、聖体拝領をすることさえも行き過ぎと考えるなら、苦行論について彼女がどう思うか想像してみてください！…私はいつも口に猿轡をはめられているような感じがします…　私はできるだけ話さないようにしています――というより、むしろ、愛の力が本当は話したいという渇望を与えるときでさえ、宗教的な事柄はできるだけ話さないようにしていました。今では、超自然的なものにこれほど近いところにいるのだから、母の心に何かが浸透するかもしれないと考えて、思う存分話します。でも、自分がトルコ語かヒンズー語を話しているような気がします…　母は理解しません。それでも、母が沈黙していて、私を「愚か者」呼ばわりしないとしたら、それはすばらしい恩寵です。

かまいません。私は前に進むだけです。キリストへの愛のために愚か者と見なされるなら、私は喜びに満たされます。イエズスを本当に愛している者はみんな、気が狂った、聖なる愚か者です。殉教者、悔悛者、隠遁者――神への愛から、自由、人生、人間的な名声、富、健康を放棄する人は、すべて愚か者ではないでしょうか？　その愚か者の愚かさは、イエズスを十字架に導きました。燃える言葉と大胆な心を持つ使徒パウロが言う「十字架の愚かさ」[*1]と同じ愚かさなのです。最初の奉献は、まだあまりに人間的な性質で汚れていたと感じられ、不完全でしたので、私はもう満足できなくなりました。私の中でイエズスのまなざしが勢いを増し、私をもっと高いところへと引き寄せていました。

一九二三年の全時期と一九二四年のほとんどは、このように過ぎました。家庭内では、あいかわらず非協力と専制が続きました。でも私は神に逃避していました…

一九二四年の九月に、私たちはヴィアレッジョへ移らねばなりませんでした。フィレンツェの家主が、結婚した息子を住まわせるために、アパートから出るよう要求してきたのです。でも、その口実は偽りで、本当は新しい借家人に十倍の家賃で貸すためでした。古く、そして永遠に新しい話です。

そこで父は、カラブリアの親戚に手紙を書き、私たちのために小さな家を見つけてもらえるかどうか尋ねることにしました。でも一九二一年には簡単だったことが今では難しくなっていました。新しい家々と美しい街路を備え、廃墟から立ち直ったレッジョに、人びとが再び集まってきたのです。空いている家は全くありませんでした。以前には喜んで私たちを滞在させてくれたホテルでさえ、ほかの親戚を滞在させて、使用人の監視を手伝わせていました。これに四年間も続いた父の頑固さへの憤慨も少し加わったでしょうから、どの手紙も同じく「お迎えすることはできません」の言葉で終わったのは、もっともなことでした。

そこで、私たちはヴィアレッジョに来ました……ここにいた知り合いが、私たちが家を買う手助けをしてくれました。私は大好きな海辺へ行くこと、そして私にとって辛い思い出に満ちているフィレンツェを去ることに、十分満足していました……

九月二十一日に家を購入し、十月二十三日にわが家となりました。こうして、私の人生の新たな時期が始まりましたが、この時期に、私は神の内でますます成長することになったのです。

「**完璧な愛の行いに生きること**」－幼きイエズスの聖テレーズ[*2]

私はこの物語の第四章を「小さき花」の『ある魂の物語』からの語句で始めました。確かに、自分を愛なる神への犠牲として差し出すということは、自分がイエズスの十字架に架けられることを願い、彼が十字架刑の前後に受けた苦しみを苦しむことなのです。

＊1　一コリント1：18-25。
＊2　幼きイエズスの聖テレーズ（一八七三－一八九七）。「小さき花」と呼ばれ、しばしば引用される『ある魂の物語』を書く。

魂とイエズスとの間で交わされた対話の中で、イエズスは尋ねます。「あなたは私の杯を飲めますか？」すると魂は答えます。「はい、飲めます。私は主のようになりたいのです。小麦の粒は死ななければ、実を結ばないことを理解しました。魂は十字架に架けられるときにのみ、神に引き寄せられることを理解しました。そしてとりわけ、あなたの渇きは愛のほかどんな飲み物も潤すことのできない渇きであることを理解しましたから」。

神の愛に身を捧げるとは、したがって、苦しみに身を捧げるということです。でもキリストのために、キリストと共に耐えるのは苦しみでしょうか？　いいえ、それは喜び、限りなく深い喜びです。私ははっきりそう言えます。とても長い年月、あらゆる苦しみに浸されて生きてきましたから！

神父さま、実を言うと、私は過去をお話ししたくない気持ちに打ち勝つ努力をあまりしてきませんでしたが、今、一番よいところに来ていますから、かなり努力をしなくてはなりません。まず、自分ではとてもよく分かっていることを上手に表現できないかもしれないと恐れています。それに、魂の伝記には、それらをそこに記した神だけに読まれるべき、光のページがあるのです。

いいでしょう。私はあなたを神の使者と考えましょう。そして神の名の下に話す人はだれでも神であるかのように考えることにしましょう。ですから、「私は神に身を捧げ、神は私を受け入れました」というような、要約的な言葉で私の物語をここで終えたい誘惑を脇に押しやって、お勧めどおりに進みましょう。

私はあなたが、リジューのいとしい小さな聖人をとても敬愛していらっしゃると知って、うれしく思っています。そういうことなら、私をよく理解なさるでしょう。

ヴィアレッジョに到着してからも、私はフィレンツェと同じやり方で生活を続けました。それに加えて、朝早くや正午頃——海や松林を眺める人が少ないときに——海岸や松林に出かけていきました。私はいつも独りでいるのが好きでした。人混みは間違いなく苦手です。意味のないおしゃべりに囲まれると、美が損なわれるような気がしました。そこで私は、人が集まらないときに出かけて海や松林の美しさを鑑賞しようとします――しました。

ヴィアレッジョで私は、もう一つ贈り物を手にしました。買い物をするために毎日外へ出かけることです。フィレンツェでは母が出かけていました。ここでは私でした。おかげで母の怒りを引き起こすことなく、聖体訪問でイエズスに少しだけ会うことができたのでした。

一九二四年の十二月、私は四福音書の全巻と『幼きイエズスの聖テレーズの生涯』を手に入れるという非常に強い霊感を感じました。私は神に立ち返って以来、自分に届く霊感にいつも忠実だったことを認めないわけにはいきません。たとえ霊感が困難な行動へ駆り立てたとしても、いつでも喜んで忠実に従いました。

そのほかのことでは、神が私に与えた恩恵に対して、善なる主に深く感謝していました。物質的な恩恵でしたが、私が大いに信頼して望んだものでした。母が家を探しに出かけているときには、私たち三人にちょうどよい、しっかりした、良い状態の小さな家が見つかりますようにと、イエズスに熱心に願いました。そして家の前後に広い空間があることを。今も私たちの家の後ろには広い庭があります。そして当時はヴィラ・リグッティに向かって広大な公園がありました。アプアン・アルプスや、近くの丘に点在する小さな町がすっかり見渡せました。同様に海が見えるともっと良かったでしょうが、人はすべてを手に入れることはできません。いつも家にこもっているのが私の生活でしたから、家の周りに広い空間のあることだけを願ったのでした。買い物と教会へ行くことと、海へさっと出かけることを除いて、私は決して出かけませんでした。私が散歩道を振り子のよう行ったり来たりする姿が目撃されることはありませんでした……お気付きでしょうか。今、緑の裏庭があるのは、私の家一軒だけです。ほかの家々は、すべて以前のヴィラ・リグッティだった場所に、道路と同じ高さに建てられています。

小さなことでしょう？　でも、私はイエズスが私をとても愛しておられるから、彼のマリアを満足させるために、小さなつまらないことでも与えて下さるのだと、ますます確信するのでした。彼が私の魂に与えたものを思い浮かべてください！…

私は、自分の乏しい財布からお金を引き出して、ある友人に問い合わせました（母が私に与えてくれる小遣いは一か月に五リラだけで、献金、本や楽譜の購入など、個人的に必要なものはそれですべて賄わなければなりませんでした）。彼女はとても信心深く、ほとんど修道女のような人で、修道士や修道女たちに囲まれて暮らしていました。私は彼女に、『ある魂の物語』と四福音書を買って送ってくれるように頼みました。一九二五年の十二月二十八日、大きな包みが届きました。注文した本と、親切な元同級生が追加してくれた若者のための福音の解説書が入っていました。私の記憶が正しければ、著者はバウダーノム神父だったと思います。というのも、ある天使のような人——修道女になり、数年の修道生活の後に亡くなりました——が修練院に入ったときに贈って、大変気に入ってもらいましたが、そういうわけで手元にないのです。

私はすぐに『ある魂の物語』を読みました。学校時代に戻ったような気がしました。でも学校でシスターたちが読んだのは、伝記部分と回想と勧告のところまででした。私は完全な作品を手にして、先を読み続けました。

私の魂は愛で溶け出しました。私の魂の弦を鳴り響かせることができるハープ奏者を見いだしたのです。私は神のために弦を鳴らしたいと思いましたが、まだそうすることができませんでした。小さな聖テレーズは彼女の小さな手で私の手を取って弦の上に導き、愛と自己奉献を賛える歌を私に教えてくれました。

〝慈悲の愛〟への奉献文を読んだとき、私はうれしくて涙が出ました…探し求めていたものを見いだしたのです。フランシスコ会の第三会に入るためには、自分に準備期間を課されなければならなかったでしょうが、私はもう少しも待てませんでした。二年間というもの、私は神への奉献の儀式で代母の役目を果たしてくれる霊的な師を探し求めていましたが、ついに彼女を見いだしたのです！…

私は最善の告解をして、いつもよりずっと熱心に聖体拝領をしてから、私の奉献を宣言しようと決心しました。

私は衝動的になる場合があります。長い間探し求めていたものがついに見つかった時です。その時は、それ以上思案しません。その前によく考えていたからです。私がマグダラのマリアに倣うことを目標に決めたことを忘れないでください。そうするようにと、イエズスが私に霊感を与えたのでした。そしてマグダラのマリアがイエズスに出会った時、彼女はあまり立ち止まって考えず彼に従いました。彼女が悪徳の生活にどれくらい前から嫌悪を感じていたかはだれにも分かりませんが、彼女はそこから抜け出る強さを与えてくれるだれかを、ずっと探し求めていたのです。彼女の情熱的な魂は、ひとたび師を見いだすと、彼こそ探し求めてきた人であると感じ、彼女らしい衝動——善においても悪においても極端な——から、彼を自分の王として選んだのでした。

小さな悪意のある声が忍び込んできました。おそらく悪魔でしょう。「自分がしようとしていることに気を付けなさい！　考え直しなさい！　それで死んでしまったらどうする？」でも、私は肩をすくめて悪魔を追い払いました。

その日の夕方、今私がいるこの部屋で、床にひざまずいて胸をドキドキさせながら、私の奉献文を読みました。それ以来、私は毎日それを繰り返してきました。

その日以来、悲しみは私の上に降り続けていますが、もし過ぎ去った時を無効にすることができるなら、私はこれらの本を受け取った一九二五年の一月二十八日に戻って、私がしてきたことをもう一度、更なる喜びをもって繰り返すことでしょう。なぜならば、この十八年間（愛への奉献以来、一九二五―四三年）浸されてきた苦しみの海の中でさえ、「喜びが永遠に続く」天のエルサレムで味わう喜びの前触れと思われる霊的な喜びを、私のより良い部分でいつも味わっていたのですから。

私もまた、『小さき花』と共に、言うことができます。「その晩から私の人生の新しい時期、この上なく素晴らしく、天の恩寵に溢れた時期が始まりました。自分を捧げるために自分を忘れる欲求と共に、慈悲が私の心に入ってきました。そしてそれからずっと、私は幸福でした」。

ああ！　私は優しい小さな聖人によって言われた多くのことを繰り返して言うことができます！　私もまた、多くの人のために虚しく流されたキリストの血のことを考えて苦しんできましたし、今も苦しんでいます。イエズスの「私は渇く！」という叫びは、私の魂の中でいつも響いています。私の魂は神の渇きを見て、それを潤すことを望みます。そしてまた、あらゆる渇きを癒す命の水の泉を見いだせない哀れな渇いた魂を見て、限りなく気の毒に思います：　そして、それらの魂を神へ、神を魂へと運ぶために、一瞬一瞬死にながら生きています。

奉献の初期に、時々私が犠牲を完遂するのをためらうと、イエズスの哀願するようなまなざしが見える気がしました：　どうしてあのまなざしに抗うことができたでしょう？　お願いだから望みを聞いてほしいと、私に、哀れな被造物であるこの私に、求めているのです。そこで私は、あらゆるためらいを克服し、すべてにおいて人間的な自分自身を打ち破って、私のイエズスを微笑ませるために、新たな犠牲を成し遂げたのでした。イエズスの微笑みは私の犠牲のすべてに報いるものでした。と同時に、彼の微笑みがほしくて、私の犠牲への渇望はどんどん増したのです。

愛に費やされること！　愛のために費やされること！　これほど甘美で、これほど強い喜びがあり得るでしょうか？　人間の言葉では言い表すことができません。人間の言葉は無限のものを言い表すことはできないのですから。そして犠牲になる喜びは無限の喜びなのです！

そういうわけで、私は愛を、私の唯一の目標、唯一の指針として、愛し、愛されながら前進しました。「私には、心の中に輝く光、あるいは導き以外に、何もありませんでした」と、十字架の聖ヨハネは言います。私にも、今私の心の中で生きているイエズスの聖なる目から来る光、あるいは導き以外に、何もありませんでした。

イエズスの目！　私が狂ったなんて言わないでください。理解してください。私はイエズスの目が私の心の中で開き、私を通して見ているという感覚を持ったのです。私の個性はイエズスに吸収され、彼を通して見たり、話したり、行動したりしたので、イエズスの目で物事や人びとを見ているように感じたのです。

どんなに度々、貧しい人間である私の言葉が私の口から出るときに慈悲を伝えるものに変わったことでしょう！　もはや私の言葉とは言えず、彼－イエズスの言葉であると感じられました。また、どんなに度々、私のまなざしから、逆境のせいでハヤブサに似てきたと自分でも思うほどの本能的攻撃性が和らげられるのを感じたことでしょう！　それを和らげたのは、私のではなく彼－イエズスの優しい光でした。またどんなに度々、慈悲の掟に追いつかない私の行動が、慈悲深い行動に神秘的に変えられたことでしょう！　それはとても貧しくて惨めな私の心の中にはもともと見いだせないもので、彼－私の中にいるイエズス－から発したものでした！

そしてこの私の中のイエズスの命を感じる手段は、いくらでもありました……家で私は一分毎に私の王に懇願しなければなりませんでした。「あなたが行動してください。これほどの不正にいちいち傷つく私の個性を消すために、私をガラスのように打ち砕いてください。そして今この瞬間にあなたが行動しているかのように、私をあなたの中でつくり直してください！」。

『小さき花』はバラの花びら――愛ゆえの小さな犠牲――によって神を愛せることを私に教えました。愛のために、私もイエズスをそのように愛せるように、それらの犠牲を絶え間なく行う強さを与えてくださいと、私はイエズスに願いました……そして私自身には何の価値もないことを見て取られたイエズスが、私に代わってしてくださったのでした。

ああ！　私は私が行った善を誇ることはできません！　それをしたのはイエズスなのです。私は彼のあらゆる行為に完全に服従する以外、何もしていません。イエズスが「こうしなさい」と言えば、そうしました。「こう言いなさい」と言えば、そう言い、「別の行動をとりなさい」と言えば、そうしました。ああ！　魂が自分を捨てて、神に従うことを理解したなら、魂にとってどれほど有益なことでしょう！

当時、私は聖パウロ会に入りたいと思っていました。この地上で始まる天国のような幸せを見いだすために、イエズスを絶対的な献身で愛しなさいと、多くの人にひたすら伝えられるように。神の恩恵を話せるように。私たちを天国に導くことを喜びとされる慈悲深い神への感謝と愛の歌を歌えるように！　でも多くの障害が私のこの願いを妨げました。まず母のわがまま、父への同情、そしていつも揺れ動いている私の健康状態。

動悸は年月を経ても止みませんでした。相変わらず苦しく、背中の痛みも同様でした。それにもかかわらず、私は極端なまでに働きました――後で医師たちから、そう言われることになります。母を満足させ続けるために、そして母の好意を得ようと空しく願って、機械のように働きとおしました。家事、買い物、料理、壁塗り、鳩の飼育、マットレスの作り直し、そして人に仕える仕事。というのも、夏には私たちのところに客——宿代を払う宿泊客——が滞在し、あらゆることが私の肩にのしかかったのでした。そして服やセーターやクロス類を作り、父の夏のジャケットまでも作りました……

でもそれは、やり過ぎでした。フィレンツェの主治医は母と私に、全く働かず何もしないで過ごすのはいけないけれど、心臓の衰弱の恐れがあるから、体を疲れさせては絶対にいけないと勧告しました。でも、だれがそのことを考えたでしょう？　私は、生まれつき気にしないたちで、心臓の痛みと傷ついた脊椎の痛みを、笑って乗り越えてきました。ストロファンツス〔キョウチクトウ科の薬草〕とベルテッリ湿布で何とか対応してきました。さらに、愛のための犠牲という考えが今や私を捉えていました。聖テレーズは彼女の力が尽きるときまでよく働きました！……

私は顔色が良く、少し太り気味で、いつも動いていましたから、それを見ていた母は、働くことが私の体を害することなどあり得ないと思っていました。そして母の要求は前にも増して激しくなり、要求の上にも要求し続けるのでした。私がときに、心臓か背中の痛みがひどくなったと言おうものなら、母は自分のレパートリーのあらゆる病——想像上の——を持ち出して、私に対抗するのでした。

母が体内の腫瘍によって出血していると言って、私を三年間悩ましていたことを考えてみてください。だれから聞いたのか、どこで読んだのか知りませんが、イラクサが腫瘍に確かに効くと言って、イラクサの大きな湿布をいつも下腹部に貼らせるのでした！……　それが効くものなら！　イラクサの詩が出来たことでしょう！　そんなわけで、私は毎日両手と両腕を傷だらけにしてイラクサを摘み、さらにもっととげだらけになって下拵《こしら》えをして、晩になって母がベッドへ行くとなると、あまり香りの好くない膏薬を作り、階上へ運ぶのでした。その結果として、私は真夜中まで動き回り、疲れ果て、そして冬は六時に、夏は五時に起きるのでした。その後、母が腫瘍と言っていたものは、少なくとも四人のうち三人に出来る、良性のしこりに過ぎないことが判明しました。そしてイラクサ〝療法〟を止めてから、めきめきと回復した母は、こんどは静脈瘤のために作られたクリームを塗ることに決めたのでした！…けれども、母を失うかもしれない恐れで、私はどれほど涙を流したことでしょう！　そして松林や野山でイラクサを求めて、どれほどくたくたになりながら駆け回ったことでしょう！…

それは母の病気の一つでした。そして母の話によると、重い皮膚病と結核以外のすべてに悩まされているのでした。あなたもお分かりのように、母はあらゆる病にもかかわらず、八十二歳（一八六一―一九四三年）でまだ生きています。今では歩くことに問題があります――と言っても、私からすれば羨ましいくらいです！　私がもしあれだけ歩けたら、まるで女王になったような気分でしょう。

その頃の私は大事にされなかったに違いないと、あなたは当然思われるでしょう。疲れないようにという忠告とは全く反対でした！　疲れなどというものをはるかに超えていました。夕方になる頃には、腰を曲げて歩き、右側に倒れそうでした。衰弱して！…でも、だれも案じてはくれませんでした。

ですから、聖パウロ会の可能性はありませんでした。イエズスに捧げたもう一つの犠牲です。でも私は入会したのと同じように活動していました。滞在客、友人、そして全くの偶然から私に近づくすべての人は、私がパウロの弟子として導くことができない集団に取って代わりました。人は、望めばいつでも、使徒になれるのです。そして華々しく使徒職として認められなくても――それは誇りと人間的な晴れやかさを伴っているかも知れません――慎ましく、隠された、神のみに知られた、その行動よりもその苦しみによって確認される使徒の栄光をいつも手にすることができるのです。

そうです、私は善良なる主が、私がひそかに網を投げて、たくさんの魂を捕らえることを許してくださったことを感謝します。私は、私の使徒のパンくずに近づいて来る小魚を捕らえようと忍耐強く待ちました。

〝パンくず〟と言うのは、母の注意を引いて禁止されたりしないように、実際、粉々にしたからです。ご存じのように、そんな風に仕事をしなくてはならないことは、とても疲れることです！…

　でも、それらが使徒のパンくずだとしても、私が毎日配った愛のパンは、本当に大きなものでした…私が愛することをだれも止められませんでした。そうお思いになりませんか？　イエズスへの思い遣りとして、私はいつも惜しみなく、隣人に愛を与えました。私はいつも自分に言いきかせました。「何かの恩恵を期待して有力者にいち速く注目する人は、善なるイエズスを思い遣ることがない。私が代わりにそれをしよう。イエズスへの思い遣りを示すことは私の務めに違いない」と。そしてこのイエズスへの思い遣りの示し方は無数にあります。言いたいことを抑えることから、非難に対して反応せず忍耐強く受け止めること、祈ること、許すこと、そしてまた、隣人の身体的・精神的必要に手を差し伸べること、愛ゆえに私たちの命そのものを差し出すひそかな犠牲に至るまで。私はこれらすべてを、ただ愛から行いました。

　パウロの弟子になる望みが叶わないことを知って、私はカトリックアクションのことを考えました。

　私たちの心は、愛でいっぱいになっているところに新しい愛が絶えず天から降り注いで流れ込むと、溢れかえってしまうに違いありません。水圧が極限に達すると、どんな堤防も決壊します。そして愛の力も、極限まで膨れ上がると貯めておけないものなのです。そのはけ口を見つけるか、窒息するしかありません。私は本当の愛の殉教を引き起こして、心の壁を圧する愛の圧力を減らそうとしましたが、ほとんど何もできず、お手上げでした。

　ロイスブルークが次のように言うとき、それはとても正しいのです。「キリストの現存の中にいる魂は甘美さを感じ、この甘美さから神の愛の抱擁である清らかな喜びが湧いてきます。地上のあらゆる楽しみを集め、一つの楽しみにしてその全体、そのすべてを一人の人の上に投げかけたとしても、私が語るこの喜びには比べようもありません。なぜならそこには御自身のすべてを、全く純粋に私たちに注いで下さっているイエズスがおられるのですから。そして私たちの魂は満たされるだけでなく、溢れ出るのです。このような楽しみは、人をもはや喜びに浸らせるだけではありません。このような喜びは霊的な陶酔を生み出します。霊的な陶酔とは、欲望が垣間見る可能性を超えた喜びを意味します。溢れるほどの喜びは、人をときには歌わせ、ときには泣かせます。悶えから解放されるための助けを、人はときには運動に、ときには大声で叫ぶことに、そしてときには言語を絶する強烈な歓喜の深い沈黙に求めます」。

でも言語を絶する強烈な歓喜の中で、人間性はわずかしか耐えられません。熱情は沈黙の中で増大し、私たちを眩惑します。私はそのことを知っています。

そこで私はカトリックアクションのことを考えました。私の教区には、カトッリク青年団はありませんでした。私はそれを創設するよう頼みました。でも断られました。カトリック信徒会がすでに存在しているので、そのほかにつくる必要はないということでした。強く言っても無駄でした。初めての集会に私の家を提供すると言っても無駄でした。仕方がありません。

神から受け取った知性と教養の贈り物を活用しないことは私には苦痛でした。あまりにも多くの若い女性が、かろうじてカトリック教義の仮面をかぶった異教を追求して道に迷っているように思えるのに、彼女たちを神へ導くことができないことは苦痛でした。私はまた、このことを犠牲として神に差し出しました。犠牲を差し出すたびに、私は愛が大きくなるのを感じました。私は絶え間なく自分に言っていました。「もうこれが頂点。これ以上高くは行けない」と。

ああ！　なんと思い違いをしていたことでしょう！　完成へ向かうことは、永遠に登ることです。もし私たちが千年生きることを許されているとしたら、無限の神へ至る道を絶え間なく登り続けた末に、結局はほんのわずかな距離しか進んでいなかったことを知るでしょう…道が高くなればなるほど、そして遠くへ進めば進むほど、道はさらに上へと登っていることに気付くことでしょう。

でも善なる主は、登ることに疲れた寛大な魂に、翼を授けることがあります。長い道を短い時間で行けるよう、主との距離を縮められるようにと。そして死が寛大な魂を停止させたとき、主はその地点にやって来られて、その魂を抱き上げ、ご自身で高みへ運ばれます…このような最後の飛翔は何と甘美なことでしょう、「来たれ、祝福された者よ、わが王国へ！」と言われる主の胸で休息しながら。その翼は、私たちの愛でつくられた最大の犠牲なのです。

一九二七年の春、神は私に大きな翼をお与えになりました。それらは大天使のものであったに違いありません！　一九二七年の枝の主日の朝の一時間に、私が飛んだ空間は、なんと広かったことでしょう！

一月に、正確には一月五日に、一人の若い海軍士官が休暇で、少将である父親と母親に会いに来ました。彼は夜中に原因不明の病に襲われました。後に敗血症の最終段階だったことが判明しますが、初めは訳が分かりませんでした。

一月六日になって、私たちの友人であるこの少将が私たちの家へ駆け込んで来ました。全く気が動転していて、私に来て欲しいと言うのでした。彼らはヴィアレッジョに来てまだ三か月でした。私は彼らの家へ行き、一九二七年の四月九日までそこに留まりました。私はみんなが逃げ出した感染の危険に勇敢に立ち向かいました。大勢の人が私の家族に、「お嬢さんをあそこから連れ戻しなさい。あの青年は結核だ！」と言いに来ました。でも悲嘆にくれた友人に対する親切を、どうして私の両親が引っ込めることができるでしょうか？　そしてあんなに大勢の人の看病をしてきた私に、あの患者の看病をどうして断ることができたでしょうか？　三か月の間、私は彼のために、疲労も嫌悪もなく、死と戦いました。彼のそばで朝七時から晩の九時まで、そして彼が生と死の間をさまよっているときはもっと長く、夜中まで付き添いました。疲れ果てて家に戻っても、母を疲れさせないよう、まだ働きました。

ついに青年は良くなりました。何人もの医師たちが、功績の半分は私のものだと言いました。というのも、私は彼を正しく看護するだけでなく、思慮深く投薬したからです。これについては、後でとても慎重になりましたが、それについてはお話しできません。というのも、あなたの同僚であるアントニーノ・シルヴェストリ神父から、それについてこれ以上話さないように言われたからです。神父が神に召された今でも、私は彼の意思に従っています。

私の患者が初めて起き上がった日に私が経験した喜びを、あなたはお信じになれないことでしょう！　彼の両親は大喜びし、「あなたになんと感謝したらよいでしょう？」と、叫びました。でも私は、すでに神からの感謝を受け取っていたのです。というのも、私は、もし彼に死が運命づけられているなら、キリスト教徒として死に向かいますように、あるいは、もし神が彼を治してくださるなら、彼が神に感謝しますようにと、その命に付き添ったのでした。そして私は成功したと感じました…　私は何の報いも求めませんでした。ただエルサレムのオリーヴの園の集会で若者が買ったロザリオだけを求めたのでした。

残念なことに、四月八日の晩に主治医が帰るときに、次のような意見を述べました。「この若い女性には素晴らしい贈り物をしないといけませんね！　息子さんを看護した上に、あなた方に大金を節約させたのですから。有給の看護人なら、三千リラでも足りなかったでしょうよ」。医師はこんなことを言わなくてよかったのです。でも、たとえそう言ったとしても、私の責任ではありません。そうではありませんか？　結構。私は答えました。「あら、とんでもない！　私は命を救えただけで満足です。それで十分です。お母さまがお持ちのようなロザリオを頂けるなら、喜んでお受けしますが」。

翌朝、私はいつものように少将の家に行きました。まだ弱っている私の患者が起き上がるのを手助けするためです。その頃は九時から十二時までと三時から七時までそこへ行っていました。私は祝別されたオリーヴを買って、彼らのところへ持っていきました。神から多くを受けながら神に感謝していない彼らが、その聖なる枝を見て復活祭が近づいていることを気付いてくれたらと願っていました……

家の中に入って、最初に彼の母親に会いました。私はオリーヴの枝を差し出しながら、挨拶をしました。彼女は私の挨拶には答えず、背を向けました。彼女がひどく風変わりなことは知っていましたから、私はそれほど気にかけませんでした。私は、彼女がこれまでも度々あったように、夫と喧嘩でもしたのだろうと思っていました。

私は患者の部屋に入りました。彼はすでに起きて、彼の父と兄に挟まれて肘掛け椅子に座っていました。三人とも、とても困惑した表情をしていました……「もう起きていたの？　すごい」と、私は言いました。私が受け取った返事はわずかな笑みだけでした。

私は彼の母が何か必要としていないか見るために台所へ行きました。私はまだオリーヴの枝を手にしていました。私は非難の嵐を浴びました。私の哀れなオリーヴの枝はごみ箱に投げられ、もう少しで私も道連れにされるところでした。私が自分の家庭を持つために、この家に居座ろうとしているというのです。最初に自分から言い出すと断られるから、医師に嫌味を言ったのだろうと。揚げ句には、この若い青年を「征服」することができると考えるには、私は年を取り過ぎていると言われました。

「天と地を動かす力は苦しみであるが、

それは愛する苦しみである。」　－D・G・M・ジラール＊

全く真実ではありません。彼らがどうしても来てほしいと言うから、私は来たのです。何も求めませんでした。まして、その青年を征服するなんて。もはや、私は神のものでした。そして永遠に。

私は恩知らずで無礼な女性に言い返してやりたい衝動に駆られました。でも、イエズスは彼の受難が始まったまさにその日に、私が自分の自尊心を捧げることを求めているように思えました… 私は一言も言わずに台所を出ました。もし口を開いたなら、言い過ぎてしまったことでしょう。そこで私は沈黙を選びました… ある場合には、沈黙することが臆病な振る舞いではなく、むしろ英雄的な行為なのです。

私は患者の部屋に戻りました。そして何事もなかったかのように彼のベッドを直し、すべてを片づけました。その間に私の感情は静まりました。それから、もうこちらへは来ないほうがよさそうですと、少将に言いました。彼は口ごもりました——これはぴったりの表現です——下手な言い訳は、何か残念な衝突があったのではないかという私の推測を裏付けました。その本当の原因は、私に何らかの埋め合わせをしなければならないという恐れです。彼らは私や両親のことを、何と分かっていなかったのでしょう！

買い物に出かけていた女性が帰って来ました。私は彼女に挨拶をし、相当に抗う自分を抑えて、私がしていないことについて謝りました。実は汗が出ました… 子供のときから、謝らなくて済むように、いつも正しい行いをしてきた私が、何も悪いことをしたわけでなく、むしろ良いことをした後で、このように惨めな思いをしたのでした！

でもそれは枝の主日のことでした… もうすぐそこに来ている復活祭のために、これ以上の良い準備ができたでしょうか？　イエズスは人間を罪から救うために生贄となり、それを記念する神秘的な祭において死のうとしていました。殊に傲慢の罪は、私たちの祖先とその子孫を破滅させたものです。イエズスのために、この愛の行為を捧げないことがあるでしょうか?

私は家に帰って、患者は一人でやっていけるようになったから、もう行きません、とだけ言いました。母が怒りを爆発させたら、少将にもその妻にも、悪態をつくでしょうから、何も言いませんでした。二人がもし、自分たちの卑しい行為を悔やむとしたら、まだ償うことはできるので、黙っているのが一番いいと思いました。十日後にやっと話しました。というのも、相手が礼を言いに来ないので、両親が驚いたからです。こうして、犬でも良くしてもらったら尻尾ぐらい振りますが、この点に関して、彼らは犬にも劣ったのです。こうして、このことは終わりました。

外的には、このように終りました。でも内的には、終わっていませんでした。私の救い主は、すばらしい埋め合わせをしてくださったのです。彼への愛のために、彼に似ることで、私が柔和で慎ましくなれるようにしてくださったのです。私は私の屈辱を、死に近いイエズスの顔の汗を拭く布として捧げました。イエズスはその布で私のために帆を作られました。彼の慈悲の大海原を渡って、彼の神的実体である太陽へと私を伴うためです。それは本当の愛の洗礼でした。それによって、私の中にあった人間的な残滓《ざんし》は決定的に消滅しました。それ以来、私は翼で舞い上がった勝利の女神のように、地面にはほんの爪先しかつけずに、超自然的なものに完全に守られて生きて来ました。

この犠牲の後、私は生贄への本当の渇きに捕らえられました。自己愛、甘い感情、肉体的苦痛、大小の物

* これは二十二年間病気だったフランス人の副助祭、ジョセフ・マリ・ジラール(一八七四-一九二一)のことか、あるいは世界的に洗礼者ヨハネと呼ばれている、スイス人のコンベンツァル聖フランシスコ修道会士、グレゴワール・M・ジラール(一七六五-一八五〇)のことかもしれない。

質的な犠牲を含む生贄。自分を生贄にする手段となるあらゆることを探し求め、実行しました。真の平安の川が私を浸しました。この川に運ばれるのは何と甘美なことだったでしょう！　今、川に浸されたと言いました。いいえ、私はそのうねりで運ばれたのです。それは自信と平和と愛のうねりです。そして私は水に浮かぶ藁のように、〝御旨〟に身をまかせました。私はそれに運ばれながら、自分がすべきことを始終指示されました。それはあたかも、主が私の唇に杯を近づけ、彼への愛のために飲むように求められているかのようでした。そして私は飲みました。それは往々にして、とても苦く、唇の上でさらに苦くなりましたが、私の心の中でとても甘い蜜に変わるのでした。

一九二七年と一九二八年の大部分はこのように過ぎました。

一九二八年の秋、私はフランシスコ修道会の第三会への入会を志願できるようになったと感じました。過去に私を動揺させたことは、今やすべて永遠に克服され、私は愛によって以前の自分とは別の人間になったことが分かりました。

そこで私はフランシスコ会へ行き、私の立場を説明しました。私を今のままで――つまり母の感情を傷つけないために、当分の間、会合に出席したり、招待を受けたりできないが――受け入れてもらわなければなりませんでした。すると、それはできるが、そうすると私の着衣式は遅くなるだろうと言われました。気にするものですか！　私はその儀式のために、もっともっと準備しましょう。それが消えることのない真のしるしとなるように。

一九二九年の春、私は一人の少年が寄宿学校に入るのに付き添って、クレモナへ行きました。その少年を腕白に育ててしまった無分別な母親から託されたのでした。私に本を取り寄せてくれた親切な旧友が、この不運な少年の避難先を探すのを手伝ってくれていました。私は十五日間、この友人宅に泊めてもらいました。

私の大好きな聖マルタンが育った家のような家庭でした。

友人は自分の教区のカトリックアクション青年団の長をしていて、「どうしてあなたもカトリックアクションに入らないの?」と、尋ねられました。

そうなのです! 言うのは簡単! 私は反対されたことや、私の司祭が教区にカトリックアクションを望んでいないことを説明しました。

「でも、メンバーがいるわよ」。

「え、いないでしょ」。

「どうして? カトリック大学に寄付金を送ってきているわよ。ほら見て、ヴィアレッジョ、聖パオリーノ教区、ルルドの聖母サークルって」。

私はあっけにとられました。私はこれまで、会をつくってほしいとあんなに頼んできたのに、それがもう存在することを何十キロも離れたところで知ったのです… 私は望まれていなかったのです。それがすべてでした。私は帰ったらすぐ、入会を申し込もうと決めました。

哀れな少年を支援する慈悲の行為――そういうことでしたから――をしている間に、私には心筋炎の最初の兆候がありました。

一九二八年の夏、私はひどい咽頭炎になっていました。熱が四十度、あるいはもっとありましたが、滞在客がいたため横にもならずに乗り越えました。一か月の苦しみで私は本当に消耗しました。一九二八―二九年にかけての厳冬には、咳と高熱を伴ったひどい流行性感冒にかかりました。それが治ったと思ったら、群衆に税務署の鉄製柵に押し付けられて肋骨を折り、吐血もしました。肋骨が肋膜を傷つけたのでしょう。でも、いつものようにだれも気にしませんでした。自分では、心臓が重く、膨れて、ずっと悪くなっている気がしました。クレモナへの途中で、ポントレモリとボルゴターロの間のパッソ・デラ・チサまで来たとき、軽い不快感を覚えました。一瞬のことでしたから、軽いというより短いものでしたが、死ぬかと思いました。鼻血が出ました。

　クレモナで、少年を学校へ連れて行った晩も、不快感がありました。私はなんとか友人に気付かれないようにしました。でもこの時も死ぬかと思いました。汽車で帰る途中、ボルゴターロとポントレモリの間でまた、あのわずかな、でも苦しい不快感が生じました。どうやら、私の心臓が降参したようでした。あの地区の極端に薄い空気と、母を求めて私の首にしがみついた子供と離れた時の感情とが、私を傷めつけたのです。

　実のところ、友人は私が疲れて具合が悪そうなのを見て、もっと滞在するように引き留めました。背中の痛みでとても具合が悪く、嘔吐や腹部の痙攣に襲われたのは、一晩だけではありませんでした。でも、母からの命令の電報は、どんなに悪い状態でも出発することを強いました。母はいつも同じです。何事も母を変えることはないのでした。私が親しい友人とほんの少し休息することを喜んでくれたらよかったのですが。でも、とんでもない！　私はいつでも鎖でつながれていなければならなかったのです。

　その夏、私は海水浴客の世話で、くたくたになるほど働きました。秋には体を完全に右に曲げて歩くありさまでした。

　教区の司祭は、私がカトリックアクション青年団に入ることを再び拒否しました。もう一人の司祭は「ああ、カトリックアクションなんて気にすることはない。あんなもの価値がない！」と。そして三人目は、カトリック婦人団を私に勧めました。そこは、私には場違いでした。私の使命は、若い女性を教育することでした。でもそれがかないません。数年前なら苛立ったことでしょうが、今では祈るだけでよいのでした。私の意志は神の意志を行うことです。そして、物事がうまくいかなくても、心をかき乱すことはありませんでした。とは言っても、私の健康は少しも良くはなく、神が私の奉献を生贄として受け入れてくださることを望み、それを完遂する準備をしていました。

これはどんなに私を魅惑し、何よりの慰めとなったことでしょう！　もしも瞬間的な事のために激怒する哀れな人びとが、人生とそのあらゆる魅力からの離脱が、どれほど甘美で落ち着くものか、味わい知ることができたなら、どれほどびっくりすることでしょう！　完全に悲惨というわけでなくても、あらゆることを恐れる魂を持つ彼らにとって、犠牲と苦痛――それらがどんな形を取ろうとも――を体験することは辛いものですから、寛大な魂にとっても辛いだろうと考えます。でも彼らは大いに間違っています。

寛大な魂は、特別な光の中で生き、弱い心の目に映るものとは異なる衣をまとった犠牲と苦痛の雰囲気に生きています。そんな寛大な魂にとって、犠牲はもはや努力ではなく、苦痛はもはや苦しみではありません。犠牲的な魂においては、あらゆることは人間的価値を失い、超自然的な価値を得るのです。健康も病も、仕事の成否も、そして喜びも悲しみも、どれも人間的な観点とは異なって、それが超自然的な善をもたらす場合にのみ歓迎されます。それどころか、寛大な魂が関心を持つ唯一のことは、苦しみがないという問題なのです。

ここに価値の転換があります。普通の人間にとっては苦しみというテーマ、この問題だけが恐怖の源です。一方、寛大な魂にとっては、十分に苦しまないことが恐れの原因であり、苦しむことの喜びを神から与えられるように、祈願を強めるほどなのです。この世での仕事のすべては自分の心ではなく、神を喜ばせたいという願いに集約されるのです。そしてこの目的を達成するために苦しむことが必要であれば、苦しみに祝福がありますように！

こういうわけで、寛大な魂は、寛大でない魂のように苦しみを苦々しく感じることはできないのです。苦痛はどうしようもなく残りますが、敵としてではなく、私たちをもっと高く上昇させていく友として残るのです。実に多くの人びとに嫌われるこの苦痛こそ、私たちをキリストと似た者とし、彼の御業の継承者にするという考えは、私たちに、常に新たでより深い苦しみを求める、飽くことのない渇きを与えます。そしてあの無限の慈悲によって、罪に陥りやすく、はかない哀れな者である私たちが、贖いの御業において、イエズスに似た者になるという名誉を与えられ、私たちの血を聖杯の中で尊い御血と混ぜていただけると考えると、目の眩むような愛と感謝の高みへ導かれるのです。

実のところ、私たちの唯一の恐れは、苦しみの杯が神の手によって私たちの唇にもたらされることではなく、それが唇から持ち去られることになるでしょう。その唇は、贖い主によって初めて知らされた杯の味以外は、もはや味わいたくないのですから。

寛大な魂は、苦しみや喜びを自ら求めようとしないほどに、自分の意志を捨ててしまいます。手足を縛られ、いとしい方に生贄として捧げてもらえるように自分を差し出し、助命されないことだけを願います。その魂には新しい傷のすべてが、比類のない宝石に見えます。そして肉体を砕かれる苦痛でもだえ、涙が流れるとき、たくさんの悲しみの雫は集まって、神が与えてくださる苦しみの恵みを喜ぶ涙と一緒になるのです。

生贄を捧げる人を第一に苦しめるのは愛です。そのためだけに命を使い切るほどの独占的な強い愛なのです。第二に苦痛です。神の助けがなければどんな人間も命を奪われてしまうほどの多種多様な苦痛です。第三に、苦しみの中でも最も苦しみとなるものは、苦痛を取り上げられることです。なぜなら、これはもはや私たちが、神と共に、神のために、そして諸々の霊魂のために苦しむに値しないと、神から見なされているのではないかという恐れをもたらすからです。

私は何年もの間、この世の生活の中で、このようにして私の平安を見いだして生きてきたのでした。

犠牲的な魂であるということは、マグダラのマリアやアグネスのように、悔いる魂であるということです——苦しむことは人を清めますから——そして、聖テレーズのように信頼することを意味します。犠牲的な魂であることは、イエズスの手の中の道具となって、使われることに文句を言わないことを意味します。犠牲的な魂であるということは、永遠の命に至る確かな道がどこにあるかを理解していることを意味します。

この確信が、あらゆることにおいて私を慰めました、常にすべての人から拒否されても。家でも、家の外でも、司祭からも、一般信徒たちからも拒否されました。この点では、皆が一緒になって協定を結んでいるかのようでした。でも、イエズスが私のところにいてくださいました。ですから……

一九二九年十二月の末に、私の教区でカトリックアクションのメンバーのための修養錬成会がありました。指導者はサンギネッティ司教でした。長い年月、参加の機会を奪われていた私は、喜びを持って参加しました。最後に長い告解の中で、私は自分の心を師に開きました。私はこの師に理解されるという恵みを受けました。めったにない恵みでした。というのも、このときまで私は、常に拒否されてきましたから。そしてイエズスだけが私の指導司祭だったのでした。

サンギネッティ師は私に長く話しをさせ……それから私をカトリックアクションの文化使節に任命されました。とうとう彼らは、私を受け入れねばなりませんでした!

私はメンバーたちの愛を勝ち取ることができました。一方、人間的な観点からしか物事を見ない責任者たちは、彼らの狭い心が切望する祝福された仕事を私に奪われることを恐れて、私を受け入れてくれませんでした。でもメンバーたちはすぐに私をとても愛してくれて、私を正当に認めてくれました。私は規律、勉学、時間厳守、そして規則に従うことを求めました。まず私がこの規律、勉学、時間厳守、そして規則に従うことを厳密に守りました。すると、彼らは私に倣いました。下の者たちに犯してはいけませんと言っている罪を、私たちが犯しているところを、下の者たちに見られでもしたら！　何もかもおしまいです！

　その年、カトリックの教えの初級コンテストがありました。それは小さな勝利を収めました。前年に全く準備をしていない若い人たちをテストした教区のカトリックアクションの代表は驚きました。私は少女たちのために喜びました。成功ほど人びとを駆り立てることはありません。とりわけ、私の少女たちのようにまだ幼い心の持ち主には。

　私は彼女たちに書物で報いました。つまり得点が高かった優秀な者たちに褒美を与えたのです。彼女たちはきっと、次の年にはもっとがんばるでしょう。私たちより下にいる者たちは、より強い手で支えられるべきですが、その手はベルベットに覆われていなければなりません。優しさによって、彼らにはやることがたくさんあることを感じさせなければなりません。優しさの下に強さがあることは知らせなくてもかまいませんが、必要なときには知らせます。

　でも神から私たちに託されたこれらの者たちを本当に愛するとき、私たちは力に訴えなくても、私たちが望むものを彼らから手に入れます、とりわけ私たちの被後見人が、嫉妬を知らない若い魂である場合には――嫉妬は人間社会の毒蛇です。神は私たちに到達できないところへ達することができます。そして教師と生徒たちは、神の面前で知恵と恩寵によって成長するのです。

一九三〇年夏

「主の十字架を見よ――失《う》せよ、敵たちよ。」（ローマ聖務日課より）

一九三〇年の夏、私は十字架の力を経験しました。でもその前に、私の聖金曜日についてお話しなければなりません。

私はいつも、ご受難の主日から聖三位一体《さんみいったい》の祝日までの期間を最も大切にし、待ち望んできました。私の魂にとっては、クリスマスさえ、この時期ほどの力を持ちません。私が十字架のキリスト像に熱中していた時のことを思い出してください。ですから、受難を追悼する期間は、私にとって何にもまさる魅力を持っているのです。

私にとって、この時期は主の昇天の祝日で完了し、その後に、聖霊降臨《ペンテコステ》の祝日がやってきます。私の好きなもう一つの祝日です。聖霊！　愛！　光！　火！　ああ！　私は聖三位一体のこの第三のペルソナをなんと愛していることでしょう！　一日が、「ヴェニ・サンクテ・スピリトゥス」！（聖霊来りたまえ）で始まらなかったら、まるで光を奪われたようでしょう！　そして日中でも、私を悩ませたり、妨げたり、暗くすることがあると、私は子供が全知の賢人に寄せる信頼で聖霊に向かいます。「聖霊の九日間の祈り《ノヴェナ》」は、いつも私にとって超自然的な歓喜と幸福感に溢れたもので、それは聖霊降臨の祝日の朝、とても強い光に触れることで頂点に達します。

大多数のカトリック信者は、聖三位一体の第一と第三のペルソナをあまりにもしばしば忘れるという、重大な間違いをしています。十字を切るとき、多くの人は「父と子と聖霊との御名によりて」と言っても、実際には子のことだけを考えています。私たちの生来の鈍感さはとても深く、ごく少数の人びとしか聖霊とはそもそも何であるかを想像することができず、唯一肉体を与えられた子へと、ひたすら向かうことになってしまうのです。

信心深い人びとは、聖体拝領の秘蹟にキリストとの霊的一致を結び付けます。でも彼らは実際には天の私たちの父を尊敬のこもった愛情で継続的に抱擁し、私たちがいつも大いに必要としている聖霊の七つの賜物*が私たちに新たに注がれる霊的《堅信》を受け取ることは愛の正当な振る舞いであるとは、想像することさえしません――それどころか、あたかも冒瀆の言葉を聞いたかのように恐怖を覚えるのです。私としては、この大多数の人たちの欠陥を埋め合わせようと努力してきました。キリストの光の中に入って以来、私はいつも、この聖三位の第一位と第三位への信仰の欠如を埋めようとしてきました。

そのような崇高な祈りが真の祈りとなるには、静けさと内省が必要ですが、私たちはいつもそのような状態で「父よ」と言えるわけではありません。習慣的に言うこと、単なる機械的な繰り返しの原因になっていることがしばしばです。そして魂がそこにいないなら、その祈りにどんな効果があるでしょうか？　何もありません。上《うわ》の空の唇による機械的なつぶやきだけです。でも魂の深いところから、矢のように短い祈り、たとえ簡潔であっても、燃えるような愛の告白が放たれるなら、神はどれほど歓喜し、無限の力の祝福で応じてくださることでしょう！

「おお、わが父よ！」、「父よ、あなたを愛します！」、「父よ、あなたの被造物に御目を注いでください」「父よ、あなたにゆだねます！」と創造主に呼びかけるとき、被造物である私たちが創造主である神を思って呼びかけるときの、短く燃えるような祈り！　それは私たちにどれほど恩寵を与えてくださることでしょう！　悲しみや喜びの中で、熱狂やむなしさの中で、平穏や動揺の中で、あるいは行くべき道に迷うような出来事があったときに、私たちは一日を照らす太陽に向かうように、聖霊の七つの賜物を望んで、愛のため息を高くあげます。すると、おお！　彼はそれに応えて、光と慈悲と知恵と勇気の賜物を持って降りて来られるではないですか！

私はサークルの私の小さな娘たちにも、このとても祝福された御父と聖霊への心の高揚を習慣づけさせました。でも、彼女たちがそれにずっと忠実でいたかについては大いに疑わしく思っています。

それでは本題に戻るために、ご受難の主日から聖三位一体の祝日に至る期間が、私にとってどのように大事な期間であったか、今もそうですが、それをお話しましょう。さらに聖週間は、一番荒れていた時代でも、いつも私の心を動かしてきました。神が私たちのためにあのようなやり方で刑死なされたということは、私にとってすばらしく崇高なことでした。私は幼い頃とそしてそれ以後の悲しい時期に私の魂を凍らせてきた氷が、すべて溶け出すのを感じました。深い感動が、炎の海と共に私の魂に押し寄せて来るのを感じました。

母の考え方のために、私は一度も穏やかに聖週間の典礼に出席したことがありませんでした。これらの日々が近づくと、母はいつもよりもずっと気難しくなるので、厳粛さと矛盾した修羅場を避けるために、手の込んだ駆け引きをしなければなりませんでした…… それはあまり役に立ちませんが、いくらか状況をよくします…… そんなわけで、私は毎日の聖体拝領と、買い物に出かけるときに息せき切って駆けつける数分を使って、つかの間教会を訪れることで満足しなくてはなりませんでした。だれにも信仰を邪魔されないならば、教会へ通うことは快適です。でも、神の家へ行くために、他人の怒りに挑み、千もの聖なる策略を用いねばならない者のためには、どんな功徳が用意されているのでしょう?

一九三〇年の聖週間の間、私はいつもよりずっと愛と償いの心で燃えていました。サークルのおかげでずっと頻繁に出掛ける機会を得て、私は網を逃れた小魚のように教会で跳ね回っていました。祭壇の大きな十字架上のキリスト像は、これまでよりもずっと哀願するまなざしで私を見ているように思えました。

* 聖霊の七つの賜物：成聖の恩恵を受けると同時に授けられる超自然的原動力の七つの形態。上智（sapientia）、聡明（intellectuo）、知識（scientia）、剛毅（fortitudo）、賢慮（conscilium）、孝愛（pietas）、畏敬（timor Domini）。

あの十字架上のキリスト！　私があれを見ることは二度とないでしょう。でも天国で、あのとき流した涙がすべて宝石に変わるのを見るでしょう。私は像が主祭壇に置かれる期間に、大司教の礼拝堂に横たえられているのを見つけて、彼の胸と刺し貫かれた両手に涙を流しました。私は彼をそっと愛撫し、私のハンカチで彼の顔、両手、足を汚している埃を取り除き、彼に口づけして、涙を浴びせました。こんなふうに彼に触れることができるなんて、本当のこととは思えませんでした！　もはや生命のない木像ではなく、生きて、脈打っている体のようでした。ですから、私は泣きながら、彼を気遣って、たくさんの質問を浴びせたのでした。「かわいそうなイエズス！　この釘は、この刺は、この青あざは、とても痛いでしょう？　ああ、何とかして、これを取り除いてさしあげたい！」。

　これは愛の聖なる愚かさです！　感傷主義と言う人もいるかもしれません。でもそうではありません。絶対的に愛されている人には、このような言葉がいつでも、本当に信念をもってかけられるのです。泣くわが子のゆりかごのそばにいる母親は、自分を犠牲にしてでも子の痛みを取り除きたいと悲痛に思い、甘い言葉をかけるでしょうが、それは純真でこそあれ、決してばかげていませんね？　愛情深い妻は、病気の夫にこの上なく優しく屈みこみ、苦しみを和らげてあげられないことに気をもみ、妻としての愛情に加えて、ゆりかごのそばで使われるような言葉で、母のような愛情を示さないでしょうか？　では、イエズスが夫や子供を愛すると同じような心遣いのこもった優しさで愛されては、どうしていけないでしょう？　同じ優しさでは少な過ぎます。彼はもっと、もっと、もっと優しく、本当に愛されなくてはいけません。どうして十字架上のキリストや聖心のキリストへの愛撫を感傷主義とみなしたり、考えたりしなければならないでしょう？リジューの聖女は彼女のバラの花びらをむしって、その花びらで主を愛撫しますが、決して笑いを誘いはしません！　主にまき散らされたそれらのバラの花びらは、彼女の人生の象徴でした。彼女の花びらは、愛の犠牲の中でむしりとられたのでした。それは感傷主義ではなく、犠牲の事実に裏付けられた愛の愚かさなのです。

　私が十字架上のキリスト像を愛撫し、涙を流し、言葉をかけたこと、あれも感傷的でヒステリックなばか女の感情ではありませんでした。それらは、私の心の、真実の力強い欲求でした――私の心はもう、私の神に似た者になるために、犠牲として差し出されていました。

　ああ！　マグダレナ、私は彼女が愛と苦しみの、いわば発作的危機で、大いに嘆いた気持ちがよく分かります。それは絶対にヒステリックなものではありませんでした。愛の灼熱だったのです。私は悔悛するマグダレナの熱烈な仲間でしたし、今もそうです。そして比喩的にではなく、本当に、イエズスを十字架から降ろし、代わりに釘で打ちつけられることを受け入れるのでしょう。

　あなたは私の苦しみを十分だとお思いですか？　いいえ。確かにそれは並外れて大きなものです！　神の特別の恩寵がなかったら耐えることができず、心は苦痛で張り裂けてしまうでしょう。でも、十分ではありません。私、キリストのものである魂、十字架のマリアにとって、十分ではありません。たとえ神が私の苦しみを増やしたとしても、決して十分ということはありません。私の救い主の苦しみは限りがないのですから、私の苦しみもそうあってほしいのです……

　私が十字架のキリスト像を愛撫したことを、司祭のだれかに気付かれたかどうか、分かりません。気付かれていないでしょう。私は二つの扉を椅子で押さえ、ずっと耳をよく澄ましていましたから。私は見られたくありませんでした。「あなたは祈るとき、部屋に入って戸を閉め、隠れた処においでになるあなたの父に祈りなさい。そうすれば、隠れた行いをご覧になるあなたの父は、報いてくださる」*。でもまずいのは、イエズスが祭壇にあるときに、涙が頬を流れることでした。幸い、それはいつも教会に人がいないときでした……たまにいたとしても、年老いた主任司祭だけでした。でも彼の前なら、私はそれほど恥ずかしくありませんでした。彼はすでに、私をかなりよく知っていたからです。

そして聖金曜日がやってきました。

私が「苦しみの三時間」……の典礼に出かけたのは、その時一回限りでした――そして、ほとんど死にそうになったのです。父と母と私で行きました。家族の歴史の中で前例のないことです。母が私の願いに同意したのでした。美しい若い女性も一緒でした。

十一時頃、私は祭壇のもとでイエズスと聖母の傷ついた聖心を思って、たっぷり泣いていました。でも、気分は悪くありませんでした。私は泣いていたので、ほとんど何も食べませんでした。

それから、教会へ行きました。説教台のほぼ真下に座りました。ミサの中の第二朗読のあたりで、とても気分が悪くなってきました。それまでに一度も経験したことのない苦しみ、ひどい苦しみでした。私の狭心症の発作は、聖金曜日のまさにイエズスが苦しんでおられた時に、初めて起きたのでした。

古代の医者は、この病気とその苦しみとそれがもたらす危険性までは何とか見極めたものの、その治療法を発見できなかったため、この病気を「生存中に死を経験する休止」と定義しています。それを思えば、これがどれほど恐ろしいものか分かるでしょう。あの刺すような発作の激痛、痙攣、窒息、脱力は、経験した者にしかその本当のつらさは分かりません。そして私は聖金曜日に、それを初めて経験したのでした。死の苦しみにあるイエズス、死の苦しみにあるイエズスのマリア。私は本当に死ぬと思いました。その苦難から抜け出すことはできず、ましてや、歩くことなどできません！……体を締め付けるものは何もかも息苦しさを加えるばかりなので、私は教会の中で、服を脱がずにいられない思いでした。

でも、私は怖くありませんでした。イエズスが私を十字架に引き上げていると感じました……過去五年の間、私を犠牲として受け取ってくださいと、イエズスにお願いしてきて……神からの承認という祝福されたときがやってきたのです。なんとも意味深い、聖金曜日のその時刻に。

「でもあなたは、その前の年も不快を感じていたではありませんか」と、おっしゃるかもしれません。全く別物でした！　あれは循環器不良の前触れの発作だったようです。首と頭に血液が大量に流れ込み、激しい目眩《めまい》がして、それだけでした。今回の場合は痙攣性の痛み、氷のような冷汗、まさに死の苦しみでした。それは死につつあるイエズスから彼の小さな生贄への贈り物なのでした。

危機が去ると、私はいつもどおりに戻りました。ただ極度に疲労しているだけでした。でも、深い眠りの後、もはや疲れさえも感じませんでした。

夏がやってきました。その年は、毎夏私たちのところに来て、親しく言葉を交わしていたいつもの家族が、私たちのところに来ないことになりました。私たちは別の知人と交渉しましたが、最後になって、その人も来られないことになりました。そんなわけで、だれも来る予定はありませんでした。

六月の終りに、ある知り合いの女性が、医師を一人、私たちのところに泊められるかどうかと聞いてきました。その人は、穏やかに食事ができて、良く眠れるように、あわただしくない、とても静かな家を探していて、期間は二、三か月を希望しているとのことでした。でも、この医師はさらに、自分が面倒を見ている若い男性を伴うので、その男性がちょくちょく訪ねて来て、部屋で相談を受けるのを許可してほしいというのでした。

相談——いろいろな意味のある言葉です。医学的相談もあれば、法律的な相談、もし農学博士であれば、

＊　マタイ6：5–6。

玉ねぎの栽培技術についての相談だってあります。

大変好都合な話で、あまり負担にならないことから、私たちはそれを受け入れることにしました。その相談員は別のところに滞在しましたから、私は一人分の世話をするだけでよいのでした。

七月一日にその――相談員がやって来ました。見たところ控えめで、礼儀正しそうな好青年。彼は現在の私の部屋、当時は客間だった部屋に入り、私が祈る場所にかけていた十字架のキリストの小さな絵を、取り外さないでほしいと言いました。自分は信仰深いのだと言い、自分の相談室にその宗教的な絵があったほうが良いと言いました。それは結構。彼は何の面倒も引き起こしませんでした。穏やかに、丁重に、静かに、入ってきて出て行きました。

七月四日に医師が到着しました。非常に気品のある人。後で、彼がかなり教養もあり、裕福なことが分かりました。彼は私たちのところがすっかり気に入り、すぐに三か月滞在することに決めました。最初の日、彼は食べ慣れた卵を探してほしいのと、また、尿酸血症のために食事の一回は魚にしなくてはならないので、その魚を準備してほしいとのことで、私たちに準備する時間を与えるために、外で食事をして来ると言いました。ピアノを見て、使わせてもらえるかどうか私に尋ねました。彼は上手に弾き、歌いました。私はどうぞと答えました。

翌日から、正式に食事つき宿泊が始まりました。昼食の後、医師は休息するために彼の部屋、あるいはピアノの置いてある小さい部屋へ上がっていきました。私は食器を洗いに台所へ行きました。母は私と一緒にいました。そして父は自分の部屋で寝ていました。とても暑い時刻、あたりは静寂に満ちていました。

突然、私は奇妙に具合が悪くなりました。身体的にではありません。そうです、それは身体的でない具合の悪さでした。というのも、痛みは少しもありませんでしたが、身体的な痛みのように私をかき乱しました。

なんとも説明不能な。

私は息を吸いに中庭へ出ました。家の中の空気が急に汚れてきたように思えたからでした。そうです――汚れた空気、これが多分この感じに一番ぴったりの表現です。でも、中庭でも同じでした。それどころか、目に見えない手が私の胸を押さえつけ、私の鼻孔を塞いでいるようでした。母は何も感じていませんでした。

私はやっとのことで家の中に戻りました。やっとのことで、というのは、何かが私を家に入れまいとしていたからです。私は苦しいときに使う強心剤を取りに二階へ行きたいと思い、階段を上りました。最初の小さな踊り場までは大丈夫でした。ところが次の踊り場へと上り始めると、何かの力がまるで私を上らせまいとするかのように、私を押し返すのに気付きました。私は本当に大きく力強い二つの手が、私の胸にのしかかり、ものすごい力で押し返すのを感じました。まるで敵と戦うように、そして手すりにしっかりつかまって、私は何とか上へと上りました。二階にたどり着いたとき、小さな部屋の閉まった扉の前で、ひどく怯えた気持ちになりました。そのとき私に何が起きたのでしょうか？　分かりません。寝室の中を洞察すると、何の物音もしないその小さな部屋で交霊術が行われていることが、まるで目に見えるように分かりました。

私は自分が勇敢なほうだと思います。地震と暴動以外は何も――伝染病も苦痛も、あるいは動物も怖くありません。猫とは適当な距離を保つようにしています。猫が嫌いなのではなく、猫が私の目に飛び掛かって来るからです。猫が私の目の中に何を見ているのか分かりません。猫はチャンスさえあれば私に飛び掛かるようなので、それで私はこの動物から離れているのです。蛇を見ると身震いがするので逃げますが、そのほかの動物は、女性たちが悲鳴を上げる鼠も含めて好きです。でも交霊術にはひどく恐怖を感じます。不可解なことはすべて恐ろしいのです。

学校でシスターたちはよく言っていました。「もし天使や、聖母や、イエズスが現れたら、どんなに素晴らしいか想像してごらんなさい！」と。すると私は急いで言います。「いいえ、とんでもない！　私は窓から飛び降ります！」なぜ？　神が怖いから？　いいえ、悪魔が私たちを騙すためにそういう様子を装っているかもしれないからです。「あなたは、催眠術や、あるいは魔術やオカルティズムを受けたら、良くなるでしょう」と、言われたとしても、私は悪魔の一片が私に留まることを恐れて、その療法を拒否するでしょうし、拒否してきました。

一九二一年に私がマリオをめぐって母と争っていたとき、母はあるオカルティストのところへ行きました。私は彼らが何をたくらんだか知りません……オカルティストはお守りを私に送ってきましたが、私はそれを身に着けないように、とても注意しました。でもそれを受け取るだけでも、その半・悪魔的（私から見ると、ある人たちは悪魔と密接なつながりがあります）なところへ行くだけでも、私にあんなことをもたらしました。でも私の母はある種のことを信じていて、彼女が半信半疑で信じている悪魔を恐れていません……

要するに、交霊術が行われていることが私に分かったということです。どうして分かったかって？　知りません！　私には分かった、それだけです。

一階に戻ると、私は母に言いました。そしてめったにない大胆さで、あの人に部屋を提供するのをやめるか、私が出て行くかどちらかだと言いました。それを話し合っているときに、その――相談員が一階に下りてきました。彼はむしろ弱っているように見えました。彼は挨拶をして出て行きました。「それでは、彼は一緒に二階にいたのね」と、私は言いました。「結構なこと！」。

翌日私は、玄関の扉に「ムスタファ－手相占い師－オカルティスト」などと美しい筆跡で書かれた告知を発見しました。

　何てこと！　彼はこういう術の相談員だったの？　私は頭に血が上りました。あんまり頭に来たので、母に伝えました。すると母は医師に、海水浴客として滞在したいなら、もちろん可能であるけれども、もしある種の事に献身したいのなら、すぐに出て行ってほしいと伝えました。私たちの家はそれにふさわしくありませんでした。かなり言い合いがありました。それから医師は、自分が面倒を見ている男にはどこか別のところへ行くように話すと言って同意し、医師は留まりました。
　二、三日が過ぎました。手相占い師はなおも、パトロンから金をもらいにやって来ました。でももはや鍵をかけて閉じこもることはなく、彼の――相談室を明け渡しました。
　四日目に再び奇妙な感覚を感じました。でも今度はいちいち戦いました。何をしているところであろうと、それを中断し、十字架像で武装して、言いました。「主よ、今こそこのしるしの力を私に見せてくださるときです。父と子と聖霊の御名によって、悪魔が私の家で行動することを防いでくださいますように」。それから、聖エドモンドの祈りで締めくくりました。「ユダヤ人の王であるイエズス・キリスト」。

　私はもはや空気の欠乏を感じませんでした。そしてしばらくしてから霊媒（彼を彼の正しい名前で呼びましょう）が下に下りてきました。彼はとても動揺していました。食堂に入って来て、私たちを説得しようとして長いこと語りました。彼は宗教的で信仰心篤い立派な男である、そして交霊術は神に敵対せず、反対にそれを実践する人はだれでも来世を信じるようになる、肉体を失った魂が姿を現し、崇高な声をもたらす、などなどと。私は黙っていました。

　それから霊媒はとりわけ私に向かって言いました。「あのね、私は悪魔に取り憑かれた人間ではありません。考えても御覧なさい（フィレンツェ人の話し方でした）、私はあなたに復活祭のろうそくを持って来ています（どういうつもりだったのやら）。そして私を望まないことは間違っています。私はあなたに良いこと（？）をしたいので、ここに望んで来たのです。でも、あなたは私を追い払おうとしています……」。

「私はだれも追い払っていません」と私は答えました。「もしあなたがイエズスの友人なら、あなたは私の前で居心地悪く感じるはずはありません」。

「そうですね、でも感じるのです。あなたはいつも教会に行きますね！」。

「まさにそれだからこそ、あなたはここで居心地よく感じるべきです。キリストと一緒にいる人はだれでも、キリストを恐れません！」。

「でもあなたは私の邪魔をしています」。

「もう来ないでください。おやすみなさい」。

そして会話はそこで終わりました。

少したってから医師が現れました。眉をしかめ、気難しい様子で。彼は私の前にどっかりと立ち、私の頭から足の先までじろじろ見ました。私は彼をいぶかしく見つめました。

その晩――その日は日曜日でした――夕食をとっている時に、医師が言いました。「お嬢さんが私たちにいて欲しくないと思っていらっしゃるので、私はここを出なくてはなりません。あなたは今日ムスタファを死なせるところだったのを分からないのですか？」。

「私が？　彼がここにいることも知らなかったのに、どうやってそんなことができたでしょう？」。

「いいえ、しましたよ。あなたです。彼は催眠状態に入っていたとき、突然硬直して私に倒れ込みました。元に戻ったのは、やっと三十分後にガブリエル（？）が帰って来たからで、ムスタファは意識が戻ったのです」。

結構なこと、と私は思いました。あなたがやめようとしないなら、私がやめさましょう。手に十字架を持って一階で祈ることで。結果、ムスタファは二日後に、彼のガブリエルらしき霊と一緒にリミニへ行きました。医師は、自分はここにいなければならないとやらで、留まりました。そして八月十七日の夜までは、すべてうまくいっていました。

でもその夜、一時から二時の間、私が赤ん坊のように眠っていると、突然私を追い払おうとするかのように私の胸を押さえる両手と、汚れた空気のあの感覚で目が覚めました。私はとても苦しく、一緒に寝ていた母に言いました。「先生が何かたくらんでいる」。

翌朝、私は買い物に出かけたとき、心臓発作でほとんど死にそうになり、さんざん苦しみました。家に戻ったとき、私がとても蒼い顔をしていたので、霊媒術を別にすれば、良い人である医師は、私を気の毒がりました。でも私は彼の同情を拒み、「昨晩、何をしていらっしゃいましたか?」と、訊ねました。彼はうつむき、名高いガブリエルを呼び出していたと告白しました。

神父さま、ご判断ください。私はただ、イエズスと十字架の力が悪魔的な活動を妨げたと確信している、とだけ申しましょう。霊媒術は悪魔によるものである(それは私をとても苦しめました。もしあの二人が主張するように神から来たものなら、私を苦しめることはなかったでしょう)と確信している、と申します。悪魔は私が家の中にいることを望まず、私が私であるからではなく、私の中にいる神のために、私を排除しようとしたのだと、私は断言します。この事件の中には、神だけが知る隠された理由が確かにあると確信していると、あなたに申し上げます。それは成果のないものではなかったと断言します。なぜなら、三か月後に医師は、いろいろなことに関して心を変えたのです。すべてを捨てて神と再び結びつくことを望むほどまでに。最後に、私が後で苦しんだことの多くは、私がイエズスの御名によって屈服させた悪魔からの復讐だったと確信していると、申し上げます。

私の病気はそのときまで、症状は明確でした。そして重症であっても、後になって起きたような全身性の疼痛、残酷な手で神経の束をねじ曲げられるかのような苦しみは、まだ伴っていませんでした。この時以来、症状が変化し、だれにも理解できないこの新たな不可解な病と混じり合い、複雑になりました。そしてこれらに加えて、私をさらに屈服させた誘惑が荒れ狂いました…私はかつてこれほどのことを経験したことはありませんでした！ 若い頃の最も暗い時期でも、この病気の九年間の苦しみに比べれば、バラ色でした。私は今日で九年間ベッドに寝たきりです（一九三四年四月一日－一九四三年四月一日）。ここ一か月だけ、悪魔的な攻撃から解放されている気がします。これはだれにも話していません。というのも、今のところ、人びとはこれほど私を苦しめた悪魔の存在を信じていませんから！

一九三〇年のあの夏、私は悪魔を打ち負かしました。でも彼は途方もない方法で復讐をしたのです…でもこれについては、お話しするときがきたら、お話しましょう。

今、何と言ったらよいでしょう？ 聖金曜日の十字架崇拝の言葉だけでよいでしょう。「おお、王の紫で飾られし、輝ける麗しの木よ… おお、至福の御身… おお、われらの唯一なる希望の十字架よ、万歳！…」。

「私はあなたに神の慰めであるうえに
神の正義の犠牲となってほしいのです」。
－シスター・ベニーニャに対するイエズス・キリストの言葉*

「霊魂を救いたいという私の燃えるような渇望は、私を駆り立て、私の愛のはたらきに与《あずか》る生贄を探し求めさせます」と、イエズスはシスターに言われました。

当時、私はまだこのシスターを知りませんでした。でも、神に自分を捧げたと同じように正義に身を捧げたいという欲求が、私の心をかき立てました。全くの偶然から、私はこのイエズスの小さな秘書を知るようになりました。

あるとき、一人は聖職者、もう一人は平信徒という別々の友人から、私がシスター・ベニーニャの著作から考えを取り入れているのか、と尋ねられました。私の考えはシスターのものと似ているというのです。私はそのシスターの存在すら知りませんでした。そこで、彼女を知りたくなりました。すると、いつもご親切なイエズスが、私にその方法を見つけてくださいました。彼女が書いたカードが手に入ったのです。これで手掛かりが出来ました。私はコモの聖母訪問会に手紙を書き、この神のしもべの全作品を受け取りました。


昨夜はとても苦しくて、書き続けることができずに中断しました。夜中になって、事実をいくつか抜かしていたことに気が付きましたので、かえって幸いでした。

まず、私はしばらく前から、純潔と清貧と従順の宣言をしていたことです。そして一九一五年以来、気の毒なロベルトの思い出に右手にはめていた指輪を、キリストとの神秘的な結婚を意味する左手にはめ替えました。

このために、私は沢山の小言を頂戴しなければなりませんでした。まず私の意図を認めなかった司祭から。

＊　ベニーニャ・コンソラータ・フェレーロ。聖母訪問会のシスター（一八八五―一九一六）、本書で数回にわたって引用される。

この点に関しては、言いたいことが沢山ありました。そしていつまでもくよくよと思い続けたくないので、すぐに記してしまいましょう。私の率直さは、あなたにとっていくらか不愉快でしょうが我慢してください。

私は人生の中で、慈悲に溢れ、比類ない熱意を持って豊かな伝道の実りを上げてきた敬虔な司祭、議論の余地なく、真の司祭と言える人びとに出会ってきました。自分たちの使命を確信し、魂の救済に全身全霊を傾け、魂を神へ導くことに力を注ぎ、彼らを燃え立たせ慈悲と寛容に向かわせることに没頭している人びと。私は彼らの中に真の指導司祭を見いださなかったのです。優れた聴罪司祭はいますが、指導司祭はいません。でもこれは彼らではなく、私に原因があるのです。私がどれほど人に心を開きたがらないか、あなたもお分かりでしょう。ご想像下さい、もしも今、私の魂の指導司祭として夢見てきた人らしき人と一緒にいるとして、その司祭に近づいたときに、「心の秘密をこの司祭に託しなさい」と確かに私に告げる何かが見えないならば、私はぴたりと心を閉ざすことになってしまうでしょう。

ところが私は、謹厳な司祭の中に、信心深くはない多くの司祭を見いだしてきたのです。

私の考えをご説明しましょう。私が信心深くないと言う司祭とは、魂の救済にはそれほど熱心でなく、住居、収入、与えられる階級、歓迎される訪問など、人間的な事柄にもっぱら関心を払います。哀れな魂に対して忍耐強くない司祭は、信心深いとは言えません。ためらいと狭量さに縛られている哀れな魂は、確かに厄介な存在でしょうが、でもまさにそのために、信仰において力強く導かれるべきなのです。また、心の真の衝動を助ける代わりに、慎重さからではなく——これは適切なことでしょうが——自身の心の中の熱意のなさから、彼らを押しとどめようとする司祭は信心深くありません。こういう司祭は、主のためになされることはたくさんありすぎるし、大げさになるのはよくないと感じています。私はこういう司祭たちを信心深くないと言います。そのほかに、私を涙させ、特別な悔悛で償いたいという思いに駆り立てる人間的な欠点については、私が人間的弱さへの同情から見逃していることにご注目ください。そうした欠点は、司祭服の下にも、常に秘められているものですから！

そう、それで、私はこのような熱意のない司祭をたくさん見ているのです。聖人は広大な牧草地に点在する珍しい花のような存在であり、今一度福音を説かれるべき群集のおびただしい欠乏に対して、あまりにも貴重です。

私は真の神を知らない偶像崇拝者にキリストを伝えるため、異教の地へ赴く宣教師の仕事を賞賛します……でもヨーロッパの黒人、旧世界の新異教徒、初めにキリストの光を受け取りながら、快楽と悪徳を重ね、富と権力を争って、それを失った人びと――だれが彼らを新しく回心させるのでしょう？　だれが伝道の炎を持って彼らを神のもと、救いの道へ導くのでしょう？　哀れなヨーロッパの黒人、今や彼らの洗礼は空しい形式にすぎず、彼らにとって信仰は死んだ文字、教会は役に立たない儀式、秘蹟はつまらない愚かな女の手すさび――呪うために神を思い出し、彼らの腹を、欲望を、財布を満たすことのみに神経を使って獣のように生き、最後に神に戻ることもせずに、あの世に真っ逆さまに転落して、もっと獣のようになって死ぬ哀れなヨーロッパの黒人――だれが彼らに福音を説くのでしょう？　だれが全生涯を説教に費やして、年月としてではなく行為として全生涯をかけて、彼らをすべての根源へと、彼らを連れ戻すのでしょうか？　彼らに霊的生活――彼らの現代の神である物質の生活を越えてはるかに高い――カテリーナによって歌われた永続的な生活をもたらす霊の生活を説くことによって？

おお！　哀れみ《ピエタ》を、哀れみを、ヨーロッパの気の毒な群集に哀れみをかけて下さい！　あまりにも少ない真《まこと》の羊飼いに導かれることなく取り残された群れは、群れのことよりも夥しい物質的な瑣末事に関心をよせる人びとによって、不正へと導かれています。宣教師たちよ、アフリカのズールー族よりも不運なヨーロッパの黒人たちにもう一度語って下さい。アフリカの人びとは、蛇であれ、太陽であれ、石であれ、何であれ、一つの信仰を持っていますが、信仰を手放したヨーロッパの哀れな偶像崇拝者には、信仰がないのです。彼らは偶像崇拝者ですらありません。なぜなら、偶像崇拝者は、当然のことながら、偶像を信仰していますが、ヨーロッパの彼らは、もはや何も信じていないからです。快楽をも信じません、彼らを十分に満たすことがなく、かえって不快にさせますから……宣教師よ、戻ってください、戻ってください！　無神論の退廃の中で死にかかっているこのヨーロッパを再びキリスト教化するために。堕落しきったヨーロッパ人の目に、「あらゆるものがそれによってつくられた」[*1]という真理の御言葉を、創造主の力を、私たちに天上の起源と天上の目的地を保証する信仰の光をきらめかせるために。絶望し、殺し、呪うという、人間の地獄の淵への墜落を十字架によって阻止してください。人間の傲慢の仕業に対して、十字架に架けられたキリストをもう一度高く掲げてください。傲慢な人間は、神から与えられた才能を、あらゆる点で致命的な進歩を生むために使っているのです。

　世界、私たちのいわゆる「文明化された」世界は、僧衣、縄、十字架、犠牲で救われねばなりません。そこにこそ救いが見いだされるのです。そのほかのすべては、もっと広範囲の崩壊の源です。

　でも私はどこまで来てしまったのでしょう？　だいぶ脱線してしまいました……お許し下さい。先ほどの続きに戻ることにしましょう。

　司祭から、何もしてはいけない、大げさに振る舞ってはいけないと小言を言われたと話していたのでした……でも大げさに振る舞うとはどういうことでしょう！　神への愛から、自らの首に、魂に、聖なる三つの誓いという軛《くびき》をかけてきた人たちは、すべて大げさな人たちだったのでしょうか？　それなら、キリスト教の二千年の歴史全体をつくり変え、福音書の多くの頁を消し、そして精神病院の「宗教的躁病」の数字を著しく増大させなければならないでしょう！

　私は、私の教区の高齢の司祭のもとへ行くことにして、司祭を換えました（その方は、今はもう亡くなっています）。私は修道会の聴罪司祭を好む傾向がありました。私が見たところ、修道会からは、熱意のある司祭がたくさん生まれていましたから。けれども、聖アンドレア会と聖アントニオ会は、告解と聖体拝領を秘密に行うので、私にはとても居心地が悪く感じられました……年老いた教区司祭は、私を理解してくれました――そのことで祝福されますように――そして私が誓いの宣言をすることを許可してくれました。そして聖パオリーノの教区[*2]にいた間ずっと、私の完徳への道に立ち塞がることは決してありませんでした。

　別の小言は母から来ました。母は、私を幸福にすることができたかもしれず、そして母への奉仕から私を奪っただろう、若くて力強い二人を排除した後、私を家族の近くに置いてくれそうな、とても裕福な老人を探し始めました。「二階建ての家」と、彼女はよく言いました。「一つの階にあなたが住んで、別の階に私たち」。ああ！　母にとってはまさに極楽だったことでしょう！　でも、私にとってはそうではありません。

　神父さま。私は自分を売るつもりはありません。私の目には悪徳に根ざしたこととあまり違わない関係の中に自分の品位を落とすつもりはありません。神が望まれたように、種の存続のためになされたときに、結婚は神聖なものとなると私は理解しています。配偶者の一方が、あるいは双方が、齢を取っているために子孫の望みがない結婚は、徳のレッテルによって隠された悪徳、人間の肉体市場のように私には思えます。で

＊1　創世記1:3、1:10、コロサイ書1:15-17、ヘブライ書1:1-2。
＊2　一八九六年から一九三三年まで、ヴィアレッジョの教区司祭はジュゼッペ・グイデイ師。言及されているほかの二つの教区を担当していた修道会は、マリアのしもべ（聖アンドレア会）と小托鉢修道士（聖アントニオ会）。

すから、私は、自分よりも四十二歳年上の老人を断りました――そう、四十二歳も。

次には、それはかつてないほどひどいものでしたが――知人の助けを得て、若く裕福な法律家を捕まえようとしました。彼は美しく、善良でありさえしましたが……でも不運でした。彼は相手方を欺いたとして教会が結婚の絆を解くに十分な、身体的欠陥があったのでした。

マリオのことがあってから、私は結婚のことを一切言われたくありませんでした。私はすべてを断念しました。第一にマリオの罪を贖うために、そして二番目には忠実であるために、三番目には男性の忠誠心への失望から、そして最後の四番目には、私は女性の心を持っていて、自らをブラックバードやナイチンゲールに少しずつ与える愚か者の心は持ち合わせていないために！……そして私は自らを神に捧げてもいましたから。でも、たとえ私がまだ結婚を考えていたとしても、決して子供を持つことのできない不運な人と自分を結びつけることなど、どうしてできたでしょうか？

私はある信頼のおける人から、この不運な若い法律家について知らされていました。彼の不運は、その後、何度もの不幸で不毛な結婚によって確かめられました。このようにして、私は企まれた婚礼に抗いました。男性のことよりも、男性から私に与えられる子供のことを考えていたこと――ロベルトを失ってから、私にとって結婚が望ましいと思える唯一の理由について、私はすでにあなたにお話ししました。教会法、自分の考えや常識、さらには、道徳に反する結合を母が望むことに対して、私が同意できるかどうか、ご想像ください。

そんなわけで、私が指輪を右手から左手に移したとき、母は三十歳を過ぎて独身でいることは恥だと考え、「自分の言うことを聞いて、だれそれと結婚してくれていたら」とか、「耳を傾けて、彼それと結婚すべきだった」などなどを私に浴びせました。私は母の言いたいように言わせて、やりすごしました。

そのほかの小言は、一般の人からでした。でも私はいつも、人が私について言うことは無視してきました。それが耐え難い当てこすりであれば、最初はひりひり痛みますが、それだけのことです！

私があなたにお話しし損なったもう一つのことは、私が書くことで瞑想する習慣を手に入れたことです。このことから霊的な恩恵を大変受けてきました。書くことは瞑想の主題に精神を集中させますし、また、精神的不毛のときに、書いたことを再読できるという利点があります。もし瞑想がいつでも有益であるなら、書かれた瞑想は、二倍有益だと思います。それは瞑想の能力を十倍に高め、内なる光を増大させます。

これもまた、母の叱責を引き起こしました。引きこもって祈るのに、明かりを無駄遣いする必要がどこにあるの？　もう十分サークルのためにお金を使っているじゃないの？　何を熱狂しているのよ？　自分を聖トマス・アクイナスとでも思っているの？　などなど。母には言わせておいて、私は自分のやり方を続けました。私は瞑想と、少女たちのコンテスト用の授業内容を書いていました。知的な仕事のすべては、私の肩にかかっていましたから。

私はまた、私たちの教会にいなかった教会顧問の役割を担いました。当時、教区の教会顧問だったラザレスキ師が、私にその権限を与えたのでした。私はいつも、福音書の一節について宗教的な考察を行いました。私自身の経験から、福音書に親しむことが宗教的な強さを生むことを知っていました。それは命を与えるパンとぶどう酒のように、私たちの魂を育み、強くし、私たちの魂に善へと速やかに進む力を与えます。私はこのことをみんなに納得してほしいと思いました……

でも、大部分の実践的なカトリック信徒は、理解できない修徳神学に関する書物に頭脳を使い、最も気高く、最も単純で、無学の者にも理解できる福音書を無視します。そして彼らはさんざん読んで、大言壮語を頭に詰め込み、自分が教会博士であると考えて興奮し、感情的な慄《おのの》きを覚えます。その慄きは彼らを愉快にくすぐり、虹色の花火を打ち上げます。彼らはその光の中で満足して自分を賞賛し、「神秘的で、天使のような、信心深い魂……」という称号を自分に与えます。でもその花火ははかないもので、その本を閉じれば、みんな終わりです。残るのは、自分はすでに天上の栄光に輝く選ばれた者の中にいる、という誇りだけです……

でも福音書は！　あの明快で、深遠広大で、荘厳な福音書、神の子すべてに向けられた御言葉、神の御子の弟妹すべてに向けられた御子の御言葉、人が所有し得る人間的知識で理解されるのではなく、超自然的認識に従って理解される御言葉。それは無学の者のためには完璧で、知識ある者のためにはほとんど作られていないと言えるでしょう。神のうちに留まり、常に神にもっと近づきたいと望む信者にとって、福音書はなんと助けになることでしょう！

ここでも戦いと障害がありました。司祭たちからのものではありません。彼らは私に続けるよう、むしろ励ましてくれました。でも、教区や小教区の管理職を握っている女性たちが、私と戦い始めました。彼女たちは神学の巨人たちの大冊を必要とする「偉大な神秘主義者」でした！　あの人たちにとっては、よかったでしょう！

悪いことは、彼女たちが一冊の小さな本に次のように語られている言葉*を忘れていたことでした。「人はパンだけで生きるのではない。神の口から出るすべての言葉によって生きる」、そして「律法の専門家たち、あなたがたは不幸だ。知識の鍵を取り上げ、自分が入らないばかりか、入ろうとする人びとをさえ妨げてきた」、「神がお遣わしになった方は、神の言葉を話される。神が〝霊〟を限りなくお与えになるからである」、「わたしの言葉を聞いて、私をお遣わしになった方を信じる者は、永遠の命を得る」、「自分勝手に話す者は、自分の栄光を求める。でも、自分をお遣わしになった方の栄光を求める者は真実な人であり、その人には不義がない」。

彼女たちは、膨大な大著に没頭して、自分たちが読もうとしない小さな本に書かれているこれらの言葉を忘れていたのです！…でも、もし彼女たちがこれらの御言葉の中の言葉を心に留めていたら、私がこの真《まこと》の命のパンを私の娘たちに与えること、あるいは私の娘たちをそれで育てることを妨げることはなかったでしょう。

パンは人間にとって最も単純で、最も古く、最も必要な食べ物です。そして御父自身の言葉によって与えられた神の言葉は、霊的な糧に餓えている魂を育む主食です。命であり、もし信仰によって強められるなら永遠の命の源となる言葉を、どうして私の娘たちに聞かせまいとするのでしょう？

私を阻止するために、私は司祭ではないから福音書を理解できず、説明することはできないという口実が持ち出されました。でも、彼女たちは、神の霊は思いのままに吹き、神の御意志は、人間が神の言葉なしで取り残されないように塩気を失った塩の代わりとなる者を、思いのままに送ることができるということを心に留めていませんでした。私は人間マリア・ヴァルトルタとしては、最も小さな者でしたが、でも神の御意志によって、私よりも無知な人びとに話すときは、いつもよりは大きな者になりました。というのも、私の行動が、神の言葉を知らせ、若い心を神に導きたいという、公正な意図によるものであることを神がご覧になり、私に限りない霊を授けて下さったからです。私は実際、人間的な栄光のためや、もっと大きな力を勝ち取るために語ったのではありません。ただ彼の群れを増やし、その群れの羊飼いへの意識を高めることに

＊ ここところこれ以降に言及される箇所は、マタイ3：1-3、4：4、5：13、6：21、23：13、マルコ1：3、9：50、ルカ3：2-4、4-4、11：52、12：34、14：34-35、ヨハネ3：8・34、5：24、7-18、17：12。

よって、神に栄光を与えるために話したのでした。

私は地位を得ようとはしていません。地位は不純な人間的栄光のために生きる人びとだけを惑わすものです。私は単なる一つの声でした。砂漠のヨハネのように、魂が神の名のもとに真の命に目覚めるように叫ぶ〝声〟でした。そして私にとっては、声であること、つまり香炉の煙のように、造られ、立ち昇り、自らを使い切る、全く霊的な何かであることで十分でした――人間的な野心や疑念もなく、永遠を讃える香りとして、祝福のうちに使われることで。でも教区や集会の「博士たち」、地位への誇り――ああ、まるで心の菓子のよう！――で得意になっている人たちは、その心が監視し続ける宝物である権威を、私が使徒の任務によって奪おうと狙っているのではないかと恐れていました…

私の心は、神が私に与えた小さな群れを見守っていました。私が一緒にいた間、一人も欠けずに、豊かな緑の牧場へ連れて行きました。そして今、羊飼いは病気ですが、群れは迷っていません。それは、私が自分の命を私の羊たちに捧げたからです。師たる者は、弟子の一人の破滅を見た〝師〟の悲嘆がよく分かるはずですから。そして私が神から託された者たちのうちで滅びた者は、一人の娘を除いてだれもいません…でも私は、この一人をまだ救えると思っています。私はまだたくさん苦しまなければならず、神のもとで永遠に生まれ変わる前に、何度も死ななければならないのですから。

これらの「博士」たちは、全く人間的な恐れから、神の語る声を無理やり黙らせようとしたのですが、彼女たちがもし、福音の中の言葉を理解し、思い起こしていたなら、私の話を妨害することはなかったに違いありません… でも、母の不満の声がもはや私を黙らせたり、縛り付けたりしなくなったのと同じように、「幹部」の「反対」は私に何の恐れも引き起こしませんでした。私の良心と司祭たちが許可すれば、私には十分でした。

その他のことについては、私は気にかけませんでした。といっても、この「その他」は私に、悪口、無礼な態度、そしてありとあらゆるつまらない小細工を弄して、恥ずべきゲリラ戦を仕掛けてきたのですが……私は、これを神に感謝しました。結局のところ、どんな人間的な甘美さも、ひたすら神への愛のためになされる使徒職の超自然的な甘美さと混ざり合うことはないのでした。使徒は中傷され、苦しめられるとき、その迫害の中に聖別のしるしを認めて歓喜するでしょう。そのときの霊的甘美さは人間的甘美さとは相容れません……戦いと迫害は、正しい道にある者を常にはっきり際立たせます。世間は正しく行動する者を何よりも嫌います。実のところ、善による行動は、善でない者に対する無言の、でも強力な非難ですから、非難する者はひどく嫌われると決まっているのです。

これで抜かしたところを埋めましたから、初めから無数の脇道へ逸れたこの乏しい章を先へ進めましょう……

さて、私はシスター・ベニーニャの著作を手に入れるために、コモの聖母訪問会に手紙を書いたのでした。その著作は、四旬節に届いたと思います。春であったことは確かです。

これらの著作を読んで、私は自分が全く同じ考えを持っていたことを知りました。そしてそれらの文が、イエズスが語ったものの口述筆記であることを知って、涙を流すほど感動しました。愚かな人間である私は、私の愛のなかに私の救い主と同じ文言や思想と似たものを見いだすことができたのでしょうか？　彼が私の中にそれほど現存し、それほど作用したので、新しい聖別の手段と彼の愛の新しい証しを魂たちに与えるために、彼がシスター・ベニーニャに言われたと同じことを私にも言わせたのでしょうか？

今でも、何となく自分の考えを表現しながら手紙を書いたり話したりしていて、その思想が聖母訪問会のシスターの必携の書の文言とほとんど同じであることに気付くと、私は喜びに震えます。ときには、無意識に影響されることがないように、数か月間これらの著作を読まないようにします……でも、やはり諦めます。何か月も何か月も後でも、私はこれらの思想との強い類似性を、いつも持っているのですから。

このことから私は結論を引き出しました。テレーズ、ベニーニャ、そして私という、異なる国で異なる生き方をしている三つの魂が同じ表現をするなら、それは神が、ある人の心を完全に独占されているとき、その心に全く同じことを感じさせるというしるしなのではないでしょうか。神の慈悲の火花は、一つの泉からほとばしり出て、でも徳の異なる三つの流れ――その三つのうちで、私のものは一番未発達で不完全――を通りますが、同じ光を持っているのです。同じ愛の詩の調べ、同じ音を持っているのです。それを奏でる三つの楽器の中で、私のものは、まだ完全から程遠い人間によって奏でられていますが。

以前から私は、「小さき花」の中に一人の友を見いだしていました。ベニーニャも私にとってすばらしい友になりましたから、これで友が二人になりました。偉大な生贄である彼女たちに挟まれて、私は間違いなくゴルゴタの丘へと進みます。彼女たちは私を励まし、私にほほ笑み、次第に近づく光を私に指し示します……その光の中には、私のイエズスが身を潜めておられます。

彼の御顔は、今は光のヴェールのカーテンに隠れて、ほとんど見ることができませんが、犠牲が達成されたときに、彼はその御顔を、彼の小さな生贄にはっきりとお示しになるでしょう。すると私は、喜びのあまり死んでしまうでしょう……

私は自分のやり方に従いながら、このもっと厳しい奉献に適した時が来たならば、主が教えて下さるだろうと信頼していました。

実を言うと、これは私に矛盾する考えをもたらしました。私の心はそれを成し遂げる方に傾きました。なぜなら、「正義」もまた犠牲から恐れが取り除かれることを必要としていると、神聖な霊感によって感じることが何度もあったからです。悲惨なこの世界は、罪に罪を、違反に違反を重ねています。よく考えれば、このますます非道で不実になるこの人類に、完璧な罰が下らないことは驚きです。ですから、神を宥《なだ》める生贄が必要です。私はこのことを何年も前から捉えてきて、ますます分かるようになっています。けれども、私の中のよりよい部分が、悲惨な兄弟姉妹のための同情から、御父の正義に自分を生贄にしたいと熱望したとしても、私の中の人間的な部分は、とても傲慢で冒瀆的ですから、それをためらったのでした。私は幼きイエズスの聖テレーズが言ったことを心に留めていました。「…もしあなたが自分を神の正義に捧げるなら、あなたは恐れるべきである…」。

実のところ、慈愛の神は私の弱さを考えて、そのときまで私に慈悲を示し、私を優しく扱われていました。苦しみを免れたわけではありませんが、愛に奉献してきたこの五年間、慈悲と共に超自然的な助けを与えられてきました——それは何よりも価値ある助けでした。

愛自体が、ある高みに達すると苦しみになることは真実です。奉献の祈りの中で「…あなたの限りない優しさの波を私の心に送り、私を絶えずお使いください。それによって、どうか、私をあなたの愛への殉教者にしてください。おお、私の神よ！」と言うのは、理由のないことではありません。そして私は、このような灼熱の時を伴う甘美な殉教に、何年もの間、苦しみました。ですから、これらが私の心臓拡張と内部損傷の主因の一つだったと述べても誤りではないと思います。容器の蓋を締め切った状態で沸騰させると、体積が膨張して内部の圧力が増大します。その圧力が十分に逃されないなら爆発します。同じように、私の心臓は、愛の興奮の動悸で拡張したあと——ああ、どんな自然の心筋炎よりも心臓の壁を破裂させてしまう愛！——医師たちによれば、内部で神経の束がすっかり壊れてしまったのでした。

立派な医師たちは、私のように普通の健康な生活を送っている者に、どうしてこのようなことが起きるのか、少しも理解できませんでした。でも、もし彼らが高いところ、超自然の領域を見ていたなら、私のこの特別の病気の原因が、たくさんの名前で記述されるそのほかのすべての心臓のトラブルとは異なるということを理解したことでしょう。なぜなら、それは自然界で見られるすべての心臓病の特徴を備えながら、同時にその本質的特徴のいくつかを欠いていたからです…

　このように内密な、最も聖なる婚姻部屋の秘密の中で、魂とキリストの間に生じる結婚の真の優しさについて語ることが、私にとってどれほど難しいか、分かっていただけるなら！…でも先へ進みましょう！　私は哀れなマリアによってなされた悪のすべてをお話ししました。今度はマリアの中のイエズスによってなされた善のすべてをお話ししなくてはなりません。

　この第二の奉献という考えに直面して、私の「劣った部分」は躊躇しました。神の厳格さに襲われるだろうと感じたのです。というのも、善なる主は、もし魂たちのために必要であれば、私を容赦なく完全に思い通りになさるということに、すでに気付いていたからです。

　ああ、私は何ということを言ったのでしょう？　もしだれかに読まれたら、私が冒瀆の言葉を吐いたと言われるでしょう…少なくとも、「神が人間を必要とするだって！　頭がおかしいんじゃないか！」と、言われるでしょう。でもそうなのです。すべてをなすことができる神は、真に偉大な父であり、大いなる善であり、しかもご自分の小さな子供たちに、助けてと姿勢を低くしてお頼みになるほど、謙遜な方なのです…地上の父親たちも子供に同じようにします。助けよりもトラブルをもらうほうが多いですが、「これを運ぶのを手伝って、そこを持って…」と頼みます。父を手伝う小さな子供は、父が自分の助けを必要としていることを、どれほど誇らしく思うことでしょう！…

善なる神は同じようになさいます。お呼びになって、言われます。「私の子《ビムバ・ミア》よ、聞きなさい。この罪人のためにおまえが必要だ。この聖職者の説教が実を結ぶように、私を助けておくれ。私と一緒に、この絶望している者に希望を与えるのだ。来ておくれ、来ておくれ、おまえと一緒に、この苦しんでいる人を悪魔から引き離せるかもしれない」。おお！　天から「ありがとう」と言われる聖なる父。私たちが御父の役に立ったと分かった時、なんと心地よい満足感、なんという敬虔な誇りが降りて来ることでしょう…

　私は、哀れな魂たちと天国で会えるように、神が私を利用し続けておられると感じるときだけ安心するという境地に至りました。すると私の井戸は、さらに大きな苦しみへの感謝だけでいっぱいになります。苦しめば苦しむほど溢れそうになり、そして善なる神は、私の井戸からますます汲み上げ、弱った魂を潤すことができます。私の命はこのように使われています。というのも、神と隣人への奉仕におけるこの超自然的な泉の水は、私の地上的な命を養うと同時に、それを一滴ずつ飲みこんでいるからです…もしも一滴の水が、一時の間、眩しい太陽の光線の下で輝き、水を欲しがる花の渇きを癒し、その後、太陽の燃える熱に吸い込まれて、まさに太陽へと昇って行くことを望むなら、それ以上に美しい望みがあるでしょうか？

　哀れな、慎ましい露である私は、雨、潮汐《ちょうせき》、風、星などを支配する神によって、渇いた魂の上に降り撒かれます。私は神の光の下で、神の光を通じて輝き、そして死にます…いえ、むしろ、それから神のもとへ、私の太陽のもとへ昇るのです。神は、地上の深淵に振り撒かれた哀れな小さな水滴を、天の深淵から吸い込まれます。この哀れな水滴は、神の愛のうちに、至高の飛行によって二つの深淵の距離を埋め、人生最後の仕事として、天と地の間に神秘的な橋をかけることを望みます。この橋を越えて、至高の生贄の成果である夥しい数の魂が、麗しい天国に住むことを許可してくださるよう、太陽である神に願うのです…

　こうして私は神に向かいます。「風と波にお命じになったあなた、時が来たときに、私に命じてください…」と、祈りながら。
一方で私は、生活をますます清らかに抑制して、準備をしました。今や苦行は私にとって大きな魅力でした。私は他人のために苦しまなくてはならない苦行を全うしました――そうした苦行に事欠くことはないと思って間違いありません。私の母と指導者は、私のテーブルに苦行のパンをいつも保つのに十分でした――自発的な苦行もありました。

これを認めない指導者もいることは知っています。彼らは、刻一刻と私たちのところにやって来る苦しみを喜んで、あるいはそれほど進歩していない場合は従順に受け入れることの方がもっと価値があると言います。それは本当です。このことは十分に素晴らしいことです。でも神がもっと多くを望まれるなら、もっと出さなければなりません。すでに申し上げたように、神は聖なる暴君なのです。神は私にもっと多くを望まれました。ですから私は差し上げました。

九月に会の選挙がありました。聖職者たちの希望に従って、私は会長になるべきであると忠告されました。私はそれについて少しも熱意を感じませんでした。私はただ神について語る「声」、創造主への讃歌を歌う声の良い小鳥に留まることの方が良かったのです。でも私が会長になる方が、誇りばかり高い役員に意地悪く監督されている私の娘たちのために役に立つかと考えて、私は甘んじて従うことにしました。

でも…日の下に新しきものなし！　会の小規模の選挙は、国の大規模な選挙に似ていました…彼らは投票の自由を尊重する代わりに、素朴な人びとを買収し、高圧的なやり方で名前を押しつける、などなどのことを行いました。後に私は、これらの不正な取引のすべてを知りました。実行した者たちにとっては不名誉なことでしたが、私には大いに結構なことでした。繰り返しますが、私は会長になることに少しも心惹かれませんでしたから。

当時の教区の会長は、至高の言葉を繰り返すことだけを求める慎ましい「声」にとって最も手厳しい敵の一人であり、私が教区の役員になることを熱望していると愚かにも考えて大いに嫉妬心を燃やしていました。その彼女は、会の二人の役員、最も「会長」になりたがっていた二人と手を組みました。つまり、一つの会に複数の会長です！　お分かりになりませんか？　私たちは「人びとの指導者」にあぶれているのです!!! 結果は、二人の追随者の一人が会長、もう一人は副会長ということになりました。私については、司祭たちがその任務を私に望まれるからというだけで——ありがたく「声」を続けさせていただきました。後に会員たちから、私を欺き、嫌気を起こさせて追い出そうという企てがあったことをすべて聞きました。確かに彼女たちは、私を苦しめることができました。人間的な下劣さは、いつでも私を苦しませましたから。でも私を追い出すほどまでに私に嫌気を起こさせるには、全く別の何かが必要なのでした！

　私が働いたのは自分自身のためではなく、あの小さな群れに私を遣わした神への愛のためでした。人は自分が神のために働いていることが分かるとき、その認識によって、すでにこの世での報酬を得ています。そして次に、天の素晴らしい王国という完璧な報酬を待ちます。イエズスは、飢えている人に食べ物を、渇いている人に飲み物を、裸の人に服を与え、病気の人や囚われた人を神の名において見舞う者には王国を約束されました。それならば、魂が飢えている人に御言葉のパンを千切って与え、囚われた人をただ見舞うだけでなく——罪の錠前をすべて開く鍵を手渡して——自由にし、裸の精神を神の知識の光で飾り、心が病んでいる人を神の掟という至上の薬で治療し、そして最後に自分自身を飲み物として、不運な兄弟姉妹のための生贄として差し出す者、そういう者に、天の王は何を与えるでしょう？　おお！　神のために働いてきた者にとって、その歓迎の御言葉は、なんと甘美に響くことでしょう。「来なさい、さあ、祝福された者たち、天の国はあなたたちのもの！」。

これらの言葉を、私はどれほど聞きたいことでしょう！　でも、もし私が偽善的に行動しているとしたら、死を思うとき、どれほど震えることでしょう！　私に関する事実が明らかにされるだろうと感じ、キリストの轟く声で、「あなたたち偽善者は不幸だ。白く塗った墓に似ているからだ。外側は美しく見えても、内側は死人の骨や、あらゆる穢《けが》れで満ちている！」*という恐ろしい言葉が、繰り返されていると考えて。

私の母は半分異教徒ですから——そして母だけではありませんが——私に言いました。「もう、全部やめてしまいなさい、あなた、有難がられていないのよ！」。でも私は、世間的な利益や人間的な愛情を得るために働いているのではありません。私のゴールは天にあり、私は天国のために働いていたのです。

こうして私は自分の文化的活動を続け、実際、それを増やしました。というのも、だれでも聞きに来られる講演会をやらせてほしいと教区司祭を説得したからです。もちろん、入場無料です。聞きに来た人が財布を開かなければならないとしたら、まあ、いやだ！　良いことをするのにお金を要求されるなんて。服地や、口紅や、パイや、あるいは見世物なら、あまり心は痛みませんが！　でも魂のためにお金を払わせる？　だめだめ！

私は次のように考えたのです。「多かれ少なかれ、神への道を歩き始めている人は、いつも教会に通って説教を聞いている人たちばかり。でもこの道から離れて生きていて、だれよりも導きを必要としている人たちは、少しも教会へ来ない。めったにない入場無料のお楽しみと見せかけて、この人たちに話しをし、目の前で神の光の火花をきらめかせたらどうかしら？」「パウロの弟子」になるという、以前の召命が、私の心の中にまだ生きていました。それで私は始めたのでした。

実は私は、そう見えないかもしれませんが、昔からとても内気だったのです。学校では、学術的な小論文を書きましたが、朗読は他の少女にしてもらいました。病院では、私には子供のように見えた負傷者とだけ話しました。多少なりとも著名な訪問者が来ると、だれもやって来ない「隔離病棟」に隠れに走りました。ホテルでは、できるだけ会話を避けようと、いつもメンモと一緒でした。内気は私にとって辛い病で、まさに苦しみでした。

でもイエズスのために、私は落ち着いて人前で話ができるようになれたのでした。私は公衆に、今は私のベッドの上方にある十字架のキリストの御絵、あるいは私の前にある聖心像を見ながら話しました。私は彼だけを見て、彼に話しました…人びとは私から消えていました…

初回のテーマは「カトリックアクション、その目的と成果」でした。私は五名に話をしました。これ以上少ないことはあり得ない数！…会員からは二名だけ、役員は欠席でした。

二回目のテーマは「北欧のクリスマス、キリスト教徒のクリスマス」でした。十二名のゲストと十名の会員に加えて教区司祭が一名。

三回目のテーマは「ローマ帝国のバラと百合の間で」。二十三名のゲストと三十三名の会員と、扉から入ろうとする人びとを追い返している会長の策略を発見した教区司祭一名…しょうがない会長です、見苦しい十五分を費やして！…

四回目は「教会の光の中の傑出した女性たち、シエナのカタリナ、ステファナ・クインツァーニ、バルトロメア・カピタニオ」でした。四十名のゲスト、二名の教区司祭、ピサの大学教授一名、会員のほとんど全員、そして町の別の会からも多数。

五回目は「エフェソ公会議百年祭のために」でした。会場は回廊まで満員でした。

＊　マタイ23：27-28、25：31-46。

私はこれを人間的栄誉のために申し上げているのではありません。神について聞きたいという要求は、信仰生活を実践していない人たちにも強いのだということを、お示ししたいのです。というのも、私の聴衆のほとんどは、そうした人びとでしたが、何年もの間教会から遠ざかっていた後で、再び教会へ戻る姿が大勢見られましたと、私は神への感謝をこめて言うことができます。

でも、なんというゲリラ戦に耐えなければならなかったのでしょう？　そしてなんと多くの仕事に？　私は招待状を書き、教会の扉に告知を貼り、そして会場を用意しなければなりませんでした。すべて自分一人で。そしてそれから、もちろん話の準備をしなければなりませんでした。でも、イエズスのためなら、人はこうしたことを、そしてそれ以上のことをするものなのです。

一九三〇－三一年度のコンテストは、キリスト教の倫理に関するものでした。素晴らしいコンテスト！　言わなければならないことは、どれほどたくさんあったでしょう！　人びとが倫理について、とりわけキリスト教の倫理について知ることは、どれほど良いことだったでしょう！　私は熱心に取り組みました。試験は大成功でした。教区のカトリックアクションの役員たちは、だれを教区試験に選ぶか頭を悩ませました。試験どの地区でも最高得点者が続出したのです。そこで、教区試験に差し向ける者を、くじ引きで選ばなければなりませんでした。

私は最高得点者たちにピサの史跡めぐりの褒美を与えました。私はこの一年間、たくさんの犠牲を払って、私の娘たちをこの小旅行に連れて行く費用を貯えてきました。あの素晴らしい日のことを、彼女たちはいまだに覚えているでしょう。私はこのことを一言も口にしていませんでしたので、彼女たちの感嘆はひとしおでした。人は義務を、義務として果たさねばなりません。それなら責任者は、彼らに報いなければなりません。そうお思いになりませんか？

このようにして働いていた時、私の心に奇妙な不安が広がりました。一九三一年の初めのことです。危険が近づいていると、何かが私に警告しているように感じました。どんな危険でしょう？　一体、何の危険でしょう？　分かりません！　私個人のことでも、私の家族のことでもありません。全体的な危険だと確信しました。そしてこのように確信したので、仕事をやめたいと思いました。でも、私たちよりはるかに大きなところから来る危険を、どうやって止めることができるでしょう？　神の助けによるしかありません。そして近づいて来るのが、非常に大きな危険だと感じましたから、神に非常に大きな仕事の成果を捧げなければならないということも感じました。祈りだけでは十分ではありません。犠牲が必要でした。

カトリックアクションの活動の中に、いわゆる「十字軍」への強い傾向があることに、私はいつも気付いていました。純潔十字軍、慈善十字軍、謙遜十字軍、などなど…どれも、とても美しいのですが、立派な収穫を生むには、それらを数か月広告すればよいというものではありません。「人は突然優秀にはなれない」と、聖ベルナルドは言っています。いいですか、徳性の獲得は、四足す四は八というようにはいかないのです。一つの徳から次の徳に移るには、十分に時間をかける必要があります。そうでないと混乱が生じます。何もかも手当り次第に種を播く農夫のようなものです。早播きと遅播き、葉の茂る植物とほんの小さな植物をごちゃ混ぜにして播けば、その結果は、弱い植物は成長できずに枯れ、出来たものを抜こうとすれば、そうでないものまで根こそぎにしてしまうことになります。善においても秩序が必要です。急ぐことや、秩序のないことはすべて、本質的に悪なのです。

けれども、こうした数多くの十字軍の中に、一つだけ足りないものがあることに、私はいつも気付いていました――犠牲の十字軍です。どうして魂たちは、犠牲の美しさと、犠牲の力について語られることがないのでしょう？　私たちキリスト教徒の神は、御自身を犠牲にし、「弟子は師にまさる者ではない。しかし、だれでも、十分に修行を積めば、その師のようになるであろう*」と言われたではありませんか。それなのにどうして、私たちキリスト者には、苦痛へのこの暗い恐れがあるのでしょう？　どうして私たちは犠牲になるのはイエズスだけで、私たちは犠牲から免れることを求めるのでしょう？

神父さま、カトリック信者の九〇パーセントをよくご覧ください。信仰を実践している信者のことです。彼らの信仰生活とは、しょっちゅう秘蹟やミサやロザリオの祈りに参加し、大斎や小斎を守り（それほど実行されていません）そして、それで全部です。祈りの中の祈り、行動に姿を変えた祈りは見あたりません。人びとは「御国が来ますように」で止まり、それから「私たちに日ごとの糧を今日もお与えください」から再開します（内心では、「そして私たちに十分にお与えください」と思っています。口には出さなくても、ありありと感じとられます）。そして、「私たちの罪をお赦しください。私たちを誘惑に陥らせないでください」と続きます。「御旨《みむね》が行われますように」というところは、もごもごとつぶやくだけです。分からないものです！　お願いだけはしておいて！　もし何かが私たちにとって辛いことが、御父の御心に浮かんだら？　人の負い目を赦す？　だめ、だめ、払わせなければ。全く違ったものが必要です！　幸せについても、同じことが言えます。確かに、パンだけでは生きられません！　そのほかにたくさんのことが必要です。大きな、大きな幸せが。最高に健康で、仕事は繁盛、財布はいっぱい――ああ、そうなれば結構なのです！　こんな感じではありませんか？　そうなのです、残念ながら。

キリスト教徒は、十字架上で死なれた神によって贖われた身でありながら、いかなる苦痛をも蹴飛ばします。苦痛の美しさ、苦痛の力、苦痛が私たちにもたらす神との合一を見ようともしません。私としては、一か月間、機械のように、頭も胃もだめになるほど祈ったとしても、しばしば何も得られないということに気付いています。ところが、もし一時間、私の犠牲を何かに捧げるために苦しむなら、私はすべてを得るのです。犠牲は世界と魂を救います。魂と世界は常に、寛大な者の犠牲によって救われているのです。

これらの考えは、私を悩ませました。そしてとうとう、私は神の正義への厳格な奉献を実行する時が来たと理解しました。でも私は自分が無力であることを知っていましたから、沢山の人から助けてもらいたいと思いました。未来のすぐそこに、すでに形成されつつあるものを防ぐためには、犠牲という真の宝が必要でした。

そこで私は、クレモナのカトリックアクションにいる友人に、私が感じていることを伝える手紙を書き、次のように結びました。「あなたはとても影響力があり、真の実行力を持つカトリック信者たちと交流していらっしゃるのだから、この神から来ている私の願いを伝える役割を果たしてくださいませんか。私たちの印刷物に、あまり重要でない事を載せるのはやめて、犠牲の美しさとそれが生み出す成果を記事にして載せましょう。私たちの若者は、いつも善へ飛躍する用意がありますから、きっとこの力強い武器に熱狂するでしょう。この犠牲という武器は、イエズスが最初に使って手本を示されたものです。ひそかな犠牲の花は、悪徳の菌で腐敗したこの世界を清めることでしょう。ちょうど、殉教者の血がローマの土壌から異教の汚辱を流し去り、カエサルの都を神の都に変えたように」。

彼女は見事な返信をくれました――文体においても如才なさにおいても見事な。ああ、実に如才ない文書！　お見事です！　でも如才なさの下で、あの――愚かさの証拠は失せていました。お分かりいただけますよね！「あなたの考え方は素晴らしいと思います。でもほら、慎重さは聖人の徳ですよね。そしてあなたの提案は慎重さを超えています。ですから、ご提案を本部会議に提示することはいたしません。あなた

＊　ルカ6：40、ヨハネ15：14。

がそれほど、できるとお感じなら、思う通りになさってください。でも、あなたのおっしゃることは、大げさではないでしょうか。なぜなら……」。

考え方ですって？　行動の仕方と言うべきでした。私は提案したのではなく、行動していたのですから。私は返信しました。「もし慎重さが聖人の徳ならば、聖なる大胆さは殉教者の徳です。彼らは聖人であり殉教者なのですから、二つの王冠をかぶっています。もし初代教会がこうした無謀で勇敢な聖人たちで溢れていなかったら、教会はずっと地下の礼拝所にあったことでしょう。そうは言っても、犠牲について語ることのどこが無謀なのか分かりません。私たちはキリストの十字架刑について語るではないですか！　教会の一般信徒の軍団に、キリストに倣うように励ますべきではないですか？　いったいなぜ、私たちの会の軽はずみな会員たちを一時的な熱狂で燃え上がらせる、ある種の修徳主義の本や聖人伝を読むことを許すのでしょう？　神学者でない者には難解で、神秘主義的パラノイアとまでは言わないまでも、間違った考えを頭に入れるもとになる書物で瞑想させることは、もっと悪いことだと思いませんか？　気を付けてください、ジーナ。すべては平穏だから、犠牲の強化を正当化することはないと、あなたはおっしゃいますが、教会は目下のところ（一九三一年、ラテラン条約締結から二年後）、少しも勝利してなどいないのです。気を付けてください、近いうちに考えを変えなければならなくなって、苦い思いをしないように！」。

私がこれを書いたのは、一九三一年五月の初めです。五月三十一日にカトリックアクションの青年サークルへの弾圧が起きました。現在の悲劇の第一幕の始まりです。すなわち、よく見れば分かるように、私たちを導く人――運の悪い気の毒な人――の知的な光に翳りが生じたのでした……

その前日は日曜日で、私はエフェソの公会議から十七回目の百年祭*を祝う講演を行い、締めくくりに、指導者たちの利己主義と過大な勢力に翻弄されている大衆を聖母マリアが守ってくださるように祈願しました……

おお！　でもここで、おもしろい寸劇をお見せしましょう。危機がせまった時の弟子たちの行動は、今も二十世紀前も同じだということが、手に取るように分かる寸劇です。

その朝、私は家にいました。心臓の病気は悪くなる一方でしたが、私は一生懸命家具を磨いていました。玄関のベルが鳴ったので、私は開けに行きました。役員たちが全員で家になだれ込んできました。まるで脅えてわめくメンドリの群れのようでした。「捕まる！」「迫害！」「警察！」「殺される！」「大変！」「ああ！」「逃げなきゃ！」「ベッドに隠れなくては！」私は事態が分からず、叫びました。「静かに！　何言ってるのか分からない！　一人ずつ話して！」。

そこで彼らから聞いたところによると、サークルに警察官が来たので、会長を呼びに行ったところ、会長はコレラ患者のように青ざめていたそうです。サークルはその朝解散させられ、すべて没収されたとのこと。彼らは私に、行ってなんとかしてほしいと言うのでした。

あらま！　今は私が何でもしなければならないというのでした！　会長になるためにユダの役割を演じ、この一年間あらゆる方法で私を妨害し、嘲笑い、中傷し、虫を踏み潰すように私を押し潰してきた「会長」は、責任逃れに必死でした。「私は本当に何もしていません。話をしたのは彼女、仕切っていたのも彼女です。警察に話しをするべき人［つまり、「監獄へ行くべき人」］がいるとしたら、彼女です。私はもう休みま

＊　その年、エフェソの公会議から十五回目（十七回目ではなく）の百年祭が祝われた。四三一年に開催されたこの公会議では、ネストリウス派が激しく非難され、キリストにおける人性と神性の分かちがたい結合が宣言された。これによって、マリアを「神の母」と呼ぶことが可能となる。

す。肝臓がひどく痛むので」。

「分かりました」。と、私は答えました。「月へでもどこへでもどうぞ。私がサークルに行きましょう。何も怖くありません」。そして、少々のラテン語が役に立つ場合がありますから、私はレンツォ・トラマリョーノ（マンゾーニ作の小説『婚約者』の主人公）の神経を逆撫でするような、ちょっとしたラテン語で彼女を痛めつけました。

全部で十三名の役員と私の中から、三名が残りました。まるでゲッセマネの園のよう！

警察はサークルに対してとても親切でした。彼らは何も没収するつもりはない、でも夕方までに議事録と旗を警察署に持って来なさいと言いました。私の講演録は必要ありませんでした。彼らは講演に誤りはないと判断した人びとの話を聞いていたのです。おお、私を自分の身代わりに標的にさせようとした気の毒な会長!!!

夕方、二名の忠実な弟子と一緒に、私は警察署へ行きました。一人は箱に入った旗を持ち、もう一人は議事録を持っていきました。私は何も持っていきませんでした。将軍…は頭脳だけを持っていったのでした！

一人の警察官が私たちを迎えると、ほかのたくさんの人たちが、警察官もそうでない人たちも、私たちを珍しい鳥か何かのように見ました。彼は自分に全部手渡すように言いました。

「もしよろしかったら」と、私は言いました。「まず正式な受領書を頂いた後で、すべてを署長さんだけにお渡しします」。時として、特にみんながカッとなっているときには、十分な礼儀作法が必要です…どうか分かりませんけれど！

「でも署長は仕事中です」。

「お待ちします」。

「では、こちらへ」。

私たちは進みました。先頭は警察官、それから私、その後に二名の私の…従者。長い待ち時間。ついに警察官が待ち疲れ、私が諦めそうにないのを見て、扉をノックしました。

「だれ？」。

「ルルドのご婦人です。[*1]旗を直接手渡したいが、受領書が必要だとおっしゃって」。

ルルドのご婦人ですって！　私は自分にお辞儀をしました！　私の…従者たちは目をまん丸くして私を見ました。

「入って」。私は中へ入りました。

「あなたがルルドのご婦人で？」。

「そうです」。私はフェラヴィラを真似て[*2]「それは私です！」と言いたくなりました。

「ここに全部置いていきなさい」。

私の…従者がデスクの上にすべてを置きました。署長は書き始めました。「私は旗一点、及び議事録六点を受け取ったことをここに証明…どうぞあなたの名前をお聞かせください」。

「マリア」と、私は冷静に言いました。

「…ルルドのマリアから。署名…」。

＊1　無知な警察官が間違えたのは、そもそも、カトッリクアクションのこのサークルが「ルルドの聖母」という名前だったことによる。
＊2　エドアルド・フェラヴィラ（一八四六-一九一六）ミラノの喜劇俳優。

私は晴れがましく、堂々と退出しました。お分かりになるでしょう？　私はマリア・ヴァルトルタという名の哀れな女として部屋に入り、ルルドのマリアになって部屋から出て来たのでした……

仲間たちは笑っていましたが、私は心の底では笑えませんでした。御子の召使に対する聖母マリアの抱擁のような名誉以上の称号を与えられた、と言っても、こうしたことに無知な人からですが、それは別として、私はとても心が痛んだのです。多くの人よりも表面下を見る私は、「キリストの柔和な群れ」に対する突然の拒否の本当の顔を見たのでした。そして震えました。私のためでなく、すべての人のために。人びとが誤った一歩を踏み出したら悲しいです！　そしてその日、非常に大きな最初の一歩が踏み出されたのでした……

私は予定を早めることを決心しました。あの受難の誓いにおいて、私が聖母を守護聖人として神の正義に奉献する日を、九月八日としていました。でももう待てません。兆しはやって来たのです。私は神御自身が信条を私に吹き込んでくださるよう、神に願いました。

数日後は六月の初金曜日でした。ミサのとき、サークルの会員の中にいて、私は現実的な死の苦しみを経験しました……知性で、未来にやって来ることのすべてを見たのでした。つまり、戦争、飢餓、死、虐殺……そして果てしない絶望を。なんという苦しみ！　決して人前では泣かない私が、あまりにたっぷり泣いたので、目が見えないほどでした。ミサが終わったとき、会員たちは、あまりの涙で何も見えない私を助け出さなくてはなりませんでした……仲間の中で特に親しい人たちは、どうしたのと私に訊ねました。私はいくつかの細部に関しては差し控えましたが、起きたことを話しました。

二、三日後に奉献の祈りの言葉が私の心の中で開花するのを感じました。七月一日の〝いと尊き御血の祝日〟に、私はそれを書き、宣言しました。御父の裁きを和らげるためにその尊い血をすっかり流した生贄と一つになるために、これ以上素晴らしい日を選ぶことができたでしょうか？　そしてそれから先、呼ばれる名前として、「十字架のマリア」以上に美しい名前を選ぶことができたでしょうか？

ある無知な人がルルドのマリアと呼んだ女は、自分で十字架のマリアと名乗りました。十字架は私の大切なもので、私はそれを自分の祭壇に欲しかったのです。十字架は子供のときから私の生涯の友でした。そして今、超自然的な突き棒に駆り立てられて、私は身を捧げ尽くすための大きな十字架を求めていました。こうして私は自分にふさわしい名前、この世でもあの世でも神の御前で私のものとなる名前を得たのでした……

「わたしには受けなければならない洗礼がある。
それが成し遂げられるまで、
わたしはどんなに苦しい思いをすることであろう。」（ルカ12：50）

愛の殉教を志願してからすぐに、苦しみの殉教が加わりました。それは肉体に鋭く突き刺さり、魂に対しては厳しさを増して、私にのしかかるようでした。

説明できるかどうか分かりませんが、やってみましょう。神に見捨てられたと感じたのではありません。いいえ、その愛はいつも私の上にありました。でもイエズスが私を抱擁なさると、御父は、私の心に置かれた御手を重くなさるのでした。そして、簡素な贖罪の期間が始まったのです。超自然的な愛の感覚につながるものはすべて消えました。長い間私を喜ばせてきた甘美な夢や、神は私たちが今耐えていることをすべて免れさせて下さるだろうという確信もなくなりました。たちまち重苦しいゲッセマネの時が来て、完全に埋め尽くされました。そして十年間も続きました。一九四一年になって、やっとその激しさが和らいだのです。

私が心の不毛さを経験したのだとお思いにならないでください。いいえ、決してそうではありません。キリストの愛に慰められないことも決してありませんでした。でも私は世界で起ころうとしていたことをすべて正確に感知して、信念によって激しく苦しんだのです。…私はこのために全部の涙を流したのでした。この凄まじい罰を免じて下さるよう、永遠なる方に懇願し、神の裁きの手をなんとか緩めさせることはできないかと、自身に厳しい苦行を課して責め苛みました。あまりにたくさん泣いたので、罰が到来してみんなが多かれ少なかれ冷静さを失ったときには、私の涙は一滴も残っていませんでした。私はあらかじめ、恐ろしい悲劇がすっかり展開されるのを見て、すでに苦しんでしまったのでした…身体的には、次から次へと沢山の病が突発して苦しみました。新しい病が発生するたびに前の病より悪くなり、その連続はまだ終わっていません…体の痛みはすべて体験し、病気の総目録が出来てしまいました。そしてもっと悪いことに、これらの病は霊的な部分を免れさせることはなく、それだけで一つの苦難というべき、感覚の制御不能でかき乱したのです…でもこのことは、時が来たらお話ししましょう。間違いなく、神の裁きは、いかなる点でも私を容赦しなかったのです。このことは、あなたもお気付きになるでしょう。

　この間、心臓の発作が頻繁に起きました。これに加えて、歩くときやまっすぐに立つときに平衡が保てず、一人で歩くことが本当に難しくなりました。壁の近くを歩くなら、ときどき壁にもたれたり雨樋につかまったりして、まだかなり安全に歩けました。でも広い所ではふらついてしまい、しばらく立ち止まって目を閉じて平衡を取り戻さなければなりませんでした。といっても、実際には体が右に傾いているので、平衡というのは言葉の綾ですが。

　私はすでに一年間治療を受けていました。初めは神経衰弱の治療でした。夜中ぐっすり眠れ、記憶はしっかりしていて、精神力もいつも正常で、頭の疲労の恐れも全くないのに、どんな神経衰弱なのでしょうか？やれやれ！　医者はグリセロ燐酸塩をたっぷり処方し、私がさらに悪化するのを見て、それをやめました。血液過剰と体重過多ということで、今度は血液を薄めるためのヨウ化物とヨウ素酸塩。以前にも増して悪化しました。そこで彼らはどれもやめ、心臓を鎮めるものを摂らせました。ぶどう酒、コーヒー、肉、どれもだめ。これ以上悪くなり得ないほどでした！　発作は、毎日ではないとしても、少なくとも週に一度決まって起こり、そしてますます激しくなりました。

でも発作を経験するたびに死ぬ思いをしていた私以外には、だれもそれを気にかけていませんでした。家の中でも外でも、みんなが私の助けや奉仕を求めていました。彼らが私に感謝してさえいたら！　でも家では、いつもの自分勝手で横暴な扱いを受けました。外では、いわゆる「宗教的」なある種の環境にしてはあまりに日常的な、悲しむべき嫉妬がありました。

私の成功への嫉妬から、彼らがどれほどのことをしたかを、あなたはお信じになれないことでしょう！会長は、ひと夏の恐怖が続いた間、亀のように甲羅に頭をひっこめて穴に隠れていましたが、九月四日以後[*]は、前のように戻って、再び表舞台に飛び出し、厚かましさと横暴さを取り戻したのでした。会長ばかりでなく、女性グループの友人たちもそうでした。子供のときから私を知っていて、私を愛してくれ、そして行動を起こすように励ましてくれていたのに、今私が行動し、彼女たち以上に行動しているとなると、嫉妬のよだれを吐きかけるのでした。そのことで私は苦しみました。どんな友情でも、壊れることは私を苦しめます。その苦しみは私に、善良そうに思えた人がそうではないことに気付かせるからです。

＊　一九三一年の九月に、カトリックアクションの活動は再び許可され、規則正しく行われるようになった。

けれども、私は自分の仕事を同じように続けました。あらゆることにもかかわらず、サークル活動に加えて講演を再開しました。最初の話は、ハンガリーの聖エリザベトに関するものでした。私は背中の痛みがひどくて完全に屈んでいました。二回目は、私の熾天使《セラフィム》であるアッシジの聖フランチェスコに関するものでした。

その日私は、私の守護の天使を見ました。

昨夜は痛みがひどくて、物語を続けられませんでした。今朝、再開する前に、この章で申し上げたことをすべて読み返し、説明が下手なためにあなたを誤解させるかもしれない部分に気付きました。

私は「キリストの愛に慰められないことも決してありませんでした。」と、書きました。これは、二、三行前の「超自然的な愛の感覚につながるものはすべて消えました」とは正反対で、私が彼の抱擁を楽しみ続けているとお考えになるかもしれません。

それはこうなのです。上手く説明できるとよいのですが。もうどんな夢も、どんな抱擁も、魂に響くどんな声無き言葉もなかったのです。もう何もありませんでした。あたかもイエズスがその愛と共に、遥かに、遥かに遠くへ行ってしまったかのようでした。でも、以前にも増して、彼が私の内に在ることを感じていました。彼はただ沈黙していたのです。彼は以前のように、そして以前にも増して私を愛していて下さいましたが、決してご自分を感じさせないのでした。暗闇の時が私にやって来たのです。私がそれを望んだのです……それを体験することをだれから強いられたわけでもありません。私、私が一人で御父に願い、それを自分に課したのです。その願いにどんな辛さが加わろうとも、私はそれに耐えねばなりませんでした。

イエズスは彼の時が来たとき、御父から引き離され、ただ一人でした。刑を受けたのは「人」、その「人」

一人だったのです。父は怒りで天の奥に引き下がり、受難の人は一人で苦しまなくてはなりませんでした。彼、無垢の人は、あらゆる罪――最初のアダムから最後のアダムまでの――が自分に流入するのを感じたことでしょう。拷問が差し迫り、自分の犠牲が多くの人びとにとって無駄になると説得され、自分が最も愛し、恩恵を与えてきた者に裏切られ、否定されることを悟ったでしょう。けれども、これらのどんな悪よりも彼を苦しめ、血の汗を流させ、何よりもすさまじい重さでのしかかったのは、このたった一人で苦しまなくてはならなかったことだと私は確信します。

恐ろしいことです。あらゆる苦しみの中で最も恐ろしいこと。苦痛は、憐れみ深いキレネ人の心と分け合われるとき、圧倒的な重さではなくなります。でも自分だけで耐えなければならないとき、それは私たちを息ができないほど押しつぶします……人間的な苦痛がこうであるならば、人間的な領域もよりもっと厳選された領域での苦痛は、はるかにひどいものです。そしてイエズスは、特に選ばれた目的のために、苦しまれました。彼は崇高な目的のために御自身を犠牲にした英雄です。すべての人に慈悲を注いだ聖なるお方、すべての人を贖った殉教者でした。そして御父の慰めもなかったのでした。

最後の晩餐以降のあの恐ろしい時間を詳細に注意して見るなら*――彼の殉教はそこから始まっています。裏切り者が身近な者であることに苦しみ、「私のパンを食べる者が、私にかかとを上げる……私はあなたたちに真実を言う。あなたたちのうちの一人が私を裏切るだろう」という最後の呼びかけが無意味であることに気付きながらも、彼が罪を犯すことを止めさせようとしなければならなず、そしてとりわけ、自分を売っ

* ここで提示されている主の受難に関しては、マタイ26：17-75、27：1-56、マルコ14：12-72、15：1-41、ルカ22：7-71、23：1-49、ヨハネ13：1-38、17：1-26、18：1-40、19：1-37を参照。

た者に、自身を神秘のパンとして、与えなければならなかったのですから――イエズスは苦悩の中でも、厳かな気高さを決して失いませんでした。

「どのような苦しみ方ができるのか私に話してください。そうすればあなたがどういう人間か言い当てましょう」という古い言葉があります。イエズスは実に落ち着いた態度で苦しみに耐え、ご自分の真の本質を示されました。決して嘆き悲しまず、決して自分を守ろうとせず、常に高貴な沈黙を守りました。ひたすら御父の栄光を称え、真理を証し、ご自分の使命を打ち明けるために、高等法院とヘロデとピラトの前で、わずかな言葉を口にされました。

でも、最後の晩餐でのこれらの言葉を、私は読んだり思い出したりする度に泣かずにはいられないのですが、それに続く祈りの後に、私にとって最も美しいページがあります――受胎告知から今日に至るまで、これ以上美しいものは書かれていないでしょう。それは何にも勝って美しくあり続けるでしょう、キリストが再来されて、神の静謐について、もっと崇高な話と祈りを発せられない限り――祈りの後、ゲッセマネで苦しむ人の不安な叫びが聞こえます。「私の魂は死に至るまで打ち沈んでいます……わが父よ、できることならこの杯を私から取りのけてください！」父は答えません……カルヴァリオで瀕死の人の苦悶の叫びが聞こえます。「わが神、わが神、なぜ私をお見捨てになったのですか?」死んでいく無実の人は、父にすっかり見捨てられたと感じ、神をもはや「父」と呼ぶことさえできません！……この言葉のわずかな違いは、言葉が発せられる瞬間に、はるかに大きなものとなります。人は死にかけているとき、最後の痙攣のうちに、父や母の助けを求めて叫ぶものです。そしてイエズスは、そのような痙攣状態にいました。私はキリストのこの孤独な苦しみがすっかり分かります……そしてそのような瞬間でさえ、父はお答えになりません……死は、肉体的、精神的、霊的苦悶を伴って、罪のない人によって、私たち罪ある者のために、味われなければならなかったのです。

イエズスは私に対して同じようにしたのでした。私は贖罪の犠牲として自分を捧げました。そして私は贖罪の犠牲として生きなければなりませんでした。彼は語ろうとせず、語れませんでした。彼はそこにいて、そして存在するというだけで私の助けになっているということを、私に感じさせようとせず、感じさせられませんでした。彼はこのように不活発で眠っているように見えましたが、私の小さな舟が嵐の中で翻弄されていたとき、イエズスに対する私の愛が衰えることはありませんでした。そしてそこに私の慰めがあったのです。

私は最大限の信頼をもって彼だけを愛していました。私はこう申しました。「あなたはお話しくださらない。あなたは私の中でお動きにならない。でも私はあなたが今までと同じようにここにおられ、私に耳を傾け、私を見ていらっしゃるのが分かります。私はあなたのためと、私のために、あなたを二倍愛します。私は話す人になって、あなたの完璧な沈黙で途切れたところを補いましょう。あなたが静止している間、私は行動する人になりましょう。私は今ほど、あなたを愛したことはありません。今は私の人間的な感覚でも、また超人間的な感覚をもってしても、あなたから何も受け取れないのですが。あなたが当面のところ私に与えてくださらないものは、天国の神の銀行に預けられていて、私が天国に行くまでに百倍に増えていることでしょう。私の愛するあなたは、比類なく気前の良い銀行家ですから」。

私はこうも申しました。「気の毒なイエズス！　おそらくあなたはお疲れでしょう。あなたは中へ入れてもらって聖なる疲れを取ろうとする巡礼のように、たくさんの心の扉を叩きます。けれども、どこにも頭を休める場所はありません。なぜなら、あなたの喜びは天にではなく、あなたの苦しみで買戻した者たちの中にいることなのですから。でも、だれもあなたを迎えたがりません。彼らの心はすでに世俗の関心で一杯なのです……あなたは見知らぬ人で、あなたが人間的な富も世俗的な名誉ももたらさないことは一目瞭然です。そんなわけで、彼らはあなたの面前で扉を閉めるのです。悪くすれば、番犬と棍棒を持って来て、あなたをもっと遠くへ追いやろうとします。ですから、あなたは疲れ切っておられます……あなたは哀れな心の内に隠れ場所を見いだされます。ここは、あなたを受け入れるために大きく開かれています。そしてあなたは、心労で眠ってしまわれました。お眠りください、イエズス。眠りは苦悩の原因である記憶を拭い去ります。眠り、休息してください。この家――私の哀れな心の家――の主人としてお留まりください。その間に私は、あなたがどういうお方であるか話しながら、あなたのために、多くの心を探し回りましょう……愛する人よ、お好きなようになさってください。あなたをお起こししないように、できるだけ音を立てないようにしましょう。何か痛い目にあっても、呻《うめ》いたりしません……あなたが私の心の中でお眠りになっている間、働いてあなたにお仕えできること、あなたに制止されずにあなたを愛せること、そして、お、美しい神よ、あなたについて思い巡らすことができることで、私は満足です」。

イエズスが私の愛に感覚的に報いることができないこのときほど、こんな超人間的なやり方で彼を愛したことはこれまでに一度もありませんでした……

一方、御父は手の重さを増されていました。

イエズスが眠り、彼のまなざしが閉ざされたことで、私が前の年に打ちのめした悪魔がさまざまな方法で私を苦しめにやって来ました。あなたにお話したように、ここ十二年（正義への奉献以来：一九三一－四三年）にわたって、叩いたり、押したり、刺したり、検査したり、診断したりした二十九人、そうです、二十九人もの医師がだれも解明することができない、とめどのない病の攻撃です。悪魔はますます激しい嫉妬と痛烈な中傷を引き起こしました。家族のわがまま、冷淡、頑固、無関心は増々ひどくなりました。悪魔は私の仲間たちに、私は病気ではなく、偏執狂なのだと思わせました。そう、私は誇大妄想的な偏執を持っている、躁病だと、あらゆる口調で言われました…人びとに対しては、私がとても具合が悪いとこぼしながらも、実行している善なる主のための仕事は、私が偽物の神秘主義者、ヒステリー患者、俗に言う「狂人」だという最強の証拠だと信じさせました。これは私にも言われました。

ある司祭は——身近に私と接してきて、私のバランス状態を見てきたからには、少なくとも一番私を擁護してくださってよさそうな方が——次のような言葉を吐かれました。「でも、あなたの問題は病気というより、ヒステリー障害に違いない。ほら！　女性ですから！…あなたたちはいつもヒステリーに支配される。全部、ある器官の刺激のせいですよ。医師に詳しく調べてもらったほうがよい」。

「違うのです」と、私は答えました。「医師たちも、そこに問題はない、全くないと認めなければなりませんでした」。

「それでは」、そしてヒラウチワサボテンの茂みよりもチクチクする小さな笑いがありました。「神秘的な障害でしょう…」。

白状しますと、私は頭に血が上って、こう答えるのが精いっぱいでした。「私はある器官に支配されるほど女らしくありませんし、神秘的な障害に値するほど聖なる者でもありません。私はただの哀れな、病気の女なのです」。

人はなんと残酷なのでしょう！　残酷で冒瀆的！　どうして精神のもっとも聖なるヴェールを持ち上げようとするのでしょう？　どうして神が働いている魂を愚弄するのでしょう？

最後に悪魔は、世界にやって来つつあるあらゆる悪、すなわち戦争、大虐殺、飢饉、市民への爆撃を示して、私の精神を絶望に導き、かき乱そうとして、復讐しました…でもそれは成功しませんでした。復讐の最後が、存在のすべてに悪影響を及ぼす病気を突発させることでした……それに関してはすでにお話ししましたが、再びお話しすることになるでしょう。

でも、何があっても、私の信頼、私の信仰、私の意志は損なわれませんでした。本当に、何も。

それでは一九三二年の一月四日、私が守護の天使を見た日に戻りましょう。それは日曜日のことでした。私は聖なるミサと聖体拝領でその日を始めました。それから、家の中を片付けた後、会合のために会の本部へ行きました。宗教的考察とコンテスト。十二時に帰宅。

家に入ったとき、息が詰まりそうな空気に気付きました。母は、幸いなことに、炭酸ガスを物ともしない鉄の心臓を持ち、ストーブの火を盛んにして、四つの手あぶりの用意をし、寒くないように窓を閉めていました。家の中の空気は青味がかってさえいるようでした。

「まあ、窒息するじゃない！」と私は叫びました。私の病んだ心臓では、ほんのわずかな炭酸ガスでも耐えられなかったのです。そして窓を開けに行きました。

「開けたら承知しないわよ」と、母が大声で怒鳴りました。「あなたは家の中にいると病気なんだから」。外ではいつも元気なくせに！

全くの嘘！　私は、店でも、松林でも、通りでも、教会でも、市場でも、マンテラーテ〔マリアのしもべ女性支部〕から徴税事務所まででも、女友達の家でも、具合が悪くなるのです……でも母は私のために「母」だったことがあったでしょうか？

私はそれ以上返事をせずに、心臓がますます重苦しく、動悸が激しくなるのを感じながら、有毒な空気を吸っていました。

コーヒーを飲んでいるとき、気の毒な人が私たちに会いにきました。気の毒と言うのは、彼女が三十歳なのに結核で死にかけていたからです。私が洗い物をしている間、私たちはおしゃべりをしました。この病気の女性が帰るやいなや、母は気分が悪くなりました。そして眩暈がし、当然、「ああ」だの、「おお」だのの光景が繰り広げられました。私がコーヒーを温め、それから気付け薬を取りに行く間、母は一人になりたがらなかったので、私は隣の人を呼びました。

私は右往左往し、階段を昇ったり、降りたりしました……最後に気分が悪くなりました。私は小部屋で座り、そして気を失いました。だれも私の体がドスンと落ちる音を聞きませんでした。だれも私が戻って来ないことを気にかけませんでした。私が倒れてガラスが壊れた音すら、だれも聞きませんでした。母は清浄な空気を吸うだけでわずかな眩暈からすでに回復し、近所の人と気楽に長話をしていたのでした……

ほぼ三十分後に、私は意識を取り戻しましたが、倒れるときに自分の歯で舌を七箇所切ったらしく、口の中を血で一杯にして床に転がっていました。両手の甲は打撲とガラスの上に倒れたことですっかり皮がむけ、両膝には擦り傷があり、そして心臓は！……私はやっとのことで起き上がり、のろのろと階段を下りました……

「ああ、やっと戻ってきたの？　エリナ（近所の人）にコーヒーを一杯さしあげて。気の毒にまだ何も召し上がっていないのよ。遅いからもうお帰りになるところだったわ。それに、あなたに話をしてもらいたい人たちが。もう呼びに来ていますよ」。

そこで私は傷を見せ、何があったか話しました。倒れている間に、私のそばに守護の天使がいるのを見たことを除いて。彼はなんと美しかったことでしょう！　その顔も、衣装も！　衣装はまるでユリの花びらに銀の粉とダイヤモンドを散りばめたようでした。なんと荘厳だったことでしょう！　なんという微笑み！

彼をもう一度見るためなら、毎日あのように苦しんでもよいくらい！　私が転倒したとき、喉にフラスコが突き刺さって死んでしまわないように守ってくれたのは、彼だったに違いありません。

こうして母の気まぐれが、私の守護の天使を見させたのでした。そしてまた心臓を消耗させました。

翌日私たちは、あの気の毒な病気の女性もまた、私たちの家を出た後で、地面に倒れたことを知りました。そのときだけは、母も空気中にガスが充満していた証拠に屈服しました。とりわけ、自分も気分が悪くなったからでした。

でも、そんなことがあったにもかかわらず、私はいつもと同じようにサークルへ行きました。神が私を助けてくれました。その日ほどうまく話せたことはかつてないほどでした。

最後に、褒め言葉をもらい、そしていつも王侯のように時間に正確な私が、なぜこんなに遅刻したのかと尋ねられました。私は手袋をはめたままだった両手と切れた舌を見せ、起きたことを話しました。みんなは驚き、私の慎重さが足りないことに、やんわりした非難さえ口にしました。

でも、もし慎重さが神や神の天使たちの顔を私たちから隠すとしたら、慎重であることはそれほど大切なことでしょうか？

第五章

超霊的な至福

「この人々は大きな試練を経てきた者で、
その衣を小羊の血で洗って白くしたのである。」（黙示録7：14）

苦しむことと祈ること以外に何もできない役立たずの私たちは、
天の銀行に日々預けなければならない犠牲の定量を満たすために、
残りをすべて提供します。預けたものは、相当な利子がつけられ、
キリストのぶどう畑で働く人たちの支援になります。
私たちはマリアです。そしてあなたがた聖職者の魂は、
イエズスのマルタです。

「わたしは、地上から上げられるとき、すべての人を自分のもとへ引き寄せる。」

―（ヨハネ12：32）

ますます苦しみながら、私は前進しました。すべては間もなく使い切られると信じていました。永遠の**神**の静かさに対して、人間の忍耐力の無さと言ったら、なんと愚かなのでしょう！

三回目の講演は前年のように、「結核との戦い」に関するものでした。いいえ、違いました。三回目はシスター・ベニーニャ・コンソラータ・フェレーロに関するものでした。そして四回目が結核予防デーについてと、カトリック大学デーについての合同でした。二つの日がとても近かったからです。その後はコンテストの試験で、結果は上々でした。

会員たちは私をとても愛してくれました。私は彼女たちにとって、教師というより、「母」でした。彼女たちは私に何も隠しませんでした。

実際、たとえ何かを隠したとしても、役に立たなかったでしょう。神のお恵みで、彼女たちに変わったことがあれば、すぐに私は気付きましたから、少女を私のところへ呼び、「何か困っているの？」と尋ねるのでした。相手は見つかったと気付き、私が超自然的な力を通じてすべてを知っているに違いないと思って、話し始めるのでした。でも私はすべてを知っているわけではありませんでした。おおまかに言えば、この人は苦しんでいるとか、不安そうだとか、あるいは誘惑されているとかが分かったのでした。それだけでした。でも彼女たちから信頼されると、私は彼女たちの魂を介抱し、導き、慰めることができたのでした。

神よ、私の隣人たちに、すべての悲しみの癒しを私に求めさせてくださったことを祝福します。だからこそ、私は他人の苦しみを理解し、共感し、慰めることができるのです。

心を理解する。何と難しい技でしょう！　それはどんな人間の学校でも学べません。人間的ではない源から来る光だけが、これほどの慰めを提供する知識を与えることができるのです。その結実を助けるのは、深く瞑想的な精神と心の善良さです。

苦しんでいるときに理解されるということは、しばしば救われることを意味します。卑劣な奇襲からの救い、危険な落下からの救い、そして、心を殺さないにしても、心を切り裂く絶望のときからの救い。理解されることは、あらゆる年代において必要ですが、とりわけ青春時代から成熟期へ入るあの繊細な年代においては必要です。心が最も誘惑、幻想、そして感情の爆発に捕らわれやすいのはそのときなのです。初めての花を咲かせようとしている若木のように、乱暴な手によって引き抜かれるかも、強い衝撃で折れてしまうかも、猛烈な熱で焼かれるかもしれません、澱んだ水で腐ってしまったり、つむじ風の強風に絡みつかれて丸裸にされたり。開花したばかりの心は、よく教えてやらなければなりません。何が害になるかを教え、弱過ぎるときには曲がらないように支え、葉（や愛情）が多すぎて、実をつける前に茂り過ぎで消耗してしまいそうなときには切り詰め、いじけていれば肥料を施し、害虫なら取り除き、そして何よりも愛し、愛して、愛し抜かなければなりません。

愛されていると感じると、心は語ります。そして語るなら、その心を愛し、その心よりも熟練している者に、それを導く機会を提供します。私たちは年下の者のために、いつも父や母の心を持つべきです。そしてときには年上の人たちのためにも、そのような心が必要なときが。というのも、心には年齢がありませんから。心は神のように永遠ですし、人生のあらゆる年齢において、やさしさ、忠告、慰めは、いつも必要なのです。

現実には、愛することができ、愛することによって相談にのることができる心は、ほとんど存在しません。

そして最も珍しいのは、今は年老いていて、自分も若かったことを覚えている人です。「私たちの時代には、こんなことはなかった。私たちの時代には、だれもこんなことをしなかった」と。これは若い者に関して、大人がいつも口にする軽蔑的な主張ですが、それは嘘です！　私は大きな罪に陥りたくはありません。昔も今と同じだったのです。その証拠は、孤児養育院や教皇庁控訴院などなどで、中世から使われていたことは、たくさん書かれています。フランチェスカ・ダ・リミニのエピソードや、王の愛人たち…詩人や国家元首のニンフ、エーゲリア（ローマ神話に登場する女神、王に知恵を授けた）、だれでも知っている例だけでもたくさんあります。けれども、私が言うのは、もっと深刻でないことです。父母に隠れてボーイフレンドを持つことや、心を乱す友情や読書のこと、中には非合法につくられていることもあり、髪の毛を染めたり、巻いたりする軽薄な行為もあります。いったいぜんたい！　エヴァ以来、すべての大陸で、地球のいたるところで、こうだったのです。

なぜ今日の世代に対して、まるでサボナローラのように大勢で激しく叱責するのでしょう？　昨日は自分たちの愛する母親たちが、一昨日は自分たちの愛する祖母たちが、自分たちの愛する父親たちや祖父たちに会っていたのです。当時の大胆な若者たちは、まなざしと、マッチを擦ったり消したりの合図で通信したでしょう。無線電話や電報のようなものです。あるいは、四十年前の照明の暗い通りで、郵便を取り持ってくれる細い糸の好意に頼って小さなカードを送り、愛情を交わし合っていたでしょう。自分たちの時代には、頭に建築物のようなかつらをかぶり、フライにされる魚のように、粉まみれになっていたでしょうに、なぜパーマネントや口紅に対して、四旬節の説教のように振る舞うのでしょうか？　浪漫主義のヒロインは、青白いことが当時の流行でした。今の女性たちはカリブの混血児や北米先住民のように見せたがります。よいでしょう！　色彩は変わっても、当時も今も化粧があることに変わりはありません。

壮大な嘘による激しい叱責や説教で悪い結果をもたらす代わりに、娘たちに熟慮させることを試みましょう。叱責や説教は、娘たちに言い逃れを重ねさせることになり、こっそりカードを取り交わす代わりに、若い男をこっそり受け入れて、深刻な結果をもたらす危険性があります。あるいは、家の外で化粧をするとか——いったいどこでするのやら。母の権威をまとった母親であるよりも、まずは子供たちの友人になりましょう。私たちの若い会員のために、教師であるよりも、まず姉になり、彼女たちが心を開けるように私たちの心を開きましょう。母親や教師がこの考えを理解してくれるなら素晴らしい！　私たちの家族としての娘、あるいは精神的な娘が、私たちを信頼し、私たちに何も隠さず、彼女たちが夢みるときに自分をときめかせる夢を預ける相手として、あるいは彼女たちの苦しいときに嘆いてくれる人として、私たちの心を求めるのを見るのは、なんと甘美なことでしょう！　このように、思い遣りをもって、傷つけることなく導くやり方を知っていれば、どれほど多くのことが得られることでしょう！

私はもう十一年間、世間と離れているのですが（一九三二年一月四日-四三年四月）、私の娘たちはまだ私のところへやって来ます——嬉しいときも悲しいときも——恋をしている興奮を、妻としての陶酔を、母としての深い幸福を話しに来ます。彼女たちは家の外での初めての冒険によって得た肉の果実を必ず連れてきて、彼女たちの宝にキスしてやってほしいと望み、まるで彼らを愛してくれる祖母であるかのように、私の名前をわが子に教えるのです。病気に襲われたり、不運に見舞われたり、あるいは愛する者に死なれたりすると、彼女たちはいまだに私のところへやって来るか、手紙を書いてきます。私はいつでも彼女たちを理解しますから、私と一緒に悲しむと心が安らぐのです！……そして、彼女たちはずっと穏やかに、はるかに冷静になって帰っていきます。あるいは、もし遠く離れているなら、はるかに冷静になり、自信を持ちます……私は心の中に彼女たちの苦悩と、病人としてのもどかしさを抱えています……でも私は、前よりも悲しみが減った心があることを知っていますから、心がうきうきするのです！

正直言うと、ときには彼女たちみんなに、向こうへ行ってと言いたくなることがあります。体がとても疲れ、衰弱し、そして痛いときは！…けれども、イエズスも、しばしばとても疲れていたのに、だれをも退けなかったことを思い起こします。十字架上の、苦しみの中で、彼は盗人に希望を与え、母や使徒たちや忠実な女性たちに、慰めを与えることができたのでした…

役員たちも、会長を除いて、みんな私の味方でした。会長は教区の信徒会長を味方につけて、私が三十歳を過ぎていることを理由に私をカトリック婦人団に移動させようとくわだてました。でも会員たちによる反乱がありました。私が残るか、私と一緒に会長も去らなければならないというのです。なぜなら、会長は三十三歳でしたから。そして私は残りました。留まるには英雄的行為が必要だったのでした！　私はますます具合が悪くなっていました。そして、私に対する不当な扱いにはますます敏感に。

私がイエズスの霊的な言葉をまだ享受していたとき、私の祈りの中には、彼の愛によって私を砕いて、天国への道を開いてくださいと願うものがありました。それに対するイエズスの答えはこうでした。私が自分で自分を打ち砕かなければなりません。それには、私の自尊心や、私が心の中にしまっている人間的な喜びのすべてを、完璧な愛の小槌によって粉々に砕き、どんな超自然的な慰めにも支えられないほどになります。そのときこそ、私は天国への準備が整ったと言えるでしょう。

今こそ、私はその地点に達したと言えるでしょう。私の自尊心はみんなに、そしてだれよりも自分自身によって踏みつけられました。私は神と隣人への愛から、桶の中のぶどうになりました。ワイン作りをする者の足で踏みつぶされます。天からも、人間からも、慰めは全く届きませんでした。あるのは、嘲笑、皮肉、叱責、裏切り、そして気付かれることのない労働、あるいは気付かれて新たな嘲笑のもとになる労働だけでした。祈っても祈らなくても、話していても沈黙していても、動かなくても動いていても、常に大多数の人から、けちをつけられました。私が神に導いた魂だけが私に感謝し忠実でした。それは福音書に書かれている、異邦人のキリストへの信頼と感謝を、思い起こさせました……

夏がやって来ました。今や一人で歩くことは本当に困難になりました……私はずっと、一九三一年八月二日のことを思い起こすことでしょう。〝アッシジの大赦〟のために聖アントニオへ行きましたが、なんて辛かったことでしょう！　私はマルタの母親[*1]と腕を組んで家に戻ってきました。すでに軽い卒中に襲われた彼女と、心臓病で衰弱した私は素晴らしい二人組みでした。私たちはよろよろと歩きました——二人の酔っ払いと思われたに違いありません。家に戻るや否や私は具合が悪くなりました。それ以来、ほとんど毎日具合が悪いのです。

カトリックアクションが再開されました。私は「声」としての私の役目を再び始めました。神の愛だけが私に続ける力を与えたのでした。

マルタの母親から、彼女と同じ町の出身者ガルガーニ[*2]の伝記、御受難会修道士である聖スタニスラウスのジェルマーノ神父によって書かれた偉大な伝記を渡されました。彼女は私がジェンマについて話すことを望んでいました。私は話しましょうと約束しました。実を言うと、ガルガーニにはちっとも魅力を感じませんでした。よく知らなかったのですが、彼女は数世紀時代遅れの狂信的な人ではないかと思っていました。私

＊1　イゾリーナ・アルベリーギ（一八七一〜一九三二）、体の弱ったマリア・ヴァルトルタに生涯付き添うこととなるマルタ・ディチョッティの母親。
＊2　ジェンマ・ガルガーニ（一八七八〜一九〇三）、ルッカ出身の神秘家。聖痕を受け、一九四〇年に列聖。マルタ・ディチョッティの母親もルッカ出身で、個人的に知っていた。

はいつも、「現代の聖性は違います！　こういうのは中世のことです」などと言っていました。けれども、その生涯を読んで、私は考えを変えました。十字架のマリアはイエズスのジェンマを理解することができました。そしてイエズスの小さなスミレ、永遠の太陽に死ぬほど憧れているスミレは、その微かな香りと贖罪のヴェールで覆われた頭を、神秘の香りとトケイソウの花冠――キリストのイバラの冠を象徴する星形の花――に加えてもらうことができたのでした。

でも私はまず、若い女性の守護聖人、ジャンヌ・ダルクについて話さなければなりませんでした。彼女について話すことは私に適していました。何よりも、仲間たちの願いでもありました。そこで私は、その先の講演予定リストの一番にジェンマを入れました。

その年、私はジェンマ、オルレアンの少女、サヴォイア家の福者や尊者について話すことを考えていました。それらの間に、良書についての話を挟み、特定の著者を例に挙げ、講演の後でその著者の本を三冊、出席者にくじ引きで贈ろうと計画しました。その本はもちろん、私が自分で購入したものです。書店をやっている私の親しい友人から、工場渡しの価格で購入しました。その友人は、以前は無神論者でしたが、私の言葉によって回心したのでした。いえ、「無神論者」というより、「反カトリック」と言った方がもっと正確でしょう。

でも私はジャンヌ・ダルクについて話すことを恐れていました。なぜでしょう？　彼女について話すと、私にとって何か取り返しのつかないことが起きそうな気がしたのです。そこで、私はジャンヌ・ダルクについて話すのを三年間も引き延ばしていたのでした。どうしてそんなことを考えたのでしょう？　分かりません！　私の魂が別の世界から受け取っていた無数の警告のうちの一つだったのです。その警告の真偽を確かめようと思い、話の準備を始めました。ジェンマは後にするつもりでした。

十一月二十一日に、マルタの母がわずか三時間で亡くなりました。彼女にはジェンマについての講演を聞かせるのが間に合いませんでした。そして彼女は天国へ行きました——彼女はルッカの熾天使（ジェンマ・ガルガーニ）への賛歌が素晴らしい天使たちによって歌われるのを聴くのに、まさにふさわしい女性でした。私はとても辛い思いをしました。マルタの母は私を、母のように姉妹のように、聖い真実の友として愛してくれました。

そんな母の娘ですから、私はマルタをとても愛しました……彼女自身の資質よりもこの理由から、私は彼女をもっと愛したのでした。私は彼女の中に、神のもとへ帰った聖人の魂を見て、忘れることなく愛し続けるからです。きっとそうです。

ここで、寄り道をして、あなたのお手紙にお答えすることにします……お手紙は、いくつかの理由で私をひどく驚かせました。

明日、口頭でご説明するつもりですが、でも今は、「どうして？　とお聞きします。どうしてこれほどの御好意を？　ああ！　私を甘やかさないでください、神父さま。いまに死ぬのが惜しくなりそうです！……」。でも、冗談はさておき、感謝、感謝です。私は手でも、口でも感謝申し上げます。私の魂は祈りによって最高の感謝を表すでしょう。これは贈り物に関して。

そしてまた、精神的、霊的に、私をとてもよく理解してくださったことに「感謝」いたします。そのうえ、あなたは私たち病人を慰める慈悲深い使命に、なおも専念なさっていますから、私の魂を忍耐強く、よく理解してくださることへの感謝を示すために、ご質問にお答えしようと思います。

宣教師は必要ですし、彼らは最高の状態にあるべきです。そうでないなら、私たちは福音宣教にお別れするかもしれません！　でも宣教師は悔悟者に支えられるべきです。ラジオは電源を入れなければ音がでません。悔悟者――生贄《いけにえ》として差し出された魂――は、神の「触れ役」の魂とリスナーの魂に、神の電流を通じさせるプラグです。下手なたとえですが、真実です。

特に神の使者が、聖務の実践に始終わが身をすり減らし、苛だたず、疲れず、毛嫌いせず、恐れず、自分の体にあまり関心を払わず、でも聖職者としての仕事のすべての要求に忠実であり、喜んで行動しようとし、燃えるような慈悲を持って無垢な魂にも大罪を犯した者にも――すべての魂のうちに神を見るから――等しくその心に抱き締めるなら、彼もまた生贄の魂だと私は考えます。神ご自身がいつも彼のために生贄を捧げる役目を担っていますから、それで十分なのです。

そこで、苦しむことと祈ること以外に何もできない役立たずの私たちは、天の銀行に日々預けなければならない犠牲の定量を満たすために、残りをすべて提供します。預けたものは、相当な利子がつけられ、キリストのぶどう畑で働く人たちの支援になります。私たちはマリアです。そしてあなたがた聖職者の魂は、イエズスのマルタです。イエズスは確かに、良い方を選んだのは、神を崇めたマリアだと言われました。でも、勤勉で実際的な主婦マルタにもとても感謝したのでした。イエズスが人間として必要とする物を提供したのですから。*司祭はさらに、毎朝ミサを捧げるために祭壇に登るとき、マルタであると同時にマリアです。彼は崇め、そして働いているのですから。

私が読んだものに関しては、それが何であれ、いつも私に役立つ知識をもたらしてくれました。私の善良な心は、あらゆることに自らを投影し、良くないものを良いものに変えました。でもそれよりも、イエズスご自身が私の中に邪悪なものが一切入らないように防いでくださいます。どのようにって？　おお！　とても簡単です！　イエズスご自身が、何もかもご自分でいっぱいになさるのです。それだけで十分です。

神父さま、もしもコップの縁までいっぱいに満たしたら、別のコップからそこにゆっくりと注ぎ足そうとしても、余分は溢れ出ます。そうですよね? イエズスは私の心のコップを縁までいっぱいに満たされたのでした。他のものはそれ以上何も入りません。上に一瞬振れただけで、滑り落ちます。私のイエズスと触れ合ったことで浄化されて。私の手柄では全くありません。私はイエズスに心底魅了されていますから、「悪魔」と書かれている場合にさえ「イエズス」と書かれているように見えます、ルチフェルが話している場合でもイエズスが話しているように聞こえます。そして何を見てもすべてで、イエズスが見えるのです。

数年前に亡くなってと思われる——どうしてそう思うかは後でお話します——マリオに対する私の愛には、人間的な欲望や後悔は一切ありません。私は彼の魂を愛しています。それを私の苦しみによって買い戻せたと信じます。私が愛したこの人への贈り物として、これ以上美しいものはなかったでしょう。そうお思いになりませんか?

さて、それでは、「心の底からの真実の悲しみだけが、私たちへの試練として、あるいは罰として神から来るものなのだということを、私は理解できるようになりました」という一文が、あなたの心を打ったとのことですが、その説明に入ります。

御質問のすべてにお答えしましょう。

「苦しみが神から直接来ていることを、あなたはいかにして理解するのですか?」。

答え: 魂が経験していることから。神から直接来る苦しみは、ほかのところから来る苦しみといつも区

＊ ルカ10:38-42。

別できますから。

何よりまず、神から来る苦しみは、それがどんなに厳しく、突き刺すようなものであっても、決して平安から切り離されてはいません。これは常に変わらないしるしです。ときには平安がないように見えても、あるのです。魂がその深部を見れば、苦しみの中に大きな平安があることが直ちに分かります――これはつねのことながら、おそらく一瞬だけかもしれませんが、それで十分です。平安とは甘受のことではありません。いいえ。それ以上です。それは至福です。神から来る苦しみは、いつも超霊的な至福を伴っているのです。

「超霊的」とは、言い表しがたいことについて話すときに、確信のない唇に自然にのぼる言葉の一つです。私にとって「超霊的」とは――この言葉は私の創作ですが――〝精神の霊的な部分の至福〟を意味します。これは言葉遊びではなくて、事実です。一つの例を示しましょう。教会堂は神を敬うために建てられた建物です。そこには礼拝堂があります。礼拝堂の中には祭壇、祭壇の上には聖櫃《せいひつ》、聖櫃の中にはイエズスのご聖体が納められた聖体容器《チボリウム》があります。私が教会に入ったとしても、私はイエズスのご聖体に触れませんが、もし祭壇を上り、聖櫃を開け、聖体容器の蓋を取るなら、私はイエズスに触れていると言うことができます。

体の中に魂《アニマ》があり、そして魂の中に霊《スピリット》があります。魂の平安、これはどんな苦しみを甘受して耐えるときにも、存在するかもしれません。そして霊を覆う平安、すなわち超平安があります。これは、苦しみが神から来るときにいつも存在するもので、私たちの霊から陰《かげ》りを除き、そしてなお霊を退化させている弱さに対して霊を強くし、私たちの霊を高いレベルに引き上げるためにあるのです！

「〝試練の苦しみ〟とは何ですか？」。

答え：　神が私たちへの愛を引き揚げて、独りきりにしておかれるように思える時、私たちの方では一方的に神への愛が増大します。大声で呼んでも、神はお答えになりません。求めても、神は願いを聞くというしるしを示されません。それどころか、神は私たちにとって大事なもの、私たちがすでに自分のものにしたと思っていたものまで取り上げて、私たちの自尊心をしばしば傷つけられます。言葉にすると、たいしたことがないようですが、それを経験するのはとても辛いものです。今日お渡ししたノートでお話ししていますが、私たちに微笑み、私たちの呻きに応える神なしに、独りで苦しむということは、どんなにたいへんなことでしょう・・・

そして「罰としての苦しみ」は、私たちがそれを受けるに値することを、私たちの良心が気付かせますから、すぐに理解されます。おお、私は即座にそれを感じます！　それがやって来る前から、私の良心は私に語ります。「お前は間違いをした。もし神が今お前に罰を与えるなら、お前はそれを受けるに値するのだから、頭を下げて鞭《むち》を受ける準備をし、感謝しなさい。すぐに罪滅ぼしをしてしまえば、後でしなくてよいのだから」。

でも私は繰り返します——それが試練であろうと罰であろうと、平安は残ります。聖人は恐ろしい試練に苦しんだでしょうが——霊的な試練のことです——そのために希望を失ったという話は聞いたことがないでしょう。希望のあるところには、平安があり、平安があるところには、神がいるのです。

「ある種の苦しみが罰であると、どうして分かるのですか？」。

答え：　お話したように、良心の声が、私たちが正しく行動しなかったことをすでに私たちに気付かせているからです。そしてまた、私たちが苦しむときに、魂がはるかに澄んで軽くなることを感じるからです。

これによって、神が私たちに経験させた苦痛は、私たちの罪を償い、私たちを浄めるものだったということが分かるのです。

「あなたは神によって見捨てられることは最大の罰だと話されました。それは本当でしょう。でも、そのような神の不在は、人間の側に非難されるべき無気力があって生じることもあります。神の不在は、神の慈悲深い目的によるものとしても、神の側だけで作り出されることがあるとあなたは言いますが、それをはっきり知ることはできますか？」。

答え：　魂は非難されるべき無気力な状態にあるとき、神がそこにいるかどうかさえ、全く気付きません。魂は考察したり認識したりすることもなく、ぼんやりしていて、鈍く、無気力です。罪、すなわち熱意の無さは、知覚する能力、見たいという欲求、そして超自然的な栄養で自分を養おうとする欲求が絶えてしまうほどまでに魂を鈍感にします。そこで神は罰を与えます。時折、魂は一撃で揺り動かされて正気を取り戻しますから、神が罰を与えること、慈悲深く罰を与えることは正しいのです。

でも今は、こうした魂のことを言っているのではありません。それぞれの能力に応じて善なる主のために働こうとする、多少なりとも目覚めた魂について話しているのです。彼らは、全力を尽せば、たぶんもっとよくできるでしょうが、全く無気力だというわけではありません。先に述べたように、本人のせいではなく、神の意思によってその魂に神が不在となる人びとがいます。神がこの強力な武器に訴えるのは、魂に子としての義務をもっと厳密に実行させるため、あるいは魂を苦しい試練によって向上させ、もっと、もっと高く飛ぶ訓練をさせるためなのです。魂は、神によって課されたこの苦痛の正当性を感じ、苦痛の中に喜びと平安を見いだします。

一方、人間から、あるいはもっと悪くして、地獄の領域からやって来る苦痛は、いつでも不当で、多かれ少なかれ、私たちをかき乱します。でもこうした苦痛は苦痛の最高点には達しません——つまり、霊魂の頂点である最も生き生きした部分を貫きはしないのです。それは私たちを叫ばせ、嘆かせ、呪わせさえするでしょう。時には私たちを狂わせ、死なせることもあります。でも私たちは肉体の病で死ぬこともありますし、精神の錯乱で理性を失うこともあります。感情的発作から呪ったり、弱さから泣きわめいたり、すすり泣いたりもするでしょう。

でも神から来て、私たちの霊魂を刺し貫く苦痛は、私たちの自制心を失わせることはなく、平安、真剣さ、慈悲において、もっと高いところへと持ち上げます。私たちは、それはそれは、激しく苦しみます。それは時々刻々として増大する、満たされることのない激しい飢餓感です。そこで私たちは霊魂を空虚にしている気怠《けだる》さを和らげるために、あらゆる食物を霊魂に与えます。でも慈善も、秘蹟も、祈りも、霊的な読書もその欲求を満たすことはできません。欠けているのは神、神だけなのです。それなのに、神はもっともっと高く行ってしまわれ、いつも隠れておられるのです。私たちが両腕を高く掲げ、愛に悩んで呼び求めているのに……心臓が鼓動するたびに、私たちが何を経験するか、どれだけたくさんの言葉を連ねても、書き尽くせるものではないでしょう！

「これらの暗黒の時期に、神と隣人に関して、どんな態度をとりますか？」。

答え：神が身を引かれれば引かれるほど、謙遜、忍耐、服従の精神で、全身全霊を傾けて愛します。私はそれを受けるに値することを認め、信仰を行動で示し続けます。たとえ私が神を感じなくても、神がいつも変わらず私の近くに在《ましま》すことは分かりますから、神にそう言います。希望の行動としては、神がその善良さから試練を短くしてくださることを望み、この試練によってより高い善を勝ち取ることができるように希望します。愛の行動としては、神に戻って来ていただくために、私は何があっても神を愛すること、神がもはや私を気にかけて下さらなくても愛し続けることを言います。悔悛の行動としては、自分が罪人であり、神の罰を受けるに値することを認めます。そして隣人に関しては、私の苦しみを神に捧げることによって、私のこの試練を他の魂のために役立てます。神を求めず、あるいは不十分な求め方をしている他の魂が、私の奉献によって熱烈に神を求めるようになるために。私の暗黒の時間は、こうして光の時間になるのです。

「あなたは不安のあまり動揺し、その動揺を外部に明かしたい衝動を感じますか？」。

答え：　いいえ。私は魂だけでなく、肉体的な存在でもあるのですから、肉を苛立たせるもののために不安になることもあります。でも私は決してこれを外に表しません。すでに言ったことの繰り返しになりますが、神から来る苦痛はとても激しく、それだけが本当に純粋な――つまり神のように単純で完璧な――「苦痛」ですが、でもいつも平安を伴っているのです。平安のあるところに動揺はありません。神に出て来て欲しいと駄々をこねることは決してありません。御顔をもう一度見ることがかないますようにとお願いします。それは私たちの霊魂の喜びですから。そして、その至福のときを忍耐強く待ちます。

例えば、今日、私は神との感覚的な結びつきを奪われています。数日前には、神と魂との二極間で絶えず火花が散っていました。言語に絶するものが。今日は、私の魂だけが主に対して火花を発しています。ですからこうして侘《わび》しくさせられています。でも、いいですか、息子を見送る母や父を見送る娘のような侘《わび》しさなのです。残されるほうは、泣きたくてたまらず、時が早く過ぎて、別離の期間が縮まればよいと願います。というのも、息子あるいは父は、永久に行ってしまったのではなく、私たちの利益を守るために、一定期間、私たちのために出ているということを知っているからです。私たちはもの悲しいですが、以前よりももっと、愛を感じています。なぜなら、この距離は私たちへの愛の新たな証だからです。

今日は、私ひとりが愛しています。それがどうだというのでしょう？　私は侘しくさせられていますが、動揺はしていません。信頼できる聖なる方が、神は私が最も期待していないときに戻って来ると私に告げています。私が辛抱強く愛すれば愛するほど、神はそれだけ早く戻って来られるでしょう。そうしたら、私の霊魂に喜びがどんなにか勢いよく注ぎ込まれることでしょう！

「神に関して、あなたはすべてにおいて神が現存しているかのように行動し続けていますか？」。

答え：　ええ、もちろんです！　それどころか、私はいっそう良く振る舞っています。神の不在は、私を管理する手綱となり、私が道の端に寄って花の香りを嗅いでいると道の真ん中に引き戻し、私が些細な事をいつまでもくよくよ考え込んでいると速足にさせます。私は、もしも目的地だけをずっと見据えて、正しく、機敏に行動するなら、善き主はそれだけ早くお戻りになって自らをお示し下さると確信しています。

「そのようなとき、あなたは信仰に背く誘惑を経験しますか？」。

答え：　とんでもない！　良い娘、あるいは愛情深い妻は、いつでも父、あるいは夫を敬うことを忘れてはなりませんし、父や夫がもはや以前のように自分を愛していないように思えるときでも、不満や愚かな質問で悩ませてはなりません。愛においては決して不信に陥ったり、自己本位になったりしてはなりません。不信や、自己本位は愛を殺します。私にとって父であり配偶者である神に関して、私が良い娘や良い妻に劣ることがどうしてあるでしょう？　どうして信頼を失うことがあるでしょう？　離れるのがよいと、お決めになるのが主御自身であるからには、どうして信仰にかかわる疑いを抱くことがあるでしょう？　でももし神が、私と一緒にいて話すのが退屈で、私ではなく別の魂を選びたいと思われるとしたなら、聞き分けのない子供やノイローゼの妻のようにふくれたり、不平を言ったりせずに自由にそうしていただかなければなりません。主がこう言われるように。「マリアのところへ戻ることにしょう。マリアのところは退屈しない。あそこがよい。あそこなら、私が一番良いと思うようにできる」。

「そのように見捨てられるときはよくあったのですか？　それらはどれくらいの期間、続くものなのですか？」。

答え：　しばしばではありませんが、数字で正確にお答えすることはできません。お帰りいただいた喜びで、見捨てられていた記憶は全部消え去ってしまうのです。見捨てられたときの苦痛はとても激しく、そのたびに初めてのように感じます。また、神が私のところへお帰りになったときの我を忘れる喜びは、いつも、それまでにない経験のように感じるのです。それで、どれくらい長いか短いか、言うことは難しいのです。別離のときの一分間は、一世紀にも思えます……でも、期間はまちまちだったように思います。数時間のときもあれば、数日間続くときも。そして、突然終わります。私は悲しみから喜びに移り、その喜びは、これまでに経験したことのないほど大きなものです。そして、これまでにない親密な結びつき、これまでにない明確なヴィジョンが得られます。それは、単なる知的なヴィジョンではなく、本物と感じられるほどになるのです。

「それらには、特別の目的があるように思われますか？　たとえばお願いした恩寵をいただくというような？」。

答え：　私はそれが、いつも特別の目的に向かっていると信じます。それは神のご意思による目的です。神が小さな生贄である私に御顔を見せてくださらないのは、この世で私がすることすべてが終わり、この地上でいつも愛し、賛美してきた三位一体の光の中に私が呑み込まれるときに、天国で長いキスを与えるためなのです。私が願った目的としては、いくらかの恩寵をお願いしました。それは私が苦しまなければ、得られません。祈りだけでは十分ではありません。それでは、これより大きな苦しみは何でしょう？　病での体中の痛みなど、たった一時間でも神から見捨てられている別離に比べて、なんでしょう？「私に苦しみをお与えください。でもあれこれをお与えください」と神に言うのは、私自身です。それは私のためでないことは理解されています。私は自分のための望みは、完全にすっかり捨てています。私は永遠の命だけを望み、これ以外は、主のご意思におまかせします。でも他の人のために、私は執拗に、決して満足せずに、施しをお願いします。そしてとりわけ暗闇にいる魂のために光をお願いすると、暗闇が私にやって来るのです。でも私は、喜んでその苦しみを引き受けます！

「こうした見捨てられた期間の後は、神的事象についての光は大きくなるのですか？」。

答え：　いつでも。ずっと暗闇の中にいた人は、いつも光の中にいた人を見ると、その人の中にまだ光が輝いているのを発見します。それと同様に、私も私の太陽が奪われた後、再び私の霊魂を照らされると、光の海に包まれて、あまりに明る過ぎて、神聖な目眩《くら》みを感じます。それはあたかも哀れみ深い手によって監獄の扉が開けられて、隙間から差し込む光線の束が見えるようなものです。隙間というのは、もし神の光が一度にやってきたら、死んでしまうからです……これらの光のおかげで、私は以前には良く見えなかったたくさんのものが見えます。そしてあたかも師に手を取られ、優しく導かれるかのように安全に前へ進みます。

これがご質問に対する私の回答です。かなり不十分なものです。正確に理解していただくためには、私の心の中にあなたを一時間閉じ込めておければと思いますから。そうすればあなたは私のこの哀れな心は父と子と聖霊のため以外には生きることも死ぬこともないことがお分かりになるでしょう。いつでも、永遠にそうなのです。

イエズスが休まれている間に、私たちは前に進みましょう。救い主は、癒されることを望まない人間たちの盲目さと霊的混沌が増え続けることをご覧になって、とても疲れ、とても落胆しておられます！

あなたは今朝、それとなくおっしゃいました……無関心、懐疑、禁じられた快楽、反抗という細菌に侵された霊魂が、これほど無気力になっているところに立ち会う司祭の悲しみは、大きなものに違いありません……

でも、それが今も神と共にある方々すべてにとっての悲しみであるなら、イエズスにとっては、いかばかりでしょう？　ああ、私たちときたら、こうして救い主の愛を踏みにじり、彼の記憶をなおざりにして、新たな受難へ赴かせようとしているのです！……

イエズスの御顔はとても悲しそうです……それはまぎれもなく、最も深い希望の崩壊を前にして、死を悲しむ人の顔です。ある種の辛い検証は、いつも大変疲れさせるものです。辛い仕事は成功の実を結ぶでしょうが、それ以上の辛さです。そしてイエズスは腕を組んだ上に、神々しく寂しげな顔を伏せて眠っています。今朝は私に御言葉を下さいませんでしたが、私も求めませんでした。御言葉に関する私の欠乏を、彼の足元に捧げました。彼を少しでも慰める最初の花となりますように。彼のため、またずっしりと重くなっている魂のために、捧げ、苦しむのです……

今朝、私が現状に関して何か啓示を得たかどうかというお尋ねがありました。もうお話したかと思いますが、確信がありません。私が苦しんでいる予兆には、さまざまなタイプがあります。

第一は、最も混沌としていて、いわば象徴的な、特別な姿をとったものを夢で見ることです。例えば、もし私がだれかが水に落ち、彼が死に至るほどまでに水に覆われるのを見るとすると、その人は間もなく死ぬと思って間違いありません。私はたくさんの例を挙げることができますが、その中から無作為に選んでお話しています。

第二には、現実に起きる事柄を夢に見ることです。でも目が覚めるときに再び、「注意しなさい。警告です」という特別の通告を聞くことはありません。こうして、夢で見た通りのことが起きて思い出すとき以外は、その夢のことさえ忘れています。

第三には、とてもはっきりした夢を見て、目覚めるときに極めてはっきりと、「これを憶えていなさい」という警告を受けるものです。

第四には、何の夢もなく――どのようにと説明できないのですが――何か痛ましいこと、あるいは悪いことが起こりつつあることが聞こえるものです。例えば、だれかが私を裏切っているとか、私や他の人を傷つけようとしていることに気付くのです。

さて、目下の状態では、私は一九三一年以来、第四のタイプを非常に強く経験しています。それによって、哀れな人類を傷つける、恐ろしいことが間もなく起きることを知りました。そして、第三のタイプも、特別の苦境において極めて強く、第一のタイプも同じく経験しています。

この中で私は、ベルギー、オランダ、ノルウエイの占領とロシアの参戦を、象徴的な図形で見たことを思い出します。それはベルリンあるいはモスクワの一地点から、扇の軸に沿うように広がってあらかじめ決められた目的地へ向かう真っ黒な怪物のような形をした飛行機の大群を象徴していました。その図形は下のようでした。下手な絵でお許しください。描くとなると、私はまるで駄目なのです。下手でも図はイメージを伝えるのに役立ちます。

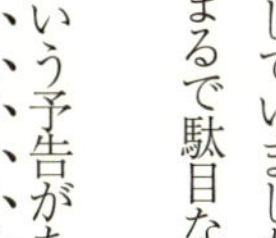

その後、一九四一年十一月、一か月以内に敵がベンガジにやって来るという予告がありました。それから三日後にイギリスの攻撃が始まり、その月の終りまでには彼らはベンガジに入ったのでした。

一九四二年三月には同じ声が夢の中で私に告げました。「防衛線はもはやパレルモではなく、もっと上だ。リビアが陥落したのだ」。そして残念なことに！・・・

私たち都会に住む者の未来に関しては、すでに二、三のあまりはっきりしない通告を受け取っています。要点が正確に見えなかったとしても、大切な点があるに違いないと私は本当に信じていますから、私は考える材料を与えられていると言うことができるでしょう。

これは現在に、現在に関わっています。秋に一般市民への激しい爆撃が始まる前に、私は夢でそれを見て、マルタに話しました。

エチオピアでまだ戦争が始まっていないとき――正確には、一九三五年五月二十三日から二十四日への夜――私は驚くほどはっきりと、私たちの軍、厳密に言えば、トラックに乗った外国人と現地人の機銃兵が、アジスアベバへ入るのを見ました。現地人の円錐形の草葺住居が燃えていました。私はそのことを家族に話して（いつものように頭がおかしいと扱われ）五月二十四日の午後に私を訪ねてきた二人の友人にも話しました。彼らはまだ存命でそのことを憶えています。一年後の、一九三六年五月九日、私たちの軍、厳密に言えば、外国人と現地人の機銃兵のトラックが、征服されて燃えているアジスアベバへ勝ち誇って入りました。エチオピア戦争の九か月間、私はあの具体的なしるしを伴う極めて明瞭な夢のおかげで、その結末を少しも疑いませんでした。すぐに勝利することを知っていたのです。

スペイン内戦についても、同じく、そのあらゆる非道と英雄的な行為を私は見ました……これについては、直接お話したいと思います。

このことをお話したのは、それがどういうことか、あなたに理解していただくためです。

予兆の第一のタイプは、私の会の不埒《ふらち》な会員と役員にとっては恐怖でした……彼らはこのことでも、私を憎んだに違いありません。お分かりになるでしょう！　私はこんな風に女の子たちに言いました。「みなさん、きちんと行動なさい。いいですか？　私に対して、きちんと行動しなさい。私を傷つけるごまかしは、私に知られてしまうのですよ。最近もどうやら、たくらんでいるようですね。でも決してうまくいかないでしょう。あなた方の魂を汚すだけで……」。

でも繰り返し申しますが、私はこの授かり物とでも呼ばれるものを、なしで済ますことができたなら、喜んでそうしたことでしょう。

さて私の物語を続けましょう。

私は一九三二年十二月十八日に、聖ジャンヌ・ダルクについての講話を設定しました。

その日の朝、教会で少し気分が悪くなりました。でもタイミングよく薬を飲んだおかげで、気分は良くなりました。実を言うと、血管攣縮の発作の後は、いつも数時間の中休みがありましたから快調でした。夏の嵐の後で、空の雲が晴れるように、動悸と痙攣という私の嵐の後、かなりすっきりしていました。十時に会の事務所へ行くと、年配の教区司祭がルッカの司教座聖堂の司教に任命されて、教区を去るという知らせが届いたところで、みんな大混乱でした。それは予想されたことですし、優れた司祭が教区で長く働いてこられたことに対する、真に正当な報いですから、私は特別の悲しみを感じませんでした。

正午に家に戻り、いつものように食事をしました。少量ですが、おいしく食べました。三時に、講話会場の聖ドロテア学院へ行きました。三時三十分に話しを始めました。二言三言話したとき、突然、激しい心臓発作が起き、私はもう少しで死にそうになりました。最初に発作が来たとき、私は遅れてきた数人の婦人たちが席に着くのを待つかのように、笑いながら話を止めました。心臓の疼痛で、私はすでに冷汗をかいていましたので、それ以上のものが起きないでほしいと思いました。私はほほえみましたが、私の顔つきは、院長が私に近づいてきて、具合が悪いのかと尋ねるほど、突然変化したようです。「何でもありません」と、私は答えました。「もう終わります」。

私は立ったまま数分間待ちました。自分の頭上の死を自分で調査しているように感じながら、英雄のように立っていました。私はオルレアンのジャンヌのようにこう言っていました。「神さまを一番としてお仕えさせていただけますように！」でも神さまは哀れな召使が苦しみによって仕えることを望まれたのでした。

発作はますます激しくなり、私は座らずにいられなくなりました。まるで死体が息をしているようでした。それは二時間続きました…そのように二時間苦しむというのがどんなことか、お分かりですか？　戸外に連れ出され、応急手当を受けました…痙攣発作の合間に聖母像を見ると、まるで動いているようでした…私は自分の十字架に口づけしました。

私は医師を呼んでもらいたくありませんでした。病院へ運ばれてしまったことでしょう… このような状態では病院へ行く以外ないのですが、父や母のことを考えると、行きたくありませんでした。私は両親のために、両親を怖がらせないために、私をこんなふうに死なせないで下さいと神にお願いしました。けれども私自身のためには… 旅立ってしまえたらどんなに嬉しいことでしょう！ その朝は、聖体拝領もしていました。ちょうどクリスマスの九日間の祈り《ノヴェナ》でした… クリスマスを祝うために天国へ行けたらなんと素晴らしいことでしょう！ なんてひどい自分勝手でしょうと、今では言えます！ 素晴らしさとはほど遠い利己主義です。受難なしにクリスマスに天国へ行くとは！ まず十字架が、十字架上の長い長い苦悶が、必要なのです！… そしてそれから天国の栄光が来るのです。

やっと、五時四十五分に、家に戻れそうな状態になってきました。そして二人の優しい婦人に付き添われて帰りました。

「ずいぶん時間がかかったわね！ どんどん遅くなるじゃない。もう六時近いのに。私たちまだ何も飲んでいないのよ」。これが母の挨拶でした。母はほとんど毎日、私たちと一緒の午後を過ごすためにやって来る、かなり高齢の女性とおしゃべりをしていました。五時に、お茶かコーヒーかチョコレートを飲むのが習慣でした。そしてもちろん、それを用意するのは私です。それで遅くなったことを非難されたのでした。

台所のレンジのそばに立って、チョコレートを泡立て、カップに注ぎ、お盆を運ぶことがどれほど大変だったか、想像おできになるでしょう。私の体力は限界でした。私は何も言わずに座っていました。出来なかったのです。

その女性は、「大勢来ていたの？」と、尋ねました。

「かなり。」 実際には、会場は全く一杯でした。

「お話は気に入られましたか？　私に読んでくださらない？」。

「気に入られました。でも今はとても疲れています。明日読んでさしあげましょう」。

「一体どうしたの？　まるでミイラみたいよ。機嫌が悪いの？」と、母が尋ねました。

「気分が悪かったの。とっても悪かったの。見れば分かるでしょう」。

「本当に」と、年配の友人は言いました。「私はすぐ、ただ事ではないと分かりましたけれど、騒ぎを起こさないように黙っていたのですよ……」気の毒に、老婦人はとても良い人なのでした！……

　あなたが私の母だったらどうなさいましたか？　その夜あなたは私の世話をして、私に仕え、私を愛してくださったに違いありません。でも母は違います。私の言い逃れ（母を怖がらせないように事情をゆっくり言うつもりで黙っていたことは、母にとっては言い逃れなのでした）を叱って、私を驚かせました。そして、私の災難をすべて会のせいにして非難し、あんなところへ行くなんて、全く間抜けだ、などと言って私を苦しめました。でも私に家事をさせないことにはならないよう、十分に注意を払ったのでした。

　私は母たちの夕食を作りました――私はいつも夕食をとりませんでしたし、ましてその晩は――そして洗い物をすっかりすませてから、やっとベッドに行きました。夜中に、高熱、息苦しさ、痙攣、そして果てしない憂鬱……

　私はオルレアンの少女が言ったように、「私の声は私を欺かなかった」と感じました。そしてもし「私の使命は神からのもの」なら、ジャンヌ・ダルクは、私が拷問の監獄に捕らわれることになるという告知をもたらしたことで、真にその役割を実行したのでした。私が彼女についての講演を、二年間引き延ばしていたのは、私の内なる声が、その日、きっと取り返しのつかないことが起きるだろうと告げていたからでした。

　もはや戦いも勝利もなく、囚われと苦しみがあるだけです。群集の頭上で振られるキリストの旗印はもはやなく、そこに磔にされるための十字架だけ。公の伝道職の輝きはもはやなく、苦しみと言う火刑の炎だけです。その炎は、十一年間、私を焼いています（一九三二年一二月一八日の発症以来、一九四三年四月まで）が、灰になるまで焼き尽くしてはいません。今や、私はまさに十字架のマリアでした。ランスで臆病な王太子に冠をかぶせた聖なる戦士は、私にイバラの冠をかぶせているのでした。

主のぶどう畑で働くという大好きな仕事が奪われるとき、私たちは激しく苦しみます。私は主のために働くこの自由を、なんとしても守ってきました。それが今や、ほかでもない主によって奪われようとしていました。これが大いなる名誉、神の信頼、神の私たちへの愛だったことは、後になって分かります。でもまずは苦しみます。それは最初に私たちの受難によって乗り切らなければならないゲッセマネの時間の一つなのです！　私たちが涙ながらに、「御旨が行われますように！」ということは、どれほどの犠牲をはらうことでしょうか！

肉体的、精神的、霊的な苦悩の夜、おめでたく眠っている母のそばで、私はおおっぴらに泣くこともできず、キリストに慰めを求めました。すると彼は、かつてシエナのカタリナに言ったように、私に言われました。「あなたは他の人びとの欠点をわが身に引き受けて、自分が罰せられることを求めました。そして自分ではそうと気付かずに、愛と光と真理の知識を求めていたのです。それというのも、すでにあなたに言ったように、愛が大きければ大きいほど、苦しみは増すからです。ですから多く愛する人は、多く苦しむのです」。それでは、神が御自分のベッド、御自分の玉座、御自分の祭壇、つまり十字架を与えてくださること以上に、大きな愛の増加があるでしょうか？

激しい苦悩の最初の数時間の後、この考えが香油のように私の魂を包み、すすんで犠牲を払うようにさせました。「わたしに向かって、『主よ、主よ』と言う者が皆、天の国へ入るのではない。天におられるわたしの父の御旨を行う者だけが入るのである」。そして使徒ペテロに語られた言葉が、ほんの少し修正されて私にも語られた気がしました。「あなたが若かったときには、自分で帯を締め、行きたい所に行っていた。しかし、年をとると、両手を伸ばし、ほかの人に帯を締められ、行きたくない所に連れて行かれるだろう」*。私は師によって鍛えられ、強められて、天の父が私に課している十字架を引き受けるために両手を伸ばしていました。そして突然病によって無力となり、たくさんのことができなくなって、自分の身体的、精神的、霊的な必要に対して皆に従属するようになったのです。

ああ！　病気が私たち病人に課すものとは、私たちは無防備で皆の思うままであり、常に他人の親切に頼らなくてはならないのです！……身体的必要に関しては、すべて自信をなくすことばかりです。精神的必要に関しては、すさまじい孤独と憂鬱があり、それを埋め合わせられる人はほとんどいないでしょう。霊的な必要に関しては、もはや見ることのない儀式への憧れがあり、秘蹟はわずかしか得られず、指導を受ける機会も奪われます――辛い体験が積み重なり、病気が新たな誘惑と弱さを生み出して、極めて多くの事柄について指導を受けなければならないのですが……長患いについては、どれだけ語ったらよいのでしょう！でもそれらは一度に少しずつ出てきます。今は先回りしないでおきましょう。

翌朝、私はいつものように起きようとしました。できません！　九時までベッドにいました。もし母が有無を言わせない態度で私を呼ばなかったなら、まだ寝ていたことでしょう。牛乳配達人が持ってこなかったので、私に牛乳を買って来るようにというのでした。私は非常に苦労して起き上がりました。心臓は悲惨な状態でした。頭はぐるぐる回り、足は震えていました。私は折檻されたかのように、全くぼろぼろでした。荒い息を吐きながら一階へ下りましたが、体中の血管を血が駆け巡っていました。

私は家から出て、ずっと壁で身を支えながら歩きました。幸いなことに、牛乳店は四軒先の並びにあり、道路を横切る必要はありませんでした。私があまりに青白く鉛色の唇をしていたので、牛乳店の女性は「具合が悪いのか?」と尋ね、私が家に帰るのを助けてくれました。帰り道で、親切な霊魂がこう言いました。「もう辞めるでしょう? もう余計なことはしないでしょう? もう御仕舞だっていうことが分からない?」ああ、そんなこと分かりきっていました! 今なら沈黙したでしょう。でもその時は、そうせずに答えました。「私はしたいようにします!」私は全く天使的でなく、そう言ったのでした。

親切な牛乳店の女性に助けられて家に帰ると、しばらく横になっていましたが……また出かける必要がありました。母は私に安らぎを与えてくれませんでした。私は犬を連れて出ました。犬なら私が通りで倒れたとしても、少なくとも私を守ってくれるだろうと考えたからです。家からレオナルド・ダ・ビンチ通りの角へ向かって数歩進みました。私は立っていられなくなりました。当時そこにあった文具店にちょっと入りました。「お加減が悪いのですか? すっかりお変わりになって!」。いつも同じ質問ばかり! 母以外のだれもが、私の苦しそうな顔に気付くのです。数分して少し気分が良くなったように思えたので、店から出てレオナルド通りを歩き始めました。ピアヴェ広場に行くつもりでした。私はよろめきました。ほんの数歩のところで、前日の恐ろしい苦しみがまた襲ってきたのでした。地面に倒れる寸前に、一人の婦人ともう一人の紳士が、私を受け止めてくれました。二人が私を家に連れ帰ってくれました。

少なくともそのとき、私の状態の深刻さを、母が理解したとお思いですか? 全然! 私は、話せるようになってから、「お医者さまに診ていただきたい、死にそうなの」と、言いました。当時、主治医のアルメリーニは、私の家の向かいでした。私はいつも彼の診察所に行っていました。でもその日は往診をして欲し

＊ マタイ7:21、ヨハネ21:18。

かったのです。でも母は言いました。「行ってくれれば。たった数歩だし、来てもらうと倍の費用がかかるから、歩いて行けるでしょ」。

忌《い》まわしいお金！　パピーニがそれを、「悪魔の排泄物」！　と言っているのは全くその通りです。五リラのために、五リラの違いで、私はもう一度外へ出なければならず、通りの真ん中で気分が悪くなったのでした。一人の女性が私に付き添ってくれました。そして診察の後、医師がやはり、女中を私に付き添わせてくれました。

私の病気はとても深刻でした。そして医師は私だけでなく、母にも率直にそう言いました――母は私と一緒に行かなかったのですが、医師の方から説明に来たのです。おそらく彼は、それからは私が大事にされることを望んだのでしょう。全くそんなことはありません！　私はふいごのようにぜいぜい息をし、度々転び、絶え間のない激しい苦痛に苦しみながら、家の中で動き回り続けました。私は外へ出ませんでした。それは不可能でした。でも家では以前と同じでした。今、このように言うと、母は全く反対のことを言います。でも、本当のことを言っているのは私で、母ではないと主張する証人は大勢います。

聖テレーズのゴンザガのマリア修母のような人はたくさんいます！　でも少なくとも彼女は血のつながった実の母ではありませんでした！　でも、私の母は目上の母であって、本性的な母ではないのでした……

私の父は、気の毒に、そのような私を見て、ひどく怒っていました……そのころ、父は死に向かい始めていたのだと思います。具合の悪い私を見るたびに――私の心臓は少なくとも日に一度は止まりかけました――父はすっかり動転していましたから。かわいそうな父、三十五歳で粉々に砕けた彼のマリアに何度涙を流したことでしょう！　彼は私を愛したただ一人の人でした。天ではイエズスだけ、そして地上では父だけでした。

母との付き合いを望む人はわずかでしたから、そのころ家を訪れる人はほとんどなく、私は孤独で悲しい思いをしました。あの老婦人がいましたが、彼女はとても内気でしたし、母の過敏な神経を逆撫でしたくなかったので、私を守ることは全くしませんでした。

クリスマス・イヴに、私は教会の深夜ミサに行きたいと思いました。もう教会に行かず、ミサにも与らず、今、とりわけ以前よりもずっと私のイエズスを必要としているときに、彼を拝領できないことに甘んじて従うことはできませんでした！

あのとても霧の深い夜、私たちは聖ドロテアの修道会へ行きました。私たちは女性六人の小グループでした。ポケットにはジギタリス剤とブランデーを持っていました。小さな教会の後ろの席に座りました。寒い道を少し歩いたことが、私の心臓に再び鋭い痛みをもたらし、私はひどく苦しんでいました。聖体拝領のとき、私は立ち上がり、よろめきながら、そして祈祷台につかまって体を支えながら、祭壇へ向かいました。自分の席へ戻る途中で、心臓がもっと激しく打ち始めました。私は失神しないようにジギタリス剤とブランデーを飲みました。一息つくとすぐ、私は家に戻りたいと思いました。ああ！　あの絶え間ない苦しみのほかに、私は何の感謝を捧げる用意もないのでした！　生まれたばかりのイエズスが産声を上げている飼葉桶の中に、私がたっぷり飲んだ没薬を全部そっと置きました…

そしてそれが私の出席した最後のミサでした。最後のミサ！　このために私は激しく苦しみました。それから、もうミサには与れないけれど、私は私の苦しみと犠牲によってずっとミサに与りつづけるのだと了解しました。私の血は聖杯の中で、神－人の血と永遠に混ぜ合わされなければならず、私はその聖杯を〝永遠なる者〟に差し出すために、自分でそれを高く掲げなければなりませんでした。私自身を小さな生贄として、偉大な生贄と共に、捧げ尽くさなければならないのでした。そしてこれを理解したとき、私は不運のために隠遁させられることを残念に思わなくなりました。ちょうど、中世人にはおなじみの世に埋もれた女たちの一人になったようでした。彼女たちは、小さな部屋に閉じ込められて、遊び暮らして祈らない人たちのために、苦しみ祈りつつ数十年を過ごしたのでした。

　イエズスによって自分を満たし養いたいという痛烈な渇望は残っていました……そしてこのために、私の心の渇望を憐れんでくださるために、あなたが必要なのでした。あなたとジョズエ神父*が。以前、私は百日も耐えなければならない状態でした。つまり、私のところへは百日間ご聖体がもたらされなかったのです。私はこれを清貧の心で耐えました。でもそれはとても辛いものでした！　考えてみてください。私はたった一人で、不運あるいは悪魔が、さっそく私の霊をかき乱そうとするのに耐えねばならなかったのです。何よりも強く心に活力を与える聖体拝領にたびたび助けられることもなしに。一日に何回も受けたい聖体拝領を！　私の神、私の王、私の配偶者であり、それを受けるときは、口を開ける前に口づけでそれに軽く触れていた聖なるホスチアを、もはや見ることもできずに。

　聖変化したホスチアに匹敵するほどの聖遺物があるでしょうか？　ここには骨や衣類の小片も、一本の毛髪も、一本の歯も、一滴の血もありません。ここにおられるのは生きている本当のイエズスです。マリアの胎内、ナザレの家、パレスチナの通り、十字架の上にいたイエズス、天国のイエズスです。このことを考えると、私はパンの形をした彼を納める聖体容器、あるいは聖体顕示台になれるものならと思います。そうして、彼に触れ、私の中にしまい、金と宝石で輝く尊い受け台になることができたらと思います。でも、それから考えます。私の大切なイエズスがご自分の聖体容器として特にお好みになるのは、純潔によって美しくされた心、愛によって清められた心、犠牲によって尊くされた心でしょう。そこで私は自分の心をそのように変えようと努めます。イエズスがご自身の御体、御血、聖心、神性によって、御自身と私を一体化するために私の家へ来て下さる喜びの時のために生きるのです。私は待ちながら、あらゆる聖体容器の中におられる彼を崇拝します。聖杯の中で、無垢の御血が天に向かって挙げられるとき、あらゆる聖杯の中にいらっしゃる彼を崇拝します。聖櫃の中で彼は子供たちを待っておられますから、あらゆる聖櫃の中の彼を崇拝します……

おお！ 神秘的な期待。おお！ 秘密の崇拝！ おお、私の王の住まいを整えるための聖なる犠牲！だれが正確に言い表せるでしょう? 彼の到来がもたらす喜び、平安、幸福という収穫を、ほかのだれが持って来ることができるでしょう? 霊的幸福ばかりでなく、身体的幸福まで。私はしばしば死にかけましたが、すぐに聖体拝領を望むと、イエズスと一致できた途端に、新しい命を得たものでした。そしてその後、いつも前よりも具合がよくなるのです。今朝も、あなたがいらっしゃったとき、私はとても具合が悪かったのですが、後には気分がよくなりました。ですからあなたが金曜日に、ミサを捧げた後は気分がよいとおっしゃったとき、私は少しも驚きませんでした。それは、イエズスとの一致の当然の結果です。イエズスは医師の中の医師、卓越した癒し人ですから。

さて、私の物語に戻りましょう。

翌日はクリスマス《ナターレ》でした。私はよきフランシスコ会員として、毎年松林の鳥たちにたくさんの種子を持って行くことにしていました。鳥たちにも聖なるキリストの誕生日に創造主を賛美してほしかったからです。私はその年もそこへ行きたいと思いました。

＊ ジョズエ・バガッティ神父、聖フランシスコ会修道士、一九三九年から一九八一年四月二十一日に没するまで、ヴィアレッジョ病院付き司祭。

すべての被造物と私の間には、いつも素晴らしい調和がありました。私は、三位一体なる神の信者で、神が創造された事物を愛さない人を理解できません。一部の聖人たちも、それ以上に理解できません。彼らの中には、禁欲的厳格主義者とでも名付けたいような強健な人びとがいます。彼らは、私たちの周りのすべてに盲目で、夜も昼も自分たちを創り出した支配者を讃えて咲き、歌い、生き、輝いているものたちが目に入らないのです。この極限まで達した放棄は、神の目には、一定の価値があるのでしょう。でも私はどうしても真似ることはできません。

それは私には、創造主に対して恩知らずのように思えるのです。創造主は私に、空が広大な黒いベルベットのカーテンのように見える平安な夜を見させてくださいます。そのカーテンには星々の刺繍がくまなくほどこされ、天空の神秘的な言葉で創造的な詩が綴られています。清純な月は林の道の石ころさえも純白に装わせます。夜明けは暗い夜の後で人を慰めるために戻ってきて、いつも新しい光の奇蹟を見せてくれます。光は明るい巻雲にパステル色の繊細な影をまき散らし、森や畑を大きな宝石箱に変えてしまいます。宝石は、枝からも花からも太陽に口づけされた茎からも滴る光の雫です。無数の花々は、惜しみなく絹を与えられ、ソロモンの衣よりもずっと美しい衣をまとっています[*1]。大地には、波打つ穀物、みずみずしいぶどう、つややかな桃、そして色づいた林檎など、たくさんの実りが。水辺では、小川のさざめき、渓流のつぶやき、川のため息、そして海岸や岩礁での力強く絶えることのない水音が、神への賛美を響かせています。風は千変万化の音と香りを運びながら駆け巡ります。陽気な鳥たちは、チーチー、ピーピーとさえずり、呼んだり歌ったりして、葉の茂った領域を命で満たしています。動物たちは、人間に労役を提供したり、愛で人間を慰めたりしてくれます。また原生林の野生動物は、創造主の偉大な力を証言しています。こうしたすべてに、どうして感謝しないのでしょうか。

私は慎ましいものたちの前でも、どれほど畏敬の念を持って瞑想したことでしょう…　雪のように白い光輪の真ん中に金色の芯を輝かせているデージーの花。畑で茎を伸ばし、未来のパンとなる穂をつけ始めた麦。親鳥が弱い雛たちの寝床にするために、脱穀場の床からとって来た羽毛や羊毛に包まれた、小さな卵でいっぱいの巣。その卵は、まだ小石のように見えますが、すでにその中には生命があり、明日には温かい小さな体を寄せ合って、食べ物を求めてぴくぴく動き、じきに飛び立ち、囀って喜びを表すでしょう…　また私は、広大な水平線の前でどんなにか瞑想したことでしょう。そして空のさらに果てしない層を見つめて、どれほど瞑想したことでしょう。この二つの最も美しい祭壇では、天使が聖職者、水と風がオルガン、星がロウソクの役目を果たしています…　おお！　これらは、私たちが神の存在を〝信じます〟という、生きた言葉です。この言葉は、悪魔の虚言にも人間の傲慢にも消されることはありません。アダムの最初の目覚めから、最後の人間の眠りまで、ずっと目撃している永遠の言葉です。忠実な言葉、賛歌を歌う言葉。これらがいつも私の光でした。「すべてのものを創られた」[*2] 私の王について、いつも私に語ってくれたのです！

私はもう、人間の目であなたたちを見ることはできません。ああ、私の神によって創られた美しいものたちよ、もう二度とあなたたちを見ることはないでしょう。ならず者で罰当たりな兵士たちに目隠しされて嘲られたイエズスの苦しみを贖うために、私はあなたたちを二度と見ないことを受け入れたのでした。そして目が見えない人なら、少なくとも香りや感触でまだあなたたちを感じることができますが、それよりも悪いことに、私はもう二度と、森や干草の香りも、森林や収穫のざわめきも、水の動きも、星の抱擁をも感じることができないのです。もう二度と。春に咲く木々。秋に紫に装う森。頭上で鳩たちがしきりに羽ばたきす

＊1　マタイ6：29、ルカ12：27。
＊2　ヨハネ1：3。一コリント8：6、コロサイ1：16、ヘブライ1：2。

る下で、黄金色のとうもろこしの穂で覆われる脱穀場。まるで波立ち泡だらけの羊毛の海のような、静かな羊たちの群れ。臆病な母鶏がこっこっと鳴きながら羽の下に集めた金色のひよこたち。おお、空の無限の空間よ、おお、海の限りない広さよ、あなたたちを再び見る深い望みにとらわれて、時折り私の目から涙が溢れます。ああ！　神によって創られた無限のものたちへのあこがれは、私が無限の神に結ばれない限り、もう二度と満たされることはないのです！

　でも私は、あなたたち神に創られたものを、ずっと見つめてきましたから、私にはまだあなたたちが見えます…　そしてああ、これらの事物を創った神よ、私はあなたを愛してきましたから、私はこれを喜んで受け入れます。これは私のさまざまな殉教の中の一つでもあることを。

　私は父に支えられて松林に行きました。でも、林のほんの入り口で、神の小鳥たちへの贈り物をばらまかなければなりませんでした。歩くことができなかったのです。

　一月四日まで、もう外へは出ませんでした。でもその日、母は知人を訪問したいと思い、いつもの悪い習慣で、私がお相手役として付き添うことを期待しました。着替えるだけでも努力を要しました…　二歩歩いては休み、もう二歩でまた休み…　人びとが私を見ました…　そして、母もさすがに、哀れな小さなロバはもう歩けないということを、認めざるを得ませんでした…　そして一九三三年の一月四日以来、私は二度と外へは出ていないのです。

　私は家でも絶対安静にしているべきでした…　でも休んではいませんでした。七時に起きて午前中ずっと働きました。それから、食事の後――もっと正確に言えば、ほかの人が食べ終わるのを見てから――夕方まで横になりました。五時には起きて、ほかの人びとの夕食の準備をしました。月曜日には試験を受ける少女たちがやって来たので、彼女たちに教えました。こうして、私はすっかり寿命を縮めました。ときどき心臓発作で死にそうになり、または回復しました。でもどんどん悪くなっていました。

私は復活祭まで司祭に会えませんでした。そしてついに会長が——私をずっと苦しめてきたことや、中央評議会からバレッツリ*やほかの人たちが私のところへ来たがったのに阻止したことで、おそらく良心の呵責に苛まされたらしく——聖パオリーノの四旬節の説教者を私のところに来させたのでした。なんという名前か知りません。私に分かるのは、モンテルーポ小教区の司祭だったということだけです。彼はとても親切にしてくれて、苦悶するイエズスを慰めた天使に熱心に祈るように助言してくれました。

これこそ、私が必要としていたことでした。というのも、実は、死ぬような苦しみがあったとき、私は怖かったのです。そうです、私は死がすでにとても近くに来ていると感じていました——死はあらゆる残酷さを伴ってやって来ました。私は低い部分で、それに対する恐怖を感じました。それは何も驚くべきことではありません。私は犠牲になることを望みましたが、優しい愛の夢うつつの中で死なせていただく愛のための犠牲にとどまることなく、正義の生贄として焼き尽くしていただくことを求めたのでした。ですから、永遠の正義の最初の犠牲となったイエズスのように、私は苦しみのうちに死ぬことでしょう。これまでのひっきりなしの苦しみが、いつも辛いものであったのと同じように。

それ以来、私は苦しみのイエズスの天使にいつも呼びかけていました。そして後に、それが大天使ガブリエルとされていることを知って、一層熱心に祈りました。私は大天使聖ガブリエルの日に洗礼を受けたので、私が教会に誕生したときの名付け親のように感じています。天国での私の誕生に際してもそうなるでしょう。

* アルミーダ・バレッツリ（一八八二―一九五二）、一九一八年にカトリックアクションの女子青年部を開設。一九六〇年に列福調査が開始された。

五月に私の娘たちは試験のご褒美としてモンテネッロへ出かけました。そこで彼女たちは私のために祈りました――つまり、私の犠牲のためです。

私が自分のために求めたものは、これ以外にありません。つまり、焼き尽くされて、永遠の生命を得ることです。私は自分でも、他の人にでも、それ以外を求めたことはありません。そんなことをしたら、矛盾してしまいます。真面目な人間であれば、捧げたものを返して欲しいとは望みません。それは侮辱になります。善き主に対して私たちは同じようでなければなりません。自分を捧げておいて、主の最初の要求に恐れをなして引き下がるのは、「犂《すき》に手をかけてから後ろを向く者は、神の国にふさわしくない」と言われた者たちの行動と同じように思えます。そして私はこの王国にふさわしくなりたいのです。

私は人生の中のあらゆることを放棄してきました。健康、幸福、富、友情の正当な喜び、散歩、自然を見ること。あの世ですべてを得るために放棄したのでした。私の見込みは少しも馬鹿げたものではありません。なぜなら私の主が（二日半の眠りから覚めて）二千年を経ても未だに新しい言葉を述べておられるからです。「はっきり言っておく。私のため、そして福音のために、家、父、母、兄弟、姉妹、そして畑などを棄てる者は、今この世で百倍の家……迫害も受けるが……後の世では永遠の命を受け継ぐ」。

私は人生のすべてを放棄してきました。人間の最大の宝、健康と命を捧げました――私はもう死にかけていますから。私は父と母を放棄しました――父の死に際して、自分の病気のために父を助けることを拒まれましたし、もはや母に仕えることができないので、母の重荷になっていることをますます感じています――ですから、母に見捨てられたのです。私の魂の娘たちを放棄しました――彼女たちを開花させるために、大きな愛情を持って慈しみ育ててきましたが。私は自分の家さえも放棄しています――生きている間は絶対に出ることがない要塞の独房のような一部屋で、壁だけに囲まれて暮らしていますから。私はもはや自分のものを所有していません――大切な書物も、私のピアノも。神への愛から、私はすべてを放棄し、神の愛から百倍を受け取りました。それは声、抱擁、そして現存です。私は迫害されてきました。世間というのは、衝突すれば迫害するもので、たとえ災難で犠牲になったとしてもそうなのです。この世の近親者は、私たちを重荷と感じ、それを口に出します。友人たちは、頭がおかしいと馬鹿にします。医師たちは、無数の方法で私たちを苦しめます。そして見知らぬ人たちは、何も知らずに、無慈悲な批判を口走ります……ですから私は、いつか永遠の命を得ると確信しています。神は嘘を吐《つ》かれません、キリストが言い間違えたはずはありません、聖霊は約束を破りませんから。

私は主と律法学者との対話を思い出します。(「律法の中で、どの掟が最も重要でしょうか?」、「心を尽くし、精神を尽くし、思いを尽くし、力を尽くしてあなたの神を愛しなさい。そして隣人を自分のように愛しなさい」、「先生、おっしゃるとおりです……そして神と隣人をこのように愛することは、どんな焼き尽くす捧げ物や生贄よりも優れています。」)すると、私は限りない信頼に満たされます。そうです、私は力を尽くして神を愛してきました。私の力以上に。死に至るほど神を愛してきましたから。私は隣人を自分よりも愛してきました。自分のために宝を積むことなく、私の永遠の未来への心配は神の善意にお任せして、隣人のために祈り、苦しみましたから。ですから私には、神の魅力的な声が、「あなたは神の国から遠くない」*と、私におっしゃるのが聞こえるのです。

ああ、平安の王国よ、来てください、来てください、これほどの苦しみが済んだなら、私にお返し下さい

＊ このやり取りに関する福音書の以下を参照、マタイ19:29、22:34-40、マルコ10:28-30、12:28-34、ルカ9:61-62、10:25-28、18:28-30。

——ああ、その時こそ是非！——私が捧げたすべてを……星たちを、花たちを、鳥たちの歌を、水辺の歌を、太陽の輝きを、すべてをお返しください。なぜなら、すべては神の内にありますから、私がすべてなる神と一つになるときに、私はすべてを再び、そして永遠に所有するでしょう。神聖な美よ、来てください、来てください。私がこんなにあなたに固執するのは、もっともっとよく苦しむためなのです。おお、最愛なる方、あなたの完全さを、私から隠しているヴェールが取り除かれますように、そして十字架の後に、あなたと共に在《あ》る喜びが来ますように。

あなたはおそらくおっしゃるでしょう、「あなたはいつも同じことばかり言っているではないか！」と。そうかもしれません。『聖フランチェスコの小さき花』には、「マッセオ修道士は、なぜ歓喜のときに、少しも変わらないのかと、ファッレローネのヤコポ修道士から尋ねられたとき、あるものの中にあらゆる善が見いだされるとき、走路を変える必要はないからですと、たいそう幸せそうに答えた」と、書かれています。私は私の愛の歌の中で何も変えません。

そしてそんな風に数か月が過ぎました……私は数か月だと思っていました……それは数年だったのでした。

それから思いもよらないことが起きました。私は十二月まで通りを歩いていたのですが、その頃はだれも私を捜しにきませんでした。私は老婆のように醜い服装をしていて、めったに口を利かず、陰気な、影の薄い存在で、少しも人を引き付けませんでした。人前で話をすることさえ、何の友情も引き寄せませんでした。魂たちが神へ向かっただけでした。神について話す貧弱な声である私に、何もやって来ませんでした。それに私は神のためだけに働いていましたから、何も望んでいませんでした。私が家に閉じ込められたとなると、知らない人たちが私を求めて続々とやって来るようになりました。それはまだ止んでいません。むしろ着実に増えているほどです。我慢して話すという大変な仕事を私に強いるのですが……

私はこのことで、少し前まで泣きたいくらいでした。私には静寂と平安がとても必要なのです。ところがいつも邪魔されています。あまりにもたくさんの声を聞いて、あまりにも多くの言葉に答えなければならないので、気絶しそうになります……でも、我慢です！……

若いお嬢さん、貴族階級の老婦人、さらにほかの人たちも……だれが私のところに送ったのでしょう？分かりません！　知り合いのだれでもありません。彼らは私の話を聞いたことがありません。彼らは私を知りたいと思って来たのでした。そこで、この小さな使徒職が始まり、たくさん話したり書いたりの手間のかかる仕事が、いまも続いているのです。

七月の中旬に新しい教区司祭が到着しました。* 私は去っていく教区司祭に聖心への奉献をしてもらっていました。もはや教会へ行けない以上、あたかも教会にいるように暮らすことが本当に必要だったのでした。私はすぐに新しい司祭に連絡してもらいました。彼は七月二十八日に御聖体を持って来てくださいました。私は復活祭以来、聖体拝領なしだったのです。

聖ロレンツォの日に、私はとても具合が悪くなりました。誤った治療法が私の病気を重くさせたのです。その日以来、急速に悪化しました。行動する意欲は十分にあるのですが、のろのろと身を引きずるだけで、体力を全部使い切ってしまうのでした。

でも、常に非友好的な会長の恥ずべき行動によって、私にはなお人間の悪意の杯を飲む機会がありました

＊　マリオ・ロッキチオーリ師、一九三三年から一九四九年まで聖パオリーノ教会に在任。

……私は信念のあるフランシスコ会員で幸いでした！　私の熾天使のような聖人は、神への愛による許しの歌を私に歌っていました。「あなたを愛するために、許し、艱難辛苦に耐える者は幸い」[*1]と。

私は苦しみを求めてきました。そして苦しみはあらゆるところからやって来ました。たくさんの運河の水が集まって来る貯水池のような感じでした。病の運河、中傷の運河、無関心の運河、欲求の運河、羨望の運河。それらのすべてです。「神の小羊、レオーネ兄弟よ、記しなさい。〝キリストへの愛のために艱難辛苦に耐えることは、聖霊が私たちの魂に下さるどんな機能や賜物よりも偉大です。ここにこそ完璧な歓喜があるのです〟」[*2]。私は霊において、今も過去においても、完璧な歓びのうちにいます。イエズスが私を友として扱ってくださり、イエズスへの愛のために、災難、十字架、あらゆる悲哀をすすんで耐える喜びを、私に与えてくださるからです。

十二月には、別の治療――他の治療よりもさらに誤った治療で、馬への投与量に匹敵するブローム剤〔中枢神経抑制剤〕と血清を基にしたもの――によって、私は中風患者のように震える状態になりました。もう書くことすらできませんでした。そしていつも頭脳はしっかりしていたのに、恐ろしい記憶喪失症に苦しみました。検査によって、リンの値が七〇パーセント失われていることが分かりました……すると今度は別の、もっと――野蛮な治療でした。私は精神錯乱者に処置されるような、大量のカルジアゾール〔中枢神経興奮薬〕を飲まなければなりませんでした。

そうこうしているうちに、八月十日の恐ろしい発作のときに私を助けてくれていた若い友人が学位を取りました。彼もまた私の検査を希望し、すべての治療を命とりになるとして中止させました。でも彼は去ってしまい、私は残り、そして主治医は固執しました。さあ、再開です。一日に二度も発作がありました。絶え間ない苦しみでした。

もうほとんどベッドにいました。家事をするときだけ起きました。立つことができる限りは容赦されなかったのです。一九三四年の四月一日にあのことが起きるまで。エイプリル・フールの冗談みたいですよね？

でも私は、あなたに――霊的な父ですから――だれにも話さなかったことをお話しなければなりません。治療は――愚かなもので、だれをも悪化させるものでした。けれども、私はあるものを――あんな医師たちにもかかわらず、私を死なせたり生かしたりするあるものを…持っていました…それは**愛**でした。日付を正確に知ろうと、当時つけていた日記をぱらぱらとめくっていると、あの頃の熱愛を思い起こさせる灼熱の言葉を見つけました。私はあの頃、あまりに激しい愛で有頂天でした。まるで自分の外に出るような、不完全で哀れな人間としての自分の外で生きているような感覚でした。熾天使が私にとりつき、愛の熱風を吹き込みました。心臓が白熱で激しく拡張して、窒息しそうでした。私は激痛をぶちまけようと、思いつくままのリズムで言葉をつなげて歌いました。聖フランチェスコの太陽賛歌や聖テレーズのたくさんの詩にまで節をつけて、聖なる歌を繰り返し歌いました。爆発してしまわないように、出口が必要でした…

二月十日の夕方、私は私の愛の歌を書きました。

「おお、私のいとしいお方、私の魂は**あなた**を求めて、なんと渇いていることでしょう。愛の不安から、あなたをどれほど、いたるところで探し求めていることでしょう！

＊1　聖フランチェスコの「創造物の詠唱」より。

＊2　聖フランチェスコの『小さき花』より。

ああ！　**あなた**はどこにいらっしゃるのですか？　ああ、最愛の人を探し求めて、不安におののく私を、だれが慰めることができましょう？

私を不安にさせ、苦しめている愛についてお話したいのです。私の心に溢れる歓びをほかの心に注ぎたいのです。でも、ああ！　世間は聞きません、すばらしい愛の声に反応しません！

これは愛する者にとって、最も大きな十字架です。心も精神も言葉も最愛の人でいっぱいなのに、周囲は冷たく鈍感で、話しをさせてくれません。

これらの魂はそれぞれ独りぼっちで、愛する**あなた**を求め続け、自分を理解してくれない人びとの中で暮らしていますから、砂漠の中にいるのと同じです。

そして彼らは、**あなた**に救いを求めます。**あなた**は憧れる魂の中で遠くに現存します。激しい空腹を理解し、満たすことができるのは、**あなた**だけです。

ああ、この飽くことのない空腹を満たしてください。**あなた**だけがおできになるのです！　彼らは癒しを求める口のように、満たされることを待つ杯のように、**あなた**に救いを求めました。彼らの中で、溢れるほどに広がってください。

あなたの愛の波で彼らを沈めてください。あなたの炎の熱で焼いてください。あなたの御力の輝きで圧倒してください。

彼らが求めているのは、**あなた**によって霊的な火で生贄にされること、殉教において高められることなのです。

おいでください、愛する方、おいでください。もう待てません。私の魂は**あなた**を求めて渇いています！

私の魂は**あなた**に愛を求めます。常に新たな愛の火を。この私の魂は、**あなた**のために苦しみ、愛が大きくなるにつれて苦しみが大きくなるのを感じています。

それなのに時々、慈悲を請い休戦を求めます。心を突き刺す炎があまりに熱く、愛の攻撃があまりに激しいのです。そして**あなた**に叫びます。〝おいでください、おいでください、**あなた**に憧れる者のところへ！〟

地上での愛がこれほど甘美であるなら、天国ではいったいどうなのでしょう？

そして、**あなた**がさっと通られるだけで魂が熔けてしまうような距離で、**あなた**にお目にかかるなら、いったいどうなるのでしょう？

そして人間としての私の哀れな愛が、これほど大きく、強く、甘く、そして深いなら、永遠の愛、**あなた**を知ること、完全な愛、**あなた**を永遠に抱擁することは、いったいどんなことなのでしょう？

私の**最愛**の方、そして**彼**のための私！

おお！　人間たちよ、私を**彼**から引き離そうとしないでください。私の最愛の方と私の間に入り込もうとしないでください。たとえ**彼**が私を見捨て、**彼**が私から顔を隠されたとしても、私はそのことを理由に、**彼**を愛して待ち続けることを止めはしません。

花が太陽に向かうように、私は**彼**の方に向き、心安らかに試練の終わりを待つでしょう。そして**彼**が再び戻られて、神聖なほほ笑みを奴隷に向けて下さる瞬間は、なおいっそう甘美なものとなることでしょう。

この地上の何ものも私を**彼**から離すことはできません。**彼**は優しさ、**彼**は善、**彼**は光、**彼**はぬくもり、**彼**は生命、**彼**は慰め、**彼**は幸い——私の心を奪ったいとしいキリストなのですから。

彼によって、**彼**の内で、どんな責め苦も甘美なものとなるのです。**彼**の内で、あらゆる激しい苦悩は和らぎ、どんな弱さも彼から力を引き出すのです。

彼は最愛の方！　**彼**は私の愛！

ご覧のように、私は九年経っても、同じことを繰り返しています。これはこういうもので、変えることはできません。変えるためには、発狂するか、悪魔の餌食になるしかないでしょう。でもイエズスがそんなことを許されないよう望みますし、私はイエズスを信頼しています。

熱情は高まり続けました。ずいぶん長いこと経って、日記をめくってみると、歓喜の賛歌が苦しみの中でますます高まっていったことに気付きます。

四旬節、御受難週間、そして聖週間がやってきました。十字架に架けられたイエズスのところへ二度と行くことができないマリアのところへ、十字架に架けられたイエズスがやってきました。

ある彫刻家が黒大理石の大きな十字架を持ってきました。カララ産の大理石で出来た素晴らしいキリストがついていました。それは力強い表現に溢れた本物の芸術作品でした。彼は目の治療のためにお金が入用で、売却を希望していました。彼は目が見えなくなりかけていたのです。私たちの友人の中にはメルツィ・デリル伯爵夫人もいましたから、友人たちに見せて、だれか買ってくれる人を探してくれないかということでした。

私は今ではマルタのベッドになっているソファに、そのキリストを置きました。当時は客間だった部屋です。それは四旬節の間中、あるいは、たぶん復活祭の翌日まで置いてありました。私は石炭の臭いが届かない、静かな部屋に引きこもるという口実で、しばしば彼のところへ行きました。本当は、彼を愛するために行ったのです。私の神を表現している冷たい大理石に、何度口づけしたことでしょう！　私はソファのそばに跪き、何時間も何時間も彼に話しかけ、私に答える彼の声に耳を傾けていました。その声は、天の深みから私の心に響いてきました。

もし私がたいそう金持ちだったなら、その作品を買ったことでしょう。苦悩によって皺《しわ》が刻まれ、死によってうがたれたその顔は、とても自然でした。四肢は力なく、胸郭は最後の最後の叫びの後の苦しむあえぎで広がっていました！　左手は、あたかも最後の発作で麻痺したかのように釘の上で握られていました。でも右手は、親指、人差し指、中指が、なお祝福しているかのよう広げられていました。

死にかけている私の神のことを深く考えると…　愛が高まりました――肉体的な苦痛がもたらされるほどで、それは聖金曜日に頂点に達しました。ああ、愛があまりに高まって、私は胸が引きちぎられて死んでしまうと思ったほどです！　胸の中に槍が刺し込まれたかのように、私の中で何者かが私を引き裂くのを感じました。確かに何かが引き裂かれたに違いありません。というのも、賢明な医師たちでさえ、直感的には縦隔の中、あるいは縦隔と心臓の間にあると感じられる損傷について、つくづく考えたものの、何の説明もすることができなかったのです。

私は思うのですが、私に傷を負わせたのは彼の手で、命を奪うことなく傷を残すやり方でそれを直されたのも彼の手以外にないでしょう。なぜなら、その苦痛は人間によって生み出される苦痛以上のもので、それは特に、私が主と最も融合しているときに再び感じられるからです。また、どんな人間的な治療もそれを和《やわ》らげることができないからという理由もあります。また、私が天から恩寵をいただくために祈っていて、究極の力に達したときにも、必ずその苦痛が伴うのです。それは恩寵が得られた途端に消滅し、もっと大きくなって帰って来るのは、もっと強い愛、もっと熱烈な祈りのときなのです…　それがもし人間的な苦痛であったら、気を狂わしてしまうことでしょう！…

その最も甘美にして残酷な苦悶を経験する数日前に、私は聖フランチェスコに倣って、祈りを作りました。聖フランチェスコの祈りは次のようなものです。「主イエズス・キリストよ、私が死ぬ前に二つのことを私にお許しください。まず、愛するイエズス、あなたのご受難の最も辛いときに生じた苦悶を、できる限り私の魂と体で感じさせてください。そしてもう一つ、神の子であるあなたが私たち罪びとのためにあれほど大きな受難を引き受けるほどに燃え立たせた並外れた愛を、できる限り私の心に感じさせてください」。熾天使の聖人への私の祈りは次のようなものでした。「おお、私の父なる聖フランチェスコよ。キリストがあなたを愛し、そしてあなたがキリストを愛したその愛によって、あなたが御自分のためにお求めになった苦しみと愛を、私にも、お与えください。目に見える聖痕の栄光は、私には値しませんから求めません。けれども、私があなた方に倣って、神と魂たちへの愛から死ぬことができますように、イエズスとあなたご自身の苦悩と愛を親しく分かち合わせてくださいますように」。

善なる神は、私が求めたすべてを私に与えてくださいました。内なる傷、それは苦悩と愛でしたが、それは私が主と魂たちのために喜んで苦痛の海を乗り越えた後で、私を死へと導くはずでした。

おお、そうですとも！　主は私がお願いしたことを決して拒みませんでした。私の無価値さを哀れみ、私の生活が近親者の親切によって慰めを受けることが皆無であることに同情し、私のすべてをお捧げするという私の善意を受け取ってくださいました。主はいつも、情愛深い父親や最も情愛深い配偶者だけが示せるような、優しさ、恵み、繊細な気遣いを私に浴びせかけてくださいました。私がお願いした以上のものをお与えくださいました。主はいつも腰を低くかがめて、私の問いを注意深く聞かれたばかりでなく、言葉にならない私の願いをも聞き取って、実現させてくださいました。

私は花が好きでしたが、買うことはできませんでした。いいのです、私の小さな庭は、本当にかごに入りきらないほど花で溢れていました。どれも、道端で見つけた花ばかりです。アイリスの球根、スミレ、だれかが投げ捨てたゼラニウムの切れ端はすぐに根付いて、次々に花を付けました。私の大好きなトケイソウは、一本芽が出て来たと思ったら、たくましく育って、見事に生い茂りました。バラ、スズラン、フリージア、スミレ、いろいろな種類のゼラニウム、ペラルゴニウム、白と紫のアイリス、カーネーション――どれも全部あって、一年じゅう花が絶えませんでした。訪れる人たちは驚いていました。私の四十個以上の花瓶には全部花が挿してありました。私の植物たちは、悠久の春の花冠でいつも満たされていました。もう、私が寝たきりになってから、全部枯れてしまいました……

私は鳩が好きでした。そして、たいそう素晴らしい鳩を数羽飼うことができました。その鳩たちは、私を人間的な優しさで――人間以上の優しさで――愛してくれました。もう鳩たちは野に戻り、ほとんどが死んでしまいました。

私は鳥が欲しいと思いました。すると、イエズスがいつも与えてくれました。母が「いけません」と言えないやり方で。

私は犬が死んで苦しみました。私は病人ですから、長い夜や日中独りぼっちでいるときに忠実な友が欲しかったのです。すると、私に犬をくれた人がいました。

そして次から次へと。善良なイエズスは、小さな物質的な喜びと大きな霊的な事柄によって、小さな愛の奴隷の手に、いつも贈り物を置くのでした。私に祈りを求める人に恩寵を、そして私に霊的な恩寵を。そして尽きることのない慰めを。イエズスがそうしてくださるのは、たぶんイエズスだけが、私が苦しんでいることを知っておられるからでしょう――まさにイエズスと私だけが知っているのです。ほかの人はみな、私の苦しみの実態とは遠く離れたところにいるのです。

イエズスは、私が求めることすべてを私に与えるとき、必ず、内なる傷をも与えるのでした。それは目に見えませんが、先が鉤になった赤熱の槍で最も重要な肉体を引き裂かれて焼かれるかのように痛みました。

一九三〇年の聖金曜日に、私は初めてイエズスと共に苦悶の時を過ごし、一九三四年の聖金曜日には、十字架上のイエズスを観想していて、愛によって刺し貫かれたのでした。起き上がれるようになってから、書いたのがこのページの詩です。私はこれを、とりわけ苦痛がひどいときや四旬節の間に、繰り返し唱えています。

「彼は悲哀の人、私の心の中の最愛の人。私もまた、神に倣って苦しまなくてはなりません。ですから、私のところへ来てください、おお、いとしいイバラ、おお、甘美な釘、私を打ってください。王の花嫁は王の宝石で身を飾りたいのです。

御覧なさい、十字架上で罪深い人間のために祈る御姿を。そのまなざしはいかに力なく、その口はいかに渇いておられることか。

私の心よ、すすり泣きの中で呟《つぶや》かれる愛の言葉が聞こえますか？

彼は私たちのために死にながら、私たちを赦し、天国を約束し、優しい御顔を傾けながら、〝渇く！〟と言われ、そして私たちからの慈愛を待っています。

〝最後の呼吸を楽にするため、私はあなたの尊い唇と苦しむ心臓に、どんな手当をしてあげられるでしょう？　おお、救い主よ、あなたの胸を楽にするため、私はどんな香油を差し上げられるでしょう？〟

〝あなたの忠実な愛情と、あなたの寛大な苦難によって〟。

ああ！　私のところへ来てください、甘美なイバラ、いとしい釘！　私を取り囲み、私を打ち、私を硬い木に釘付けにしてください。私の王の頭が、私の胸の上で、私の心臓の上でお休みいただけますように。

私の情愛と愛によって、彼の涙を拭い、彼の熱い渇きを癒し、彼の苦悶を慰めることができますように。

なんという祝福でしょう！　私を**あなた**と同じ者に変える苦痛、私を天に行かせる十字架、私の苦しみに翼を与える愛！

あなたのまなざしが私を魅惑した日！　もっと素晴らしいのは、私を**あなた**に奉献したあの瞬間！

でも私を救い主に結び付ける苦痛は、何と神々しいのでしょう！　**あなた**の栄光のために、私を十字架へ、苦しみに結び付ける苦痛は、おお、神よ！

ああ！　私のところへ来てください、甘美なイバラよ、いとしい釘よ、私を飾ってください、私の王の外観を私に刻み付けてください。

来てください、来てください、血に染まった、硬い木の十字架よ、この世での支えとして私は**あなた**だけを探しています。

救い主は、天の高みで輝きながら私を待っておられます。もはや力なく呻くことなく、永遠に光を放ちながら。

いつの日か、私は十字架で飾られ、頭にイバラの冠をつけ、彼の愛によって焼き尽くされて、彼のところへ飛んでいくでしょう。すると私は、賛歌を歌う天使たちと神々しい輝きの真ん中に導かれ、責め苦と苦痛をたくさんの宝石に変えていただくことでしょう。

なんと祝福された苦痛、祝福された十字架、天で完成される祝福された愛か！」。

このように一人で書くことは、少しも褒められるべきことではなく、むしろ虚しい言葉の訓練でしょう。でも私はこれらの言葉を実証しました――実証し尽くしました――私が自分よりも愛している苦痛によって。そしてこのことが、私と十字架上の王との深い一致の瞬間に書かれた、あの叫びに価値を与えるのです。

苦痛は、数においても、深さにおいても、どんどん増加しました。でも私の歌は変わることなく、いつも「祝福された苦痛、祝福された十字架、愛」と言っています。そしていつも懇願しています。「私にイバラを、釘を、鞭を下さい。世間が避ける事に私の安らぎはあるのです。苦しみの握力が強くなるほど、平安と至福は大きくなります。一本の線維が壊され、活力がなくなるたびに、新しい自分に細胞が付け加えられるのを感じます。その自分は、天国で生きることになるでしょう。なぜなら、天国とは、肉体が滅びる前に、肉において死ぬことに成功した人のためのものだからです」。

私はキリストと共に苦しみ、キリストと共に栄光を授けられるでしょう。どうか、彼の生涯と受難が私のうちで明らかになりますように。私は十字架にかけられ続けることだけを求めています。その十字架は、滅んでいく者にとっては愚かなことですが、救いの道を歩いている者には神の力です。それは使徒がコリント人へ向け明快な言葉で熱く述べているとおりです（一コリント1：17-25）。

私の胸を引き裂いたあの恍惚の瞬間と欲望の叫びから二日後に、私は十字架にかけられました。キリストが復活の栄光に包まれて、十字架から降りてきました。そして私は、最愛の友たち、イエズスと魂たちへの愛のために、そこへ昇っていました。

その日はちょうど、父を悲しませないために、力を振り絞ってベッドから出ていたときのことでした。でも立っていられないほど弱ってしまいました。近くのラジオからドン・ボスコの列聖式の後の教皇の祝福が聞こえました。これを餞《はなむけ》として、私はベッドに入りました。そのころには、以前客間だった部屋が寝室になり、私の部屋になっていました――そして、今もそこにいます。

ノベナの祈りを、あと何年過ごさなければならない（発病以来：一九三四-四三年）のでしょう？　終りは近いような気がします。けれども、今までに何度も落胆してきて、そんな希望に身をまかせる人がいるでしょうか？

いいでしょう。もう一度、あなたの御旨が行われますように！

第六章

寝たきりの日々

「自分の命を大切にする者はそれを失い、
この世で自分の命を顧みない者は、
それを保って永遠の命に至る・・・何と言ったらよいか。
『父よ、わたしをこの時から救ってください』と言おうか。
いや、このために、この時のためにこそ、わたしは来た。」

――(ヨハネ12：25－27)

すべて、あらゆるものにはその創られた理由があり、
あらゆるものには創造主から与えられたその使命がある。
私の使命は苦しむこと、罪を償うこと、愛することなのです。
苦しめない人のために苦しむこと、
罪を償えない人のために罪を償うこと、
愛せない人のために愛することです。

人は完全な寝たきりになると、奇妙な反応に苦しむものです。最初に経験したのは、一九三四年の四月でした。二度目は同年の八月で、もっとひどいものでした。

活動から非活動への移行は、活動的であった者にとって、いつでも辛いものです――今では、辛さは減り、それほどでもなくなっていますが。私は、以前はとても活動的でした。それまでは自分のことを何でも自分でして、他人の世話をしていたのに、他人に頼り、世話されなくてはならないのですから、気が滅入ります。世話をしてくれる人たちは、私たちが最後の最後まで、どれほど世話してあげたかを、いつも覚えているとは限りません。そして、最後まで世話をしてもらって過大な要求をしてきたときほど、人はそれを覚えていないものです。最初は大変な苦痛の日々です。でもここでも、反応はさまざまで、持続期間もさまざまです。それは、霊的状態に左右されます。

感覚と金銭崇拝だけに浸って、神から全く離れている者たちにとって、長患いは自殺さえ引き起こしかねない最も凶暴な反乱として現れます。神はあらゆることがおできになりますから、ときには、私たちの意思に反して、この者たちがまさにその苦痛によって救済され、神に引き戻されることがあります。一般的には、こうした霊的な復活が生じるのは、神から完全に引き離されているわけではなく、宗教に〝最も心地よく快適なこと〟ばかりを求めていた魂の中においてです。死んでいる魂というよりは、堕落している魂です。彼らは苦痛の一撃によって、自分が虚無に幸福の根拠を置いていたことを悟り、助けを求めて見上げます……神はこれでよしとされ、前に進んで、言われます。「苦しむ哀れな者よ、ほら、私はここにいる。あなたを助けよう」。

これらの魂の中において、苦痛は呼びかけの声となります。こうした魂が救われるのは、しばしば、別の魂が彼らのために苦しんでくれるおかげです。その二人は、互いに相手を全く知らないこともあります。あるいは、よく知らない人かもしれません…　彼らが初めて出会うのは天国へ行ってからでしょう…　自分の救済を取り持ってくれた人が、最も予期しない人だったときの驚きはどれほどでしょう！　それとは知らずに行き過ぎた人、あるいはその存在に気付きもしなかった人かもしれない。そして慎ましい贖い主にとって、自分たちの祈りと苦しみによって贖われた者を歓び迎え、取り囲むことは、なんとすばらしいことか！

私を魅了しているカトリックの教義の一つに、〝聖徒の交わり〟（諸聖人の通功）があります。私が享受している喜びは、天国の河から来ています。その河の波の一つ一つを形づくっているのは、人の子の中の神である私のイエズスの功徳、あるいは、あらゆる恵みである方の恩寵、あるいは数えきれないほど大勢の、殉教者、童貞者、悔悛者、告白者の、働きと慈悲の総体なのです。そのことを思うとき、私はありがたさ、うれしさで、有頂天になり、私もこの生命の注入に値する者になるまでは、死ねないと感じるのです。私は哀れな存在ですが、聖人たちの宝物は非力な私を鉄筋のように支え、私の周りでも内でも働き、私に信仰生活を生きる能力を与えてくれます。無能な私にできることは、主と主によって選ばれた人びとに倣って、喜んで苦しむことだけですが、今度は私が、これらの広大な功徳の河の一滴になるのです。すると私は、人間的な炎で焼かれた魂に冷気を送ることができるでしょう。罪の泥で汚れた魂に沐浴の水を、生命を傷つけられた魂に慈愛の香油を、運に見放された魂に栄養を、悲しむ人に私の歌を、死者に私の嘆きを、届けることができるでしょう。これを考えると、私は神を崇め、賛えながら、深い謙遜の中に身を沈めます！　私は無力で、惨めで、弱く、幼稚ですが、教会の霊的な血が私の中で巡っていますから、そんなことができるのです。霊的な血は、私にとって力であり、光です。また、魂たちに神を、そのすべての恩寵と共に与える手段です。そして、神に魂たちを、神の渇きを癒すものと共に、お渡しする手段なのです！

不熱心な人びとにとって、病気は苛立ちと泣き言のもとです。患っている病気が一つだけで、それほど辛いものでなくても、病人たちは、不満ばかり言って、自分が一番不運だと言い張ります。彼らは神が健康を奪ったと文句を言います。たとえ八十歳を過ぎて病気になったとしても、必ずこう言います。「もう死が近い今になって苦しまなくてはならないなんて不公平だ。あと少し病気にかからないでいられればよかったのに」。でも、彼らに言わせると、他人がもっと若い頃から苦しむのは公平なのです。彼らは言います、いずれにしても、いつも苦しんできた人は、もう慣れているのだと…彼らは隣人が十分な世話をしてくれないと文句を言います。ドアが少し開いているのは貴重な健康を奪おうとするくわだて、水を持って来るのが遅いのは悪意の確かな証拠、極度に弱い体に少しでもぶつかることは犯罪、彼らを励まそうとして語られる言葉は、彼らの苦しみを信じていないという許し難い証拠というのです。微笑みを嘲笑と受け取り、涙を流せば彼らの憂鬱に同情していないと言います。話しかければ、具合が悪くなると言い、黙っていれば、無関心だと怒ります。近親者、看護者、医師に文句を言い、辛抱しなさいと言う司祭には、ひどく文句を言います。家庭内の動物に文句を言い、暑さ、寒さ、ハエ、ハンカチが落ちる、コーヒーが熱すぎる、ぬるすぎる、新聞がきちんとたたまれていないなどと、文句を言います…彼らは電動式の小さな機械のように文句を言い続けます。彼らは病気よりも他人に対する悪意のせいで気難しくなり、文句を言いながら暮らしています。そして一番期待されない人たちです。苦痛の前では、無神論者にも劣ります…

熱心な人たちにとって、病気は諦めです。彼らはそれを望んでいませんでした。もし彼らに決定権があったとしたら、決してそれを望まなかったことでしょう。でも神が送られたのなら…彼らは涙で顔を濡らして言います。「それでは…主よ…しかたがありません！　もしこの十字架を私に負わせないでくださったなら、ずっとよかったのですが。でもお与えになったのですから、持ちましょう」。そして彼らはそれを持ちます。それを持つだけです。それを抱きしめたり、運んだりはしません。彼らは背中にその重みを背負ったままです… それだけです。彼らを歩かせるために、イエズスはしょっちゅう、それを軽くしてやらなければなりません…

神を愛する者にとって、病気は喜びです。激しい恐怖の反応は、しばらくして止み、それが再び訪れることはありません。肉体は苦しみます。でも苦しむのは肉体だけです。そのほかはすべて喜びです。この人たちは、最も熱心な懇願の仕方で、苦痛を望んでいます… 健康な者が健康であり続けるのを望むときよりも熱心に。彼らは神が十字架を背負って進んで来られる姿を遠くに見ると、喜び勇んで会いに行き、差し出される聖なる御手に口づけし、最も大切なものとして十字架に口づけします。十字架を受け取るのに、ぐずぐずすることはありません。しっかり胸に抱きしめると、肩に乗せ、歌を歌いながら進みます… 神が前に立ち、そして彼らは後に続きます、師の足跡をたどりながら。道が険しくなろうと、イバラだらけになろうと、石だらけになろうと気にしません。イバラのとげに肉を引き裂かれても、石で足の皮がむけても、太陽が照りつけて傷を悪化させようと、水で衣服が濡れようと、風で凍えそうになろうと、夜道を歩くのが辛かろうと、気にしません… 最後には陽が昇ることを知っているからです！ 険しい道は、最後には、火が混じった滑らかなガラスの海に変わるでしょう。それは子羊の都へと続きます。そしてその素晴らしい海の岸辺で、彼らはモーセの歌と子羊の歌とを永遠に歌うでしょう。* 彼らはこれらのことをすべて知っていますから、彼らを楽にしようとしてくれる慈悲深いキレネ人に十字架を渡しません。彼らは言います。「いけません、イエズス、いとしい尊いお方、あなたは私のためにもう持ってくださいました。今度は私が、兄弟姉妹のために持つ番です。もしあなたの十字架で、私の肩に傷が出来、そこから血が流れたら、イエズス

* 出エジプト記15：1-18、黙示録15：2-4。

よ、ご覧ください、血の奇蹟を。硬い木の上の私の哀れな血が、善の花に変わるのを！」そうです、十字架は愛されるならば花開くのです。そうです、十字架はそれを寛大な心で運ぶ者にとっては、天使のように速く飛ぶ翼になるのです……

私は少しの間茫然としていましたが、すぐに運命に身を委ねました。〝委ねた〟と言うのは正確ではありません。むしろこう言うべきでしょう。「最初の当惑の後、すでに病気で家に引きこもったときと同じことを、ベッドに寝たきりになったときも行い、歌いながら私の十字架に口づけしました。そして実を言うと、それを一瞬も下ろすことなく、いつも歌いながら運び続けているのです」。

苦痛が弱まるとき、私の回復のために祈りが挙げられていることが分かるとき、私は身震いして、私の宝物が取り上げられるのではないかと心配になります。それは私が神に寄せている無限の信頼の中で、唯一私を揺るがすことでしょう。私があまりに無価値なので、神はもう私を**御子**の贖いのわざに参加させないことにされたのではないかと考えたくなるのでした……そして私の価値の無さを認識し、神の慈悲が無限であることに慣れ親しんでいる私は、哀れで惨めな私たち人間を贖い主の高さまで持ち上げてくださる神を思い、落胆して激しく嘆くこともあります。でも私は私の神を信頼します！

ねえ神父さま。今日、私の周りで悪魔が嘲っています。覚えていらっしゃるでしょうか、私は月曜日にこう申し上げました。「私は今日、訳の分からない憂鬱を感じています。泣く理由は全くないのです。でも、何か辛いことが、確かに起きています。もうすぐ分かるでしょう。私のいつもの予兆です。昨夜、私の主治医が検査のためにローマに呼び出されました。* もし合格ということになれば、どこへとも知らされず、出征することになるでしょう。

私がどれほど困っているかお分かりでしょう。そして私の病気は、ある種の屈辱的なケアを必要とし、慎みの点からも、別の人の手を煩わすのは耐え難いものがあります。また、教訓として、私の家に来る人には、私の母の暮らし方について……これは私の十字架の一つです……嫌なことを言わないように、事情をよく知った人に来てもらうのがよいのです。また、経済的にも、ほかの医師の世話になれば破滅的な状態になるでしょう。私たちの主治医に留まってもらわなければならない理由はたくさんあります。

私が人間として、自分のために求めるのは、これだけです。私の祈りの中には、兵士たちの平安や救済など共に、この自分のための意向もほんの片隅にですが、確かに入れてありました。すると悪魔が嘲笑《あざわら》います。「お前のイエズスはお前の願いを聴くのか？　彼はお前からすべてを奪い、そして今、医者を奪おうとしている。おまえは哀れな愚か者だ。自分が安全なように思い込んでいるが、おまえが力を使い果たしてぼろぼろになった身を祭壇に置こうとする今このときに、おまえは医者を奪われる。冗談だろ、いい気味だ！　戦争は破滅に向かい、平和などは夢物語。お前はますます独りぼっち。お前の医者はいなくなる……思い違いしている哀れな愚か者奴《め》！……」。

でも悪魔には言わせておいて、私は十字架にすがります。「主よ、私の信仰を強めてください！　すべての障害を取り除けるほどに。あなたを信じます。イエズス、私と共にいてください！」と叫びます。もしイエズスが哀れな奴隷のために、ずっと一緒にいてくださるなら、イエズスは救い主ですから、何者も私に危害を加えることはできません。私は自分では何もできません。私は弱い一輪のスミレです。十字架の足元で一生懸命香って、果てたいと望むだけです。私が自分の奉献において自分のことを、娘や召使ではなく、道

＊　ランベルト・ラピ、九年間マリア・ヴァルトルタの主治医だった。一九四三年十月二十六日、コルシカで戦死との知らせを受け取ると、深い悲しみの追悼文を捧げた。

具あるいは奴隷と呼びたいのは、このように自分の無価値さを確信しているからなのです。

聖テレーズは、自分のことを「教会の小さな子供」と呼んでいます。「神の玉座のそばで純真に信じきって、すっくと立つ子供」です。そして、「花をまき散らし、愛の歌を歌います」。私はそれより小さなものになるでしょう。私は花になるでしょう、罪を悔いる小さな頭と、優しい心を持った内気な花、森の巨木の下の湿った土の中で生まれ、落ち葉の毛布にくるまれたスミレです。花というより香気です。とても慎ましく、人目につきたがらないので、探さないと見つかりません。私は「教会の小さな子供の手で摘まれ、歌と共に投げられ、神の玉座の階段で果てるスミレになるでしょう。

私に死にゆくバラの歌を教えたのは、聖テレーズ自身ではなかったでしょうか？

「私は花びらを落とすことを夢見ます……
人はバラの葉の上を平気で歩きます
そしてこれらのささやかな飾りを一つの手がまとめます……
イエズス、あなたへの愛のために、私は命を惜しみなく使います。
すべての人の眼前で、永遠に傷ついた一輪のバラ、私は死なねばなりません。
あなたのために死なねばなりません。どんなにそうしたいことでしょう！
私は花弁を落としながら言いたいのです。心からあなたを愛していますと。
私はあなたの幼子の足取りで生きたいのです。
そしてカルワリオへのあなたの最後の歩みを楽にするために、
私は花びらを落としています」。

不完全な意訳ですが、私から流れ出てきたので、衝動的に作った歌でした。

でもキリストのスミレであるマリアは、玉座の段で死ぬことはないでしょう。神の子羊である王は、慎ましい花を拾うために降りて来るでしょう。その花は、王の前で芳香を漂わせて死ぬために、命を奪われることを求めたのでした。そしてその小さな花冠に、聖なる御手が触れるとき、か弱い身であらゆる吹雪に耐え、慎ましさにおいて大胆だったその花に、永遠の命が与えられることでしょう。

おお、主をいくら信頼してもしきれません！　私たちが愛のために求めるとき、主はいつもその十倍を、ほほ笑みながら与えるおつもりなのです…

私は神の手の中の道具です。道具は文句を言いません。職人や芸術家に使い果たされても、あるいは歌う本質的部分を壊されても、あるいは飽きられて隅に放りだされて埃だらけにされたとしても…私もまた、そのようでなくてはなりません。神の職人としての働きで魂たちをつくり上げることに余念がない大工の息子の手の中の鉋、金槌、鋸、そしてねじ回しのように。あるいは、ハープ、リュート、シンバル、トランペット…慈悲深い愛から素晴らしい交響楽を引き出す神の芸術家が望むままに、私はいつでも音を出し、いつでも静かに出来なければなりません。その賛歌があまりに強力で、私の歌う魂が壊れてしまったとしても、かまいません…私よりも上手に歌うほかの魂を、師はお使いになるでしょう。逆上する者たちを飼いならし、キリストの群れの子羊にさせるために。

私の病床における決定的受難の最初の出来事は、主治医の交代でした。ありきたりなやり方で私を四年間診てくれた人は、救い主の死を記念する聖年が終わるために家族と共にローマにいました。そうです、イエズスは私に三年間の公的生活を送らせた後、一九三三年の初めに私を世間から遠ざけ、御受難から二十回目の百年祭の聖年が終わるときに、私を十字架に架けたのでした。

医師なしではいられませんでしたから、他の医師がやってきました……そしてこの事が、あらゆる種類の際限のないうわさ話を引き起こしました。一つは、追い出された医師の狭量さによるものです。彼は伝染病ではないかとほのめかしたのです。伝染病は、今ではあるかもしれませんが、当時は全く罹っていなかったことは、さまざまな検査結果からも明らかです。さらに、伝染病以外にも精神的な病のうわさもありました……医師というのは、病気が特定できないと、自分の無能ぶりを隠すために、患者に「躁病」のラベルをつけて治療をする習性があります。ですから私は、善き隣人によってずたずたにされたのでした。

四月一日から起きてきたことを考えると、すべては神の裁きへの犠牲として差し出された私の特別な状況によるものであると見て間違いないと、私は感じています。一九三一年以来、悪魔と悪魔の道具になった隣人たちからの迫害は増え続けています。それは、神の計画の中に入ったこと、すなわち私の浄化を遂行するためでした。

今日では、人びとは悪魔の力を信じていません。それは、敵に作用して妨害したり、手先になれるものに取り憑いたりします――取り憑かれるのは、かなりぼんやりした人で、ルチフェルに捕まりやすいのです。私は信じています。人間の仕事とは、神の光のもとで行動することしかないのですが、そんな人間がある種の特別な誘惑にかられるのは、これによってしか説明がつきません。また、最も善良な人びとが、理由もないのに本当にひどい目に遭わせられるという、ある種の邪悪な行動の説明もつきません。そう、生まれついた性質で、あるいは無知から、自分が大嫌いな人びとを苦しめるために、悪魔の道具になる人びとがいます。一方、特別な使命によってルチフェルを不安にさせる力を持ち、ルチフェルからの復讐をわが身に招く人びともいます。悪魔は、「熱くも冷たくもない」*者にあまり関心がないので、なまぬるいものを口から吐き出す神のように、慈愛に燃える神の真の使者に対して特に悪意を持ちます。「愛にとどまる人のところに神はとどまってくださる」からです。すると悪魔はこうした人びとを、あらゆる武器を持って襲撃します。

ですから、悪魔と私の間には、昔からわだかまりがありました。私は一九一四年から一九一八年に（特に）悪魔に苦しめられたことを赦していませんでしたし、悪魔は一九三〇年に私が敗走させたことを赦しませんでした。ですからそれは死に至る戦いでした。神が愛の翼で私を覆って守ってくださっていた間は、悪魔は私に手出しできませんでした。でも私が、神の裁きのために、祭壇に置かれた犠牲にすぎなくなり、捨てられて一人になった途端に、ルチフェルは仕事に取りかかったのでした。

今、「捨てられた」と言いましたが、それが怒り——とでも言うでしょうか——による放棄だったと思わないでください。そうではないのです。この書物の最初で言ったように、それは試練のときだったのです。それは私たちのゲッセマネですから、御父は退かれます。ゲッセマネで、キリストは一人でいなければなりません……もしも御父がそこにいらしたなら、苦悶はそれほどのものにはならなかったでしょう。

父が退去されたことは、私を九年間苦しめてきた悪魔に道を開きました。私がもし、絶望した人を救うため、地獄へ向かっている人を贖うため、神の国を人びとに、そして人びとを神の国にもたらすために、この身を捧げたのでなかったとしたら——この贖罪の使命を望まなかったとしたら——私に起こったすべてのことは残酷としか言いようがありません。でも私は自分が何を、なぜ差し出したかを知っています。ですから、一見すると御父の不当な厳しさ、御父の愛の欠如と思えるこのことが、そうではなく、最も美しい愛の証であることが分かるのです。永遠なる方にとって、私を悪者に翻弄されるところに置き去りにしなければならなかったことは、どれほど心痛んだことでしょう！　けれども、これは私が望んだことであり、神の御

＊ 黙示録3：15-16。

業のうちなのです。恩寵に無感覚な人びとは私よりもずっと不幸です。神はこうしたたくさんの哀れな者たちのために、なおさらこれを必要とされたのでした。

私の考えを明確に表現できているかどうか分かりません。私は苦しみました。私が死ぬとき、身体的な苦しみは私が経験した精神的な苦しみに比べれば何でもないと言うことができるでしょう。「精神的」というのは、霊魂は傷ついていなかったからです。霊魂は突き飛ばされたり、叩かれたりしましたが、傷つきはしませんでした。

「あの啓示のために私が思い上がらないように、神はサタンの使いが私を痛めつけるままにされました。私はこれを立ち去らせてくださるように、何度も主に願いました。すると主は〝おまえはわたしの恵みで十分だ〟と言われました」*。

霊魂は永遠なる方のものです。それは師である王がお住まいになる家、聖三位一体が集《つど》われる家です。なぜなら、御子がおられるところには、御父がおられるからです。御父は愛から御子を送られたのです。ですからこの家は、私たちが自分の邪悪な意志、罪によって、彼らから取り上げない限り、彼らのものなのです。

私の霊魂は、今も昔も、三位一体の神のものです。たとえ私が極貧の中で、心臓をドキドキさせながら「主よ、私はあなたをお客様としてお迎えするに値しません」と言うとしても、このために神に対して心の扉を閉じることはありません。それどころか、主の憐れみ深い慈悲を信頼して、大きく開くのです…

私の霊魂は主のものでしたから、悪魔は怒り狂ったライオンのように歩き回るだけで、ときおり、霊魂の漆喰――つまり、精神の部分――に噛み付いて恨みを晴らしました。悪魔はなんと私を苦しめてきたことでしょう！　でもどの戦いのときにも、イエズスは言ってくださるのです、「元気を出しなさい！　あなたの苦しみのおかげで、一人の魂が私に一歩近づきました。あなたに感謝しますよ！」と。

でも神父さま、どうお思いになります？　これらの言葉は私を不屈のライオンにするのに十分だったとお思いになりませんか？　屈することなく、あらゆる奇襲に立ち向かい、悪をひれ伏させ、敵から奪った獲物を主に差し出す不屈のライオンにするのに。十分でした。そして私にますます戦いを望ませたのでした。

五月に、私が〝バベルの塔〟と呼ぶ事態が始まりました。

新しい医師は、私をよく診てくれて、顕著な改善をもたらしてくれていたのですが、悪魔の手下の人物がしかけた罠にはまってしまいました。その人物は、私が心臓病ではなく、結核の兆候があると言って、新しい医師を丸め込んだのでした。前任の医師は、自分が不在のときに別の医師が呼ばれたことを知ると、がさつなやり方で主治医を辞めると宣言したのでした。顔をつぶされた医師は（たぶん、私がもうすぐ死ぬと思い、自分にその責任が及ぶのを恐れてこのチャンスに飛びついたのでしょう……）。このうわさを広めました。新しい医師がそれを増幅して口にすると、信憑性が出てきました。医師というものは、本来自分自身だけを信じるべきなのですが。でもまあ、こうなってしまいました……

この医師はヴィアレッジョの人ではありませんでした。フィレンツェから来て帰るのでした。五月五日、いつもの週に一度の精密検査の後——彼は毎週やって来ていました——治療法を変えました……それまでにもさんざん変更していましたが。ニトログリセリンは中止、ヴィレトーネも中止、強心剤も中止です。肺結核だからカルシウム注射をしたいと言いだしました……結核？　いつから？　今までどんな分析でも見つかったことがなく、だれかにそんなふうに思わせるような兆候は何もありませんでした。もう一度言いましょう。今はあるかもしれませんが、九年前には（結核ではないのに結核と診断されて以来：一九三四年五月五

＊　二コリント12：7–9。

日‐四三年四月）、全く何もなかったのでした。もうたくさん。私はカルシウム注射を拒否しました。私は注射を望みませんでした……これまでに一万三千以上、そうです一万三千回もしてきました……そこで私は、カルシウムと肝油とコレステロール剤をのまなければなりませんでした。それに炭酸水とヴィタミンも……私の胃は台所の流しのようでした……こんなにたくさんのものを、どれも少なくとも一時間は空けて、食事とは別に取らなくてはなりませんでした。それで、私は兄弟ジネプロのような動作で、「それでは、私は何時に食べることができるのですか？」と、医師に尋ねました。というのも、彼は私に栄養を十分に摂ることと休息することを求めたのです。彼が付け加えたことは一日に三十分太陽の下に座っていなければならないということだけでした。

その結果、胃が壊れ、栄養障害になりました。栄養が多過ぎたのではなく、むしろ普通より少なかったのです。飲み込んだものが混ざって、慢性的消化不良でした。心臓発作は、以前よりはるかに激しく、発熱も増えました。そして最後には、太陽と動脈硬化による第一級の鬱血で、動脈瘤を伴う若年性動脈硬化症になるほどでした。

残りの部分をお話しする前に、ちょっと一言申し上げます。もしほかの人が、あの診断を味わわなければならなかったなら、パニックに陥ったことでしょう。私は喜んで受け入れました。結核にかかっていることと、医師に間もなく死ぬと言われていることを。私の犠牲を完結すること以外、何を望んだでしょうか？　ああ、人間はなんと愚かなのでしょう！　私が急いだのは、臆病と利己主義でしかありませんでした。臆病というのは、短い時間でたくさん苦しむことを望んだから。利己主義というのは、もうすぐ苦しみが終わることを望んだからです。

天国への願望は、急ぐことを正当化するに十分ではありません——とりわけ私たちが自分を生贄として捧げたときには。贖い主は御自分の殉教の最終的解決を瞬時に速めることはしませんでした。忌まわしい口づけの後で、即座に剣で一突きされたら、ずっと心地よかったことでしょう。そうすれば、あまたの苦悶は避けられ、あの口づけの記憶を、一瞬のうちに血で消し去ったことでしょう——あの口づけ、それは生きた体の上をくねくねと這う冷たい蛇のように、キリストをむかつかせたことでしょう。でもイエズスは何も速めませんでした。あの苦悶の時、一分が一時間にも相当する極度の苦悶が配分されたあの時を、最後まで生き通されたのでした。キリストはあらゆる苦悶に耐えられました。次々と、侮辱され、殴られ、打たれ、唾を吐かれ、そして憎しみに酔って残酷という意識もない群衆の中をあちらこちらへ追い立てられ、衣服を剥がされ、自分を王と思っている狂人の装いをさせられて屈辱を受け、無慈悲な鞭打ちと残忍な冠で苦しめられ、重い十字架を背負って、あのような状況で、ゴルゴタの頂上へ上るという、人間では不可能な労苦を強いられ、恐ろしい十字架刑に処され、すさまじい苦悶に耐えられました…

小さな生贄の辛さなど、師のものに比べれば無に等しいのですから、師より速く済ませてはなりません。この苦悶の時間の一瞬一瞬は、たくさんの魂を救済するための担保でした。ですからイエズスは、御自分の死後に迷える兄弟姉妹の一人でも滅びることがないようにするために、できるものなら苦悶の時を伸ばしたかったでしょう。小さな生贄は、〝他人の魂の救いのため〟ということだけが共通する、新たな目的のために、自分の時間を捧げ、苦悶の時が伸ばされるのを見たならば、喜ばなければなりません。

私の良き師は、このようにして私を導かれました。というのも、父なる神は、私のゲッセマネの時に身を引かれましたが、私の苦悶の上には、イエズスの天使ではなく、イエズス御自身がおられたからです。私にはイエズスがいます。私の良き師は、十字架の上で一日過ごすごとに一つの魂が救われるのだから、生き延びる一日一日を感謝すべきであるとお教えになりました。耳にではなく魂に聞こえる静かな声で言われたのです。「あなたの苦しみのすべてに実を結ばせなさい。あなたは自分のためでなく、ほかの魂たちのためにここにいるのだということを忘れないように。魂たちは苦しみによってしか救われないのです。マリア、私にもっと魂をください」。それで私は答えました。「イエズス！　私に激しい苦痛をお与えください」。そして契約が結ばれました。新しい苦痛が加わるごとに一つの魂が救われると。そして本当に救われるでしょう。その一つの魂が、苦痛の日々を慰め、苦でなくしてくれました。

　そのとき以来、激痛と疼痛の日々を願ってきました。私の苦しみを何とかして増大させようと、とてつもなく願ってきました。私の娘たちの一人は、私が死の淵に連れて行かれそうな恐ろしい危機を感じたとき、私が微笑んでいるのを見て、ひどく驚いたことを今でも覚えています。私はこれでもう一つ魂が救われると考えて、微笑んだのでした。

　これは私の推測でしょうか？　いいえ。神への信頼です。愛からなされるちょっとした些細な行動でさえ、神の目に大きな価値があるなら、愛からの激痛にはどんな価値を持つのでしょう？　イエズスの尊い御言葉は、完全な愛について次のように述べています。「愛する者のために命を捨てること、これ以上に大きな愛はない」[*1]。

　私は私の命を、友人たちのために与えていたのでした、私は友人の範疇に、限りなく多数の魂を含めています。その中には、親戚、友人、知人、見知らぬ人、敵、偶像崇拝者、死者などなど…がいました、今もそうです。このたくさんの友人たちは、恩寵で買い戻されて私の子供たちとなった人びとです。私はこの大集団の先頭に、私の神である友、兄、師、夫、そして**王**である**イエズス**を据えました。

　あなたへの愛ほどすばらしいものがあるでしょうか！　人びとの心の中で**あなた**が勝利し、**あなた**の王国が来ることを願って、**あなた**に命を献げる、この言いようのない喜び、これほど大きな愛があるでしょうか！　いいえ、人はこれ以上の愛を手に入れることはできません！　もし私の愛の中に人間的な弱さがあって、それを汚し、価値を落とすとしても、不動の慈悲なる方よ、それでも私に哀れみをかけてください。おお、**慈悲深い方**よ、私の哀れな現実を見ずに、私の理想的願望だけを見てください。私は自分の報いを受け取らず、今このとき数々の罪によって曇らされているあなたの御顔に、微笑みを取り戻すために、あなたの面前で完璧になりたいと思っています。

　私が苦しみの中で喜んでいるのを見たある人は、師の傍らのペトロの役割を演じました。けれども、私は師が熱心な使徒に返したのと同じ答えを返しました。「サタンよ、退け！　あなたの思いは、神のものではなく人間のものである」[*2]。全く同じ言葉で言うとあまりに思い遣りに欠けますから、たくさんのほかの言葉で和らげはしましたが、これだけははっきりさせました。私はすべてにおいて他人に依存し――子供以下で――私が病気でも少しも力を緩めることのない母の鉄の手で押さえられていましたが、霊魂に関しては、完全に独立を保つつもりだということを。そこで支配する権利を持っていたのは神だけでした。ほかのだれでもありません。

　実は、ここには大きな正義がありました。私の生涯を通じて私を愛してくれたのは、私の神だけでした。ほかの人は私を愛せないか、愛そうとしませんでした。神だけが私に腕を差し伸べ、私の無作法やふくれっ面《つら》や冷淡さを気にも留めず、私を御心にかき抱いてくださったのでした。神だけが慰め、涙を乾かし、私の心を癒してくださいました。神だけが私の父、母、兄、配偶者、友人の役割を果たしてくださいました。これだけたくさんのものをお与えくださった後、今度は私に、ただ一つを、私が献げられるただ一つのもので

＊1　ヨハネ15：13。
＊2　マタイ16：21–23。マルコ8：31–33。

ある命を求めておられました。というのも、私は家族に隷属状態で何も持たず、私の命以外に自由にできるものはなかったからです。その命は、神から来て、神によって守られてきたものでした。ですから私は、私の唯一のちっぽけなものを差し出していました。神が私に差し出しておられる献金箱の中に、私の唯一の所有物を投げ入れるかのように……

　買い戻さなければならない魂がたくさんあります……キリスト教は二千年を経ましたが、私たちはまだ、キリスト教の本質が寛容、勇気、慈悲の宗教であるということを理解するには遠く隔たっていると、またも思わずにいられませんでした……大多数の人びとは、キリスト教を、ほんのわずかの料金で天国へのパスポートを発行してくれる快適な事務所、あるいは客が一番好むものを何でも揃えてくれる、善良な神が開いている巨大店舗にしています。豊かな楽園のような！……そして、求めるものがすぐに見つからないと、なんとぶつぶつ不平を言うのでしょう！……

　そのようにして、夏がやって来ました。それと共に、間違った治療による鬱血が。八月一日の午後三時のことでした。私はまさに死の瀬戸際にいました。ここでも悪魔はぬかりなく、私を絶望させる仕事に取りかかったのでした。

　父はすぐに、医師が駆けつけて来てくれるように手配する責任がある人に知らせました。彼はそのとき、海水浴のためにヴィアレッジョに滞在していたのです。でも、その連絡を受けた人――私の医師に私が結核だと信じ込ませた張本人――は、私のために医師を呼びに走ってポットの湯が冷えてしまうことを好みませんでした。その結果、医師は危機に陥ってから二時間後に到着し、私の血液はすでに血管内で固まっていました。

五種類の異なるアンプルを一緒に混ぜた注射の第一回目でした。このときすでに持続性の皮下注射の話が出ていましたが、後にそれは避けることができました。私はもう少しで、天国で〝アッシジの大赦〟を受けるところでした！　二十四時間中に、血管性痙攣発作が五回も、起きたのです！

八月二日の朝四時に、教区司祭は、私が死にかけているとすっかり確信して、私に最後のご聖体を持って来てくれました。そしてそのまま数時間残って、診断の協議にも参加していました。そこで貴重な発見がありました――私の病気は、もはや心臓でも、肺でも、あるいは循環器でもなく、肝臓疾患だというのです。肝臓ですって？　肝臓の病気があるなんてだれがこれまで気にかけたでしょう？　やれやれ！　私は肝臓病にならなくてはなりませんでした。九年経ちましたが、私はまだそれを待っています！（肝臓病と診断された：一九三四年八月二日－一九四三年四月）

肝臓病の発見者二人が去るとすぐに、私は別の医師の診察を望みました。ただし、主治医なしで。結核の専門医、ビアンキ教授がやって来ました。彼は肝臓病を否定し、そしてあらゆる種類の結核、特に肺結核はあり得ないと否定しました。私に処方されたカルシウムが、動脈を石灰化させたにほかならないと言いました。結果として、早発性硬化症に対する治療としての脱石灰化と、極度に損なわれた心臓のために、ニトログリセリンと発作防止薬。鎮静、休息、暗くした部屋などなど。私はその夏を、窓を開け、鎧戸を閉めて過ごしました。階段のそばの壁に太陽の光が当たっていたことをまだ覚えています…あの光を思うとあの頃がよみがえります。十七日間、私は生きているというより死んでいたのでした。それから血栓が溶け、いくらか良くなりました。今度は見守ってもらう必要がありました。

母はすぐに私を他人の手に投げ出しました。もし私に、そんな状態の娘がいたとしたら、いつ心臓が参ってしまってもおかしくない娘がいたとしたら、片時もそばを離れなかったことでしょう。母は最初の晩から、私を一人のシスターに見守らせて私から離れました。シスター、ごめんなさい！　最善を尽くしてくれたのですが、おそらく、ひっきりなしに食べたり、飲んだりする患者たちに慣れていたのでしょう、絶えず私に、何か飲みたくないか尋ねて、私を悩ませました……後には、私の友人たち――既婚の人と未婚の人――が夜間の見守りを分担してくれました。でも私は彼女たちに、もう一つのベッドで休んでもらいました。彼女たちが部屋にいてくれるだけで十分なのでした。彼女たちは眠り、私は神と語り、激しい心臓の鼓動でその時を明確に区別して過ごしました。昼間はシスターが来て世話をしてくれました。彼女はとても良い人でした。

医師は、結核かヒステリーに違いないと言い張りました。検査、また検査……けれども結核は、医師を喜ばせるために顔を出すつもりは、全くないようでした。ヒステリーを確定するためのテストにつぐテスト。これもやはり、出現して医師を喜ばせることはありませんでした。そして私はひどく苦しめられました。

別の外科医による診断がありました。「虫垂炎です！　直ちに手術をしなければ！」　ガーン！　一九二〇年にも同じ事を言われましたが、十四年後にも虫垂炎は現れていません。私はまだ待機中です。私は生野菜サラダ、豆などの腸に好ましい食品を食べて暮らすことになります……私の腸は、その外科医によると穴が開きかけているとか！……

さらに別の診断。「それは生殖器の機能不全の事例だ」。三倍のガーン！　私はこれまで、そんなものにかかったことはありません。機能不全なんてとんでもない！　あるとしたら、機能過剰の傾向だったでしょう！　でもそこが病巣でなければなりませんでした。解決策もありませんでした。医師たちにとって、女性の治療をすることはずいぶん気楽だったことでしょう！　適当な名前で分類できなければ、ヒステリーと呼んで、治療すればよいのです！　卵巣ホルモン治療。その結果、私の心臓の状態は変わらず、卵巣の炎症から腫瘍が出来て、ひどい痛みと肉体的だけでない不調を私にもたらしたのでした。

さて、的をはずした皆さんには御退場願いましょう。結核の専門医が再びやって来ました。主治医にすっかり洗脳されて——ああ、人間とはなんと一貫性がないのでしょう——ほんの少し前の診断をすっかり引っ込めました。以前には血圧のために汲みたての新鮮な水と果汁を勧めたのに、今度は栄養価の高いものを命じます。以前には死の苦痛のもとで絶対安静を命じていたのに、今度は起き上がって、松林に行くことを命じます。以前にはできる限りのニトロで私の動脈を脱石灰化したのに、再びカルシウムを、今度は絶え間なく取ることを命じます。というのも、両側性結核（ガーン！）があるので、もし高栄養、空気、運動、カルシウムで食い止めなければ、三か月のうちに墓に入ることになり（ガーン！　ガーン！）、それもおびただしい喀血を起こして（ガーン！　ガーン！　ガーン！）というのです。

それは一九三四年の九月四日のことでした。今日は一九四三年の四月八日です。私はますます食べる量が減り、窓から入る空気以外は吸わず、動き回らず、カルシウムも摂取してきませんでしたが、まだここにいます——待ちながら……

私は動かなければなりませんでしたが、でも三人の医師のうち、一人として私を救急車に乗せてX線検査に連れて行ってはくれませんでした……私を動かせば、たとえ、私が死を早めなかったとしても、死の危険があることを知っていたからです。

要するに、一人はともかく私にアルコールを与え、もう一人は水で薄めた白ワインさえ禁じました。一人は強いカフェインを投与し、もう一人はコーヒーを禁じました。一人は食事を摂らせ過ぎて、急変につぐ急変を引き起こし、もう一人は水と果汁をあてがったのでした……頭がおかしくなりそうです!!!

最後に私たちの友人である教授がやって来ました。「なんだ？　だれがこんなものを？」と、彼はベッド脇のテーブルの上にあった薬を見るなり叫びました。「なんて馬鹿な！　全部、道に放り出せ」。検査をして、結核は完全に排除されました。重度の心筋炎は確定。そして卵巣の炎症でした。ベッドでの絶対安静、栄養のある非常に限定的な食品を摂取すること、強心剤の注射、それだけでした。「それからあなたに必要な医師を探しましょう」。そして彼は見つけてくれました。

その人が、八年半の間、私を治療してきた今の内科医です*（一九三四年九月－一九四三年四月）。彼はあらゆる病気を治す天才ではないとしても、少なくとも病気の原因を理解する良い心理学者です。そしてこれだけでもう、患者、特にある種の患者にとって、相当にすばらしいことなのです。

私の回復に関して…彼は何年も前からよく言っています。「この場合、私たちは何もできません。私たちは医学よりも強い力と対戦しているのです。医学は死を妨げることができませんが、病状をほんのわずか改善することもできません。というのも、人間の目で見れば、あなたを苦しめている病気の猛烈さと最初に施された馬鹿げた治療のせいで、あなたは数年前に死んでいたはずなのです。私は熱心な信者ではありませんが、この明らかな奇蹟の証拠に屈服します。回復の奇蹟よりもずっと偉大な奇蹟です。私は何もしていません。私はただできる限り病気に寄り添っているだけです。なぜなら、たとえ私が不可能なことを成し遂げたと感じても、神の意志に衝突すれば、あらゆる努力は無になりますから」。

彼が理解してくれてよかった！　でも、他のコンサルタントのような、単なる「通りすがりの」人たちは、口を揃えて言いました。「神を信じているのなら、ルルドかロレートに行きなさい。あそこには神の手があります。神だけが治すことができます」。

ルルドかロレートへ行く案はよく出ました。私の教区司祭も、最初に私を無償で連れて行きましょうと言ってくれました。申し出には感謝しましたが、お断りしました。第一に、すでに書いたように、それではひどく一貫性のないことになってしまいます。提供されたものは求められたものではありませんでした。二番目に、私は自分に与えられるかもしれない健康の恩寵を、病気の運命に従わない別の人間のために使っていただくよう、放棄しているのです。

病者たちのルルドの聖母への巡礼や、聖ヨゼフや聖アントニオへの特別な九日間祈祷《ノベナ》が行われる度に、私は主に言います。「もしも私が行ってお願いしたとしたら、限りなく善であるあなたは、私に健康を返してくださることでしょう。でも私はそうではなく、私に与えてくださるはずの健康を他の人にお与えになるか、少なくともその人の苦しみを軽くしてくださるように、ひとえにお願いいたします。その人が健康を喜び、あなたを賛美しますように。病気の父親や母親で、子供たちから必要とされている人はたくさんいるのです！　彼らの一人を治してください！　病気になって絶望している患者はたくさんいます。彼らの一人を治してください！　他の人があなたを愛し、感謝して賛えることで私は十分です。私自身が良くなることや、苦しみが減ることよりも、幸福なのです」。

私の放棄によって治った人たちに会える天国が、どんなにすばらしいか想像してみてください！　身体の病からも、不信からも、絶望からも、癒されて！　今は彼らがだれなのか分かりません。でも天国では分かるでしょう。私の主ご自身が、私を胸に抱きしめながら、私にお示しになるでしょう。「来なさい、祝福された者、私が苦しんでいたときに、あなたは癒してくれた」とおっしゃって。

他人の回復のために自分の回復を放棄した者にも、きっとこの祝福があるでしょう！　コップ一杯の水でさえ、神の名の下に与えられるなら、無駄になったり、あるいは報われなかったりすることはありません

＊　ランベルト・ラピ医師。

……それでは、神の名の下に、病気の兄弟に健康の恩寵を与えたことの報いはどうでしょう？　おお！　私はとてもひどく苦しむとき、とても幸せなのです！……私の使命は苦しむことです。医師が私に同情して治療方法を考え出すたびに、そして信者が同情して私の回復を祈るたびに、ますます病状が悪化し、激しい苦しみが生まれます。

宇宙を支配している秩序の中で、あらゆるものはその存在理由と果たすべき使命を持っています。運行する天体は、私たちに光をもたらし、小さなものたちに実を結ばせ、干潮の法則に影響する力を発しています。水は永遠の法則に従っています。集まって雲となり、地上に雨と雪を降らせ、氷河を形成して川を潤し、川は湖や海へと流れます。湖や海は、その水を保持して一種の巨大な貯水池になります。太陽がそこから水蒸気を蒸発させると新しい雲が生まれ、雨を降らせます。頭の弱い魚たちは、人間の食料になるばかりでなく、水を浄化します。鳥たちは害虫を絶滅させ、花の種を自由にまき散らします。植物の法則を尊重する木々たちは、春には枝に葉を茂らせ、鳥たちには巣の場所を、そして人間には木陰を提供し、あるいは果実を実らせて、人間や善き神の鳥たちを養います。種たちは黒い地面に埋められます。そこには、小さな虫だけが這い回っています。種は小さな植物として芽を出し、時を経てパンやあらゆる種類の食物を供給するでしょう。羊たちは秋には厚い羊毛で身を覆い、春には鳥たちに巣の材料を、人間の子供たちには暖かい服を与えます。蜂や蝶たちは、植物の開花がむだにならないように、花粉をまき散らします。風にも存在理由があります。風は熱気を調整し、空をきれいにし、海を浄化し、風媒花の結婚を取り持ちます。イバラさえも役割を持っています。それらは人間や蛇の危険に弱い雛たちのいる巣を保護します。そして鳥たちが欲しがって探し、羊の群れから与えられた羊毛の房のための鉤になるのです。

すべて、あらゆるものにはその創られた理由があり、あらゆるものには創造主から与えられたその使命があるのです。私の使命は苦しむこと、罪を償うこと、愛することなのです。苦しめない人のために苦しむこと、罪を償えない人のために罪を償うこと、愛せない人のために愛することです。私は自分のことは考えません。私は善なる主にこう言います。「私はあなたに委ねます!」そして、言うことはそれだけです。

私は、まるで商人みたいに審判のときに神に私の勘定書きを差し出せるように、私が行うかもしれない善を記した帳簿をつけたり、在庫調べをしたりするつもりは少しもありません。考えもしません! 私は計算が嫌いです!……私はそこへ行き、「この時のためにどんな良いことをしましたか?」と、聞かれるでしょう。すると、こう答えるでしょう。「どうでしょう、主よ、あなたがご存じに違いありません。私はただ、あなたを愛し、あなたのために私の隣人を愛してきただけです」。そのような人間的な計算の全くの欠如に直面したら、善なる主は負債欄にはっきりと「相殺」と書く以外に無く、私を通してくださるでしょう……テレーズもまたそう言っています。「小さき者たちにはどんな審判もないでしょう」。私は小さき者よりももっと小さな者です。私はただ、愛することしかできない愚か者です。

私は死も生も求めません。今死ぬのか、あるいは十年後に死ぬのか、私には関心がありません。死は永遠の命をもたらすと考えるだけでも、早く私を完全に犠牲にさせてくださいと神に願わせるに十分です。私は一つのことだけを望んでいます。「**主のみ旨が行われますように**……そしてこれより他に平安はありません……

もし私が貧しくなったら、空の鳥たちを養っておられる善き主は、私のことも養ってくださるでしょう。もし私が見捨てられたら、善きサマリア人である主は、私に手を差し伸べてくださるでしょう。もし私が、家や服や、あるいは何かをなくしたら、枕にする石一つ持っていないことがどういうことか分かっておられる主は、私にベタニアの家を見つけてくださり、そこで慈悲深い女性が私たち人間に必要なものをすべて与えてくれるでしょう。もし私の目が見えなかったり、耳が聞こえず、口が利けず、傷を負ったりしたら、ロッコの傷を癒すために犬を、ベネディクトの飢えを癒すためにカラスを送った主は、私の傷にひるまず一片のパンを私にもたらす、人間よりもよい動物を私に差し向けてくださるでしょう。もし私がこれさえ欠くとしても、主を愛し続ける能力が私の中に残っていて、私が最後の息をつくまで私の神を愛することができれば、他には何も求めないで十分なのです。

　この地上では、すべてが虚しく偽りであり、神だけが偽ることなく、私たちを落胆させないと理解するようになるには、私が隣人から受けたような扱いを受けることが必要です。私たちはこのことを確信するとき、あそこに到達するのです――私たちを決して傷つけなかった唯一の方、すなわち神を愛するように。

　神が愛されると、中心から外へと温かさが流れ出ます。するとこのようなやり方で、隣人が愛されるのです。隣人の価値によってではなく、その人がその人であるということによって。つまり、神の作品、キリストによって贖われた者、聖霊の住まい、として愛されるのです。私たちは隣人を愛さずにいられません。それというのも、私たちのうちには神が在《い》ますから――慈愛のある人には神が在《い》ます――神の慈悲を持っているのです。神の慈悲は、他者の卑劣な行為に覆いをかけ、たとえ道徳的消耗のせいで嫌がるとしても、超自然的なローブを相手の体に着せかけるのです。

　ですから、もしイエズスが、美しい天国で私の魂と結ばれることを、まだ当分先へ伸ばしたいと思われるなら、私は何と言ったらいいでしょう？　私はただ、「おお、主よ、私はあなたの奴隷です。どうぞお気の向くままになさってください」と、言うことでしょう。

　ここで昼食のために中断されました。

私の鳩たちのために、パンくずを用意していたとき、私はその日の午前中で二度目の、囁き声を聴きました。「あなたが書くことはあとに残り、人びとがあなたの人生を再構築する材料になることを覚えておきなさい。ですから、何か言うときに、あなた自身を小さくも大きくもしないように、よく考えなさい」。これと同じ声は、今朝、一日の初めの時間に、忙しく身づくろいしていたときにも、はっきり聞こえたのでした。

霊魂の領域からはるかに離れた事柄に時間を費やしているときに、心の中で、ひらめきや、助言や、声がはっきり聞こえることがよくありました。祈っているときに気付くことはあまりなく、書いたり、読んだり、働いたり、食べたり、動物たちと遊んだり、あるいはだれかと話したりしているときに、言葉が私の魂の中でひらめくのです…おそらくそれは、私が何をしているときでも、最も深奥にある私自身は、常に一つのところに結びついているからでしょう。その命は神ですから、何者も、私をそこから引き離すことはできません。私には分かりませんが、そうなのでしょう。

一回目のときは、私はあまり注意を払いませんでした。二回目にはそれをじっくりと考え直し、次のように結論付けました。「声の主がだれであれ、私のことを調べてみれば、私が本当のこと、最も深い思いを書いてきただけであり、良いことも悪いことも、起きたままに、すべて語ってきたという思いであることが分かるでしょう。私は最後まで同じようにするだけです。もし語ることで自分を貶めなければならないとしても、かまいません。その反対に、もし私の評価を高めてしまったとしても、私には関係ありません。無から驚くべき恩寵を引き出すことができる神への栄光が増すだけです。私の著作によって、後世の人が私の完全な人物像を再構築したがるかもしれないという考えについては、そのことで心を乱されることはないと言えます。そういう事態になったとき、私はもう人間ではなく霊です。霊として、神の王国の霊として、もううぬぼれを掻き立てられる恐れがないことを望みます。天国では、この醜い植物は根づきません。要するに、このような見通しは、私を熱狂も失望もさせません。声の主が私の神であるなら、この最後の考えを含めて、私が本当のことだけを語っていることがお分かりになるでしょう。もし声の主が私の敵なら、無駄口をたたくのはよしたほうがよいでしょう。うぬぼれさせようとしておだてても、私の頭には届きません。確かです。過去の私が、いかに貧弱で、今は全く無価値な者であるかを、あまりによく分かっていますから」。そして私は穏やかに食べ始めました。

このこともあなたにお話ししておくべきではないかと思えたので、お話ししたかったのです。さあ、続けましょう。

十一月十九日に、私は父が死にかけている夢を見ました。そのとき、父はまだとても元気でした。でも私は父が死にかかっている夢を見ました……私は激しい動悸で目が覚めました。私は母と、その夜私の部屋で寝ていた若い女性に話しました。彼女は一生懸命、私を慰めてくれました。母はいつものように私をばかにしました。

母は手がつけられない時期にいました。母は私の病気がそう長くは続かず、間もなく起きて、以前のように動き回れると思っていました。でも今回は本当に長患いになりました。私はそのようになると、何年も前からさんざん言っていました。「私はもうおしまい！　働いて働いて、もうへとへと。もし立ち止まって、倒れたら、この小さな、哀れなロバは、もう起き上がれません」。そのときも信じてもらえませんでした……病気は母の専売特許でした……父と私は病気になる権利がなかったのです。母はそう考えていました。でも、神は反対のことをお示しになりました。私の父であった樫の木は、三日のうちに大きな音をたてて倒れ、そして私は生涯釘づけでした。母だけが健康でした。要するに、私が良くならないことが分かると、それまで過剰なほど私に世話をされてきて、今度は自分が私の世話をしなくてはならないので、怒り狂っていたのでした。

気の毒なお父さん！　なんと無礼に扱われ、なんと放りっぱなしにされたことでしょう！　父は人生の最後の日々を、茹でた薄切り肉とコーヒーとミルクで過ごさなければなりませんでした――美食家で、とりわけ子供のように甘い物好きで、私がいつもケーキを作ってあげていたのに。

気の毒なお父さん！　私に発作が起きると、父は私につききりで、私がまだ「お父さん以外の人と結婚しないわ、そうしてかつらをあげるの」と言っていた小さな三歳のマリアであるかのように私を熱愛するので、母から激しく非難されました。母は私が、全く予期しないときに発作を起こしてみんなを騒がせると言って、私を叱るのでした。そして父にも、自分と同じように、私を叱って欲しいのでした。でも父は私を叱りませんでした。父は私にキスをして、忙しく私を助けようとし、私が幼くて父しか愛してくれる人がいなかったときのように、「素敵な、可愛い子」と私を呼び、そして私のために涙を流すのでした……

子供のとき私が病気になると、母はほんの少し「母親らしく」してくれました。でも今、私が病気になっても、この奇蹟は起きませんでした。私はただの重荷です！……気の毒なお父さん！　そしてかわいそうな私！　なんという無関心！　なんという無作法でしょう。不平や不満のつぶやき、そして無視！　たとえば、私が発作で生と死の間で揺れているというのに、母は私のベッドのところに来ないで、花に水をやるとか、洗濯物を干すことに余念がないのでした。父はそんな姿を見て怒ったものでした。夜には、母は私にキスもせず、お休みなさいとも言わずに二階に寝に行ってしまうことがよくありました！……私はその夜に死んでしまうかもしれないというのに、母はそばにいようとしませんでした。

十二月十八日になっても、母は頑固に夏の服でいた結果、気管支肺炎になりました。まあ困った！　三人の女友達、二人のシスターたち、医師、パートタイムの女中がいても、母には足りませんでした…母はみんなを忙しくさせたので、私は何日もずっと放って置かれました。

二十五日の夕方、父は、二三日前にもわずかな膀胱出血があったところでしたが、小さな発作を起こしました。父は水がたくさん入った洗面器を持って、私の部屋にやって来ました…私は父がよろめき、チアノーゼを起こし、口がねじれたのに気付きました。私は心臓麻痺をものともせず、父をつかまえて、私のそばに座らせました。その後、父は具合がよくなり、医師と私の夜の見守り係り（一緒に眠る人）が来たときには、ひとりで自分の部屋に戻ることができました。でも、想像してみてください。私が病気の父のそばで何もできずに、ひとりでいた時の苦しみを——というのも、いつも午後の五時から十時まではだれもいなかったのです。医師はヒルを利用して、父の治療をしました…

母は、私たちが母の病気をいいことにお祭り騒ぎをしたと、ここぞとばかりに非難しました。私に烈火のごとく怒り、父には文句の洪水を浴びせました。お祭り騒ぎ！　私たちはスープとウサギの茹で肉で暮らしていました…クリスマスには小さなコンロで、ほんの少しばかり、脳みそのバター炒めを作りました。これがお祭り騒ぎですって！…いいえ、父の命を縮めていたのは、お祭り騒ぎではありませんでした！父が絶え間なく抑えてきた激怒、飲み込まなければならなかった侮辱だったのです…一九一〇年、父はこのために病気になりました。そして今、同じ理由で死にかけていました。私はときどき、父が自分を抑えようとして、頚動脈が棒のように太くなるのを見ました…確かです！

不安や、ろくに食事をとらなかったせいで——二十六日には夕方六時まで何も食べませんでした——私はまた具合が悪くなりました。

二十八日に、母はヒル療法を行う医師の指示にもかかわらず、起き出しました。看護をするシスターが二人いましたが、母は彼女たちを信用していませんでした。母は裸に近い恰好で、家中を点検するために一階へ下り、何についても、だれについても、気に入らないことを見つけました。母は私を叱りに来て、私がちょうど血管痙攣発作から脱したばかりだったことに気付きもしませんでした。母はそれからベッドに戻り、病をぶり返しました。当然です！　十二月の二十八日に寝巻き姿で三時間も歩き回っていたのですから！……

父は一月の初めには再び起き出しました。父が食べるべき物を食べられるように、二階のもう一人の人がまたもや愚かな行動をしないように、私は数日間、午後五時から八時までの間、起き上がって忙しく立ち働きました――その時間なら、だれにも見とがめられる心配がありませんでした。私はすべてを整頓し、翌日の食事を用意し、そしてそれから――死人のようにベッドへ戻りました。一月二十六日、母は再び実権を握りました。そろそろ、その時期でした……

一九三五年二月二日、深い昏睡と恐ろしい心臓発作の後、不全麻痺が現れました。そのとき主治医は、心臓に障害があるだけでなく脊椎、いや、脊髄の損傷があるという自分の説を、コンサルタントらに受け入れさせました。それが腫瘍なのか、一九二〇年に強打されたことで髄液が漏れたのかどうか分かりませんが、損傷があるのです。診察の後、私は次のように記しました(日記から書き写します)。「私の魂は歌で一杯です。私の心の激しく燃えるような憧れに気付かない人には理解できない歌でしょう。この喜びは理解できないでしょう！……私の神よ、あなたは私がなぜ幸福なのか、ご存じです！……私の病気は一つでなく、三つなのです！　この三つの病気に口づけし、そこに三位一体の意志の反映を見て、このような三つの贈り物で私を飾ってくださった神を崇めます。そして聖フランチェスコと共に叫びます。「主よ、私はこんなに立派な宝物に相応しくありません！」と。私はこの三本の釘を、私の心に抱き締めます。あなたの三本の釘を、おお、私の王、おお、私のキリスト、おお、私のすべて！　そして愛が大きくなればなるほど、人は自分が理解され、埋め合わせされるのが分かりますから、愛する者の大胆さであなたに求めます。「どうしてたった三本なのですか？　どうしてあなたのように五本でないのですか？」　そして信頼して私は待ちます。あなたはすべてで、あなたの苦痛の宝石のすべてで、私を飾ってくださるだろうと思うからです……」。

三つの病気とは、心筋炎、卵巣腫瘍（すでに腫瘍になりました）、そして脊椎損傷でした。でも私は医師が何かを隠していると見ました。そこではっきり言ってくれるように催促しました。

三日の朝、医師が母に不可解な合図を送るのに気付きました。二人は玄関広間へ行って、二人だけで閉じこもりました。「いいわ」、と私は言いました。「私も行こう」。私は家具をつたって、裸足でガラス戸のところまで行き、ミシンにつかまって立ちながら、ガラスの向こうを覗き、会話を聞きました。「教授は一種の進行性麻痺であると言っておられます。非常にゆっくりですが、とても危険で、進行は避けられません。不安やある種の感情、あるいはそのほかのことで、進行が加速されるかもしれず、横隔膜と延髄中枢に麻痺が起きれば即死です。もし進行を早める要因がなければ、病状は何年も続き、徐々に臓器がだめになります……」。

私はベッドに戻りました——心臓がドキドキし、脚の力が抜けてしまいました。恐怖からではなく、疲労のせいでした。けれども、もう十分に分かりました。私はいつも真実を知ることを望んでいました。そして真実を語ることを。

下腹部で始まった軽度の麻痺は、少しずつほかの多くの器官に広がり、時折その他の器官を麻痺させる兆候を示しました。影響は、上なら頭部に、下なら胸部に出ます。延髄中枢の麻痺は、視力や聴力を奪ったり、あるいは言語、嚥下、呼吸、消化、腎臓濾過、書くことなどに障害を生じたりすることがあるので厄介でした…苦しみの宝庫です。

あらゆる危機において、私の魂を救ってくださるよう、イエズスと厳粛な契約を結んだのは、そのときでした。非公式には、以前に行っていました。ですから、一日に何度も危機があると、私はどれほど幸せだったことでしょう。当時は心臓と脊椎の痛みと熱による過労だけでした。発熱は、体内の腫瘍が形成される場所に火の玉を抱えているかのようでした。復活祭には、我儘な母が引き起こしたひどい危機的状況によって、私は数日間、腕と喉が麻痺したままでした。私は精神的にこれ以上あり得ないほど苦しみました。そして私は愛されていませんでした！…父だけが私を愛していました。母はひどくぶっきらぼうに、私の口に食べ物を入れましたから、私はむしろ飢え死にしたいくらいでした。背骨がかなり炎症を起こしたので、治療は棚上げにされていました。うわごとを言う異様な昏睡状態でした…私は嫌な治療を受けさせられることになります…

そして内部で悪魔がぶつぶつ言っていました…私は戦争がやって来ることを感じました…父が死にかけていることを知りました…

そのときイエズスは、十字架に架けられた彼の小さな者の必要を満たすために、私の家族に大きな賞を下さいました。母は心配している父に、教えもしませんでした。私にはいろいろと治療が必要で、それがどれくらい続くのか、だれにも分かりませんでしたから、母は父に何も言わないことを私に誓わせました。そして気の毒な父は、何も知らずに亡くなりました。もし父が元気だったときのように頭がまともであれば、言わないでと頼んで、父に話すことができたでしょう。でも父に何か頼み事をしても無駄でした！　二、三時間すると、頼まれたことを思い出せず、すべてが台無しになるのでした…父と私に対して数限りない無作法な言動がなされるのを避けるために、私は黙っていました。すでにそういうことが無数にあり！　それと共に無数の嘆きが！……

復活祭の直後に、私は〝祈祷の使徒会〟において「苦しみの熱心者」になることを望みました。私たちの教区司祭は、私の希望に応じ、すべて手配すると言われました。そして確かに苦しみを奉献してきました。でも八年の間、私はたった一枚のカードも、私がこの信心会に属していると示すものを何も受け取っていません。

一方下腹部の痛みは増大し、その結果、新たな検査があり、腫瘍の存在がますます確かになりました。でも医師たちは何の結論にも達しませんでした。というのも、いざ何かしなければならないとなると、教授たちは全員、私の心臓の状態のために引き下がったのでした。

そのころ、私は同性の大勢の気の毒な仲間たちが、ある種の逸脱をする理由が分かり始めました。それまでは、犯罪者に対するのと同じような同情を彼女たちに抱いていました。彼女たちの悲惨さに対する同情。私は彼女たちのことを、悪徳によって身を滅ぼしているのだから犯罪者と同じようなものだと見ていました。

何年も前に、ある医師が私に言いました。私が非道徳的と表現する一部の不運な人たちについて話していたときのことです。「彼女たちはみんな病気です。ですから、彼女たちは赦されて、回復の手助けをされるべきなのです。肉体的に健康な女性なら、冒瀆の道をたどったりしません。彼女たちは病気なのです」。彼はそれ以外には何も言いませんでした。そして私は愚かでしたから、彼が何のことを言っているのか、はっきり分かりませんでした。私はある種のことから、とても隔たっていたのです！

私も若い頃の恐ろしい時期に、愛する権利を奪われて、肉体の反抗を通じて悪をなすことを望んだことがあります。でも私が望んだ悪とは一体どういうものなのか、この動物が私の内で何を駆り立てる必要があったのか、実際は知りませんでした。この腫瘍は、私にある種のことを理解させるために必要でした。そして悪徳の中で暮らしている不運な人たちのために私を祈らせるために。

私は自分の苦しみの予定表を作りました。毎日私の苦しみを、ある種類の人びとの特別の贖いのために奉献することにしました。月曜日には、神と教会の掟への侵害を償うため、そして正義のために、そして苦しんでいる人びとに聖なる死が与えられるために。火曜日には、神の御言葉に対する乱用と軽視、恩寵への反抗を償うために、そして煉獄にいる魂のために。といった具合です。土曜日には、冒瀆的な告解と感覚の罪のために、私の苦しみを奉献し、自堕落な女性たちを救うための償いという意向を追加しました。

今や、自堕落な女になることが、いかにたやすいことか分かりました。私は腫瘍のおかげで、福音書で慈悲について書かれているページが、どれだけたくさん理解できるようになったことでしょう！　それは、神の慈悲ばかりではなく、高潔な学者の慈悲、福音書で名指しされた罪深い女性たちへのキリストの慈悲についても言えることでした。私は感謝と謙遜の涙のうちに、神の善意だけが、私を他の多くの人たちのようになることから免れさせてきたことを認識しました。その人びとは、最初の罪にずっと深く咬まれ、さらに彼らを狂気に追いやる恐ろしい病気にかかり、私たちの宗教についての本当の知識によって支えられていないのです…　私は、一人だけで取り残されていたとしたら、感覚を撃退することにおいて、彼らより強くなかったに違いありません。病気は私たちを狂気の淵まで追いやるほどに感覚を鋭くさせるのです。

おそらく悪魔の暗示も、私の中で強く作用したのでしょう。おお、それはあらゆる方法で私を苦しめました！　それがどれほど私を苦しめたかは、私しか知りません！　何年にもわたって！

何か奇妙でした。私の魂は前と全く変わりませんでした。神と結びつき、平安で、犠牲に渇いていました。祈りは私の喜びでした。私は秘蹟を空気より望みました。私の肉体は狂っていました。まるで私の知らないだれかの意志によって、二つに裂かれたかのような感覚をもたらしました。そのだれかが至高の方なのか、最低の者なのかは、分かりません。神は私の精神を支配していました。物質的な部分では、悪魔が私を刺激し、混乱させ、ときには泥の中に押し込みました。それから精神と肉体が再び元に戻ると、自分の弱さを苦しまなければならないのでした…

　地獄の苦しみでした。自分が弱かったことに腹が立ちました。私の心をかき乱す病気を治してくれなかった医師たちにも腹が立ちました。あの病気が肉体的な苦痛を引き起こすだけであったら、私には負担ではなかったのですが。司祭たちにも腹が立ちました。私は彼らの前で苦しみを隠さなかったのですが、彼らは平然としていたのです。善き主に対しては腹が立ちませんでした。そのとき起きていたことで、私を少しも咎《とが》めておられないことが分かっていたからです。

　それは恐ろしい誘惑のときでした。神の裁きのための生贄《いけにえ》は、多くの罪深い魂を救うためにここを通らなくてはなりません…悪魔の圧力に耐えた後、私は私の神にしがみ付き、私のイエズスに口づけし、身を委ねました。繰り返しますが、私は非人間的な仕方で苦しみました。全てを神に献げた魂に、なぜこのようなことが起きたのだろうと、まだ不思議に思うことがあります。神は私が思い上がらないように、あるいは自分が完璧だと信じないように、このように私の身を低く保たれたのでしょう。ああ、そんな心配は、もう少しもありません！　私には、この苦しみの年月を思い起こすことだけで十分です。そうすれば、聖パウロ*と共に認めることができます。もしも私の中の自己が神の掟において喜ぶとすると、もう一つの掟は、私が思う掟と逆らうように手足に重くのしかかり、私を罪の奴隷にしようとしたのでした。悪魔の使いは、私をビシビシ叩いていたに違いありません…

　私がどんなに、どんなに苦しんだことか！　ほら、肉体的に、私は今本当に苦しんでいます。でも、呼吸でさえ苦しい、これだけひどい苦しみがあっても、あのときの苦しみに比べれば何でもありません。あれはきっと悪魔の復讐だったのです。そしてこれについては、もう絶対に話さないことにしましょう！

あの時以来、私は堕落した女性たちのために祈りました！　それによって、もちろん悪魔の怒りは強くなりました。

永遠の命とは、唯一のまことの神であるあなたを知り、
またあなたがお遣わしになったイエス・キリストを知ることです。（ヨハネ17：3）

一九三五年の四月に、私は幽霊と呼びたいような夢を見ました。

うとうとしていたとき、マルタの母親を見ました。それは午後の早い時刻でしたから、夢を見るほど眠っていたはずはないのです。彼女はいつものように、頭にベールを被っていました。どこかへ出かけるところのようでした。「白い」という言葉では、彼女の顔を表現しきれませんでした。光を放っている顔でした。内側で明かりが灯っているようでした。少しもきらびやかではありませんでしたが、平安をもたらす穏やかな明かりでした。彼女は私のベッドの足下に立っているようでした。

「まあ、イゾリーナ！」私は叫びました。「私のところに来てくださったの？」。

「ええ、そうよ！　私はいつもあなたを思い出していますから、ね？」。

「あなた、幸せ？」私は死後の彼女と話しているのだと気付きました。彼女の顔が光を放っているので、彼女は天国にいるのだと思いました。

＊　ローマ書7：14-25、二コリント12：7。

「幸せです。私がいるところではだれもが幸せですから。けれども、私の煉獄は終わっていないのです。神さまの胸に抱かれていても……」。

「でも、どうして？　どうしてそんなことがあり得るの？」。

「神さまは、私の生涯に報いてくださいました。あなたもご存じのとおり、犠牲による真っ直ぐな人生でした……でも、天国の喜びの中にいても、私の心には、とげが刺さっているのです。私のマルタが……この世にたった一人で……世間的には悪くない環境にいるように見えますけれど、神さまに関しては感心できないのです。私が種をまいた信仰は死にかけています。いまのところはそれだけです。でも一度信仰がくずれたら……私の煉獄とは、前からずっとこのことで、天国でもまだ続いているのです。マルタにあなたと一緒にいてほしいのです。そうすれば、もう私にとっての煉獄はなくなります。わが子とわが子の魂について安心できますから……マリア、私はあなたを愛してきました。同じように私を愛してください。私はマルタをあなたに託します」。

話すにつれて、彼女はますます光を放ち、ついに光の中に溶け込んで行きました……

こういうわけで、マルタは以前のように事務所にいないで、ここにいるのです。手助けを必要としていた母は、私の願いに同意しました。私にはマルタを引き取る超自然的な動機があり、母には全く人間的な、ひどく利己的な動機があっただけのことでしたが。

私はマルタに関して、その母親から託された使命を実行しました。私には不名誉なことは何もありません。この気の毒な小さな孤児を彼女の母の手から受け取り、母として、姉としての心で迎え入れました。そして私は心からの愛情を注いできました。その愛情は、愚かな感傷にとどまりません。彼女を助け、予見し、たくさんの小さなことで慰めをもたらしています。彼女が血を分けた娘だったとしても、これ以上できないほどのものを注ぎました。とりわけ、彼女の魂に気を配り、愛しました。

マルタが私のところへ来たとき、彼女の信仰心はかなり弱っていました。心が苛《いら》いらしているときに説教をしても、さらに苛立たせるだけですから、その代わりに彼女を深く愛し、神に完全に捧げている私自身が、次第に彼女に浸透していくに任せました。私はただ祈っただけ、祈っている姿を見せただけです——彼女のそばで祈ることによって、本当によく祈っていた母親の姿を心に呼び戻すことができたらと思いました。また善良な人は、いつも祈るものだということ、祈りの中にこそ、あらゆる悲しみや孤独の慰めがあるということを言葉によらずに伝えられればと思いました——すると、彼女に気付かれないうちに、彼女に生きた信仰を取り戻させることができました。そして私がもはやこの世にいなくても、彼女が再び信仰を失うことは決して無いでしょう。マルタの母は、麗しい天国で、今やすっかり幸せに違いありません。天国で一緒に私たちのマルタを見守るために、きっと私を待っていることでしょう。

ただ、私はマルタを私の母の粉砕装置に組み入れたことを悔やんでいます。でも母がどんなにケチであっても、このかわいそうなマルタに対して、あれほど不愉快で、恩知らずで、意地悪な態度を示さないことを切に望んでいたのです。もしマルタが十戒の第四の掟に対して何か罪を犯したとしても、もう既にそれを贖って余りある償いをしているのは確かです！…

でもこのことさえ、高い目的がないわけではないでしょう。それは、後で分かるでしょう。いつの日か、母の手の中での私の生活がどういうものであったかを証明するのに役立つでしょう… マルタは私の行動と母の行動がこうこうだったと、明確に言うことができます。そしてひどかったことが最後にばれるのは、私ではありません。私は謙遜のふりをするつもりはさらさらなく、事実に忠実に、そのように言わなくてはならないと思っています…

昨夜、つまり四月十日から十一日（一九四三年）に、最近書いたことについて考えていました。そしてある点に関して表現がまずかったことに気付きました。私の卵巣の病気によって引き起こされた現象のために、自分と医師たちに対して腹が立ったと言いました。

腹が立つということは、冷静さ、信頼、平安を失うことを意味します。それは反発を意味します。いいえ、そんなことではなかったのです。私は責めたのです。私がしたのはそういうことでした。ある種の感覚をはねつけることができなかったことに対して、私は自分を激しく責め、罰を与えました。そして私がどんなに頼んでも、私の全人格をかき乱すこの複雑な現象を生み出すこの新生物を取り除くことを怠った医師たちを当然のことながらかなり責めました。

そしてそれは数年の間続きました。そして、これも試練であり、目的があったことを、ついに理解しました…それで取り乱すことがなくなりました。一番良いことは誘惑の頻度がすぐに減りだしたことです。悪魔は発見されて元気を無くし、地獄へ行ってしまったのは確かです。悪魔をどこかよそへ送ることなどできませんものね？　二月のあの手紙で私の状態を詳しくお話ししてからというもの、悪魔はもう、角の先や尻尾の先さえも見せません。多分怒りに苛《さいな》まれていることでしょう…万歳！

そして最も辛いことをお話ししなければなりません。でも今日は受難の日曜日です（一九四三年四月一一日）…ですから、私の最も辛かった受難の時について話すことができます。熱烈なイエズスと悲しみのマリアが私を助け、既に私の喉にあって流れ出そうとしている私の涙を、きっと拭ってくださるでしょう。実を言うと、私はこれをお話しするのに気が進まないのです。これはあまりに、あまりに苦し過ぎます。

けれども、もし話さないなら、私のイバラの冠からたくさんのとげが抜けることになります。それは肉体の、精神の、心の苦悩ですから、まさしく最も苦しみを与えるとげです。この苦しみは、普通には理解されず、同情されず、信じてもらえません。八年経ってもまだ強烈で（父の死：一九三五年六月－一九四三年四月）、初めの頃のように発作にまで至ることはありませんが、何か月も続いています。今はただ、私の心を郷愁で膨れさせ、涙を絞り出させるだけです。でも、本当に深い悲しみの郷愁なので、これを強く感じると、自分が巣から地面に落ちて衰えて行く哀れな小鳥になったような気持ちにさせられます。

第七章　父の死

「わたしは彼の父となり、彼はわたしの子となる」*

人間は、過ちのある人を、批判し、軽蔑して、追い払います。
神は彼らをご自分の胸に抱きしめます。
キリスト教徒は完全無欠で前進しているわけではありません。
彼らはまだ、神がどんな方であるか、神が何を贈ってくださり、
それがどんな味わいを持つかを知らないのです。
彼らは神を自分たちの基準で判断します。つまり、
けちで、狭量で、執念深く、頑固で、強情で、無愛想な方であると。

父の死

一九三五年五月二十四日、マルタがうちにやって来ました。それからすぐ、父が絶えず具合が悪い状態が始まりました。

気の毒な父は、我慢強く苦痛に耐え何も言いませんでした。何も言わないのは、私を悲しませないためと、妻の不平を誘発しないためでした。不平不満は母の特技でしたから。だれかが具合悪くなると、母は優しくするどころか、もっと厳しくなるのです……それに父は、狂った女に支配されて暮らすことにもう疲れてしまったのだと思います——「狂った」というのは、悪女だったと言わないためです。「狂った女」の方が「悪女」よりましですから。狂気は病ですが、悪意は悪徳です——父はとても疲れていましたから、死を大いなる解放と見なしたのだと思います。

父は義人として生きてきました。父は自分の死について考えるとき、魂がかき乱されることは少しもありませんでした。父は多くの人のために生きてきました。妻をはじめとして、親戚、友人、そして見知らぬ人のためにまで尽くしました。自分を信頼してくれる若者たちを、善意を持って育てました。息子、夫、父、軍人、市民としての義務を常に果たし、男の中の男でした。常に忍耐と、優しさと、慈悲をもって義務を果たしてきました。罪を赦し、悪には善で報い、どんなに無視されたり、傷つけられたりしても、相手への嫌悪を抑えることができました……私の母に対して、どれほどたくさんの愛を、常に忠実に、辛抱強く注いできたことでしょう！　そしてなんと報われない愛だったことでしょう！……

ああ！　このことは考えないように、思い出さないようにしなければなりません。おお、私の**神**よ！　このことを忘れさせてください。さもないと私の血は煮えたぎってしまいます！…あなたを苦しめた者たちを赦すことができた十字架上のあなたを、私に見させてください。その十字架の足元で、二倍も赦したあなたの**母上**を、私に見させてください。二倍というのは、**あなた**のためと、**ご自分**のためで、これは究極の赦しです。最愛の者に苦しみを呑ませた者を赦すほど尊いものはありませんから…**イエズス**、私を撫でて、わずかに触れただけでも痛むこの傷を、超自然的に癒してください。

おお！　私のお父さん、あなたを愛しているのは私だけなのに、あなたの最後の日々、臨終の時に私をそばにおけなかった、かわいそうなお父さん！

父の衰えはとても急激だったのに、母にはまるで見えていませんでした――父のことを気遣う娘の私だけでなく、だれの目にも明らかだったのですが――母に言わせると、「まるで雷の一撃だったの！　たった三日で逝ってしまうなんて。ずっととても元気だったのに」ということです。いいえ、雷の一撃なんかではありません。だんだんと水かさが増していく洪水のようでした。水が堤防を切って流れ出すには数か月かかりました。母は十一月十九日に私が見た夢を信じたくなかったでしょうが、それでも数日後に現れた最初の兆候は信じるべきでした。血尿と膀胱結石です…

そのとき、母はすぐに私のところに走って来ました。訪問客を監視するとき以外、私と一緒にいることがない母が走って来たのは、よほどびっくりし、不安と恐怖を感じたのでしょう。私は病院での経験から、母に言いました。「これは深刻よ。特に男の人の膀胱結石は。しかも血尿が出るほど進んでいるとすると、一年以内に死んでしまうかも。お父さんをよく世話してあげて。怒らせたり、疲れさせたりしないようにしな

＊　サムエル下7-14、歴代上17-13、22-10、28-6、詩編2-7、使徒行録13-33、ヘブル1-5。

いと。こういう時に摂ってはいけない物もあるし。それから、お医者さまに診ていただかないと」。私の言葉は風に散りました！…

その後、父の循環器系に凝血が入り込んで、やや軽い塞栓症が起きました…それでも母は、日頃の態度を変えませんでした。母によれば、もう治ったというのです。確かに、一月、二月、三月、四月と、父は良くなったように見えました。けれども私は、前に言ったことを主張しては、「頭がおかしい」と言われ続けました。五月になって、父が弱々しい様子を見せ始めてからも、母は信じようとせず、少しも世話をしませんでした。父は足をひきずって歩くようになり、肌が黄色くなり、唇と頬が赤紫色になりました。父が出血していることに気付いたのは、見ず知らずの人でした。その人がマルタに話し、私はマルタから聞いて、母に伝えました。これが五月の末のことでした。

まさにその頃、私は父宛のある手紙を差し止めました。その手紙は、父をひどく悲しませることになったはずですし、もし母に読まれたら、父は大げさに苦しむ人だと言われたでしょう。私は自分のあのときの行為と、すべてを自分のコントロールのもとにおいたことを、本当によかったと思います。その手紙はまだ私のところにありますが――もしも母が見たら、「お父さんを心配させなかったのは、正しかったわ」と言うどころか、私を侮辱し、非難することでしょう。かまいません。私は父から最後の悲しみを取り除いたのです。

六月になり、私は慢性腹膜炎の最初の発作を起こしました。それは腸捻転も伴っていました。とりわけ私を苛つかせたのは、いくらやっても役に立たない数えきれないほどの内科検査で、あまりの辛《つら》さに取り乱してしまうこともありました。ある日など、私を落ち着かせようとやってきた父を追い返したほどでした…あのときの父の驚きと悲しみのまなざしは、今でも忘れません。父にあんなまなざしをさせてはいけなかったのです……

くよくよするのはやめましょう！　これもイエズスが私たちに見せるまなざしを思い浮かべるのに役立つでしょう。私たちが、イエズスが愛してくださらないと非難して、イエズスを追い払うとき、イエズスのまなざしはこんなふうに違いありません……際限のない苦しみのまなざし——そこに込められているのは、落胆、驚き、諦め、苦悩、そして苦悩、苦悩……天の**父**が私たちを愛してくださるのも、こういうやり方かもしれません。私たちが精神的混乱で感情を爆発させたとしても、咎めるどころか、こんなにもいろいろなことでかき乱される哀れな生き物である私たちを、かわいそうに思い、変わらずに愛してくださるのです！

父は私を恨むことなく、私の爆発が収まるとすぐに、前と同じように私に優しくしてくれました。私は欠点がありますが、力の限り父だけを愛した、父のマリアでした。

善良な主と私の関係も、それと同じではないでしょうか？　私は欠点があっても、力の限り主だけを愛している、主のマリアです。ああ、このように天の父と地上の父を思い浮かべると、天の父がどう私をお裁きになるかについても、大いに希望を持つことができ、慰められます。父ジュゼッペは、娘の爆発の原因を理解することができ、父として、義人としての二重の愛で私を赦すことができました。そんなしもべの主人である天の父が、寛大さにおいてしもべに劣ることがあり得ましょうか……今、父は天国にいて、父のマリアが父を愛し続け、限りない愛を注いでいるのを見ていることでしょう……

父は私のことをよく分かっていましたので、六月の中ごろ、私のところにやって来て、こう言いました。「マリア、今度こそ、もう終りだ！」。なんという苦しみ！　まるで乱暴な手で手袋をめくり取られたかのように、私は心臓をひっくり返されたような気がしました。

私はひたすら信じて、熱心に祈りましたので、神が願いを聞いてくださるに違いないと本当に思ったほどでした…あれこれ思い出しては涙がこぼれる日々の中で、私はまだこう自問しています。「なぜ、神様は父を残してくださらなかったのだろう？」と。親のどちらかが私から連れ去られなければならなかったのだとしたら、どうして母でなかったのだろう？」と。父と私は、全く不一致がなかったのですから、最後の年月を少なくとも平安に過ごすことができたでしょう。かわいそうなお父さん。私はたくさんの犠牲を払って、ひどく乏しい財布に補充しておきました――母に知られないように、父の罰金を払い、父が破ったところを直したり、汚れを落としたりして、母からとげとげしく叱られずにすむようにしておきました。そして、大きな赤ん坊のような食欲を満たしてあげました…かわいそうなお父さん。以前は私たちの楽しみだった、あの気持ちよい散歩にさえ、もう出かけられませんでした。母が私を縛り付けていたし、私の体調はますます悪化していたからです。

私は愛撫が恋しくてたまらないとき、こんな独り言を言いながら、父を呼びます…私の叫びは天に届くに違いないと思います…

今、イタリアでは情勢が悪くなっている一方ですから、「お父さんが亡くなっていてよかった。こんな悲しみを味わわずに済んで…あんなに愛国心が強い軍人だったのですもの！」そう泣きながら言い、つけ加えます。「神さま、ありがとうございます。あなたの忠実なしもべにこんな苦痛を与えないでくださって！」と。

そして、日々が過ぎていきました…十五日、十六日、十七日…父はだんだんに具合が悪くなっていたにもかかわらず、まだ足をひきずって出かけていました。パオリーノの松林まで行って、戻って来たりして…ひどく辛かったに違いありません。結石症、膀胱炎、膀胱出血。その苦しみがどんなものか、私は知っています……まるで硫酸をつめられたような苦しみです。

私は父の苦しみを見ることと、自分のますますひどくなる痙攣《けいれん》性の痛みとに苦しめられました。数か月前からモルヒネを投与されていましたが、その効果は、強直性攣縮でこわばった神経を和らげるだけのものでした。痛みは少しも軽くならないばかりか、感覚過敏になってしまいました。うまく説明できるかどうか分かりませんが、私の中で眠っていた感覚が、薬物によってかき立てられるような気分だったのです。変な怪物が見え、激しい吐き気と、麻薬中毒のような錯乱と、病的過敏症が生じました。

アヘン、モルヒネ、その他の類似物質は、人に甘美な幻覚を与え、狂乱を鎮め、異常興奮を弱めると主張したのはだれでしょう。なんて嘘つき！　怪物や変な顔だらけの楽園にいるかのように堕落させられるのです！……私はモルヒネから苦痛以外の効果を感じたことがありません。二年間、来る日も来る日もモルヒネを投与されて、処方したがる医師とそれを嫌がる私とで、さんざん揉《も》めた揚げ句、やっと私が勝ち、二度と欲しいと思いません。この点では、私はジラール副助祭よりもずっとうまくいきました。二年間――しかも倍量投与の時期も含めて――モルヒネを投与された後で、自分で断ち、少しも渇望を覚えませんでした。もう一度言いますが、痛みは変わらず、心臓は弱り、精神には肉欲という形の有害な変化がもたらされるのです。モルヒネは習慣化するとやめられなくなると言ったのはだれですか？　全くの嘘です！　やめたいと思うだけで十分でした。もし薬局で手に入らなくなったとしても、人はなんとかやっていけると思いませんか？　意欲の問題なのです。

六月二十六日の夕方、父は死の床に伏してしまいました。私は昏睡による朦朧状態から抜け出すことができず、父にお別れの言葉を言うこともできませんでした。悪魔が私の十字架を重くしようと、意地悪をしたに違いありません！

二度と父に会うことはできませんでした。父は水曜日の夕方、床につき、金曜日の明け方までじっとしていました。九時ごろ、父に意識障害が起こりました。起き上がって、階下に降りて来たのです。私の部屋に来て、もう一つのベッドに横になろうとしました――頭は混乱していましたが、潜在意識に導かれたのでしょう。ただひとり自分を愛してくれている娘のマリアのところへと。私は父のためを思って、すぐに自分のベッドへ戻るよう、私のベッドの中から言いました――父を来させた方が良かったかもしれません！そうしたら、父は私のそばで死ぬことができ、私は父の役に立つことができたでしょう。互いの顔を見ることもなく、父は二階へ戻りました……私の父は、いつも階段を降りて来る途中にいます……私が息を引き取るとき、きっとあそこから動いて会いに来てくれるのでしょう。

起き上がったあと、父の容態は急激に悪化しました。医師はまるで手品のような素早さで、私のところからディガリン、スパルテインなどなどの薬瓶をこっそり持っていきました。でも、私はそれを見て、理解しました。しっかり集中して、理解しようとしました。医師に本当のことを教えてほしいと頼みましたが、拒まれました。だれかに抱えてもらって二階の父のところへ行きたいという願いも拒まれました。父と一緒にいられる恩寵を天からもぎとろうと、苦しくなるほど祈りましたが、拒否されました。

土曜日になりました。一晩中、父は意識が混濁していました。かわいそうなお父さん！　金曜日の夕方から、膀胱結石による敗血症が現れたのでした。夜中に起き上がって、バルコニーへ向かいました。父は暑かったのですが、自分では何をしているか分かりませんでした。母はいつものやり方で父を叱りつけて、ベッドへ連れ戻しました。最後まで！……「もう動いてはだめよって、私がちゃんと言ってやって、それでようやく眠れたのよ」これは母本人が翌朝言ったことです。確かに、ちゃんと言ったのでしょう。四十一年間、そうしてきたのですから――かわいそうなお父さん！

医師は八時に来て、父がひどく悪いことを私にさえ隠しませんでした。私は言いました。「父が死にそうです。すぐに行って、率直にそう言ってあげてください。それから、母にも伝えてください。母は何も分かっていないのです」。そこで医師は母に伝えました。母は、いつものように興奮の爆発を起こしました。母はこういうとき、決まってそうなるのです。

私は分別を失いはしませんでした。父の昏睡が始まったときから、それに気付いて母に言っていました。あの大騒動の後、私の頭上の部屋で父が動き回る音が聞こえなくなっていたのです。私はただぼんやりと看護婦をしていたわけではありません。でも母は信じてくれませんでした。

私は二階へ連れて行ってほしいと、またせがみました。でも、医師は父と私にこの慰めを与えることを拒否しました。そうできていたら、私たちはどんなにか幸せだったでしょう！　そこで、友人や親戚や、もちろん司祭に、電報で知らせました。でも、教区司祭は病気で来られず、午後になって、従軍司祭という人がやって来ました。でも、私はその人をあまり好きではありませんでした。正午に、私はなんとかして起き上がり、身を引きずって、階段の下にたどりつきました……でも、それ以上は進めませんでした……

バルバンティーニから親切なシスターが来て、父の娘の役割を果たしてくれました。彼女はとても良い人で、愛情に溢れていました。私はこれから先、生きている限り、彼女のことを心に留めているでしょう。この善良な人は私を安心させようとして、父が司祭を喜んで迎え、告解をすませたと言いました。けれども父は、それ以外、受けなかったのです。聖体拝領も、病者の塗油（終油の秘蹟）も。なぜなのか分かりません。

シスターは別室で休むので、夜の付添をしてくれる若い男性を知人に紹介してもらいました。母は眠りに行きました。眠りに！　理解できます？　苦しんでいる父を見知らぬ人に看させて。父はぜんぶ理解していました。最後まで、はっきりと分かっていたのです。

私は祈って、祈って、祈り抜きました。すごく熱烈な祈りなら、ひょっとして、天空を突き破って神に届くということはないのでしょうか？　そうはならなかったようです。天に上ったのは、私の祈りではなく、私の心でした……

六月三十日、午前二時、「母さん《マンマ》！」と叫ぶ父の大声が、みんなを飛び上がらせました。そして、それが最後でした。父はそれがやって来るのを感じ、妻を呼びました。父はいつも母を「母さん」と呼んでいました。でも、母はそこにいなかったのです。

ああ！　私の神よ！　今日、私に本当の受難の日を与え給うた私の神よ。私の願い、切なる願いを聞き入れてくださるべきです。だって私は、父をあんな風に独りぼっちで死なせた母を、あなたの名において赦すという代償を払うのですから！……

私は心臓発作に襲われ、死の淵まで連れて行かれました。なぜ、父と一緒に死んでしまわなかったのでしょう？　なぜ？　医師が駆けつけて注射を打ち、私は生かされてしまいました。医師に感謝しようと思いません。そのことでも、父に会わせてくれなかったことでも。医師は私が死んでしまうからという理由で、生きている父にも死んでしまった父にも会わせてくれませんでした。また医師が約束を破ったことも、私はずっと責めるでしょう。棺を閉じる前に会わせてくれると信じていたのに、もう二日前に封印されていたことをあとで知らされました。

六月三十日、私は一日中、生死の境をさまよっていました。けれども、葬儀の手配は、すべて私が行いました。母は、遅ればせの愛という、ばかげた大騒ぎを繰り広げるだけでした。けれども、私の中では何が起きていたのでしょう。分かりません。気が狂いそうになり、その状態が数か月間続いたのは確かです。教区司祭がいつもそのように言っています。

私は今や、全くの独りぽっちでした。お分かりになりますか？　独りぽっちですよ。この地上には、もうだれもいないのです。天には神と父がいます。でも、天は沈黙し、はるか遠くに思えました！　父の命を救っていただけるものと信じ切って天へと飛び立った私の信仰は、翼を傷めて地上に戻りました。私の祈りを通さないブロンズの壁に激突して、翼は砕け散ってしまいました。

私は恐ろしい日々を生きていました。あるときは自分を取り戻し、頭がはっきりして安定していました。そういうときは、あれこれ指示を出したり、墓碑銘を書き取らせたりといったこともできました。あるときには気が狂ってしまうのです。まるで一つの体の中に二つの体と二つの心があるようでした。そして、どちらが自分なのか、もう分からなくなりました。

私のお父さん！　もしもあの時、父に会えていたら、もっと状況をよく捉えられたことでしょう。でも、あんな風に……ああ、悲しい。私が父の部屋の物音を聞いていたら！

私は食事をしませんでした。一日にプラム二、三個と、一ビンの生理食塩水。残念ながら、私はそれらで命を保たれました。

父は美しい人でしたが、死んだあと生前の男らしい美しさを取り戻したそうです。四十八時間たったあとも、死んでいる人に見えなかったそうです。私はそれを信じます。父は正義の人でした。義人として生きた人はみな、死後に美しさと、特別の荘厳な免責を受けられるのです。

でも、父に会えなかった！　それが剣のように私の心に突き刺さります。私は死が近い人をたくさん介護し、死の床で準備させせました――それなのに、父にはしていません。同じ家の中にいながら、生きている父にも、死んでしまった父にも、お別れを言うことができなかったのです。もうたくさん！　もうたくさんです！　これ以上話したら、また気が狂ってしまいそう。

ああ、神よ！　あなたは私からすべてを奪っておしまいになりました！　あなたは絶対的支配者として支配することをお望みで、私の刺し貫かれた心の上に玉座を据えられました。あなたはこの哀れな心を足元に置かれました。あまりにたくさんの傷で飾られた私の心……地上では決して平安を見つけられない哀れな心……ああ神よ！　あなたのために、どれほどの犠牲を求められるのでしょう！　でも、こんな風に父を失わなければならなかったことほど、大きな犠牲はありません……

ほぼ八年が過ぎましたが（父の死から……一九三五年六月三〇日-一九四三年四月）、私の苦しみは変わりません。だれかが「お父さん」と呼ぶ声を聞いたり、父親の腕に抱かれている子供を見たりすると、父への深い慕情で、心が押しつぶされそうになります……

自分の父親について語るテレーズを、なんてよく理解できるのでしょう！　私にとっても、父はすべてでした。父は「王さま」です。なんでも知っていて、何にでも安らぎを与える、優しい正義の王さまでした……そして、父にとって私は、小さな女王、というか、皇后で、かなり専制的でした。それというのも、父は私がほかで得られないものをすべて与えて、埋め合わせしてくれたからです。私にとって父とは、美、善、知、愛など、すべてにおける完全の象徴でした……

一九一〇年の病気で父が知能を損なわれたときでさえ、私にとって父はいつもすべてでした。父が私にひき起こした唯一の苦痛は、父がやや子供に帰ったことを多くの人に哀れまれ、あまり良くない人びとから馬鹿にされることでした。父は泣きやすく、忘れっぽくなっていたのです。父が死んだとき、私はもう父が苦しめられたり軽蔑されたりしないと思うべきだったでしょう。でも、心に大きな傷があるときは、そういったことは思い付かないものです！

私の母は、私が父の死をそんなふうに苦しむほど父を愛していたことを認めていません。数日前には、私が父に油を与えたから悪くなったのだと、私を責めたほどでした…　尿管の炎症を和らげ、利尿剤の鬱血緩和作用を助けて結石を排出するには、それしかなかったのですが。やれやれ！

父の死で、絶対的支配者になった母は、全く横暴になりました。

父はほとんど何もしていませんでした。父はもう何年も前から権威を奪われていました。けれども、どうにも我慢ができないときには、「もうたくさんだ！　たいがいにしなさい！」と怒鳴って、母を黙らせるものでした。あるいは、もっと効果的だったのは、「お前は神経症だ」という言葉で、母をむちのように懲らしめました。これらは母の妄想症の激しかった時期に父が苛立ったときの唯一の武器でした。すると少しはブレーキになったのでした。

もはやブレーキはなく、母はマルタや私やだれにでも、思う存分に当り散らしました…　全くどうかしています！　過去八年間にわたって、母は精神病院丸ごと一棟よりも多くの残虐行為や馬鹿げた行為を（夫の死から…一九三五‐四三年）一人でやっています。私が父の死を悲しんでいないと罵って平手打ちを浴びせ続けるので、父と私の介護をした善良なシスターでさえ、割って入らなければならないほどでした！…私は悲しみで気が狂いそうだったというのに！

マルタと私は本当に苦しめられました。マルタはあまりに耐えきれなくて、医師から鎮静剤をもらわなければならないほどでした。絶対的支配者であることが、母の頭脳を狂わせたのでした。

母は一九一七年以来、関係がこじれていた弟に、すぐに手紙を書きました。そうさせていたのは父だったのだと信じさせるような手紙を…　そして、自分はずっと仲直りを望んでいたのだと。父が死んでからも、母は父をひどい人だと思わせて、父に背くことをしたのです！　父が死んでからの十八年、感謝しない弟に対しては実にたくさんの親切をしています。かなりの額の毎月の出費は今も続いています…　父のウールのセーターまで私から奪って、いとしい弟に送ってしまいました。それは翌年の冬のために、私がベッドで編んだものなので、まだ新しく、自分用に編み直すこともできたはずでした。それを「ありがとう」も言わない弟に送り、それは何年も着られないままなのです、そしていつまでも……けれども、彼を助けても無駄です。そんな価値がありません。それはともかく……私が打ち勝つことができないのは、父がそんなに長い間恨みを抱き続けた人間だったと、母がみんなに思わせたことへの嫌悪感です……

そのほかにも残酷でばかげた行動がありました。マリオが再び水平線に現れたのです。というより、マリオの幽霊でしょうか。私が正しいのか、間違っているのか、判断はおまかせします。

私の泊まり込みに来た二人の若い女性が、マリオと私の関係について、詳しく知りたがって、興味津々でした。ばかげた好奇心で、きわめて無思慮なことです。非常に個人的で、神聖と言っていいほどの事柄を詮索しようというのですから。けれども、とにかく、この好奇心があったのです。彼女たちに悪気はなかったにせよ、ひどくロマンティックで、実在の小説で暇をつぶす必要がありました。そこで、私の話も、シリーズの中の一つとして知ろうとしたのでした。彼女たちにとっては一つの小説でしたが、私にとっては悲劇です。もう二度と触れたくありません。

日曜日以来、書いていませんでした。父のことについて話すことがあまりに辛かったので、ここ六十時間ほど具合が悪かったのです。やっと夕方になって——今日は水曜日の夕方です——少し力が戻ってきたので、物語を再開しようと思います（一九四三年四月一一－一四日）。また具合が悪くならないとよいのですが。マリオについて話すことも、ひどく辛いのです。

ですから、あの二人の若い女性は、私に申し分ないほどよくしてくれたのですが、少々残念なことがありました。私とは考え方や行動の仕方があまりにかけ離れていて、無分別で無思慮な行動が見られたのです。

彼女たちは、私にとっては非常に深刻な精神的苦痛のことで冗談を言い過ぎました――つまり、ある医学検査は私に極度の嫌悪感を引き起こすものでした。患者としての私と医師との関係についても、冗談を言い過ぎました。彼女たちが医師に対して抱く感情を私のものであるかのように言い、素朴な合法的友情を越えて、過度に情熱的な不倫へとはやる気持ち、関心を公然と示しました。私は医師が、このあまりにもあからさまな求愛に迷惑しているのを見て取って、彼女たちの一人に、静かにしなさいと言わなければなりませんでした。すると、これは意図したこととは全く反対にとられました。私が嫉妬したと思われたのです。まあ！　私は、私にとって大事な人に関してでも、嫉妬したことはありません。私が患者として気に入っているだけの人とは、その患者を治療してくれる人としての関係しか考えられません。それだけです！　私の行為は、若い女性がはしゃぎ過ぎて、別の女性と厳粛な誓いで結ばれている人に公然と好意を示したのに対して、静かにするように命じた真面目な振る舞いだったと信じます。

結局のところ、彼女たちは私が父の死で悲しんでいた時に、あまりに冗談を言い過ぎました。

時折、私は我を忘れていました。でも、落ち着くと、苦しいほどの鋭さで理解していました。実を言うと、私の感覚は、そのようにして研ぎ澄まされたのだと思います。そしてこのことによって――苦しみの中でさまよって理解していないように見える時でも――私の周囲で何が起きているかをはっきり判断することができたのでした。ちょうど炎が風にあおられて揺れて、明るく燃え上がるように、私は全力を使い果たしていましたが、かつてないほど鋭敏にすべてのことを理解できたのです。私の印象では、まるで、一つの光景が私の目の前で繰り広げられるようでした。その中で、第六感は私の内的嵐の中にあるものをはっきりと読み取るのですが、他の一般的な意識のレベルでは、もう以前のように理解できないのでした。

どう説明したらよいのでしょう…　つまり、この二人は私の現実の痛みと母のおよそ突飛な行動を、どんちゃん騒ぎに変えているのだと理解したのです。そして、私は父に関するすべてを尊敬していましたから、このことは大きな苦しみでした。あの六月三十日にさえ、静かにするように注意しなければなりませんでした。一階では死んだ父が横たえられているというのに、マリアを酔わせて笑いものにしようとしているのを、がまんできなかったのです。私は母にも二人に注意してくれるように頼みました…　ところが、母に何かを頼むと、必ず反対のことをしてくれるのです！…　このときも、何を空想で厭世的なことを言っているの、と叱られました。

八月になりました。八月と共に、海軍の艦隊がヴィアレッジョにやって来ました。その時、私はまさに我を忘れている状態でしたから、それ以上心を乱さないように、私に何も知らせてはならないと、医師もマルタも、あの二人の女性に言っていました。ところが、二人はデルアルト・ティレーノ海軍の全艦隊がヴィアレッジョに入港していると急いで知らせに来て、「あなたの婚約者が来ているかもしれませんよ！　ここを通ったら見えるかも！」などなどと言って、私の頭をガンガン響かせたのでした。おまけに、彼のことを問い合わせるために、フルネームを聞き出そうとしました。私は、明らかに私の品位に関わることだから、自分でも調べたことは一度もないぐらいで、だれにも、何の調査もしてほしくないと答えました。

私は愛のために死ぬことができますが、自分の尊厳を失うほど溺れることはありません。それは自分を尊敬しないことです。私は神だけに依り頼みます。私は人間を愛しますが、自分の場所に留まることができます。いつも、だれに対しても。ですから、マリオに対しても。実を言うと、だれよりもマリオに対して、特にそれが言えます。私はマリオの魂のために苦しみを捧げています。けれども、私を愛してくれる肉体を求めてはいません。絶対に！

私は一九三二年以来、マリオは死んだと確信してきました。なぜかって？　彼が夢の中で、自分で言いに来たのです。自分のしたことを謝り、人間としては過ちを犯したけれど、魂ではいつも忠実だった。今はもう死んでいるから、あの世で一緒になるために私を連れに来たのだと言いました。私はその夢の中で、私を生きさせておいてと頼みました――すると、マリオはがっかりしたように言いました。「それじゃあ、一緒に来たくないの？　もうぼくを愛していないの？　ぼくを赦してくれないの？　ぼくはずっと独りぼっちなのに？」、それで私は答えました、「あともう少し、マリオ、あともう少ししたら一緒に行くわ」。すると、マリオは、「一年？　それでいい？　ぼくは毎年呼びに来るよ」と言いました。それからというもの、毎年十一月に私を呼びに来ます。マリオは私にたくさんのことを話しました…何年もの間、彼は苦痛から抜け出すのに私を必要としたようでした。そして、自分がどうして悪い行動をしたのか、私に教えようとしているようでした…私の母への、何という告発でしょう！「ああ、どうしてあんな手紙を書いたりしたんでしょう！」と母が友人に言ったとき、私はすぐにマリオの言葉と、マリオが私について何を読んだのかを思い巡らしました…ここ数年間、マリオは解放されて力を取り戻したように、私には思えます――彼は今、私を守ってくれていて、こう言います、「怖がることはないよ。ぼくがいつもそばにいるからね。ぼくが一緒にいるのだから、怖がることはないよ。ぼくはすべてのことから君を守る」。

私はマリオが死んでいて、罪の償いを終えたのだと信じています。もう十年以上にわたって、彼の名前は海軍の官報に見当たりません。私はいつも目を通しています。けれども、この確信があっても、私はだれにも、ほかの士官に問い合わせたり、好意的に解釈されるはずのない捜索をしたりしてほしくなかったのです。

しかし、この二人の愚か者は、私のために何をたくらんだでしょう？　彼女たちは、通る士官を全員呼び止めて、こういう人を知りませんかと尋ねることにしたのでした。二人は私が昏睡しているときを利用して、私が手紙をしまっている貴重品箱を開けることまでして、マリオのフルネームを知ったのでした。マルタは、彼女たちがそんな無許可の活動をしているのを偶然に見つけて、注意しました。でも、効きませんでした。そこで、私に知らせました。このようにデリケートな事柄に、無作法に介入されて、私はすっかり気分を害し、母に言いました。病人の私に何ができたでしょう？　私には何もできませんでした。そのような遊びを終わらせることができるのは母だけでした。ところが、またもや母は、私を理解せずに傷つけました。母は、この二人にマリオを探させたのは私に違いないと罵りました。もしそれが本当なら、止めさせてくれるように母の権威に頼ったりするはずがありません。そうですよね？　でも、母はそうなのです。臆病な馬のように、母はあらゆる架空の怪物にびくびくし、本当の障害が目に入らないのです……

いつもの狂乱騒ぎが私に向かって爆発しました。マルタも、看護のシスターも、私を守ることができず、母に道理を悟らせることができませんでした。私たち二人は散々でした！……最もひどい侮辱と野蛮な叱責が私に浴びせられましたが、私にはとがめを受けるべき点は少しもありませんでした。私の全身状態や精神状態には少しも容赦しませんでした。全く容赦なかったのです。

私を非人間的な行動でたっぷりと懲らしめてから、母の怒りの矛先は最後にこの二人の愚か者に向かいました……二人はついに放り出されました。永久に。最初はテストに合格して始まったこの関係は、このようにお粗末な反証によって解消されることになったのでした。反証の中身は、ゴシップ、好奇心、無思慮です。

でも、消えた二人は、たっぷりと復讐をしました。だれに対して？　もちろん、私に！　私がみんなの償いをさせられなかったことがあったでしょうか？　二人はどうやって復讐をしたのでしょう？　私に関するいまわしい中傷をまき散らしたのです。それによると、私は最悪の下品な悪習を持つ放蕩者だというのです……

それを耳にした大勢のうちの一人である医師は、私をシスターに見張らせました。けれどもシスターは、たとえ精神錯乱の状態にあったとしても、私が破廉恥な行為をするはずがないと、良心にかけて医師に言ってくれました。すると、医師自身も、私が異常でも非道徳的でもないことをすでに確信していたので、すぐにそれを信じました。

すると、あの二人はバルバンティーニの修道院長のところに行き、それまでに言ってきたのと同じことを言いました。その結果、私は直ちにシスターたちの介護を奪われました。まるで、私が彼女たちに退廃的な影響を与えているとでもいうように。

神父様、お聞きください。マルタはもう八年間、私と暮らしていて、同じ部屋で休んでいます。彼女は、私が眠ったり、昏眠したり、目覚めたりとするのを見ています。マルタは、私にある種の秘密の悪習があるかどうか、はっきり言うことができます……けれども、私はこの中傷と悲しみの杯さえも飲まなければならなかったのでした。

もしかしたら、「あなたは一体、何を言っているのですか？　このうわさ話が私にとって何になるというのですか？」とお尋ねになるかもしれません。多分、神父様には何にもならないでしょう。けれども、私にとっては大切なのです。私の物語には、この話も必要だと思うのです。私が経験しなければならなかったことをありのままに書くことは、ひどく不快なのですが、それでも私の肖像画を描くために、どれだけたくさんの色が使われたかを知っていただかなければなりません。神からの光り輝く色、隣人たちからの暗くどんよりした陰気な色。そして、これらの色の違いを考えると、私はもう一度主に言いたくなるのです。「あなただけが私を愛してくださり、私をがっかりさせる悲しみをお与えになりませんでした。あなたは私に荘厳な苦しみをお与えになりましたが、それは私を完全に打ちのめす大岩ではありません。それは私をあなたに引き付ける天然磁石、私を天国のあなたへと運ぶ翼なのです。ありがとうございます。私の神さま！」。

二人の女性が消えた後、私たちだけになりました。そのほかの知り合いは父の死後、みんなそっと立ち去りました。みんな母の態度に気分を害したのです。今では母一人が君臨しています――みんな逃げ出してしまいました。私たちから十分な恩恵を受けた人でさえ、いなくなってしまいました。中国の諺に、「犬は助けられると、感謝してしっぽを振る。人は助けられると、助けてくれた人を憎み、咬みつき、中傷しようと口を動かす」とあるのは本当です。

ソルダレッリ夫人*だけがいてくれて、変わらずにいてくれました――自分を押し付けることをしない優しい人で、この人は苦しんでいる人や心の傷を癒そうとしている人に愛を向ければ向けるほど、その愛が強くなるのでした。けれども、ソレダレッリ夫人は特別です。もし世界が全部彼女のような人びとで成り立っていたなら、「世界」ではなく「天国」になってしまいます。

私の母の被害妄想的権威感覚の証人となる人がもういないのですから、どうなることか想像してください！……母が自画自賛の熱狂で正気を失わなかったのは、本当の奇蹟と、医師がラベルを貼り変えて飲ませた強い鎮静剤のおかげでした……後でそれが鎮静剤だったと知れて、母の激怒にやられた医師の気の毒なことといったら！　危うく、神話のオルフェウスのように復讐の女神エリーニュエスにずたずたにされるところでした……そして、マルタと私は、拷問――その言葉がぴったりです――で、ほとんど気が狂いそうになりました。絶えることのない叱責、非難、不機嫌、無礼な扱い……

もう決まった時間はありませんでした。食事にも、就寝にも――何も。大混乱です。すべては母の気まぐれと気分によるのでした。ある日には、私たちは十時に食べ、別の日には三時でした。ある朝は四時に起き、別の日には八時でした。ある日は一日に三度食事をし、別の日にはたった一回でした。ことによると、スープはなしで、パンとわずかなチーズだけ…まさに精神病院です！　そして、そんな常軌を逸することばかりだったとしても、だれが気にかけたでしょう！　でも、もっと悪いこともありました。時折、何の理由もなく、父が長い沈黙と呼んでいた状態になりました——つまり、たとえ家が火事になっても一言もしゃべらない、とてつもなく暗い気分なのです。この「長い沈黙」は、始まりも終わりも、不当な暴力的な騒ぎが特徴でした…私たちの生活がどんなものであったか、考えてもみてください…

　母はいつも、被害妄想に悩まされていました。「あの人は私の敵だ」、「彼女は私を殺したがっている」、「そうよ、あの人たちは私を没落させようとしている、病気にしようとして、毒を盛って、殺そうと…」などなど。そして、この妄想は今や頂点に達していて、母に言わせると、私が最大級の敵なのでした。

　母はお金のためだけに生きている人なので、私が父の遺言の執行を求めるのではないかと、恐れ慄《おのの》いていました。父の遺言は私を相続人に指定し、妻には遺留分しか残していませんでした。私はその遺言をよく覚えています。それは次のような言葉で終わっていました。「私の娘へ。私はおまえの心を分かっているから、おまえに母親を託す。これまでと同じように、親思いの礼儀正しい娘であるように、おまえを祝福する」。母は、私が取り分を要求するかもしれないと恐れ、その遺言書を破棄したか、隠したかしました。私は父が書いた時に一度見ただけです——つまり、二十年前に。

　私がお金のあるなしに関して、母に何か言ったことがあるでしょうか？　私は一度も気まぐれで何かほしがったことはありませんし、自分の欲望を抑えることができました。ですから、…今、こんな状態と

＊　パオリーナ・ソルダレッリ未亡人。一九四五年一月一六日没。

なって、母は私が何を望むと思うのでしょうか？　せいぜい、一冊の本、一本の花……それで十分です。母は義務だけに従って、私の生存に必要な最低限のものだけを与えてくれればよいのです。私はほかに何も求めません。私の苦しみを和らげることのできる薬も、私の衰弱の原因をはっきりさせるための検査もいりません。ほら、お分かりでしょうが、私が専門医に診てもらえるとしたら、いとこが手配してくれるからなのです。

母は私に費用がかかると言って、いつも私を非難しています。けれども、私に何ができるでしょう？　もし神さまが私を生かしておかれるなら、母にお金を使い果たさせないために自分で自分を始末することはできません。それに、母は私が賞をもらったことも思い出すべきです。それがあるから、私たちは以前には持っていなかったお金を使っているので、それは、母に少しでも私の負担が減るように、神さまが善意で授けてくださったものなのです。

私が受けている世話は、一人のシスターが修道院長から受けるより少ないことは確かです。さらに、私は最も急を要する栄養必要量も最低限に絞ったので、私は常に厳しい、非常に厳しい苦行を続けているのだと言えます。それは、私の重荷を増やしますし、母も自分の振る舞いを良心にとがめられるのでおもしろくありません。良心の呵責は良い方に向かわず、私へのとげとげしさを増すことになります。でも、どうでもよいのです――私がとげとげしく扱われなかったことがあるでしょうか？　生きている限り、変わらないでしょう。私が死んでしまったら、母性愛の真髄を見るでしょう。花、燭台などなど。それが母のやり方です。

ところで、遺言の話に戻りましょう。父は六月三十日に亡くなりましたから、十三日から三十日までの分の年金は、未亡人に与えられるはずでした。約二百リラです。でも、それを受け取るためには、遺言書を示さなければなりませんでした。

私は母に言いました――それは十二月二日のことでした。「私は、何もしないほうがよいと思う。税務署は、取る手は十本あっても、くれる手は一本もないでしょう。私がもらった賞は、お父さんの資産には現れないから、税務署の注意を私たちに引き付けないほうがいいわ。さもないと、正直者の巣は徹底的にかきまわされてしまうでしょう」。私は、それが母の利益にもなると思いました。そうお思いになりません？

ところで、母は私に猛烈な攻撃をしかけたので、私は八日間、鬱血と意識混濁に陥りました。母は私を放棄する準備に入り、そのための書類を作成したと言うのです。その内容は、私は母親の財産を取り上げようとする卑劣な娘であり、云々、父親も私がハイエナであることを知っていたので、妻である母にすべてを相続させ、娘からは相続権を奪ったというのです。要するに、すべては母のものであり、私は母の施しで生きることになるのです。母は私を呪った後、部屋から出て行きました。そして、医師や司祭が、私が生死の境をさまよっていることを告げても、八日間、一度も私に会いに来ませんでした。

十二月十日に、私はひどい錯乱状態になり、四人がかりで押さえつけなければならないほどでした……そのとき、やっと母が降りてきたのです。けれども、拘束衣を着せなければならなかったのは母の方だったに違いありません。その日、私はあまりに長時間心臓を圧迫されたため、血液が肺にどっと流れ込み、右肺に血液の嚢胞が出来るほどでした。再吸収されるまで数か月かかりました。

これが、父が亡くなってからの母でした。このとおりです。母が言うのを何度聞いたことでしょう、「ああ！　自由になりたい！　ああ！　早く終りになればいいのに！　マルタがいなくなって、みんないなくなったら、私一人で好きなようにできるのに！」　確かに、私は母の重荷です。私が母にとってどんなに重荷であるか、母が面と向かって言っているのに、その母を愛するには、イエズスへの愛が必要です。彼らは、直接その目で見た人でなければ信じられないほどの精神的倒錯者なのです。これが、私が医師をも失うことになると思うだけで震えてしまう理由です。医師は、私たちがこの家でどのように暮らしているか、もうよく分かっているのです……

　これは耐えられない災難です、神父様。私たちは、愛されてさえいれば、他の何でも耐えられます。愛されていない病人は決して不幸ではありません。けれども、私は愛されず、拒絶され、自分の母に「重荷」と言われているのです……「目を留めよ、よく見よ。これほどの痛みがあったろうか*1……」。

　この頃、私は専門家の助言に従って、一冊の本を書いていました。*2その本は、私に精神的満足と同時に金銭的利益をもたらすはずでした。ところが、信じられますか？　私に仕事をさせないように、母はあらゆる辛辣な批判を浴びせ、マキャヴェッリ的な妨害をくわだてたのでした。もう、仕事はほとんど終わっています。すると今ではお金のためにその仕事が終わるのを望んでいるのです……けれども、私が書けるときにそっとしておいてくれるべきでした。もう遅いです。残念なのは、それが正直な作品だということです。正直な本が求められているのです。

　私の本は役に立ったはずでした。人びとを無意識のうちに神への旅路を歩ませていたはずです。それが私の目標でした。私はそれさえも阻まれてきました。私はこうして、私からのものは何も残さずに死ぬのでしょう。子がいたなら、どんなにか愛したでしょうが、子はなく、私の思想の子として、生身の人間の子のように愛したはずの本もなく……ああ、私はこの世では何も満足を得ていません。何も。一度も。私の喜びはすべて天から得たもので、天で見つけることになるのでしょう。

　その頃、母は医師に隠れて、私に何かの薬を飲ませ始めました。当時、私は一人で食事をしていました。そこで、マルタが買い物に出かけると、母が毎朝、私にスープを持って来る前に、金槌で何かを砕いている音が聞こえました。そして、私はその後、とても具合が悪くなりました。ひどい寒気がして、汗がたくさん出て、昏睡と吐き気を伴い、麻痺寸前になりました。医師は夢中で原因を調べましたが、謎は解けませんでした。

ある日、私はスープを飲みたくなかったので、マルタが飲みました。するとマルタはとても具合が悪くなりました。私はそれを犬にやってみたところ、犬は死にそうになりました。そこで、私はマルタに警戒させました。しばらくした時、マルタは白い錠剤のような破片をストーブの上に見つけました。それは塩のような苦い味がしました。何だったのか分かりません。

私は医師と教区の司祭に話しました。医師は「お母さんがあなたに用意したものを、お母さんに食べさせなさい」と言いました。司祭は「みんなと同じものを一緒に食べなさい。あなただけに用意されたものを、二度と食べてはいけません」と言いました。

私はそうしました。それも直ちに。病人の気まぐれを装って、私は母のスープをねだり、母には私のリゾットをあげました。付け合せ料理についても同じことをしました。悲惨なことになりました。午後になって、母は具合が悪くなりました――寒気、昏睡、吐き気、などなどの同じ症状です――もう少しで死にそうになりました。医師が駆けつけなければなりませんでした。

その日から、私はみんなと同じものを食べたいと言いました。あれ以来、あのすごい錠剤が砕かれる音を聞いたことも、あの症状が現れたこともありません。

母が私に何を飲ませようとしたのかは、神さまだけがご存じです。私が思うに、母は実際、妖術を信じて

＊1　哀歌1：12。
＊2　『ある女の心』と題した自伝的小説を指していると思われる。マルタ・ディチョッティに破棄するよう依頼した。

いますから、だれにも知られない方法で、何かの薬をにせ医者から手にいれたのでしょう——ですから、それ以外のことは考えたくありません

私がこのことをお話ししたのは、やはりこれも私の物語の一部だと思うからです…

マルタは、あれはいったい何だったのだろう、だれが母に与えたのだろうと、いまだに頭をひねっています。私は忘れようとしています…

「何も当てにしないで貸してやりなさい。」（ルカ6：35）

私は聖書のこの助言を黙想するとき、私の人生がずっと与え続けで、地上的な報いを何も受けてこなかったことを思います。

私は家族に、特に母に与えてきました。そしてごく幼いうちから、与えるときに報いを望んではいけないということを理解していました。行為においても、愛情においても、私が与えるのはますます多くなり、受けるのはますます少なくなりました。

私は書きながら、私の毎日のロザリオである無数の家族シーンの中から、ほんの小さなシーンをダイジェストしています… ダイジェストと言っても、食べ物の消化のことではありません——もっとも、最近は極めて量が減って、胃にもたれることもありませんが、ロザリオの珠のように一つ、また一つと続くそれらのシーンで、私は犬よりも下に扱われています… でも、見過ごしましょう… 私は感覚がなくなるほど、イエズスの御言葉を繰り返さなければなりません、「父よ、彼女をお赦しください。彼女は自分が何をしているのか知らないのです」と。知っていたらなんと悲しいのでしょう！ 知らないほうが、責任を問われないからよいのです。そうすれば、裁かれることがありませんから。

もちろん、私にとっては大変な苦しみです。このような異様な性格の人から、最後まで叩かれ、削られ、刺されるのですから。もっと辛いのは、その女性が、大多数の人間にとっては善と愛の象徴的存在と見られている「母親」だということです。もしも父が私の生まれたときのことを度々語っていなかったら、また家族ぐるみの友人がそれを確かに認めていなかったなら、私は彼女の娘ではなく、熱に浮かされたはずみで、もらわれた子供だと思ったことでしょう。いくら愛情がないと言っても、実の娘でありながら愛情がないのでは、もらわれた子の場合より、もっと悪いでしょう。

私は報いを全く望まずに、知人、親戚、貧しい人、富める人に与えてきました。多くの人が、私の行為に対して侮辱か無関心で応じました。でも、そんなことはかまいません。

人を助けることは、私の心に生まれながらに備わった美徳でした。私の魂の切なる願いだったのです。私はまだ神の渦に取り込まれていないときから、いつも私の心の自然の傾向によって、できるだけのことをしようと努めてきました。私の心は、愛の熱で窒息しないためには、それを発散させる必要があったのです。他人から冷たくされても、私は態度を変えませんでした。人生の悲しみの中で——というのも、私の人生は本当に暗いものでしたから——良くすることで、常に咬まれ続けてずたずたにされても、自分が悪い人間にならないように、釣り合いをとってくれるものを見つけました。苦しむ人びとの顔にほほ笑みをもたらすことで、私の泣き顔にほほ笑みが生まれたのです。

良くすること！　金持ちでなければしてあげられないとか、貧しくなければ受けられないということはありません。貧しい人が富んでいる人に恩恵を与えられることもありますし、富んでいる人がだれかに恩恵を与えられないこともあるのです。

人はパンだけで生きているのではありませんし、また、パンへの飢えだけが人を苦しめるのでもありません。人は実にたくさんのものに飢えるのです！　愛撫、助言、褒め言葉、傾聴と理解を示す沈黙。そうです、人は沈黙にも飢えるのです。その沈黙では、唇は無音ですが、心は泣きながら語る相手の魂に話しかけます……どんな説話よりも心を打つ、雄弁な沈黙もあるのです！　人は、愛情、祈り、物質的援助、精神的援助、霊的援助に飢えます……ああ、人間とは、永遠に飢える存在です。自分の飢えを忘れて仲間に与えることができる人は、なんと少ないのでしょう！　哀れみ深い人は、本当に、本当に、少ないのです。

　ロイスブルークは、聖霊の賜物に関する章の中で、孝愛の賜物について次のように言っています。「孝愛は哀れみを生み、それによって魂はイエズスと人びとに尽くすことができます。哀れみは孝愛の目から生まれます。不幸な人、追放された人、病気の人を訪ね、パンとぶどう酒ともてなしを与えます。生きている人を慰め、死んだ人を葬ります……孝愛は、地上の天国の川にたとえられるかもしれません。その川は四つの方向へと願いを導きます。第一の川は天国へ向かいます。それはイエズスと、彼の名において苦しんだ聖人たちへ向かう哀れみです。それは、陽気で喜びに溢れた急流です……なぜなら、そこで讃えられている悲しみは過去のもので、永遠の喜びに置き換えられたのですから。第二の川は、煉獄へ向かって流れます。裁かれた罪の償いに苦しんでいる魂のための人間的な哀れみです。第三の川は、この世のすべてのキリスト教徒が必要とするところへ広がります。この内的なアクションは、広大な愛、莫大な強さを持ち、あらゆる外的な働きを集めたよりも多くのものを与え、大きな成果をあげることができます。第四の川は、正確に言えば、慈悲です。それは、すべての困窮者へと流れます。ここで、人は自分のものを与えたり、じかに払ったりします。他人に施し、相談にのり、克服を助けます」。

　自分を公平に正しく分析したところ、私はこの孝愛の賜物をいただいていて、あのベルギーの神秘家ロイスブルークが述べたように、四つの方向へ果実をまいてきたと言えます。キリストに始まって、最後に美しい天国に入った人に至るまでの、聖人たちの悲しみに、私は哀れみを感じてきました。煉獄の霊魂のために祈ってきました。キリスト教徒の必要のために、私の隠れた犠牲を捧げてきました。隣人のあらゆる貧困に関して、慈悲をかけてきました。貧困を目にして、冷たく通り過ぎることはできませんでした。私はこのことを、真実への愛から認めなければなりません。そして、この惜しみなく与える努力によって、私は最良の薬を手に入れたのでした。ですから、絶えず悪意と幻滅と無視に遭わなければならなかったとしても、私ががっかりしたり、苦々しい思いをしたりすることはなかったのです。

だれかが私を愛してくれないのは、ありがたいことではなく、わたしの心は痛みます。けれども、それは報いが得られない失望という、利己的な理由によるのではありません。相手が無益な悪意によって、自分の価値を落としていることが辛いのです。母があれほど邪悪なのを見ると、私はどうして辛いのでしょう？私自身のためではありません。なんと言っても、私はすぐに、母のあらゆる悪意から守られるでしょうから。そうではなく、母にとって、それがためにならないからなのです。私がこの世からいなくなってしまったら、母は独りぼっちでどうやってゆくのだろうと思うと、ひどく辛いのです…だれかに母と一緒に住むように強制することはできません。母を知って、母を愛し、一緒に住みたいと思ってくれる人は、だれもいないのです。これが、私の心に突き刺さるナイフなのです…

私は父の知性が衰えたとき、人びとがそれに気付くのが辛かったのですが、母を人びとが批判しているのを聞くと、もっと辛い思いをします。母があれほど、いつも意味もなく邪悪だということを、人びとに気付かせないためなら、何でもあげてしまいたいくらいです。ですから、最後に苦しみの杯を飲んで死ぬことになってもかまいませんから、母よりは後に死にたいのです。母を愛することのできるただ一人の人、私によって、母が最後まで世話をされ、最後まで愛されていたことを見届けてから死にたいのです。

そうです。私は母のことで、自分のためにも、母のためにも苦しんでいるのです。母はそれを信じようとしません。私が助けた人びとの中で、母が一番感謝していないと言って間違いないでしょう。けれども、それだからといって私の愛が損なわれることはありません。もしも、母のあのやり方で叩きつけられ、私の心臓から血の汗が流れたとしても、私はその汗を香油に変えて、母をもっと愛し、母の必要に何でも応えてあげられるようになるでしょう。神さまが天国で私に報いて下さることでしょう。

私が助けたほかの人びとも、私に感謝しませんでした。けれども、たいして傷つきはしません。彼らは外の人ですから。「ありがとう」さえ、言わない人びともいました。けれども、彼らは、私に助けられたことを知らないのですから、責められるべきではありません。私は一人で考えて笑います。「あの人、こんなに貧しい私が、あんなにたくさんあげたなんて、思いもしないでしょう！」。

一九三九年の一月、私はある絶望的な父親に、信仰と娘を与えました。まだ若い父親で、娘は一歳二か月の弱々しい赤ん坊でした。かなり不幸な結婚生活で、やっと生まれた一人娘でした。両親ともあまり健康でなく、赤ん坊もきわめて虚弱でした。茎がとても細くて元気のない、小さな花のようでした。でも、その子は二人の絆でした。親戚中から恨まれてますます不幸になった結婚生活の中での絆だったのです。

一九三九年の初めに、この小さな女の子が、非常に重い病気にかかりました。一種の肺感染症で、肺壊疽にまで進んでいました。その子は死にそうでした。一か月の闘病が、か弱い力を使い果たさせました。

ある夕方、すでに主治医からも専門医からも危篤と宣告されて、小さな天使はまさに死に瀕していました。その夜のうちには死亡するだろうと思われていました。父親が、意気消沈してやって来て、脱脂綿と、私には分からない何かを欲しがりました。日曜日の夕方で、薬局は閉まっていたのです。レギア通りの薬局はやっていましたが、父親は死にかけている娘から少しでも遠くへ行きたくなかったのです。彼は本当に絶望していました。彼は祈り、祭壇にロウソクを灯し、数は知りませんが、いくつもの聖域に献金してきました。今、自分の祈りが無駄だったという事実に直面し、小さなわが子が苦しんでいる姿を見て、心の中で信仰が死にかけているのを感じていました。

「祈っても無駄だ！」と自分に言う瞬間は恐ろしいものです。これは経験した人でなければ分かりません。私は経験しました。もう希望がないということがどういうことか、知っています。それは本当に恐ろしいものですから、人びとにそれを経験させないためなら、私は喜んで命を差し出します。

子供はもう戻れない状態にまで行っていましたから、私は何にもならない慰めの言葉を父親にかけました――その夜、父親が帰った後、私は一つの魂を霊的死から救いたいと思いました。絶望は魂の死ではありませんか？　しかも、なんとひどい死でしょう！　私は神に申し出ました。あの子が回復して、父親が神不信にならないためなら、どうか、あの子の病気を取って、私に負わせてくださいと。なぜなら、疑うことは名状しがたい苦しみですから。

そして、その子は回復しました。「奇蹟だ、奇蹟だ」とだれもが言いました。奇蹟は、絶望によって父親の魂が死んでしまうことを望まなかったある哀れな女と、その子が入れ替わったことだったのです。小さなアンナマリアは元気になったばかりでなく、肺もあれほどの長い大病で、篩《ふるい》のようになってしまってもおかしくなかったのに、問題ありませんでした。そして、あの夜以来、私は胸膜炎を患っています。

その子はもう五歳になり、数日前に私に会いに来ました。私は彼女にキスしながら、「私はあなたのお母さんより、あなたは私のものと言うことができるのよ。もっと強い命をあげたのだから」と心の中で言いました。

多くの人が言うでしょう、「なんて、馬鹿なことをして！　これだけ不幸を背負っていて、もう十分じゃないの？」と。ええ、十分すぎますとも！　けれども、絶望を防ぐために、ほかに何ができたでしょう？回復を獲得するためには、自分を捧げるしかなかったのです。ですから、そうしました。してよかったと思っています。

煉獄で罪を償っている霊魂を救うため自分を捧げた英雄的な人びとがいます。本で読んだのですが、もっと英雄的な人もいて、愛の爆発の中でこう言ったそうです、「主よ、もし地獄であなたを愛する人がいるなら、私をそこに行かせてくださって結構です。ただし、地獄の苦しみの中でも、あなたの愛が留まっているならばですが」。なんと偉大で英雄的な霊たちでしょう。けれども、私は貧弱な花に過ぎず、たいしたことはできません。そこで、この世にいる限り、兄弟姉妹の魂を救うために働きます。私の痛みと引き換えに、彼らに本当の命を獲得させます。私の犠牲によって、他の人びとが救われると考えるのは快いことです……

何の報いも望まずに捧げる秘密の犠牲、これらは私にとって、何と愛《いと》おしいのでしょう！　正しい人たちの働きが明らかになったとき、私が助けた人びとは何と驚くことでしょう。彼らの現在の喜びの源が、実は私にあるとは気付きもせずに！

私は死にかけています。このことも原因で死にかけています。けれども、それが何でしょう？　私は欠点だらけです。けれども、それが何でしょう？　かつてはもっとひどかったのです。でもそれが何でしょう？慈悲はたくさんの罪を覆い隠します。私の隣人に対する慈悲のどれかは、自分の命を与えることより、高尚ではないでしょうか？　隣人と神との結びつきを確保したばかりでなく、彼の精神的苦痛や身体的虚弱をも癒したのですから。ですから、私はこの全免償でたくさんの罪が覆われ、私の罪も覆われると信じています。

今私にできる慈悲は、利己的な計算になるようなことは何も考えず、ただ私の神のみを見つめている、ほんの一茎、また一茎という程度のものですから、私に天国を予想させて至福に浸らせるようなものとは比較になりません。天国では、慈悲そのものを手に入れるでしょう。それでは、私よりも恵まれて幸せになるのはだれでしょうか？　かわいそうなマリア、愛に飢えたマリア、愛情を請うたマリアは王の富を得るでしょう。美そのものであるあなたに満たされ、神であるあなたの愛情によって、地上での窮乏をすべて埋め合わせされるでしょう。

私は今、侘しい日々を過ごしています。まさに受難の週です。神は御自分の受難の前の日々の悲しみを、私が飲むことをお望みです。そして、私は精神的、肉体的に壊れるほど、苦しんでいます。私の魂だけが、翼を動かして、すべての人間的悲しみや醜さを超越したところまで上り、神に溶け込んでいます。たとえ、神がご自身を私に感じさせてくださらないとしても——これは、このごろ苦しい時を過ごしている理由の一つで、あなたにお話ししたように、神の現存を感じられないことから来る苦しみです——それでも私は、力を振り絞って、自分一人で神に向かってそれを投げるのです。

私はまるでヒルガオのようです。さらさらと流れる小川のほとりに、風によって運ばれて来たのでしょうか、湿地の葦の細い茎、あるいは刺だらけのニセアカシアの若木にからみつき、絹糸のように繊細な茎で、力を振り絞って、絶えず上に向かって伸び、頂上までたどりついて芳香を放ち、軽い杯のような花で茎を愛撫します。茎たちは力の限り花たちを抱きしめます。私も、いつも信仰と愛の行動を続けて、できるだけたくさんの足掛かりをためしながら、自分の力で、神にからみつきながら登って行くのです。神が無言でおられようが、石のように頑なでおられようが、かまいません。少しも気にしません。私は口を開き、喜びの時に神が私に言ってくださったことを全部言いましょう。「あなたを愛しています」と。私の口を神の御心に寄せ、口づけするでしょう。私の腕を巻き付け、抱きしめるでしょう。

ああ！　私はこのところ私を苦しめているものがどこから来ているのか知っています。私が自分で神にお願いしたのです。八日前に！　私はなぜ苦しんでいるのか知っています。なぜ神が無言で冷たくされているのか。これは私が、これ以上ない苦しみを耐えるために必要なのです。イタリアにとって大変なこの時期に、完全な苦しみが求められていますから、そのほかの苦しみでは本当の苦しみにならないのです。この戦争が近づいていることを知った時から――あれは、もう何年も前ですが――私は戦争が恐ろしい突発的な支配力で多くの魂を死に至らせることがないよう、神にお願いしてきたのでした。

残念ながら、戦争で肉体は死にます。それは避けられません。でも、私はこの人たちすべてのために、苦しまなければなりません――血塗られた戦場で、独りで死んでいかなければならない戦士たちは、むなしく助けを求めます。もう浮上することのない潜水艦に閉じ込められた人たち、難破して漂う浮き荷や投げ荷にしがみつく人たち、飛行機の墜落で焼死する人たち、病院で、恐ろしい壊疽やむごい手足切断によって、徐々に肉体が死んでいく人たち。両手や目を奪われた人たち――これほど恐ろしい身体障害はありません。特に前者は、他人の情けにすがることになります。強制収容所で家を思って気落ちする人びと、息子がどんな死に方をしたのかも分からない母親たち、伴侶を失った妻たち、父を失った孤児たち、空襲で家や家財を破壊される市民たち、幼いときから、この世の地獄を見てきた無垢の者たち。この人びとすべてのために、そして、戦争が引き起こし、持続させるすべての絶望のために――私はこのためにずっと働き、苦しみ、奉献してきたのです――これが私の仕事です――絶望が人びとの心をつかみ、毒で殺すことがないように。

そうです。この理由のためだけでも、私は回復してはいけないのです。私はこのために苦しんでいますが、もっと苦しまなければなりません。特に、今、この時に。

今日、私の暗い独房の中で――このところ、本当に換羽のための薄暗いタカ小屋にいるようです――お話しましたが、善良なイエズスがいつも一筋の陽光を入れてくださっています。

日曜日に、船乗りたちの合唱（「海の星……」）が私の嵐の上に降りてきて、私をなだめ、平安をもたらしました。あの歌がどんなに自信をもたらしたか、お信じになれないでしょうね。私が涙ながらに見つめていた水平線を切り開いて、私に天国を見せてくれたのです。そして、天国には、暁の星、海の星であられる聖母マリアがいらっしゃいました。聖母のほほ笑みはどんな辛いことでも快いものに変えることができ、聖母が願われることは、すべて神から受け取られます。あの海兵隊員たちは、実に信じきった様子で歌っていました。私には、天使たちも聖母を賛美するために合唱に加わって、私に希望と平安を注ぎ込んでくれているように思われました。

心に元気を取り戻すためには、ほんの小さなことで十分なのです。思い出の雪崩《なだれ》で心を押しふさがれ、新しい精神的悲しみを予感して震えているときに……あらゆるものからやって来る賜物は、拒否しないことが大切です。それらは私たちに与えられることを神が許されたものなのですから。ごく小さな恩寵です。それでも「恩寵」です。どんな恩寵をも拒んではなりません。たとえ最小の恩寵であっても神が私たちにふるまってくださるのですから。拒むのは高慢です。高慢は神に立ち去れと促すことです。私はいつも、喜んですべてを受け取ります。私は自分が、貧しく、不安定で、真っ直ぐ立つのにも、たくさんの援助が必要な人間であることを、心から認めます。そして、あらゆる援助を受け取るたびに——どんな小さなことでも——「主よ、ありがとうございます」と言うのです。

どのみち、私がスミレのように生きるためには、豊富な水は必要ありません。目に見えない露の滴《しずく》で十分なのです。花冠を杯のように天に向けて掲げ、露の滴を集めることができるならば。大きな恩寵だけを望むとしたら、小さな恩寵すら受け取ることができなくなるでしょう。私は自分が全く無価値な者であることを認め、身を低くして、どれもくださいとお願いしなければなりません。そして、一刻一刻与えられる小さな恩寵で潤されます。それらはどれも愛に溢れる神の御意思から出たもので、無数の水路を通って運ばれて来るのです。すると、私は自分のためばかりでなく、兄弟姉妹のためにも大きな恩寵を獲得することができるでしょう。

愛、謙遜、犠牲。これらが私のお気に入りの武器です。愛はあらゆる勇気を与え、謙遜は高慢の熱気で私たちがかすむのを防ぎ、謙遜は私たちを浄化し、身を低くさせます。良きスミレとして、私はとげのある植物の下、あるいはその茂みの中で生きることを好みます。最も美しくて、最も香りのよいスミレたちが、実際、そういう場所で育ち、花を咲かせているではありませんか？　とげだらけのサンザシの生垣の下で。実のところ、あのスミレたちは、サンザシの樹液で育っているのです。樹液を運ぶ葉は、とげだらけの茂みから地面に落ちて腐敗します。サンザシはまたとげをからみ合わせて、夏の激しい雨や冬の冷たい霜からスミレたちを守る盾にもなります。

私はサンザシが大好きです。私のベッドの頭上にあるオリーブの枝にサンザシの枝が絡めてあるのにお気付きになったでしょうか。あの長い硬いとげだらけの裸の枝は、私になんとたくさんのことを語ってくれるのでしょう！　イエズスの額があれと同じとげで切り裂かれたこと。私たちの魂には、とげが刺さるような痛みが必要であること……　あのとげだらけの枝は、何とたくさんのことを教えてくれるのでしょう！　もしも私が自分を自由にできるなら、復活を待ちながら墓に寝かされるとき、白または薄い灰色の長い服を着て、腰には縄の帯を巻き、靴なしの裸足で、頭にはイバラの冠を、手には十字架を持たせてほしいのです。私は悔悟者であり、一フランシスコ会員であり、十字架につけられた救い主を愛してきたのです。最後の眠りにつく衣装として、これにまさるものがあるでしょうか？

けれども、この願いは実現しないでしょう。まあ、それはどうでもいいのです。私は苦痛の中で、全部の秘蹟を受けているのですから――苦痛とは、洗礼の連続、告解の連続、私の王との交わり、堅信、キリストとの婚姻、兄弟姉妹のための司祭職、感覚を浄化する塗油です――ですから、他の人たちが私に最後の衣装として、イバラの冠をかぶせたがらないとしても、私は苦痛においてイバラを手に入れるでしょう。そして、天国で、これらのイバラは、バラの花を咲かせるでしょう。

一九三五年の父の死から、一九四〇年にかけては、もっとたくさんお話しすることがありますが、そうすると終わらなくなってしまいます。ですから、簡潔に述べるにとどめましょう。

私としては、ますますひどくなる災難の連続と、いつも抵抗できるとは限らない誘惑に常に苦しめられていました。肉体は、私たちを束縛する重りです。そして、魂は、残虐な手で突き刺されて地面に叩きつけられた蝶のように、飛び立つことができず、または羽を動かしているのでした。

私たちの最初の祖先の官能は、洗礼にもかかわらず、私たちの内部で切断された蛇のように、常にのたうちまわりますから、私たちは過ちに打ち負かされてしまいます。霊がそれに同意せず、それどころか嫌悪していているときでも、やはり責めを負うべきなのでしょうか？　何とたくさんの評価不能なことが、魂の堕落として数えられなければならないのでしょうか？　これだから、裁くことは難しいのです。ほとんど裁きようがないときには、裁かないでおくのがよいのです。

私は自分の弱さをどんなに嘆いたことでしょう！　感覚の要求にいつも逆らえるわけではなかった自分の弱さを。私は自分を罰し、叱り、たくさん約束し、神と人びとが私を哀れんでくれますように願いました……けれども、恐ろしい誘惑の時は、長時間かけて乗り切らなければなりませんでした。そして、その攻撃があまりに激しかったので、ようやく勝利して抜け出したときには、もうぼろぼろにされていました。

医師たちの側では、ある病気によって私にもたらされた動揺を鎮めるために、何もしてくれませんでした。司祭たちからの霊的支援は、事実上皆無でした。「私には必要がない」という冷静な口実によって、聖体拝領なしで放っておかれたのでした。私は自分の状態について、言いたいことを言いました！　それはまるで、スズメに言っているようでした。薄笑いと「気にすることはないですよ」という言葉で処理されました。そして、私は人が見たら脅えたに違いないような困難な戦いであがいていたのでした…　神の側からは、これ以外のことでは、すべて聞き入れていただきました…

ああ！　私はそんな風に苦しんできたのです。道をかなり進んできた今、振り返ってあの峡谷だらけで、蛇たちが音をたてる曲がりくねった道に目をやると、まだ体が震えてしまいます。恐ろしいことだとお思いになりませんか？　救い主と一体になっているのを感じ、彼は私のすべてですから、彼を苦しめることは絶対にしたくないと思うのに、一方では野蛮な肉体があらゆる掟や天からの願いに逆らうのを感じるのです！　頭がおかしくなって当然です！

でも、もう過ぎ去りました。少なくとも、そうであってくれたらと思います。あの恐ろしい時期も、無意味ではなかったことが分かりました。

まず、私が高慢になるのを防ぎました。アダムの子孫のうぬぼれは、常に私の内で息を吹き返し、私は善行をして来たのだから、神の目に「ひとかどの者」だと囁こうとします。けれども私がかくも弱い者であるという忘れがたい記憶が、自分に対する評価を極めて低く保つのに役立ち、私は「ひとかどの者」ではなく「卑劣者」だということを認めさせてくれます。私はあきれた卑劣な者で、こんな私を愛してくれるのは、罪人を救いに来られた善きイエズスだけです。だからこそ、私は神の前に立つことができるのです。イエズスが私を愛し、私を天国にふさわしい者とするために、驚くべき慈悲を施してくださるからです。

第二に、私の弱さは、私がたくさんの罪のある弱い人たちに慈善を行うのに役立ちます。私は彼らを責めることができません、私も彼らと同じなのですから。弱い罪人です。私たちはみな、自分が完全だと思いがちです。私たち弱い人間はしばしば、まるでファリサイ派のように、まさしく誤って自分にへつらい自賛します。ファリサイ派は、神殿で祭壇の前に堂々と立ち、自分に完全証明書を発行しました。ああ、それよりも、自分をありのままに認めるほうが、あるいは自分を低く見過ぎるほうが、どんなによいでしょう。そして、過ちを認め、同じ塵で出来ている者として、神殿の裏の塵の中に沈み、罪を悔いていることを神に向かって叫ぶほうが、どんなによいでしょう。また、私たちが自分の動物性に気付いて自分を無と見なし、目を上げることもできずにいるならば、主の方から玉座から下りて来られ、私たちを抱え上げ、胸に抱きしめ、涙を乾かし、汚れを洗い流し、ご自分の近くに寄せ、お住まいに導き入れてくださるでしょう。「へりくだる者は高められる」*。

第三の効果は、勝利への武器を与えられたことです。聖カタリナは言っています。「私たちは官能に対して武装しなければなりません」と深く瞑想すべき、意味深い言葉です。

官能は、隠れていても、いつも人間の中で生きています。それならば、この除去できない重荷に打ち負かされるよりも、私たちが栄光の道具になってしまいましょう。自分に対しても寛容になることも必要です——というより、とりわけ自分に対して寛容になることが。そして、光から成る霊によって、闇から成るものを導きましょう。飛翔することのできる霊によって、地面に落ちたがるものを持ち上げましょう。うんざりすることなく、常にそうすることが必要です。落胆せずに、自分に寛容になることが必要です。私たち

* ルカ18：9-14。

に寛容な主に目を向けましょう。私たちはまたも自分を傷つけてしまいますが、主は嫌な顔をなさらず、何度でも癒してくださいます。

自分に寛容になることは、自分を承認することではありません。その正反対です！　自分を注意深く見守り、神の光を北極星として、休みなく自分を導くことを意味します。時には雲に覆われて、光を見失い、道から外れることがあったとしても、雲が晴れたらすぐに上を望み正しい道に戻ればよいのです。決してがっかりしたり、焦ったりすることはありません。航海士も操縦士もそのようにして、自分に任された船や飛行機を導き、それと共に自分の命を安全なところへと運びます。それならば、私たちの魂という、木や機械で出来たものでもなく、はかない肉体によるものでもない、もっと大切なものを、なおさらそのように導かないでどうしましょう？

私たちは、官能を足元に押さえ込んで、もう安全だ、もう勝利したと喜びますが……ちょっと気を逸らすと、びっくり箱から飛び出す小さな悪魔のように、またもや現れるのです。すると最初からやり直しです。怪物の七つの頭をしっかりつかんで、押さえつけなければなりません！　大変な努力と、金細工職人のように繊細さが要求される大仕事ですが、それが私たちにもたらしてくれる利益は、計り知れません。

シエナの神秘家聖カタリナはさらに、「戦わない者は勝つことができない」と言っています。彼女の中では、タルソスのパウロの男らしい声が、女性的な優雅さを伴って響いているように思えます。「信仰の良い戦いを戦い……」「競技場で走る者は……あなたがたも賞を手に入れるように走りなさい*」。もしも、私たちの中で官能が死んでいたら、私たちが勝利者になるべき理由がどれほど減ってしまうでしょう！　この扱いにくい怪物をしっかり捕まえているときでも、「主よ、この試練をお与えくださってありがとうございます。けれども、私が堕落しないように、助けてください！」と言おうではありませんか。

だれもが救い主のように十字架につけられることを許されているわけではありません。でも、だれでもキリストのものとなって、自分の肉を「欲情や欲望もろとも」十字架につけることは許されています。キリストは欲望に打ち勝ち、肉の罪を贖われました。だれもが暴君によって殉教させられるわけではありません。でも、私たちの強欲な肉体以上に専制的な暴君がいるでしょうか？　ですから、私は思うのです。殉教者の棕櫚の枝は、迫害の犠牲になった人ばかりでなく、自分の中の官能を滅ぼして自分を殉教させ、主の掟に喜んで従うと告白する人の手にも渡されるに違いないと。

ですから、私は自分に向かって、また、私の案内する方へ行ってみる気になった人びとに向かって、こう言います。「または出発点に戻ってしまっても、がっかりすることはありません。難破した人は、岸について助かろうと必死に努力するではありませんか？　私たちも、難破して風と大波に翻弄されているのです。私たちの人間臭さは、私たちをまさに荒れ狂う海に投げ込みます。私たちは港へ向かって進まなければなりません、波と、渦と、うねりと戦いながら、そして、空気と水の流れに逆らいながら……暗礁にぶつかってしまうかもしれません。波間に沈んでしまうかもしれません。そうなったら破滅と死は確実です。結局は、信仰を失わない人が勝つのです」。

ですから、生まれつき弱く、病気によってさらに弱くなっている私としては、神の玉座の階段で果てながら香りを放つ慎ましい花でありたいと、なおさら思います。

その花は、意地悪な風で地面に倒されたとしても、激しい土砂降りで泥だらけにされても、ぬるぬるしたよだれを垂らすナメクジに這われても、心を奪われることはありません。露が清めてくれることを、太陽が

＊　一コリント９：24−27、ガラテア２：20、５：24。一テモテ６：12。

乾かしてくれることを、そよ風が起こしてくれて、芳香溢れるつり香炉のように揺すってくれることを、信頼して待つのです。もし無分別な好奇心が茎に手をつけて、太陽だけに向かうべき茎を地面に向かって捻じ曲げたとしても、その後ではかえって以前よりも真っ直ぐに向き直ります。地面に口づけしようなどという、ばかげた欲求を打ち砕いて――太陽の口づけと清らかな露だけのために作られている花ですから。人生の特定の現実などとは無縁だと言えるのは、温室の花だけでしょう。森や土手の小さな花々は、そこまで望めません。

温室の大きな貴重な花は、地上のあらゆる危険から守られて、純潔無垢の聖なるものであり続けるためのあらゆる賜物を、善良な神から無制限に与えられるように運命づけられている人たちのように私には思えます。彼らの全生涯は、神によってあらかじめ方向づけられた一連の出来事を通って進みます。あたかも神秘の塔の神聖で不可侵の壁に守られているかのように、この世の群衆の攻撃も、妖婦の歌やさまざまな幻影の誘惑も、この花に対しては全く無力で、消えるしかありません。これらの花々は、同じ特別の性質を持つ被造物です。その中でも卓越した完璧な創始者は聖母マリアです。彼らは、この世のものでありながら、この世のものではありません。いわば、天使の軍団によって、私たちの沼地よりもはるかに高い所に持ち上げられているのです。彼らはまた、私たちに天使の存在と、私たちの天上の起源を信じさせるためにも、必要とされています。

でも、小さな花は、人生、社会、肉のあらゆる罠と、四六時中戦わなければならない勇敢な魂です。だれにも世話をしてもらえませんから、自分でやっていかなければならない孤独な魂です。小さな花は、温室の大きな花がほとんど知らないことを、たくさん知るでしょう。風、氷、夏の暑さ、霜、自分を踏みつける足、自分をかじる家畜の群れ……

でも、野山の勇敢な小さな花たちを元気づけましょう。彼らこそ、本当の「神の子供たち」なのです。ほかでもない神だけが、播き、水をやり、温め、褒め、摘んで喜ばれます。人間は良いにおいのする絹の上を歩いていることに気付きません。人間は神のすばらしい子供たちに言葉をかけもしません。でも、神はこの慎ましい花たちをご覧になります。ご自身が世界中をめぐりながら播いてこられた種から花となり、神への愛のために、ただひたすら神だけを喜ばせるために咲き続ける花たちをご覧になります。そして、この花たちのために、天国に特別な場所を用意されています。それは謙虚な人びとの花壇になるでしょう。けれども、その中で最も謙虚なのはだれでしょう？　キリストです。ご自分のように慎ましくあるようにとお教えになりました。

小さな花たちを励ましましょう。パレスチナを巡るイエズスの足元にも、十字架の下にも、いつもあの慎ましい花たちがいて、主を愛して、かぐわしく咲いていました。イエズスの一生を通じて、その御目は彼らに注がれました。幼い手の愛撫を受け、神の言葉による賞賛を受け、オリーブ園での苦悩のなかで、御心の嘆きを受け止め、十字架につけられた手足から滴る御血を受け止めました。

ですから、彼らは慎ましい花であり続けることを望むだけで十分なのです。そうすれば、常に神のお気に入りになるでしょう。彼らにとっては、幼子イエズスの揺りかごのそばや、道筋にいたいと望むだけで十分なのです。うずく頭を載せていただく枕となり、御目からの涙を集め、とりわけ、十字架の足元に留まって、人類を滅ぼさないための贖罪の御血を集めることを望むことで十分です。彼らはこの低いところから、主のために香りながら生きるでしょう。天国でも、なおいっそう香りを放ちながら、もっと愛らしく生きるでしょう。

今朝、私が泣いているのをご覧になりましたね。あの涙はたくさんのことから出たのでした。第一に、神の現存が全くないことです。

私は独りだと感じると、すべてが悲しくて恐ろしい色になってしまうので、泣かずにいられないのです。それはゲッセマネの時間です…　そして、それがしばしばあるとしても、驚くにはあたりません。キリスト教徒で、ゲッセマネのイエズスと一緒に罪人の贖いのために祈ることを望む人は、とても少ないのです！　それは最も奇特で最も苦しい時間なのです。ほかのあらゆる時間と比べ物になりません。表現する言葉も見つかりません。感覚が麻痺してしまうほどの苦しみなのです。するともう苦しみ、愛し、「愛しています！」と主に言う以外に何もできないのです。

ただ一つの例外が、ご聖体拝領の後で、私の中で平安の水脈が一本増えたと感じたことでした。一本というのは、他の脈はまだ生き生きと活動しているからです。近頃の不安材料によって、表面にさざ波が立ちましたが、私の深い所、神の平安のある所では何も変わっていません。けれども、今、新しい平安の水路が出来たことで、私の水の苦さが和らげられています。和らげるだけでなく、落ち着かせてくれているのです。

これこそまさに、この十字架の上、闇の中にいることの意味なのです…　これは生贄の儀式です。闇の中にいるのは目的がないわけではありません。それは、神の光を奪われた者たちに光をもたらします。祈らない人びとの代わりに祈ります。ただひたすら祈りの生活を送られたイエズスとマリアに私たちを似たものとする、これ以上の使命があるでしょうか？　熱心に祈るのです。熱意が感じられないときにはただ祈るだけでよいのです。病気やそのほかの理由で長々と祈ることの叶《かな》わないときには、ただ一言でかまいません。天を見上げてため息をつくだけでもよいのです。目から落ちる涙で祈っても、激しい苦痛で祈ってもよいのです…

私はイエズスを見ます。処刑台に上げられて、祈りの頂点に達したときのイエズスを。私のゲッセマネの時間に、私は孤独で、孤独に打ち砕かれているのですが、その中で私は救い主の〝祈りの沈黙〟に倣います……この沈黙は、心がそこにない状態で機械的に長々と発せられるあらゆる祈りよりも願いが強いのです。

私は十字架上のイエズスを見つめます。見られていることを感じて、主は私の目の前におられます。背が高く、色白で、ほっそりして、殴打と死闘で青ざめておられます。主は私の目の前におられます。頭を上げられます。血染めの冠の下で、がっくりと胸に垂れていた頭を。そして、私をご覧になります。私も主を見ます。涙のベールごしに視線が出会います。主はこの受難・贖罪の時に祈るようにお教えになります。私は主を見て、すべてを学びます。

私は主の視線の先を追います。それはぐるりと世界を見渡します。それは、人間のあらゆる不幸への限りない哀れみのまなざしです。そのまなざしはあらゆる人間の悲惨な光景をひとまとめにすると、天へと運び、愛だけのこもったまなざしで、愛である御父が受け取ってくださるように捧げます……生贄の魂はこのように生きなければなりません。苦しみの中に愛をまき散らし、苦しみを拾い上げ、愛と苦しみを捧げ、そして慈悲を受けるのです。そして、まなざしでの無言の会話は続きます。

「私は魂たちを渇望しています」。

「私は**あなた**を渇望しています!」。

「この時が過ぎたら、行きます。あなたは今は独りでいなければなりません。私があなたを見ていて、私があなたの**師**であることで満足しなさい」。

「イエズスよ、私は独りぼっちです」。

「私もだ。魂たちは私を愛さない」。

「イエズスよ、落胆が私を倒そうとしています」。

「恐れてはならない。それを勝たせはしない」。

「私はあなた方から引き離されている気がします」。

「そんなことはない。もしも父が天の奥深くに引き下がられているとしても、私はあなたのそばにいます。そして、愛である聖霊があなたの上に翼を広げています。覚えておきなさい。私たちの父は――「私たち」と言うのは、私があなたの兄だからですよ――あなたをきつく抱きしめないように、ご自分を曲げていらっしゃるのです。いつの日か、あなたにも分かるでしょう。あなたのこの苦しみがどんな価値を持っていたのかが……下を御覧なさい。救済のために生贄を必要としている不幸な群衆がいます。天を仰ぎなさい。愛の行為によって取り消されるたくさんの罰を見なさい。さあ、妹よ、笑ってごらん。私のかわいそうな妹。あなたは、天使さえできないことができるのですよ。自分を生贄にし、神を崇め、罪を償う。天使たちは崇めるだけです」。

「私は心配なのです。きちんと務めを果たせないのではと……」。

「私の無限の価値があなたの不完全を補います。小さな生贄よ、私はあなたが完全であることを求めません。あなたができる限りのことをしようとすればよいのです」。

「イエズスよ、それでよろしいのですか?」。

「よいのです、マリア。あなたの努力が私の涙を乾かします」。

そして? 一体、私に何が言えるでしょう? 「父よ、私をこの時から救ってください」と言おうか。「いや、このために、この時のためにこそ、わたしは来たのである」*。ですから、私はこの時を、徹底的に苦しんで生き抜くしかないのです。

今朝、私のやり方で祈ったあと、声のようなものが聞こえました。「安心しなさい。あなたの願いはかなえられます」。私は聖母《マドンナ》だと思いました。今日は悲しみの聖母の祝日です（一九四三年四月一六日、受難の週の金曜日）。聖母も願いがかなえられましたが、その前には苦しまなければなりませんでした……私は聖母のおっしゃることを信じます。聖母は、私の母であり、私の女王です。そして、あの朝の囁きは、イエズスの母、私たちの母からのものだったと思いたいのです。

一九四〇年－一九四二年

聖なる十字架よ、私の光となれ

一九四〇年は、すでに血に染まっていた世界に登場し、私にとっても非常に嘆かわしい始まり方でした。私は今起きていることを、すでに正確に予知していましたが、それが実際に起きているのを見ると、非常に心が痛みました。私は天才でも、外交官でも、戦略家でもありませんが、イタリア国民がこれから直面することや、私たちのこの国がどういうことになるかを分かっていたゆえ、特に心が痛みました。

ですから、何年も前から、私は平和が得られるように祈ってきました。私は自分ができるだけのことをしなかったと責めることはできません。私は無価値ですから、私よりももっとすぐれた他の魂たちの功徳にあやかって、ヨーロッパがそしてとくにわがイタリアが、新たな戦乱を免れることができるようにと祈ってきましたから。私は祈り、泣き、文字通りこの心配に没頭してきました。それと引き換えに、いつものように、

＊　ヨハネ12：27。

狂人扱いされました。すべてのことが今や戦争に向かうしかないと思われたとき、停戦がありました――そこで、私はそれが続くように、祈りを二倍にしました。

一九三九年の八月初めまでは、このような状態でした。八月十二日に――聖クララの祝日でしたから、はっきり覚えています――ある予感が、猛烈な時の襲来を私に知らせました。

そのとき、カトリックアクションの私の娘たちの一人が、ポーランドにいました。彼女は母親と自分の生活の糧を得るためにそこへ行ったのでした。一年前には彼女から大きな悲しみがもたらされましたが、私は彼女を愛していましたし、今も愛しています。私は彼女のはちきれるような心と刺激されやすい頭脳を、実の母親よりもよく知っていました。彼女はだれにでも簡単に騙《だま》されやすく、彼女の家族が与えることのできないもの――たとえば、十分な知的愛情――を相手の男性が与えてくれると思ってしまうところがありました。私は病気で世間から隔てられてはいますが、いつも彼女を見守り、一度は彼女を救えたこともありました……ああ！　私は彼女のために、司祭たちにまで警戒させることができたのでした……彼らはそのとき、道に迷いかけていた羊に細心の注意を払うべきだったのに、居眠りをしていたのです！　その後、彼女はポーランドへ行ってしまいました。でも、私は彼女を見失いはしませんでした。

八月十二日に、あの「声」が差し迫った様子で言いました、「彼女にすぐに戻って来させなさい」。私は手紙を書きました。それは国境を越えた最後の手紙で、私の娘は不運なポーランドから出発した最後の列車で戻って来ることができました。そして、私がそれほど心配させた騒乱が実際に始まったとき、私はもう泣きませんでした。

私には、いつもそういう具合になるのです。私は先に絶望します。現実を前にして、最もおめでたい楽天家でさえ、絶望するときに、私はもう絶望していないのです。私はすでに、その時間を生きてしまったのです。ですから、私ははるかに泰然として、事態の現実に溶け込むことができるのです。私はその時代のすべての悲しみを感じます。でも、もう乱されることはありません。すでに私の苦悶である予知によって見てしまっているからです。この一週間の私の深い悲しみは、私が非常に悲惨な未来の出来事を見ているせいでもあります。

一九四〇年は、このようにして始まりました。すでに多くの血がまき散らされていましたが、さらに多くの血が求められていました――しかもイタリア人の血が――多くの人が、私たちの「非交戦」を空頼みしていました。でも、私は違いました。祈りと犠牲を倍加しました。でもそれは、戦争に伴って起きることが避けられないと私が感じていた恐ろしい諸々の事柄において、私たちへの慈悲をお願いするためでした……

一月にはソルダレッリ夫人の御主人も亡くなりました。私はその魂が、多くの過ちを犯して、赦しの秘蹟を受けずに神のもとへ行くのが気の毒でなりませんでした。そこで、その死にゆく人が司祭に会えるように取り計らいました。彼の妻は、愛情に目をくらまされて、夫が断罪されるべきであることを理解しませんでした。けれども、私は知っていたのです。そこで司祭を呼びました。私たちの怠慢のせいで一つの魂が失われるなんて、想像もできません。司祭は行くと約束してくれました――けれども行きませんでした。私はその不運な人の最後の夜、一晩中祈っていました。何か役に立ったでしょうか？　神さまだけがご存じです。

ともあれ、気の毒な魂たちを救済するのに、いくぶん遅さが見られるのは残念なことです。真っ先に熱意を失うような人が説教しているのなら、説教をしても無駄です。司祭のための祈りがどれほど必要なことでしょう！……しばしば、キリスト教徒の務めを果たそうとしない魂たちが批判されます。でも、非常に悲しいことですが、率直に言わなければならないのは、これらの哀れな魂たちの世話を任されている教区司祭たちが責められるべきことが少なくないことです――魂たちは、どうしようもなく重い皮膚病にかかっているようなものですが、それだからこそ世話をされなければならないのです。

結局のところ、その男性はこのようにして亡くなりました。彼の魂が最後の瞬間に自分で神の方へ向かったことを願いましょう。

けれども、本当のことを言いますと、私は相当嫌気がさして、他の小教区に変わろうとまでは思わないまでも、私自身のためにも秘蹟を受けるのにあんなふうにもたつかなくて済むように、別の司祭を探したほうが良いのではないかと考え始めました。そして、私はそれを口に出しても言いました。真実の口を封じるべきではないと思うからです。この点に関しては、私はシエナの聖カタリナを大いに見習います。「そうするべきではありません」と教皇さまに対してさえ言う勇気を持ちたいものです。私が思うに、だれでも間違いがあります。ですから、自分が間違っているときに教えてもらうことは、だれにとっても大切なはずです。時には、幼い子、無学の人、あるいは下の者が、私たちの間違いを見抜き、率直な言葉で正しい道に引き戻してくれることがあります。けれども、私が発言したことは何の役にも立ちませんでした。私はいつも、ほとんど注意を払われないのです。そして、やっと返事が来るのは百日くらいも経って、何度も何度も要求して、やっとなのでした。アーメン！

一九四〇年春、母が発病し、私は活動的な司祭を探す必要にますます迫られました。母は一種の腸性自家中毒でした。気まぐれな栄養摂取と自己流の治療のせいです。頑固な母のことですから、回復しては、さらに気まぐれな食事によってぶり返すの連続でした。そこで私は怯え、心配し、苦しみ、不平を言われました――ええ！　それはたくさん!!!　マルタと私は、本物の地獄を味わいました。

母の世話に最善を尽くしていると分かっていますから、私の良心は穏やかです。薬でも、食べ物でも、何も悔いはありません。母がそれに感謝しないのは、いつも通りでした。それどころか、母に言わせると、私とマルタは母をほったらかしにしているのでした。私たちがどう行動していたか証明してくれる人がたくさんいるのは幸いです。医師は、母を失うのではないかとしばしば涙ぐんでいる私を見て、こう言いました。「なあに、神に感謝すべきですよ！　お母さんが亡くなれば、あなたの病気は良くなること間違いなしですよ。自分のことを考えなさい！」と。でも、母は私の母でした。私の母なのです。母は愛されるようなことを何もしてきませんでした。むしろ、最強の愛に抵抗するためにあらゆることをしてきました。でも、私はまだ母を愛していますし、そして愛し続けるでしょう。私の他に母を愛している人はいません。前は父と私でしたが、今は私一人です。

以前のような最低限の静けさもなく、母から与えられる金額で収めるために、自分の栄養摂取は以前よりも減らして出費を切り詰める一方、母には、お気に入りの極上肉と、良質のワイン、季節外の果物や清涼飲料水を準備し、夜は常に母の動きに耳をそばだて、いつも以上に叱られ、マルタが常に叱られているのを聞きながら、病気の母を見ていると心配で、すでに損なわれていた私の生命に、大きな打撃が加わりました。

それ以来、十年ぶりくらいに私の容態は悪化しました。すでにかかえている病気のほかに、新しいものが加わったのです。痙攣性の痛みを伴う神経炎は非常に辛く、医師に死なせてほしいと頼んだほどでした。激痛をもたらす三叉神経を麻痺させるために、非常に強力なヨードチンキを顔中に塗りもしました。痛みに鎮痛剤を使うことは、私の心臓の状態ではできませんでした。その神経炎に硬髄膜炎が加わって、感覚が麻痺し、まるでミイラになったようでした。ほんの少し体を動かしても、大きなうめき声がでました。腎臓は損なわれ、慢性膀胱炎から腎盂膀胱炎に進み、ついに腎出血と膀胱出血に至りました。腹膜炎は広がり、腸閉塞を発症しました。右側の胸膜炎は広がり、癒着が出来て痛みました。一九四〇年のとても寒い十二月に、マルタが数日間不在で、湯たんぽも暖房もなしで置かれたため、肺に鬱血が生じ、それ以来、何度もぶり返しては、その度に悪くなっています。何と見事な病気リストでしょう！　けれどもこれが私の…ひとすじの道なのです…

一九四〇年の春に、母の具合がもっと悪くなったとき、私は数人の親戚に手紙を書いて、母の病気が重いことを知らせました。だれもが、心のこもった励ましの返事をくれました。その中に、私が直接手紙を書いていなかった男の親戚*からのものがありました。というのも、私は女の親戚だけに書いたからです。女同士はお互いによく理解できますから。

彼はひどい試練を受けた人です。七歳のときに母親を亡くし、四十歳のときに妻を亡くし、四人の子のうち、息子一人は一九三五年に二十一歳で亡くなりました。私はレッジョ・カラブリアに滞在していたとき、この人をよく知ることができました。善良で実に快活な心の持ち主で、彼の善良さが全く人間的なものであるのが残念でした。信仰の痕跡が全くなかったのです。けれども、私は大目に見ました。男たちに囲まれて、祈ることを教えてくれる母もなく育ち、だれからも神について教えられることなく、ホテルという、霊的高揚には明らかに不向きな環境で育ち、それなのに人間的にすばらしい人間でいるということは、実にたいしたことだと思ったのです。

ですから、彼の手紙がすっかり信仰心に充ちていたのには、びっくりしました。考えてみると――私たちが彼のホテルに滞在していたとき、母とけんかになり、以来手紙をくれていませんでした。父が亡くなったときだけ、母に手紙を書いてきました。何と言ってきたのか私は知りません。母はジュゼッペが非常に宗教的になったと驚いていましたが、母の返事がとても的外れだったので、もうそれきりでした。

彼が率直に最近明かしたところによると、「不思議な力に駆り立てられ」自分の意志に反して、私に書かずにいられなかったのだそうです。というのも、時が経って私が「母親によく似て、心の冷たい利己的な人」になっただろうと思っていたので、自分の意志では手紙を書きはしなかっただろうというのです。以上は手紙からの引用です。私は礼状を書きました。すると返事がきましたから、私の返事は彼を失望させなかったようです。四月から六月までに三回、手紙を受け取りました。

そして、一九四一年四月まで音沙汰がありませんでした。それは長い手紙で、自分がまだ超自然的な力に促されて書いていることを示し、実は自分が、熱心な筋金入りの心霊主義者であることを明かしていました。私はベッドから本当に飛び上がりました。心霊術、心霊主義の類のものは、私には恐ろしい「お化け」です。私は爆弾でもびくともしないでしょうが、心霊術的なことを聞くと道の真ん中にピョンと着地するバッタのように、飛び上がってしまうのです。

そのことをマルタと面白がったあと、はじめは返事も出さないつもりでした。でも、それでは思い遣りがないと考えました。結局のところ、彼の手紙は神への尊敬と、神の意志への従順が溢れていました。それは、カトリックの信仰生活実践者の中にも見られないほどのものでした。とりわけ彼は、妹の代わりに、ピオ神父のことについて返信していたのです――私は彼の妹にあてた手紙で、東アフリカで戦っている甥のために、ピオ神父のことを書いていました――彼はこの修道士のことをたいそう褒《ほ》めていて、教会に対しても深く敬意を払っていましたから、私は彼を断罪する気になりませんでした。

私にとっては、ともかく信仰を持たないよりはましなのです。偶像崇拝者と無神論者では、偶像崇拝者の

＊ ジュゼッペ・ベルファンティ（一八八一―一九六三）。マリア・ヴァルトルタの母の従弟。レッジョ・カラブリアでの滞在について語った章で言及。

ほうがましです。私は無神論者を恐れます。私が思うに、神を探す人、真実と光を真剣に探す人は、すでに神の道にいるのだと思います――純粋な意図で、自分が存在を感じる神に本当に憧れて、でも神がどこにどのようにして存在しているのかを知らずに、これらすべてを、慎ましく、何の下心もなく探し求めるならば。それは並行ルートかもしれません、曲がりくねった道かもしれません。それでも、神への王道にまだ近いのです。ですから、こういう人は、軽視されるべきではなく、真理の知識において一足先に進んでいる者が、探究を助けるべきなのです。

そこで、少し震えながら、私は返事を書きました。彼の考え方の一部には反対しましたけれど。私の反論はかなりきつかっただろうと思います。

彼は気を悪くしませんでした。それどころか、それからも文通を続けています。あるときは、お互いにずいぶん失礼なこともありました。けれども、結局はいつも和解するのでした――私たちは意見が異なっているけれども、見ているのは同じ一点、つまり神だということを認め合って。

このことについてはすでに口頭で申し上げましたから、これ以上は立ち入りません。ただ、これも無駄ではなかったことを申し上げたいのです。長い、辛抱強い文通を通じて、私は神を求める心の中に生えるたくさんの絡まった茎の中に良い種を播きました。人生が終りに向かって下っているこの時期に。

時々、ある種の事柄に関して恐怖を感じると、何もかも途中で打ち切ってしまいたい気持ちになりました。特に、彼の過激な意見が、私の考え方や信じるところとはるかにかけ離れていて、不快を感じ、いらいらさせられた時などには。でもそうしてはいけないと感じました。よきイエズスがそれをお望みにならなかったのです。私はこれが悪魔に付け入るチャンスを与えるのではないかと恐れてもいました。でも、これに関しても、一筋の光と高所からの声が、回答と明晰さを与えてくれました。それはいつも私の不安に答える聖書の言葉でした。「わたしはあなたがたに、蛇やさそりを踏みつけ、敵のあらゆる力を制する権力を授けたのだから、何ものもあなたがたに害を加えるものはない」*。そして、私の心の深みから、イエズスの声がこうも聞こえました。「恐れることはない。あなたに悪いことは何も起こらない。この人間を見捨ててはならない。彼も私のものであり、私を信頼し、私が自分の血と彼の信仰で買い戻したのだ。彼を裁いてはならない。ただ私の言葉を彼に届けなさい」と。

ピオ神父の祝福も、私に続ける勇気を与えてくれました…… おまけに、私たちは千キロも離れていたのです。私は勇気があったとお思いになりません？

一九四一年六月に、ジュゼッペから私あての「メッセージ」なるものが送られてきました。それは、謙遜ぶったお世辞で締めくくられていました。でも、私はかっとなりました。私は心霊主義と心霊主義者を真正に告発する返事を送りました。私はその下書きをまだ持っています。でも、あとで私は後悔しました。ちょうど同じころに、別の人たちからも同じような手紙を受け取ったのです。私はその人たちをよく知っていて、神によって導かれていると私が確信できる人びとです。その人たちが、「メッセージ」について、ジュゼッペとほとんど同じ言葉で、全く同じことを書いていたのです。

そこで、私は正義の精神に照らして、自分にこう言いました。「自分が評価できる人びとからのメッセージは、善良なる神から送られた返事であり、励ましであると認めるのに、どうして、こちらは受け取るのを拒否するの？　おまえはどんな権利があって、あの人びとは取り憑かれているとか、少なくとも頭が変だとか判断できるの？　神の霊はどこへでも、望みのままに吹くことができる。もしも、おまえが慰めの言葉を

＊　ルカ10：17-20。

受けるのがふさわしいとお思いなら、その運び手は、今おまえが知らない人かもしれない。おまえは今、落胆の海に浸って、正しい道にいるのかどうかと揺れ、自分の頭がちゃんとしているのか、狂っているのかと迷っているのに、どうしてこれらの言葉を軽蔑したがるの？　キリスト教の二千年の歴史の中で、のちに聖人の光輪で飾られた人たちが、最初は異端とされたことは何度もあるじゃない。彼らも、自分に指示する「声」を聴いたと言ったせいで、嘲笑され、厳罰を受け、処刑された。だから：：裁いてはだめ。称賛には謙遜、行動には賢明を心がけて。おまえがどうすべきか、主が教えてくださるように願いなさい」。

私はその頃、熱心に祈り、しるしを切に望みました。そして、限りない平安と共にそれを受け取りました。神は私とジュゼッペの文通を危険と見なされないことが分かりました。そこで、私は文通を続けました。

私はその声の主が、だれなのか彼なのかと思案にふけることはありません。私はただ、これらの言葉が私自身に悪影響を与えはしないかと耳を澄ませました。もしも何らかの乱れを感じたら、すべて打ち切るつもりでした。でも、プライドの高まりや信仰の妨げ、不可解なものから来る身震いは生じませんでした。称賛を受けても、今までどおりにしていました。それどころか、以前よりも深く、謙遜と感謝の中に沈み込みました。そして、「もしもこれらの言葉があなたから聞かせていただいているのなら、私はあなたの腕に留まるに値する者となるように、できる限り完璧に振る舞わなければなりません。ますますあなたに感謝し、あなたからの愛にお返しするために、ますますあなたを愛さなければなりません」と言いました。そして、あの時からずっと、私は主を決して失うことがないように、一層気を付けるようになりました。これは確かです。

以前私にこうおっしゃいました。私は物事を何でも受け止めて、それをほかの人が書いたり受け止めたりしたのとは違う特別な見方でいつも見ていると。そのとき私は、実はこういうことなのですとお答えしたと思います。私の魂から発した光が、その太陽であるイエズスによって明るくされて、すべてのものを照らし、すべてのものに超自然の光を当てるようなのです。

けれども、これも神が約束してくださったことのうちに入ります。主は神の名によって行動する者は、蛇や、野獣や、悪魔のわなから害を受けることがないとおっしゃったではありませんか？[*1] 私は思うのです。ある魂が、本当にキリストと一致しているなら、たとえ地獄を通り抜けたとしても、少しも被害を受けることがないに違いないと。ただし、それは自分の手柄によるのではなく、その中にお住まいになっているあの方の力によるのですが。

そこで、私の人生でのこの出来事も、他の人になら疑念や不安をもたらしたかもしれませんが、私は大丈夫でした。つまり、その悪魔的な術は、善のための道具になるように向きを変えられて、私をさらに大きな善へと駆り立てたのでした。

神は常に私を愛されたので、私の人生で問題が生じるごとに、そこから完徳の教訓が引き出されたほどでした。何らかの理由で私と接触することになったものは、すべて本来の悪をぬぐい去られ、私を刺激して善へと向かわせるだけでした。「でも、大いなる憐れみをもっておまえを憐れむ[*2]」御父は、こうしたことをいつでもおっしゃり、私はその全真実を感じます。

私はあのように育ちましたから、信仰もない、ほとんど道徳性もない人間になっていておかしくないところでした。永遠なる方、神が私を導き、私の人生を通して私を支えてくださいました。私は「おまえたちは

*1　マルコ16：17–18、ルカ10：19–20。
*2　イザヤ書54：7–8。

乳を含みながら脇に抱えられ、膝の上であやされる。母が子を慰めるように、わたしはおまえたちを慰める＊」という言葉を思うとき、いつも次のように言います。「そうです。主よ、あなたはいつも、私にそのように振る舞ってくださいました。あなたは私にとって、父、母、夫、兄、友、師、司祭でした。今もそうです。あなたは私にとってすべてです。おお、主よ、私をあなたに似せて形造られた方は、あなたをおいてほかにありません。私は生まれたときは形のない泥で、母の腹によって台無しにされました。それをあなたは、沼地から泥をすくうように取り出され、あなたのお考えの通りに私を形造られました。哀れな泥である私は、時には自分の思う形になろうとしました。くすんだ塵ながら、時には導かれたいと思いました……すると、あなたが、あなただけが、私を導いてくださいました。あなただけが私の歪みをものともせずに、私を造り続けてくださいました」。

神は、私が知り、見聞きし、苦しんだすべてを利用して、私が神への道を進むようになさいました。私の嘆き悲しみは、御心を求めさせるためでした。教育は神を礼拝させるためでした。自然は、神を賛美させるため。私の欠点は、神の哀れみを喜ぶため。他者の欠点を知ることは、神の善意に感謝するため。他の宗教や思想は、私の神に対する愛、信仰、傾倒を強化するために利用されました。

そうです。他の宗教も、私の神への献身の強化と霊的向上に役立ったのです。私は他の宗教の教義を知ってから、どの宗教にも私たちの本物の宗教の断片が含まれているといつも思ってきました。人間の言葉でたとえるなら、真理の一部を含むそれらの断片は、唯一の真の宗教から剥がれてくっついたものとみてよいでしょう。真の宗教とは、神からモーセに与えられ、のちに神の御言葉によって裏付けられたものです。生まれて来たすべての人に見えるように、空高く掲げられた巨大な鏡のような宗教、それは、永遠の宗教でした。ルチフェルとその一味は、腹を立て、そのすばらしい鏡に投石しました。石は神の光が輝いている中心にではなく、悪魔たちが何とか見ることができた鏡の縁に当たりました。そこで、細長い破片が地上に落ち、他の宗教の種となったのでした。こうして、それらの宗教には、誤謬の中にも常に真理の大きな破片が多かれ少なかれ含まれているのです。

いろいろの宗教やその道徳規範を調べていると、どんなに捩《ね》じれた誤謬の累積の中でも、神の光の反射が輝いていることに気付き、私はますます私自身の掟に従う気持ちを刺激されます。たとえば、バラモン教は、節制と清浄を特に尊重しますが、私はこれまでよりも清らかになろうという気持ちにさせられます。イスラム教は、東から西まできらめく神をたたえ、星の中にも草の中にも、いたるところで被造物が神の力を証言しているのを見て神をたたえますが、私も創造主を誉め賛えたくなります。神道は、「蚊の羽音が聞こえたら、それは神だ」というように、命あるものがいるすべてのところに神がいると宣言しますが、私も神をすぐそばに、ありありと見るかのように生きるようにさせられます。仏教は、慈悲を説き、私たちの福音と深く共鳴するものがあります。福音では、永遠の命を得るなどの使命を果たすために、真っ直ぐな心を持ちながら隣人を愛するよう、説かれています。そこで私も、隣人たちにもっと慈悲深くなろうと努めることになります。両親をはじめとして地球上の最後の住人にいたるまで。

私は自分に尋ねます。「真の宗教でない宗教の信者たちが、彼らの預言者や神の使いに言われて、清らかで神聖な生活を送るように導かれるのなら、私たちは、真の宗教を持ち、神御自身の御子を神からの使者として受け取ったのであれば、いったいどういう生き方をすべきなのでしょう？　誤った掟に支配されている人間でも、善に向かってそれほど高く向上できるのなら、私の魂よ、善なる神を持つお前は、どうするべき

＊　イザヤ書66：12－13。

なのか？」と。

一例をあげますなら、私はいつも御絵や御像を大切にしてきました。でも日本では、神々の子孫である天皇の写真を決して新聞に載せないのだそうです。それというのも、新聞は読み終えたら、いろいろな用途――あまり上等ではない用途にも――で使われますから、天皇の写真が汚されて不敬になるといけないからです。そこで私も、イエズスやマリアや聖人たちの名前が書かれた新聞を決して使わないように気を付けるようになりました。

私は思うのですが、魂が本当に神によって浸されているなら、液体がすっかりしみ込んだ布のように、もうほかのものによって侵害されたり迷わされたりすることはできません。魂にとって大切なことは、神によって潜入されることです。神がお求めになるのは、被造物たちをご自身で満たすことだけです。

昨日の朝あなたは、私が純潔にかかわる重大な罪を犯してはいないと思うとおっしゃいました。そうおっしゃってくださるのはもっともです。けれども、私は恐れによってではなく、愛によってある感受性を与えられたのです。それはごく僅かな不完全な傾向でも、私に警告するのです。それはやましさとも違います。やましさとは別のものです。やましさは、罪がない時にも、罪があると断定します。あることが罪であるかないか、私には分かります。でも、私の中で何か良くないことが生じかけただけでも、たとえそれを思っただけであっても、私の良心はすぐに教えてくれるでしょう。「注意しなさい！　イエズスを悲しませますよ」と。すると、私はそれを望んだことだけで、その小さな傷が出来たことだけで、涙が出るほど苦しむのです。自分のためではなく、イエズスのために。

神父様、私はイエズスを愛しています。けれども、その愛は多くの人の愛よりも、もっと強いのです。心の愛ばかりでなく、肉と血の愛でもあるのです。私にとって、神とは抽象的な、遠く離れた手の届かない観念ではないのです――大多数のカトリック信者にとっては、そうかもしれませんが。私にとって、神とは実在です。単なる観念的存在ではありません。ここに、本当に生きているのです。私は神を感じ、神に話しかけ、私の中に持ち歩いています。

私は娘として、両親を最大限に愛していましたから、両親に苦痛を与えるようなことをしようとは、絶対に思いませんでした。私は妻として、夫を私のすべてで愛したでしょうから、彼に苦痛を与えるようなことは決してしなかったでしょう。それでは、私が絶対的な愛である神に対して、そうしないことがあるでしょうか？　私を一度も傷つけたことがないのは、一体だれでしょうか？

ああ！　私が自分の欠点を思って嘆くのは、罰を恐れるからではありません！　神を悲しませたという思いなのです！　私のどんな苦痛と引き換えてでも、微笑ませたいあの方を、私が悲しませてしまった?!　私はキリストの涙のすべてを乾かしたいのです。それなのに、なぜ、愛する人びとに新たな涙を湧き上がらせるようなことをするのでしょうか？

けれども、私がどんなに完全に、熱心に、痛切に、私の神を愛しているか、お分かりになりましたでしょうか？　たぶん、神を私よりももっと愛している人はいるでしょう。でも、私は、私に可能な最大限の愛で、愛しているのです。これ以上はできないでしょう。たとえ、溢れる愛によって、心臓が破れ、血管が開き、力を使い果たして死んでしまうとしても。マグダラのマリアは、救い主の足に涙とナルド香油を注ぎました。*私は自分を注ぎましょう。私は愛のために、私の肉体という容器から、私のすべてを注ぎます……

今朝、愛の御方が来られました……それで私は燃えています……

＊　ルカ7：36―50。

永遠の**全善**の御方の何という奇蹟でしょう！　私たちの主イエズスは、御父によって最も犠牲にされ、至福を奪われている魂のところにさえ、いつも計り知れない多くの慰めを持って来てくださいます。この魂が奪われた至福は、他の魂のところへは、永遠なる方の微笑みを通して流れているのです。イエズスはよくご存じです。厳格な義のもとで、私たち哀れな生贄は孤独のうちに死ぬでしょう。ご自分が経験されたからご存じなのです。だから、疲れ切った私たちに元気を取り戻させるために来られるのです。愛の宝物を持って来てくださいます。ご自身の愛という炎と光を持って来てくださいます。すると、私たちの目は開かれて、涙によって曇らされることなく、鷲のように見えるようになります。そして、私たちから御父のヴィジョンが奪われていたのは、試練を増やすためであったことが分かるのです。

ほんの一瞬であってもよいのです。一日中、そしてそれ以上も続く、喜びをもたらしてくれます。そして、一瞬だけ与えられるので十分です。さもないと、私たちは弱いですから、耐えられないでしょう。私たちは幸せすぎて壊れてしまうかもしれません。けれども、このように一瞬だけ与えられるなら、私たちは霊的本質を増やされ、平安を新たに注ぎ込まれます…　今は私たちの霊は神と結びついていますから、永遠の湖から平安が私たちのところに完全に戻って来るのです…　私たちは神の輝きによって照らされ、見ることができるようになります。私たちは心を開かれ、理解できるようになります。私たちは心を広くされ、愛することができるようになります。私たちは元気を与えられ、耐えることができるようになります。要するに、神はご自身をお与えになるのです。

さて、本筋に戻りましょう…　愛の声を追及して脇道へ逸れてしまいましたが。

そこで、私は母の従弟との文通を続けたのでした。この困難な問題もほかの多くのことと同じように「使徒」としての仕事に入れて。

病気のために、家にこもらなければならなかったのは確かです。けれども、それだからといって、私の小さな使徒職の障害にはなりませんでした。人は望みさえすれば、神への愛から使徒職を続けることはできるのです。

病気における忍耐は、もうそれだけで使徒的です。苦しんでいるのに微笑む人、少しも健康でないのに心配しない人、人間的に見ればとても大変そうなのに、神の意志を実行できる人は、懐疑的な人や単なる不熱心者たちに、永遠の真理について、よく考えるように仕向けます。永遠の真理は、あまりに多くの人から否定されたり、軽んじられたりしているのです。長い年月にわたって激しい苦痛が少しもよくならなくても、明るく信じていられるという奇蹟的な忍耐を目にして、どうして神や魂の存在を否定することができるでしょう？　私たちのように慢性的病人を見るだけでも——苦しみを甘受するばかりでなく、苦しみつつ生きることを喜んでいるのを見るだけでも——この世の道楽者や、利己主義者や、不平家や、反逆者たちへの教訓となるのです…

それから、言葉による使徒職もあります。単に好奇心からやって来る野次馬に、私たちは神の名において、形式ばらずに働きかけることができます。ヒナギクの雌蕊《めしべ》のように小さな試練を抱えて泣きに来る友人たちに対して、私たちのように大きな試練を抱えている者は、試練は贈り物で、罰ではないことを示して慰めるのです。私たちのように病気で、それほど神に身を任せていない人たちは、私たちよりも精神的に苦しんでいますから、私たちは話をしたり、書いたりすることで大いに役立つことができます。

生贄の魂は、すべての人のためにキレネ人でなければなりません。私たちの善きイエズスのためにも、彼が最初に運ばれた十字架を運び続けなければなりません。私たちの隣人のためにも、本人にとっては大きなものであるその小さな十字架を運んであげましょう…　十字架のたいへんな重みに傾《かし》ぐのは、私たち生贄の肩です。私たちの中には愛の正しい認識がありますから、それが糧となり、原動力となって、あの重さに屈服することなく疲れることなく運ぶことができるのです。

ですから、来させてください！　もし私たちの兄弟姉妹に送られた十字架が、彼らをあまりに気落ちさせるなら、私たちがいつでもそれを担ぎましょう。最も弱い人のために祈り、犠牲となり、苦しみを耐えられない人の代わりに耐えさせてくださるよう神に慎ましく願うこと、これが私たちのするべきことです。私たちは長期の病でぼろぼろの生活の中にいる霊の闘志たちです。私たちは苦しみの「理由」を知っていて、その神的な味を味わい、その天上的美しさを見抜いているのですから。

聖カタリナは「最も神聖な十字架の木に上りましょう」と書いています。「そうすれば、神を見て、神に触れることができるでしょう。そこで、私たちは神の計り知れない慈悲の炎を見いだすでしょう。その炎は、彼を十字架の屈辱へと走らせ、高く上げられることになりました。彼は御父の名誉と私たちの救済を熱望して渇いておられます。私たちはもし望むなら、優しい真実の口から語られた言葉だけで十分に満たされるでしょう。『私が上げられたら、私はすべてを私のところへ引き上げよう』という言葉です。もしも、『高すぎて上れない』と言うなら、彼がご自身の体を梯子にしてくださいます。あなたの愛情を神の御子の足にまで上げ、あなたの体を私たちのために開かれて使い果たされた御心のところにまで持ち上げるなら、彼の口の平安に届くでしょう。そして、あなたも魂を味わい、食する者となるでしょう」。

これこそが、キリストとその御業に一致するための極意です。十字架。これこそが、私たちに神を与え、魂を与えてくれるのです。

ある苦しみを要求されたとき、私は一瞬迷います――身震いするのは私の人間的部分です…　でも、イエズスが物乞いの格好をして、私に手を伸ばしていらっしゃるように思えます……すると、もう何も拒むことはできなくて、こう言うのです。「ああ、主よ。この苦しみもお受けします。もう一人別の魂があなたを愛するようになるのならば！」。

ああ！　神としっかり結びついている魂にとっては、制約や限界などは何もないのです。大海の中の一滴、あるいは、大空の中の一つの星のように、主の中に没入しているので、その魂の前に広がるのは、神が活動される無限の自由空間です。それはすべてを包み込み、助けることができます――天も地も、生きる者も死んだ者も。

神との結合が、十字架の死に至るまで完成されると、それは**神なる人間**と似た者になるということですから、本当に神の似姿を与えられます。神のプリズムの一面は普遍性と無限性です。麦わらが波に身を任せるように、自分を神に委ねた魂にとっては、もう限界はありません。私たちの行動や祈りを導いておられるのは神御自身です。私たちは神の御意志に身を任せ、私たちの意志はすっかり神の意志に吸収されています。

それは甘美な愛の奴隷となることです。私たちは人間性を完全に無にされ、キリストの人格にまで持ち上げられ、吸収されます。その崇高な輝きの中で至福に満ちておられるあなたを、だれが表現できるでしょうか？　私には熾天使《セラフ》の身ぶりの意味がよく分かります。彼らは神を礼拝するとき、自分たちの輝く顔を大きな翼で被って心を落ち着かせます。神の神秘を前にしたときの、私の魂もそうです。神は哀れな奴隷の上に、宝のような壮麗さで身をかがめられます。すると魂は神を賛美して心を落ち着け、神から発する眩しく輝く光を自分のうちに閉じ込め、無言で礼拝します。私たちを愛してくださる神の詩を前にして、賛美の沈黙ほど私たちにふさわしい態度はありません……

自分を「奴隷」と呼ぶのは、神が私たちを子として自由にしてくださっているのに、さもしいと思われるかもしれません。けれども、私はこのように、愛によって人間の自由を放棄することほど美しいものはないと思うのです。この放棄を、アダムの子らはたいへんにうらやみ、神にこう言ったほどでした。「私を創られたあなた、どうか私の父であり創造主であるばかりでなく、私の主人、王になってください。私は取るに足りないもので、独りでは立つこともできません」。もしも人が、自分の意志で悪魔の奴隷になることができるのであれば、自ら進んで、自分は神の奴隷だと宣言して、どうしていけないことがあるでしょう？　私は、自分が極端に弱いことを知っていますから、全く支配される恐れなしに独りで立つことはあり得ませんから、自分を最強の方に委ねるのです。それは、神、私たちの主です。このようにして、私は永遠の敵である悪魔の難を逃れるのです。

ああ！　私は自分を捧げたことを後悔していません！　たとえ主が、私への返礼と私が主に委ねた人たちへの報いとして、あれほどたくさんのお恵みを与えてくださらなかったとしても、私は後悔しません。私には、光と保護と霊的成長という、限りないお恵みをいただきました。他の人たちのためには、そのときどきや、個々の必要に応じたお恵みをいただきました。けれども、すべてはそれをお与えくださる神への感謝の念をわき上がらせるのに適したものばかりです。

私の人生のこの最後の時期については、もっとお話ししなければならないことがあります。けれども、そうすると、聖所のベールを持ち上げるような、自分をひけらかすようなことになる気がします。ですから、黙っていることにしましょう。そして、結びに入りましょう。神父様、あなた宛てに書くにあたって、私は言いたいことをもっと省くこともできました。そうすれば、主を愛することがどんなにすばらしく、寛容で、誠実なことかを、まだ知らない小さな魂*に、伝えさせるのにもっとふさわしかったでしょう。けれども、私は同じことを、たった一人の小さな魂にも言うでしょう。私は彼女を、神父様が私に書くようにお望みになったこの仕事の間中、ずっと近くにいさせました。私は彼女を公的な監査役に格上げし、私が意図せぬうちに何らかの事実を曲げるようなことがあったら、すぐに注意してもらうためでした。私は自分が「ひとかどの人物」であるなどとは、とても思えませんので、いつも自分の実像よりもよく見せてしまうのではないかと心配しています…さらに、私は、この最後の言葉が、神さまだけがご存じの何らかの目的で神さまが私の側にお置きになった、この小さな魂のためにもなるのではないかと思うのです。それでは、始めましょう。

私たちは神に近づくには卑しすぎると考えて、神から遠ざかるようなことはしてはいけません。同様に、善の道に取り組むことなどできないと恐れ、ひらめきの実行を思いとどまったりしてはいけません。こうした悪魔的な口実は、私たちの善い衝動を麻痺させ、あらゆる完徳の泉から私たちを引き離すことができるのです。

私はこうした「でも」や、「もし」をぐずぐず考えて、すでに神に向かっていた魂の翼を切って敗走させることはありません。私は自分が欠陥だらけだということを知っています。けれども、神はそれを、私よりもよく御存じです。神は公平な方ですから、私に出せる以上を要求なさることはないということを私は知っています。

私が知っている、神を怒らせる唯一のことは、わざと悪いことをしたがることです。私たちのためになる呼びかけや助けを、神からあれだけ与えられながら、そうすることです。不完全があるのは辛いですが、私たちを謙虚に保つためには必要です。私たち人間は、もし自分だけで、肉体のみで生きることになったら、

＊　マルタ・ディチョッテイ。

人間はそれをとても自慢に思うでしょうが、実は悪以外の何ものでもないことが、不完全によって分かるでしょう。私は、不完全とは、神の御心の広さと深さを優しく示してくれるものだと思います。神はそれらを包み込み、赦してくださいます……

私は良い行動をすると、御父を喜ばすことができるのでうれしいです。でも、またもや新しい欠点が出来たとて、落胆することはありません。それらは私の謙虚さを増すでしょう。そして私は、イエズスを信頼する人にイエズスがどれほど憐れみをかけてくださるかを見て、さらに感謝するでしょう。彼は「救い主」ですから、私は自分の過ちを彼に示します。彼がそれを打消し、これからも私と共に救いの業を続けてくださるように願って。

どんな重大な過ちも、私を神から遠ざけることはないでしょう。たとえ、それが人間の裁きにも告白できないような重大な過ちであったとしても。主がいかに限りなく善い方であるかが分かってから、私は何事にも身震いすることはありません。むしろ、主は私が完全になりたいと望みながらもこれほどに不完全であるからこそ、私をこんなに愛してくださるのだと思うほどです。そして、私がそう――不完全――だったと気づけば気づくほど、私は彼のところへ行くのです。そして、大声で叫ぶのです、「イエズス、私を哀れんでください！」と。

もしも魂たちが、キリストによってどれほの愛で愛されているかを知っているなら、一つの魂も失われることはないでしょう。彼らは過ちを犯すたびに、慈悲深い御心に逃げ込むことができるからです。信頼するどころか、神とその罰を恐れるのは間違いです。

魂たちは、愛を形においても本質においても損なわれていると、神を地上の専制的で強硬な独裁体制の君主のように見たり、あるいは神を見ようともしなかったりします。彼らは神から逃げ隠れします。そのようにして、彼らは道に迷うのです。カトリックの中には、いまだにジャンセニスムが多く見られます。なぜ、過度に尊敬してイエズスから遠く離れているのでしょう? 尊敬はよいことです。けれども、あまりに高い所まで押し上げると、愛には有害です。父に信頼して身を任せる子供たちの愛の方が、手の届かない玉座にいる君主への被統治者の態度よりも、はるかによいでしょう。

さあ、イエズスのところへ行きましょう。いつも行きましょう。もしも、罪の陰りすら感じないほど純粋無垢であるならば、イエズスのところへ行きましょう。イエズスご自身が純粋さに包まれているからです。もし罪があるならば、イエズスのところへ行きましょう。彼はまさに罪人の贖いのために天から来られたのですから。私たちの弱さにブレーキをかけ、改良するのを助けていただくために、イエズスのところへ行きましょう。「明日は、イエズスを受け取ろう」という思いは、いつも野生の馬のように棒立ちになろうとする私たちの情念を制御するのに最良の馬銜《はみ》ですから。また、「今日はイエズスを喜ばせた」という思いは、一日のしめくくりに最良の餞《はなむけ》です。どんな苦痛をも癒す香油、天使たちに守られて真に休息するための消憂薬です。魂を自分とも神とも和解させて、深い眠りにふける被造物は、甘美な夢を見るでしょう。その夢は、体を回復させ、魂に翼を与えるでしょう。たとえ夢の中ででも、神へと舞い上がる翼を!

私たちの人生は、偽善によって組み立てられてはいけません。つまり、罪を犯しては告白し、そしてまた罪を犯すというのでは、いけないのです。そうではなく、愛によって善へと駆り立てられて、キリストの口づけに値する者となるように、悪を抑えるものでなければなりません。もし私たちが良いことをしたなら、微笑みながらイエズスのところへ行きましょう。もし私たちが悪いことをしたのなら、後悔の涙を流しながらイエズスのところへ行きましょう。イエズスは涙を乾かそうとしておられます。彼によって慰められれば、私たちは気力を取り戻すでしょう。もしも自分だけで背負うなら、気力をなくして、飛べなくなってしまうでしょう。神への信頼は、私たち人間のあらゆる欠陥を埋め合わせします。罪意識の欠如ばかりでなく、私たちにつきものの精神的、霊的素質の欠如をも補ってくださいます。神を信頼するなら、私たちのうちでは、どれもこれも改善されるのです。

私は何年も前から、私のうちで働いていらっしゃるのは神だと分かっていました。何年も前——つまり、私が人間的な自己を消し去って、神によって新たにつくり直されるよう、自分を忘れて神のみを私の目標としてからのことです。他の魂の中で起きていることを、非常に鋭敏に知覚しているとしても、それは全く私自身の知覚ではありません。私は他の姉妹たちから発せられる音波を、モグラよりも聞き取れません。けれども、私自身よりもはるかに上のある力が、私に人びとの窮状を察知させるのです。このように言いますけれども、ほとんど第三者に教えられたかのように、まさに痛むところに私の指が置かれて、自分でも驚くことが度々なのです。そこで、私はこう認めざるを得ません。「私たちが自分を完全に神に委ねたとき、本当に神が私たちの中で私たちを通して働かれるのです」。

私は魂の妹たちにも同じように言います。彼女たちの最大の過ちは、神に人間の基準をあてはめることです。私たちは彼女たちに、たとえ私たちが限りなく神を信頼しなければならないとしても、神が何でもしてくださると期待してはいけないと言います。それは愚かなことです。神の仕事を助けなければならないのは私たちです。私たちの善意を総動員して、粘り強く助けなければなりません。神の霊感と御業に応えるために。もしも私たちが抵抗したり、自分だけで行動しようとしたり、何もせずにいたりすれば、どんな善も成し遂げられません。

私たちは、私たちの善意で神をお助けしなければなりません。神の方も私たちを助けてくださいます。そして、この助けの交換から、霊的進歩が噴出するのです。自分だけで行動したがるのは傲慢です。そして、傲慢は滅びのもとです。毒の実が成りはしないまでも、その働きは何の果実をも生まず、痛ましい空虚さを残すだけです。

たとえ転んだとしても、落胆してはいけません。そのような落胆も傲慢と同じなのです。私たちは霊の学校で永遠に子供なのです。子供はよく転ぶものです。けれども、あまりひどい怪我にはなりません。大人は骨が堅く、柔軟でないので、怪我をします。そして、もしも運悪くひどい怪我をしてしまったら、それもまた神の胸に避難する理由になります。神はあらゆる痛みを癒してくださるでしょう。もしも、私たちが自尊心や、愚かで無益な羞恥心から、それらを自分の胸のうちに秘めておくなら、最初は軽い擦り傷であったものが、破傷風や壊疽にまで進んでしまう恐れがあります。

私はすべての若い魂たちに言いたいのです。「神を信頼しなさい、兄弟姉妹たち。神だけが、だれにも嫌悪感を抱かれないのです。人間は、過ちのある人を、批判し、軽蔑して、追い払います。神は彼らをご自分の胸に抱きしめます。キリスト教徒は完全無欠で前進しているわけではありません。彼らはまだ、神がどんな方であるか、神が何を贈ってくださり、それがどんな味わいを持つかを知らないのです。彼らは神を自分たちの基準で判断します。つまり、けちで、狭量で、執念深く、頑固で、強情で、無愛想な方であると。でも、神は愛なのです！　神は私たちを何としても手に入れたいとお望みです。神は私たちを救うために死なれました。神は私たちの罪を、まだ私たちが存在しないうちから見ておられました。御言葉であるキリストの最も甘美な言葉は、姦通した女、罪の女、サマリア人の女、泥棒、徴税人に向けられました。イエズスは、ファリサイ人の偽善に冷血の焼き印を押されました。けれども、自分がそのようなものであると認めた不埒者には、限りない憐みの言葉をおかけになり、汚れた魂が清めてもらいたいとやってくれば、不快な皮膚病を患った人を清めて癒したように、その魂を純粋無垢に変えられたのでした」。

これらの福音の真実をいつも熟考しましょう。多くの人に見逃がされ、忘れられていますが、この真実から、慈悲と信頼の教義がすべて流れ出しているのです。イエズスは、私たちを天へ連れて行くために、この教義を宣言しに来られたのです。「わたしが望むのは生贄ではなく、あわれみである」[*1]と神は言われています。私たちはいつもこれを心にとめて、神を信頼し、兄弟姉妹に憐れみ深くありましょう。

そしてここで、私が別のところで言ったことが再び出てきます。キリスト教徒が、もしも自分の頭に大小の本を詰め込むのをやめて、福音を日々の霊の糧とするならば、愛の王道を進むことも、神に身を捧げることも難しくないでしょう。もしも彼らが、キリストの言葉、言葉の中の御言葉に、本当に養われるならば、もう利己主義に苦しむことも、荒々しさで干からびることも、邪推で凍えることもなくなるでしょう。人びとは、もっぱら光の中で歩み、慈愛に生き、平安に休むことでしょう。そして、私たちは、犠牲によって高められるでしょう。犠牲は愛によってなされるときには、重荷ではないのです……

私たちの毎日の生活と、存在の例外的な時間は、もしも福音の霊に満たされているなら、どんなにか敬虔で大胆なものになることでしょう！　すべてのものは、声、光、様相において、どんなに異なる色に染まることでしょう！

自分のうちでキリストの言葉がいつも響いている人が、どうして不信や絶望に陥ることができるでしょう？　神の子が私たちへの愛のために苦しみに耐えたことを知っている人が、どうして苦しみに嫌悪を感じることができるでしょう？　神が私たちをあんなにも愛してくださったことを知っている人が、どうして神を恐れることができるでしょう？　神は私たちの贖いのために御自分の御子をお与えになり、その御子は、私たちのために十字架上で死ぬほどに私たちを愛してくださいました。御父はその御子に裁きの全権を委任されました。私たちは最後の晩餐のあとのイエズスの最後の祈りの言葉を読むと[*2]、優しさで魂が溶かされます。それなのに、どうしてまだためらうことができるでしょう?

神父様。これで終りでございます。

あるフランスの作家が言っています。大衆の慣例からかけ離れた人生は、どれも「若者のときの夢が大人になって実現したものだ」と。私もごく若いときからの神秘的な夢を、まさに大人になってから実現したと言うことができます。

この実現には、長い苦しみがありました。減速や失墜も経験しました。けれども、植物が最も大きく成長するには、その前に地下の深いところでの労苦があるのです。その後で、空に向かって誇らしげに枝を広げることができるのです。地下数メートルの深さまでゆっくりと根を下ろし、すっかり地面に固定されてから、やっとその植物は豊かさを示すことができます。魂の働きについても同じことが言えます。表面ではなく、内部の深いところで活動がされるなら、それだけ実りは多く、長く続くでしょう。私の神の中での繁茂が外面的には停止していた時期にも、内的な活動によって私は真に貫かれたと言うことができます。ですから、私のこの成熟期の実在は、石の中に根を張っていますから、少しの風で根こそぎにされる心配はないのです。

私が書いた物を読む人びとは、さまざまな、多少なりとも優しい批評をくださるかもしれません。けれども、私は人間からの批評には関心がありません――文体に関しても、私がどう思われるかにも、あるいはほかのどんな動機に関しても。この物語の中には私がいます。そっくりそのままの私として。私の体は人間

＊1　ホセア書6：6、マタイ9：13、12：7。
＊2　ヨハネ17。

的情念を持つものとして、私の心は霊的希望を持つものとして、私の霊魂は賛美する愛を持つものとして。私は文学作品を書くつもりはありませんでした。頭に浮かんだことを、浮かんで来たままに書きつけただけです。私の心の内奥から明るみに出しながら、少しも磨くことなく、文学的に完成させようとも思いませんでした。これらは私の心の言葉で、頭脳の言葉ではないのです。

もしも世俗的な批評家が詮索するなら、最初の方が後の方よりも調子が激しいのに気付いて、私が疲れて高い調子を維持できなくなったのだろうと推論するかもしれません……それはとんでもない間違いです。疲れたように見えるのは、そうではなくて、神の中で霊が高揚したのです。すべての人間的な記憶がひとたび超越されると、私たちは広い海に入ったのです。そこには――魂と神――のふたりきりです。私の心は超自然的な平安と天上的荘厳さで浸され、私の歌に新しい音質が与えられたのです。

美しく鳴くナイチンゲールは、三つの歌声を聞かせます。第一は、旋律的ではあるけれどもどかしげな鳴き声で、パートナーを森の奥深くに探しに行くときの声です。第二は、もっと甘美でよく通る調べで、花嫁を見つけて愛を語るときの声です。第三は、完璧な調べで、荘厳で、穏やかで、ほとんど「教会的」と言いたいようなメロディーです。それは、妻が子育てに熱中している巣の側に立ち、自分の夢の実現を見守り、それが自分に許されたことを感謝します。

私の魂はナイチンゲールのようです。幼いころの不安の歌と、第二の情熱の歌を歌ったあと、私の魂は神にすべての賛美と感謝を捧げながら、天上の平安に満たされて、厳粛に高揚します。あらゆる人間的反射は抜け落ち、言葉と思いは神的なものへと高まります。その神的なものには、熱狂も、高ぶりも、動揺もありません。それは平安です。その平安を乱すものは何もありません。そして、私の魂はその中に浸っています。

私はこの岸辺に、たくさんの苦しみの後でたどりつきました。けれども、もしも苦しみが、帆やオールの役目をして、私を平安、慈悲、そして愛であるあなたのところへたどりつかせてくれたのなら、おお神よ、もう一度苦しみに感謝いたします。もしも苦しみによって、「何者でもない」私が、「何者か」になったのなら、あなたの最も美しい贈り物として苦しみを私にお与えくださったあなたが、もう一度あがめられますように。

おお　主よ！　私の魂はあなたを称え、あなたのうちで歓喜いたします。あなたは私の「無価値さ」を優しくご覧になり、私のような無価値な人びとに対する善の道具となさいました。主であり、救い主であるあなたが祝せられますように。あなたは、私をあらゆる敵から解放し、慈悲によって私を包み、愛によって養い、私を支え、赦し、導き、慰めてくださいました。あなたは私の友、身内、指導者、医師となってくださいました。

あなたは、私にあなたの真実を教えてくださいました。あなたは唯一の真の**神**です。また**あなた**は、あなたがお遣わしになった方、**イエズス・キリスト**を私が知ることを許してくださいました。私はこのお恵みに「ありがとうございます」と、私の心臓が打つたびに、永遠に申し上げたいのです。それでも十分ではありません。おお**神**よ、あなたを知り、あなたを愛することを知ることは、何物にも代えがたいすばらしいことなのです。

たくさんの人たちに、**あなた**について話すことを許してくださったことを感謝いたします。**神**よ、**あなた**はこの人びとを私に任せてくださいました。私はこの人びとを愛し、知り、導きました。この人びとのためにも、私と血縁で結ばれた人びとのためにも、あるいは同じ人間としての兄弟姉妹のためにも、私は祈り、苦しんできました。おお**神**よ、私は全員が、あなたの慈悲によって、私の行くはずの永遠の王国へ入ることができるようにと望んだのです。今死にかけているこのときにも、私は彼らのために祈り、もう一度**あなた**

に私の命をお捧げします。**父**よ、彼らが唯一の真の善であるあなたを失うことがないようにお守りください。**主**よ、私は彼らのために祈ります。また、すべての哀れな魂たちのために祈ります。彼らはもはや、確かな**道**、まことの**命**、根源的な**光**が、どこで見つかるのか分からないのです。

おお！　**主**よ、私はあなたにお献げできますように、数限りない生命を持っていたらと思います。全部束にして、世界の善のための生贄として献げたいのです！

おお、**父**よ、ご覧ください。これは私の霊の深みから沸き起こった叫びです。まるで香か矢のように、**あなた**の玉座の足元へと上昇します。おお、私の神よ。

ご覧にならないでください。おお**主**よ、あなたのはしための卑しさを。そのかわりに、あなたを愛したいという憧れに目を留めてください。荒れ果てた人びとの心の中で善の種となるために苦しんだ、心の広さに目を留めてください。心臓の鼓動を何倍にも増やし、その一拍ごとに苦しみを加えてください。そして、その苦しみと共に、耐える力をお与えください。私はこれを**あなた**にお願いいたします。聖なる**父**よ。哀れな私たちに対してそれがおできになるのは、**あなた**だけですから。

そして、私の毎分ごとの密かな犠牲のために、おお、**父**よ。**あなた**にお捧げするために私にたくさんの魂をお任せください。

彼らと私を光の中で、あなたの光の中で、歩ませてください。そして、私たちの時が終りましたら、おお、**神**よ、私たちに扉を開いてください。あなたの**王国**への扉、あなたの**御心**への扉を。至高の、永遠の、三位一体の神である**あなた**のうちで、私たちが永遠に喜ぶことができますように。

付　録*

自叙伝に添えて

私の心を知り、私についてすべてご存じの神の前で、私は福者バルトロメア・カピタニオの愛徳修道女会経営のビアンコーニ学院で以下の勉学をなしたことを明らかにいたします。

第一・第二学年――すなわち、一九〇九年三月四日の入学から一九一〇年七月一〇日まで――寄宿生のための一般教養課程。

第三学年一〇月一〇日から一九一一年三月末まで。母の希望により、教員養成課程に進む前に、補助的な学問の学習を試みるも、絵画その他の科目において全く能力に欠けていたため失敗。そこで、三か月間で三つの技術コースを学ぶも、数学、幾何、簿記、素描、カリグラフィーで完全に失敗。一〇月に追試験を受け、専門学位を一つ得て学校を去りました。

一九一一年一一月に学校に戻り、人文科の上級課程で、イタリア、フランス、ラテン、ギリシャ、イギリス、フランスの文学を学びました。さらに、英国史、フランス史、スペイン史、美術史を学びました。宗教

* ここに付録として掲載するのは、後に書かれた全八頁におよぶ二つのリーフレットからの文書。一九四三年の聖金曜日から始まった記述者としてのさらなる活動について明らかにしようとしたと見られる。それは『自叙伝』の一部をなすものではない。『自叙伝』は、手書きのノート七冊、全七五五頁におよび、一九四三年の受難週間に完結した。

関連では、ピオ十世の『公教要理』が、通常はシスターによって、ときにはフランチェスコ・ロンゴーニ神父によって教えられ、教会史の最初の方と、宗教史も教わりましたが、何らかの理由で、数回で中止されました。

このように、一九一一年一一月一〇日から、一九一三年二月二三日まで学び、学院を去ってフィレンツェの家族のもとに帰りました。母は一九一二年七月からずっと、私に学校を止めさせたがっていましたから、やっとのことでその日まで学校に残ることができたのでした。

母はイタリア人教授のカッターネオ神父の圧力に屈したのでした。教授は私の作文能力に気付き、私を文学部に進ませるために、古典の勉強を完成させたがりました。彼は三年間で私にリセの卒業資格をとらせる補修を申し出てくれましたが、母はそれに反対し、私が「小論文」の準備のために、自分で文学の勉強をすることだけを許してくれました。小論文は、聴講生として学部に出席すると出される課題でした。小論文は教職のためには効力がありませんでしたが、学生の古典習得を証明するものではありました。

そこで、私は十五か月間、がむしゃらに学びました。できるだけたくさんのイタリア語とラテン語のクラスに出席し、教授から指示された計画に従って、とりわけ書くことに専念しました。自分のための作文、級友のための作文、下級生のための例文作り、発表会のための文章、祝賀文、あらゆる高位聖職者への手紙、などなど。

泣く泣く学校を去ってから、一九一三年、一九一四年、一九一五年には、不定期にパラージョ・デラ・ラナのダンテ読書会に参加し、さらにもっとまれでしたが、文化協会の講座に通いました。

大学へは全く行っていません。母は大学など無駄だと思ったのです。

一九一五年の開戦で、すべての講座への出席をやめ、一九一七年には善きサマリタン篤志看護師会に加わり、ピアノも含めて、すべての勉強を放棄しました。

以上が勉学に関することです。

宗教儀式への出席に関しても――神さまは私が嘘をついていないことをご存じです――日曜日のミサ以外には教会を訪れることを母に禁じられていたと言わなければなりません。日曜日の最初のミサは、夏は五時、冬は六時か遅くとも七時に挙げられました。しかし、歌ミサにも晩課にも与ったことがありません。学校を去ってから荘厳ミサに出たのは、一九二九年にクレモナ出身の級友フェラーリを短期間訪ねたときに、一度きりしかありません。

講話？　ありません。四旬節の説教？　与ったことがありません。錬成会？　一九二九年に学校で参加した最後の霊的錬成会からは、一九二九年のヴィアレッジョでの錬成会――例外的措置として参加――まで一度もありませんでした。

カトリックアクションの青年女子部に何とか入ることができてからも、教区会議などには一度も参加したことがありません。私はいつも家にいました。家、家、家。私にはそれしかありませんでした。もしもサークルに十五分長くいたら、それは厳しく叱られました。教理クラスの準備には、カトリックアクションの小冊子や、オルジャティによる『キリスト教の初歩とキリスト教徒の倫理』以外の人間的助けはありませんでした。けれども、イエズスが私を助けてくださり、とりわけイエズスを愛することによって、すべてが容易になりました。イエズスを愛するとは、彼を理解すること、魂たちを理解することです。このようにして、私は私の活動と少女たちを前進させたのでした。

私はご聖体をいつも愛してきましたので、毎日でも受けたいくらいでしたから、週日には、毎日の買い物の合間に教会へ駆け込み聖体訪問をしました。帰宅が遅れて、母に教会へ行ったことを気付かれないために、心の準備と感謝は通りを歩きながら済ませました。

でも、もう一度言います。講話は一度もありません、どんなものも。宗教の授業も一度も受けたことがありません。カトリックアクションの指導者コースに一つだけ、不定期に出席しました。ヴィアレッジョのマンテラーテで一九三一年にクレシ神父によって催されたものです。けれども、表現方法が難解で、少しも理解できませんでした。そこで、正直にそう言いました。だれも理解できていませんでしたし、だれもそれを告白したがらなかったからです。私はいつも誠実であることを好んできましたから、そう言いました。

宗教についての本で私が持っているのは、オルジャティの『初歩』と、『公教要理』だけです。教会の歴史や宗教の歴史などの本は、だれかに持っていかれてしまいました。ショータール神父の『使徒の魂』は、教区のリーダーたちが持たされた本ですが、一度も読み通せたことがありません——読もうとしても眠ってしまうのです。宗教書としては、福音書と『キリストに倣いて』。前者は、もう何十年も読んでいます。後者は、私の学院長の記念として持っています。聖書注解は、ジュリオ・サルヴァドリによる数ページのもの。それだけです。黙示録も瞑想録もありません。

イエズスが私を道具になさる前には、自分流に黙想していました。私の心がそうするように促したからです。教本も要綱もなく、福音書や、聖テレーズや、シスター・B・コンソラータ・フェレーロの生涯について、要するに、何でも自分が感動したものについて黙想しました。花や、星や、稲妻や、耳にした言葉でもよかったのです…あのころの私の貧しい黙想が目に見えるようです！

聖人たちの伝記としては、ベルナデッタ、ドン・ボスコ、幼きイエズスの聖テレーズ、アッシジの聖フランチェスコのものを読みました。善い人びとの自伝としては、マッテイ、アゴスティーニ、モスカーティ、ピオ十世など。

イエズスの道具としてお仕えするようになってからは、何も読んでいません。一九四六年の三月二〇日からは、ミリオリーニ神父が私の所有している、あるいは所有していた本のリストをお持ちです。

要するに、厳しい母によって、宗教的実践に反対され、学業を終わらせられたので、私は自分が何を書いているのか知り得るだけの人間的資源を持っていません。そればかりでなく、自分が書いていることを理解できないことすらしばしばなのです。

編集者後記

マリア・ヴァルトルタの自叙伝の原本は七冊のノートからなっている（そのうち最初の一冊はノートではなく、手製の綴り帳）。総数七六一頁の手書きである。最初の四二頁の後（その後の六冊のノートと較べると二倍の大きさの綴り帳の紙数が尽きた頁）、ヴァルトルタは物語の中に初めての日付を入れている――今日は三月十日（一九四三年）。最後から四二頁になった時に（今度は半分の大きさ）参照として最後に入れた日付は――今日では「聖母マリアの苦しみの日」とされる日（受難週の聖金曜日、一九四三年四月十六日）。

つまり、ヴァルトルタは三月十日から四月十六日の間に自伝の中心となる中身の濃い部分、全体の十分の七近い部分を書きあげたことになる。時間的配分を考えるなら、まさに人生そのものの物語を一気に、考え直すことも、添削することもなく書きあげるのにわずか二か月以下で、彼女には十分だったと言うことができる。

一九四三年四月二三日、聖金曜日に最後を書き終えた時、彼女はキリストの最初の口述を書きとめた。その時彼女に忠実なマルタを呼び、この事実を打ち明け、ミリオリーニ神父の許《もと》に彼女を行かせた。彼は、ヴァルトルタの霊的指導者となってから、わずか一年も経っていなかったが、すぐにマリアに応えた。今後「受け取る」であろう全てのことを書き続けるようにと。そのためには更にノートを用意しなければならないことも分かった。

ヴァルトルタは一九四七年までほぼ毎日書き続け、その後は一九五一年まで中断する。ノートは一二二冊となり（自叙伝の七冊の他に）手書きで約一五、〇〇〇頁に達した。

ベッドに座り、自分で作った紙ばさみにノートをはさみ、膝でささえ、万年筆で書いていった。草案も準備することなく、毎日何を書いたのかも定かではなく、時には書いている間その奥深い意味を把握しないまま、そして手直しのために読み返しもしなかった。集中する必要もなく、聖書と教皇ピオ十世の「公教要理《カテキズモ》」以外には本を参考にすることもなかった。諸事で中断することもあったであろうが、筋道を失うことなくすぐに執筆に戻った。けれども、いつもの鋭い痛みと休息に追い込まれることはずっと続いた。もの書きとして天賦の才に恵まれた彼女のペンからは、自ずと湧き出る執筆に全身全霊で当たった。

美しいエピソードあるいは教訓話を書き終えたなら、時にはマルタを呼び、家事は二の次にして彼女に読み聞かせることもあっただろう。ミリオリーニ神父によって修道院に持ち帰られた手書きノートは、全て忠実にタイプで書き移されたものがまた彼女の手元に戻ってくるのだが、それを訂正することもあっただろう。

フルタイムの執筆活動ではあったが、彼女が世事に疎《うと》かったわけではない。新聞を読み、ラジオを聞き、訪問客に会ったり手紙を書いたり、世間の出来事にも通じて鋭い批評もした。ベッドから出ることなく出来る家事には手も貸した。例えば野菜の下ごしらえとか鳥かごの掃除など。全てにおいてできる人で、針仕事、レース編みや刺繍にも長けていた。できる間は自分の身の回りのことは自分で熟《こな》していた。

特に祈りと痛みの姿を人前には見せないようにしていたため、著作にも描かれている彼女の祈りと忘我の状態には誰も証人はいない。一見、病身には見えないため、救いを求めるために霊的喜びを受け取る苦痛を少しも垣間見せることはなかった。全てにおいて普通に見え、食べることにしてもそうであった。食事はとても質素ではあったが、食べることは好きだった。時には歌うことも。美声の持ち主であった。

自伝に続いてヴァルトルタの著作が世に刊《で》たことは、旺盛に繁茂する一本の植物に例えられよう。内に独自性を包み込んだその種子は自叙伝物語の象徴である。すなわち神の光によって受粉し、絶えることのない雨によって育まれ、人間界の土塊《つちくれ》の中で発芽し、その植物の中で甦る用意のできた種子である。著作はそこから生まれてきたものだが、それは同時に獲得したものでもあった。なぜなら、マリア・ヴァルトルタはキリストと一体化することによって作品を手にいれたからであり、それは彼女自身の自己犠牲と意志のすべてを要するものであった。

彼女が人間的なことを話したのは、一九四三年の四旬節で、その時はすでに人生の最期だと思っていた。しかし実際は熟年になったのだった。終わりではなく、むしろ新しい始まりであった。つまり自叙伝は、一人の人間臭い生涯の魅力的な物語にとどまらず、その素養にそれ以上の何かをつなぎ合わせ、完成させるための適性を証明していた。自叙伝には生まれ出ようとしているこの「何か」の蕾の徴《しるし》がある。マリア・ヴァルトルタは彼女の中に息づいているキリストの言葉をすでに話していた。

ヴァルトルタの主要作品は、出版されてよりすでに四十年が経っているが、最近になってとてもぴったりとする題名を得ることができた。「私に啓示された福音」十巻である。

童貞女マリアの誕生とその幼少期、御子イエズスとその公生活の三年間（内容の最も濃い部分）、イエズスの受難、死、復活と昇天、原始教会の設立とマリアの被昇天が語られている。

風景、背景、人物、出来事などが生き生きと描かれていて、登場人物や状況が巧みに内省的に輪郭を象《かたど》る。実際にそこに居合わせた人の感情を伴って、喜びやドラマが表現される。歴史的背景、儀式、しきたり、特有の環境、宗教的文化と世俗的文化を時代とともに正確に教えてくれて、偏見を持たない専門家は非の打ちどころがないと言う。特にキリストが実際に生きた土地の幅広い対話を通して、カトリック教会に伝承されてきたキリスト教の教義を語り、説明している。

彼女は一九四四年から四七年と書き、最後の幾つかのエピソードは一九五一年に書いている。いつも話しの順序に従って進んだわけではない。時には霊的要求に従い、一つかそれ以上の話しの筋から離れたエピソードを書かねばならないこともあった。それらをどこに挿入するかはイエズスに指示されている。話の非連続性にもかかわらず、特に草案は頭の中にだけあったにもかかわらず、最初から最後まで完全に調和の取れた構成作品に仕上がっている。

付け加えるなら、ヴァルトルタはもう一つの論題の草稿もその間に一緒に進めている。一九四三年に書き始めて（自叙伝を書き終えた直後）一九五〇年までに書いている。主に隠遁、聖書、教義について書かれており、ここから別の作品も仕上がっている。これが「ノート」というタイトルの三冊からなる雑録である（それぞれ一九四三年、四四年、一九四五年から五〇年）。そのうちの一冊はアザリアの書として（日曜祝日のミサ書に基づいた霊的教訓）、他の一冊は新約の中のパウロの「ローマ人への手紙」についての考察である。

主だった著述が終りに近づいた頃、もうイエズスに会うことができないと考えた彼女は、イエズスへの思慕の念にとらわれた。けれどもイエズスは来られて、一つの約束をされた。「私はいつも来ます。あなたのためにだけに。あなたにだけなので、もっとすばらしいことでしょう…　純粋なる忘我の、天国の一番上の方へあなたを連れて行こう…　それからは観想だけの…　私の愛の中でこの世のことを忘れるでしょう」。一九四七年三月一四日、この日は彼女の五十歳の誕生日であった。

その数年前の一九四四年九月一二日、すでにイエズスは忘我状態の死を予言していた。「あわれな世界からようやく私の世界にいることが分かった時、あなたはどんなに幸せか。気がつかない間に現実のヴィジョンから移ろい、母の夢を見ながらその母の胸に抱かれて目覚める。私はあなたをそのようにしよう」。

一九五六年の夏、最初の著作の印刷された第一巻がようやく出版社から届いた時——分厚い四巻で彼女の名は書かれずに出版される予定で、生存中は彼女の名前は知られることはなかった——マリア・ヴァルトルタは無表情に検分して二度と見ないかのようにベッドの上に置いた。それは年と共に進んでいった無関心の最初の兆候だった。無表情、一切のことに無頓着となり、最後は意志の疎通も出来なくなった。正常だったときのあの生き生きとした眼差しも、二度と戻らなかった。

晩年は全く何もせず、口に入れられたものだけを食べ、自分に話しかけられた最後の言葉を繰り返すだけだった。「ここは何と眩《まぶ》しいこと！」と時折大声で独り言を言うが、それだけであった。（治療に当たっていた医師によれば、痛みのために叫んでいたのだろうとのこと）。二、三度だけ彼女自身に戻ったことがあり、その時は、言い当てたり、預言的な明快な返事をしている。しかしそれはほんの一瞬のことで、またもとの遮断された世界に戻るのであった。

一九六一年十月一二日、明るい木曜日の朝、彼女は眠りに就いた。「キリストに従った霊魂よ、この世から旅立ちなさい」、あたかも臨終を迎える信徒の脇で司祭がとなえる祈りを聞いているかのようであった。六十四年の生涯のうち、二十七年半もの間病床にあったことになる。

一九七三年七月二日マリア・ヴァルトルタの遺骸はヴィアレッジョからフィレンツェのミゼリコルデア会墓地に移され、お告げの聖母マリアのバジリカのチャペルに葬られている。


ヴァルトルタの著作はすでに半世紀を越して、特にカトリック関係の団体や重要人物を動かしてきた。それはキリストにも起こったように一言で言うならば対立である。

その対立の最初の融合は『マリア・ヴァルトルタへの賛否』という寓意的なタイトルの書物にある。その本が編集され出版されたのは一九九五年で、編集者はヴァルトルタの物語の証人である。

ヴァルトルタの著作に対して四十年にわたって集められ分析された信頼に値することが書かれていて、本の序文では、彼女の著作が世に出始めたころの激しい対立をのり越えて、教会が世界で進んでいる同じ流れの中に身を置いていると記している。

一九九七年三月十四日
マリア・ヴァルトルタの生誕一〇〇周年の日

エミリオ・ピザーニ　（日下部恵子訳）

訳者あとがき

マリア・ヴァルトルタは、多重の難病のためにベッドで寝たきりの身でありながら、ヴィジョンによって与えられたイエズスや聖母マリアの言葉や、見たままの情景を一二二冊のノートに書き遺した。その手記は、死後に『私に啓示された福音』（イタリア語で正しくは「私なりに」の意味になるが、訳文の表記を短くするために本書では私にとされている）として出版されている。彼女の筆記者としての活動のきっかけとなったのが、一九四三年に聴罪司祭の勧めによって書かれたのが、この自叙伝である。

本書を読む人は、マリアがなぜこれほどまでに苦難に満ちた人生を送らなければならなかったのか、驚かずにいられないだろう。幼いうちから母親の厳しいしつけと拒絶に打ちのめされる。父は仕事で忙しく、友やきょうだいのいない寂しさの中で、小さな生き物や貧しい隣人たちに愛情を注いだ。幼稚園でリアルな十字架像に出会い、「イエズス様が独りぼっちでかわいそう」と夜中に泣くほど衝撃を受ける。心配した家族によって別の幼稚園に転園させられ、幼い信仰は立ち消えになる。やがて、無神論者の実弟を溺愛する母によって寄宿学校へやられ、そこでの素晴らしい教育によって、信仰の糸を結び直される。ところが幸福な学校生活の最中に、最愛の父が病にかかり、認知機能に障害が残ってしまう。父の退職で、マリアは学業を中断させられ、母の召使がわりに無償奉仕させられることになる。二人の立派な青年との婚約も、母の横暴によって破綻させられ、男性への愛をすっかり諦めることになる。そんな母は、娘がいつまでも独身でいるのを恥ずかしく思うようになると、金持ちの老人に嫁がせようと画策するのだから、全くあきれるばかりだ。

なぜ母親が、娘にあれほど非情に振る舞えたのか、理解できる人はいないだろう。マリアは「母は病気だった」と思い、どんなにひどいことをされても最後まで母を愛し、母を独りぼっちにさせないために、少しでも母より後に死にたいと願って孝行を尽くす。

マリアはやがて、自分を襲ったあらゆる不幸は、神だけを愛するようになるための神の御計らいだったと悟る。健康、幸福、富、友情の喜び、散歩、自然を見ることなど、人間的な喜びをすべて放棄し、自分にできる最大限の愛で神を愛した。神を喜ばせるため、人びとの救いのために自分に痛みが加わることを望み、「十字架のマリア」として、長く苦しい闘病生活を受け入れた。マリアが、そんなにも自分を犠牲にできたのは、神との出会いによって、天国の前触れを味わったせいなのだろうか……「魂の伝記には、それらをそこに記した神だけに読まれるべき、光のページがある」とあるように、そこは想像するしかない。イエズスや聖母のヴィジョンを与えられてからも、自分の名声は少しも望まず、ただひたすら神を知らせる道具として使われることを望んだ。常人にはできない、彼女の生き方こそが、神の愛の力強いあかしである。

本書は、神の玉座の下の小さなスミレであることを願った魂の叫びである。母から教会へ行くことも制限され、ろくな宗教教育も受けていない彼女が、なぜあれだけの手記を遺せたのか、その秘密が明らかにされる。彼女の叫びは、実践に裏付けられているからこそ、深く心に訴えるはずだ。

（殿村直子）

1943年２月19日、病床について９年後、ミリオリーニ神父によって撮影。
すでにマリアは『自叙伝』を書き始めていた。

1歳のとき。母方の祖母ジュゼッピーナに抱かれて両親と共に。

両親。父ジュゼッペ・ヴァルトルタ（1862.8.21）はモントヴァで、カルロ・ヴァルトルタとマリア・チテッラとの間に生まれる（1935.6.30、ヴィアレッジョで死去）。母イシデ・フィオラヴァンツィ（1861.9.11）はクレモナで、エリオドーロ・フィオラヴァンツィとジュゼッピーナ・ベルファンティの間に生まれる（1943.10.4、ヴィアレッジョで死去）。二人は1893.11.20に結婚。

2歳から5歳のマリア。

母と母方の祖母の間に愛犬と共に。後ろは従姉のエミリア（父の姉アンジェラ）の娘とその夫と思われる。

7～10歳の頃のマリア。

1909年夏、恒例の夏休にヴィアレッジョの海岸で父と共に水着姿で。

代母のアンジェラ伯母（父の姉）と堅信式で。

父ジュゼッペ・ヴァルトルタ。第19軽騎兵連隊上級士官（指導者）時代と晩年。

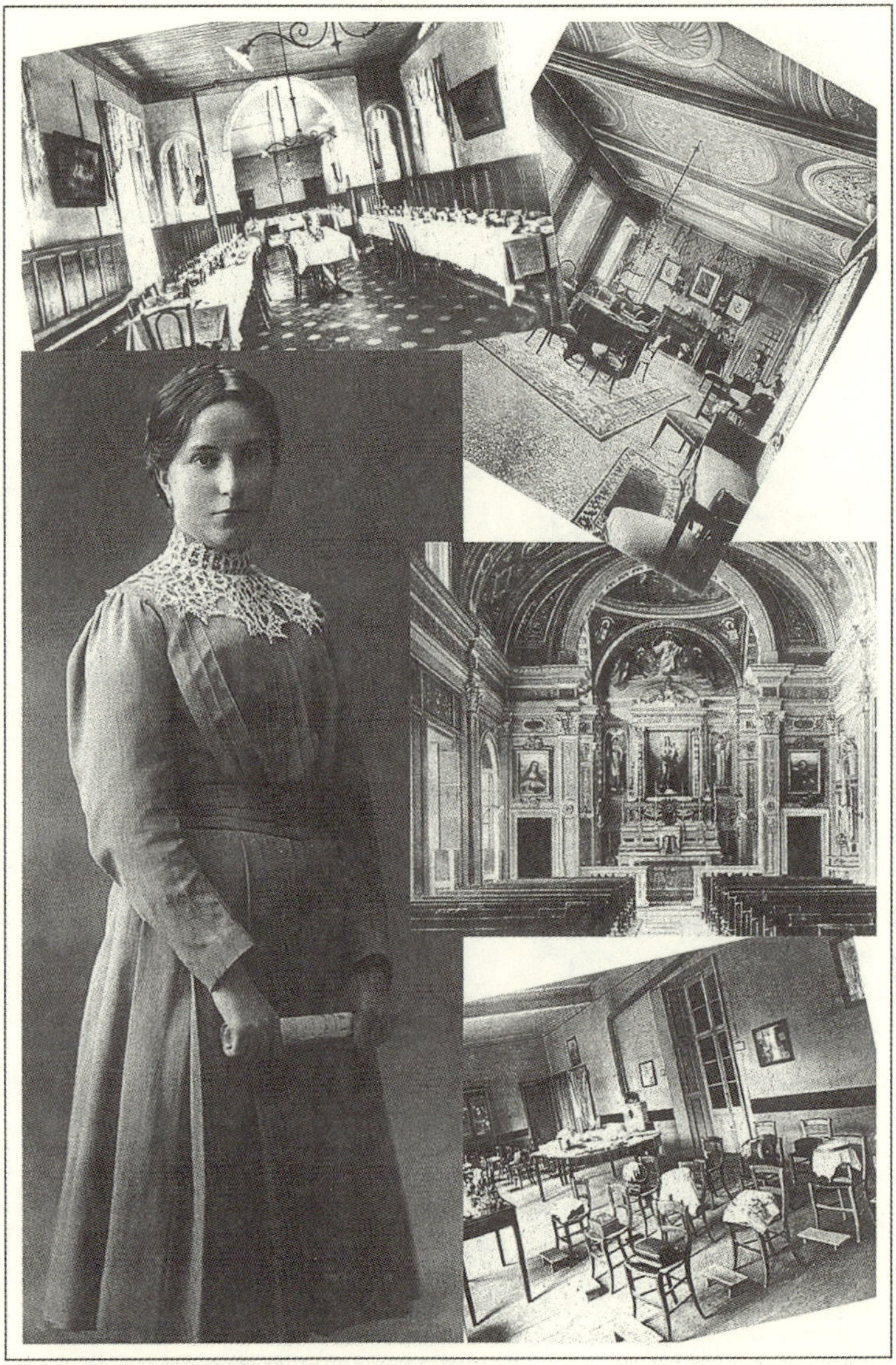

ビアンコーニ学院の正服姿と寄宿舎食堂、聖堂など。

学院同級生との記念写真。右端矢印はマリアを示す。下は校舎の一部。

19、23、25歳当時のマリア。

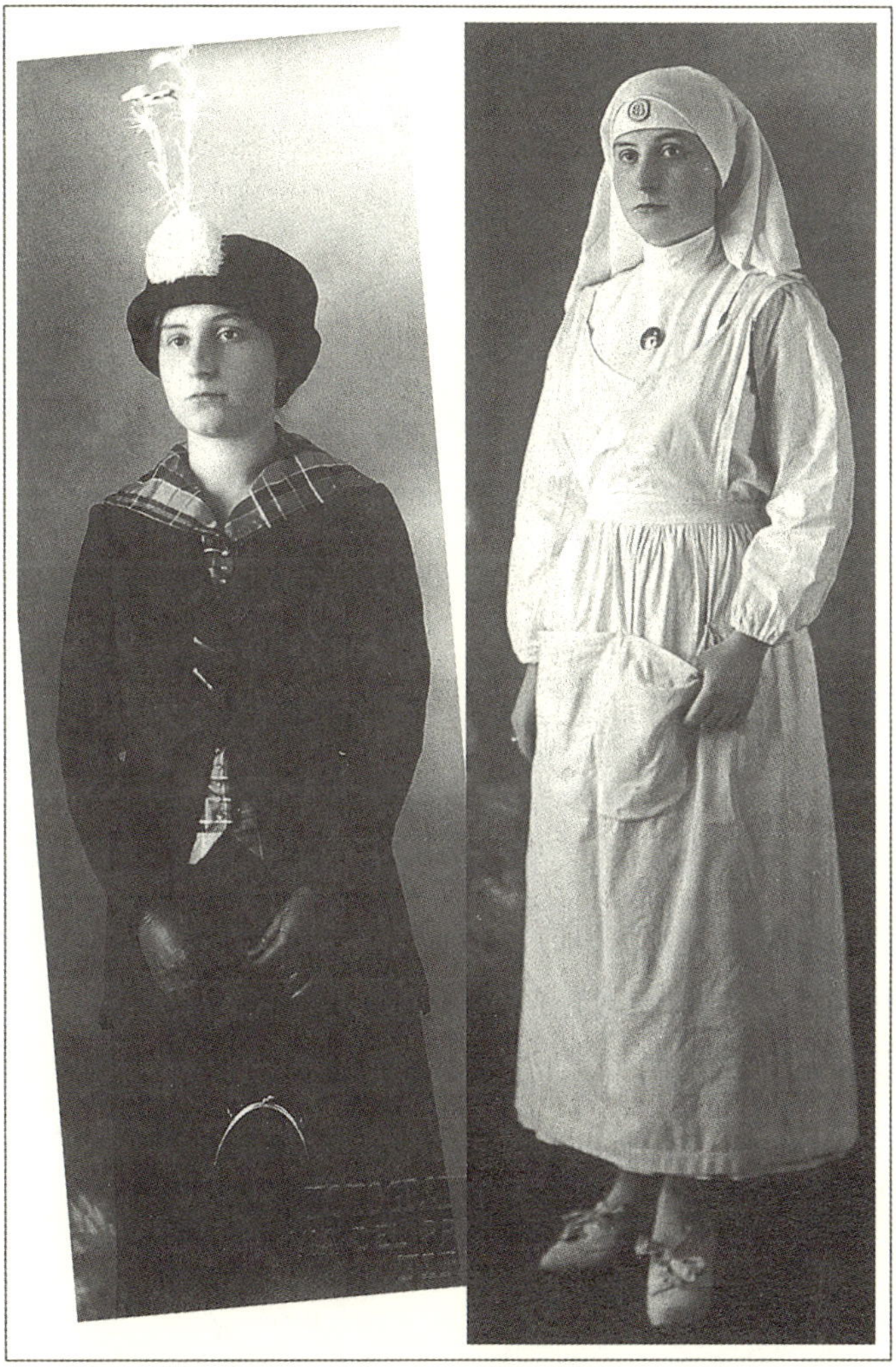

18歳と21歳でサマリタン篤志看護師会の看護婦として第一次大戦で傷ついた兵士の看護にあたる。

マリアの母、イシデ・フィオラヴァンツィ。様々な年代に。

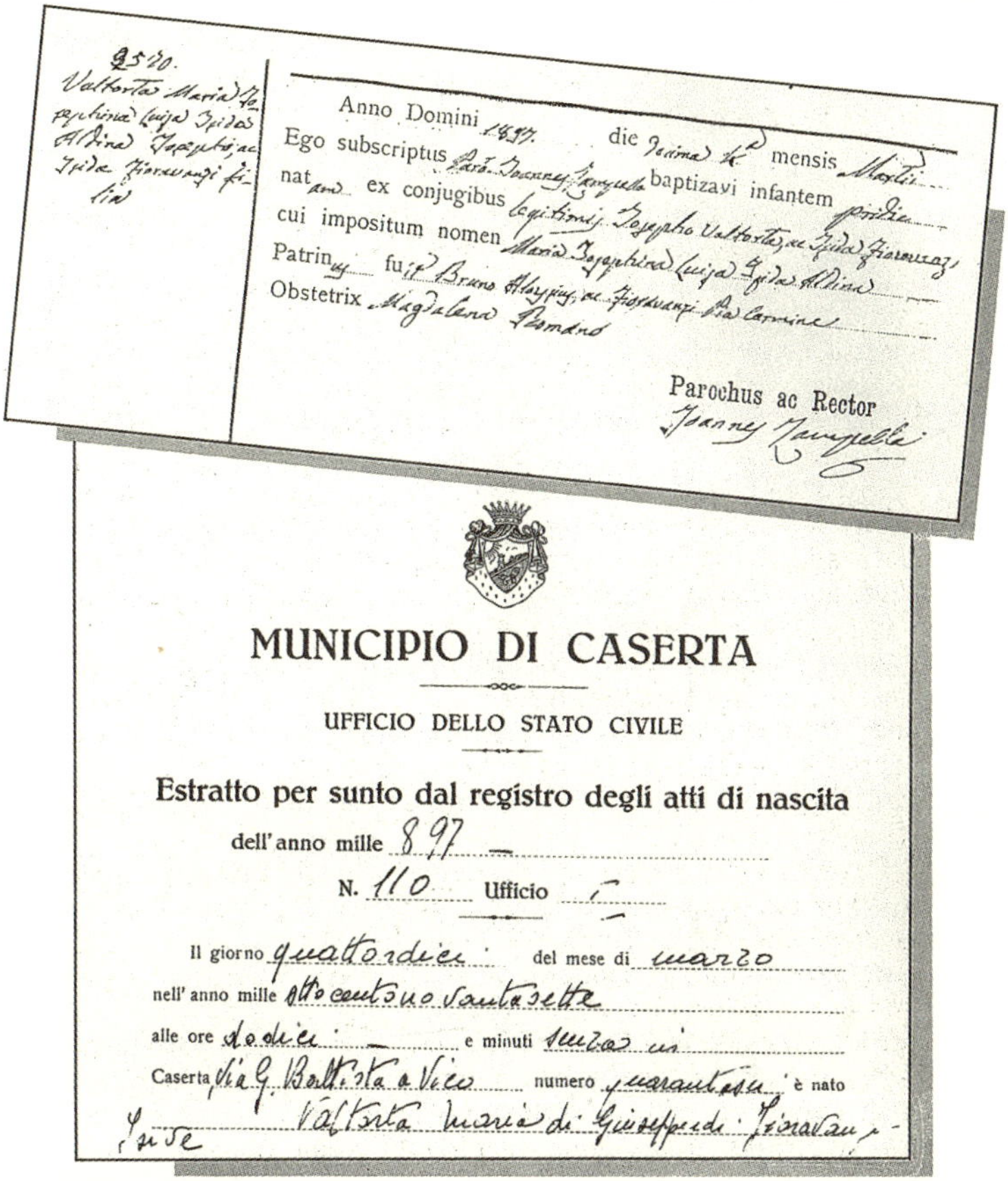
2570.

Anno Domini 1897 die ... mensis ...
Ego subscriptus ... baptizavi infantem
nat... ex conjugibus ...
cui impositum nomen ...
Patrin... fu...
Obstetrix ...

Parochus ac Rector

MUNICIPIO DI CASERTA

UFFICIO DELLO STATO CIVILE

Estratto per sunto dal registro degli atti di nascita

dell'anno mille 897

N. 110 Ufficio

Il giorno quattordici del mese di marzo
nell'anno mille ottocentonovantasette
alle ore dodici e minuti
Caserta ... numero ... è nato

マリアの洗礼登録簿。
カゼルタの聖ヴィタリアーノ・聖エンリコ教区の洗礼登録簿 No.2570、F.252によると、マリア・ヴァルトルタは1897年３月14日に受洗し、前日に出生したとされている。名前はマリア・ジュゼッピーナ・ルイーザ・イシデ・アルディーナ。教区司祭はジョヴァンニ・ザンペッラ。

しかし、カゼルタ市の記録には、14日生まれとなっていて、ヴァルトルタの記述と一致する。

ロムアルド・M・ミリオリーニ神父（左）。この師のすすめでヴァルトルタは本書を書き残した。

〔付記〕

マリア・ヴァルトルタ著作の日本語版は、二〇〇二年以来、天使館で刊行されてきたが、本書『自叙伝』（当初、天使館から刊行予定）は当社での刊行となった。

著者紹介

Maria Valtorta (1897-1961)
北イタリア出身の軍人の父と元フランス語教師の母の一人娘として南イタリアのカゼルタ市に生まれる。幼児期をミラノなど幾つかの北の町ですごし、モンザ市にある名門校ビアンコーニ校で学業を終える。第一次大戦中フィレンツェの軍病院で看護婦として働いた縁で長くこの町に住むが、24年、両親と共に近くのヴィアレッジョに定住。そこで彼女は、幼児期来彼女を悩まし続けた母による苛酷な試練に耐え、その苦しみを梃子にして、神と人への愛のために自らを生贄にしようと決意する。彼女はベッドに寝たきりの状態でキリストの啓示をうけ、1943〜51年にわたるわずか８年の間に、うけたヴィジョンを122冊のノートに書きつづけ、それは１万５千ページにのぼる。今日、その驚くべきノートは17巻の著作となり、翻訳版も多数刊行されている。時は第二次大戦の末期、『自叙伝』『福音』『手記』など。彼女は1961年10月12日、病床について28年、65歳の聖なる生涯を全うする。日本での紹介は、すでに1980年代よりバルバロ師による抜粋訳でなされていたが、2002年以来、全訳版が天使館から刊行され、『私に啓示された福音』（全10巻）は現在、それぞれ上中下の３分冊で、第７巻が進行中である。他に『手記』より『地球上の上の国』、『聖母マリア』（上下）など。

訳者紹介

殿村直子（とのむら なおこ）
1951年、神奈川県生まれ。上智大学文学部哲学科卒業。1989年より別宮貞徳氏に翻訳を学ぶ。訳書に、M・ローチ『死体はみんな生きている』、M・ローチ『霊魂だけが知っている』、リチャード・ワイズマン『Ｑのしっぽはどっち向き』（いずれも NHK 出版）。ほかに共訳書など多数。2015年よりヴァルトルタ著作の翻訳に携わる。

Maria Valtorta,

AUTOBIOGRAFIA

Terza edizione
con note, indici e postfazione
di Emilio Pisani

© 1997 by Centro Editoriale Valtortiano srl.,
Viale Piscicelli 89-91,
03036 Isola del Liri
Italia.

自叙伝

2018年4月10日　初版第1刷発行

著　者　マリア・ヴァルトルタ
訳　者　殿村直子
発行者　澤畑吉和
発行所　株式会社 春秋社
〒101-0021
東京都千代田区外神田2-18-6
電話　03-3255-9611
振替　00180-6-24861
http://www.shunjusha.co.jp/

印刷所　株式会社 丸井工文社
製本所　黒柳製本株式会社
装　幀　Malpu Design
（清水良洋＋陳湘婷）

©Printed in Japan, Shunjusha 2018

ISBN-978-4-393-21713-9